永川年鉴

YONGCHUAN NIANJIAN

2018

重庆市永川区人民政府　编

方志出版社
Pub lishing House of Local Records

图书在版编目（CIP）数据

永川年鉴. 2018 / 重庆市永川区人民政府编. --
北京：方志出版社，2018.12
ISBN 978-7-5144-3503-0

Ⅰ. ①永… Ⅱ. ①重… Ⅲ. ①永川区-2018-年鉴
Ⅳ. ①Z527.193

中国版本图书馆CIP数据核字（2019）第014286号

永川年鉴（2018）

编　　者： 重庆市永川区人民政府
责任编辑： 李志瑜
出 版 人： 冀祥德
出 版 者： 方志出版社
地址　北京市朝阳区潘家园东里 9 号（国家方志馆4层）
邮编　100021
网址　http://www.fzph.org
发　　行： 方志出版社图书经销中心
电话（010）67110500
经　　销： 各地新华书店
印　　刷： 重庆大正印务有限公司
开　　本： 889 × 1194　　1/16
印　　张： 18.5
字　　数： 508千字
版　　次： 2018年12月第1版　2018年12月第1次印刷
印　　数： 0001 ~ 1000册
ISBN 978-7-5144-3503-0　　**定价：** 198.00元

《永川年鉴》（2018年卷）
编纂委员会

主　任：罗清泉

副主任：任伯平

委　员：具荣海　王建华　袁心常　曾宪勇　邱　泉
邓正军　陈永庆　陈　军　蒋　微　邹光明
余　波　蒋洪林　蒋　勇　张自明　文　波
钟　铎　蒋　虎　陈永庆　张朝国　谭立荣
赵德君　李肇琼　吕东海　林长明

《永川年鉴》（2018年卷）
编辑部

主　　编：袁心常

副 主 编：李肇琼

执行主编：林长明

编　　辑：李文秀　李治碧

版式设计：林长明

编 辑 说 明

一、《永川年鉴》记述永川改革开放、经济发展、社会进步的情况，收录年度性主要文献和重要资料，旨在为各级领导决策服务、为经济发展导航、为社会各界人士和民众提供信息，积累资料。

二、《永川年鉴》2018年卷（总第23卷）（以下简称“本年鉴”）坚持以马克思列宁主义、毛泽东思想、邓小平理论、“三个代表”重要思想、科学发展观、习近平新时代中国特色社会主义思想为指导，实事求是地反映2017年经济发展中取得的成绩，体现时代特征、年度特点、地方特色。

三、本年鉴采用篇目、部目、分目、条目的编辑体例。部分分目下设次分目，字体、字号等区别不同层次，以条目为主要载体，条目标题用加【 】表示。

四、本年鉴设数字永川、专辑、永川概况、政治、经济、社会事业、镇街、大事记、人物·光荣榜、文献、统计资料、附录等篇目，全书508千字。大事记中同一月用“是月”，同一日用“是日”表示。

五、本年鉴收录对象为永川行政区区域范围的机关、团体、学校、企事业单位的信息和资料，无论归属，均予收录。收录时限2017年1月1日至2017年12月31日，个别事物予以追溯2018年，便于读者了解始末。

六、本年鉴记载内容由区属各有关部门、镇街及相关单位提供，经供稿单位领导审定，各种数据、资料均经各有关部门核实确认。全区综合性数据以统计公报为准。

数字永川

辖区面积	1576平方公里
常住人口	112.0万人
地区生产总值	704.5亿元
地方财政一般公共预算收入	48.2亿元
工业增加值	309.4亿元
农业总产值	84.5亿元
社会消费品零售总额	351.4亿元
金融机构人民币存款余额	580.1亿元
金融机构人民币贷款余额	468.1亿元
进出口总额	30.7亿元
旅游总收入	83.0亿元
城镇常住居民人均可支配收入	33684元
农村常住居民人均可支配收入	16738元

治理后的临江河（红旗河段）（2017年10月）　周兴健摄

新城一角（2017年12月）　陈科儒摄

永川东匝道口（2017年12月）　　区交委供图

永川长江大桥（2017年10月）　　区新闻社供图

气贯长虹（2017年5月）　　张维影摄

九永高速（2017年12月）　　区交委供图

斗茶大会文艺表演（2017年4月）　　区新闻社供图

茶艺表演（2017年4月）　　区新闻社供图

采茶（2017年4月） 区新闻社供图

茶竹宴（2017年4月） 区新闻社供图

青峰乡村时光·油菜花节开幕式（2017年2月）

区新闻社供稿

金龙赏樱花（2017年4月）

区新闻社供稿

中华梨村（2012年） 腾前进摄

十里荷香赏花节（2017年7月） 杨明彬摄

保护母亲河　人人志愿行（2017年4月）　　区新闻社供图

河道清漂（2017年4月）　　区新闻社供图

河道清漂（2017年4月） 区新闻社供图

河岸拾垃圾（2017年11月） 区新闻社供图

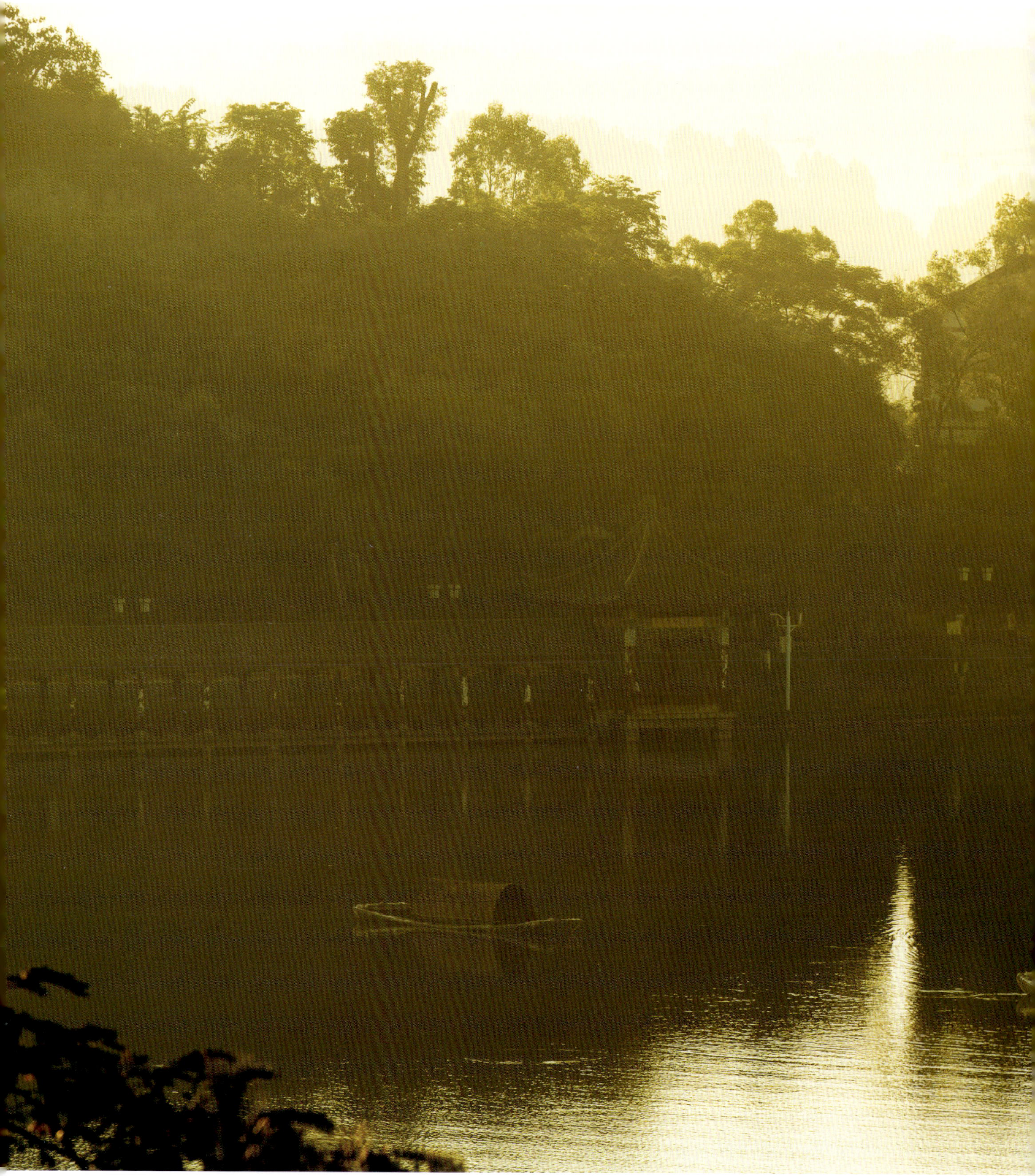

晨曦中的神女湖（2017年10月） 杨明彬摄

崛起（2016年）　滕前进摄

醉美兴龙湖（2017年5月） 杨明彬摄

“七一”走基层（2017年7月）　　区新闻社供图

榜样面对面（2017年12月）　　区委宣传部供图

目　　录

专　记

大事记

永川概况

政治与法治

经　济

社会事业

人物·光荣榜

统计资料

附　录

专　记

九永高速全线通车

九永高速公路是重庆市高速公路网规划中的射线高速扩能项目，全长49.3公里。该路段于2014年12月25日开工，2017年12月26日13时全线通车。起于九龙坡区走马镇，与华岩隧道西延伸段对接，经江津区、璧山区，经永川区大安街道设小坎枢纽互通与成渝高速公路相接，止于卫星湖街道，与三环高速公路永川至江律段相连。九龙坡至永川观音寺枢纽互通路段33.1公里，双向六车道，时速100公里，永川观音寺枢纽互通至终点路段16.2公里，双向四车道，设计时速80公里；全线设服务区1处，收费站7处，永川辖区设永川东、陈食、莲花3个收费站。九永高速与成渝高速、三环高速永川段形成永川高速公路环线，环线长约56公里，环线上共分布下道口9个。永川成为重庆主城区外第1个拥有高速公路环线的区县。

临江河流域治理

永川区委、区政府把临江河流域综合治理作为"1号民生工程"，采用PPP模式完成，用3年时间完成临江河流域综合整治。2017年消除城市建成区内黑臭水体，2018年实现临江河水质全面达标，2019年实现临江河流域水质标准达到并常年保持Ⅲ类以上。通过实施河外截污、河内清淤、清水补给、生态修复，整治城区黑臭水体、清水补给、生态修复、完善污水处理及配套基础设施，改善流域水生态环境。永川实现"河畅水清、岸绿景美、三河汇碧"的景象。

机构设置　2月14日，重庆市环保局、重庆市环投公司、永川区人民政府签订了合作治理临江河流域综合治理框

整治后的临江河（2017年）　　（区水务局供图）

架协议。永川区成立临江河流域综合治理指挥部，成立指挥部办公室、工程管理组、执法维稳组、舆论宣传组、督导追责组等4个工作组和12个治理专班。抽调32名机关事业单位工作人员负责该项工作。

实施准备　2月22日，区政府印发实施《临江河流域综合治理实施方案》（永川府发〔2017〕4号）；2月23日组织召开临江河流域综合治理暨生态文明建设大会，会上发出临江河流域综合治理“动员令”，各镇街、相关部门向区委、区政府立下“军令状”，签订责任书。3月8日，在红河广场举行临江河流域综合治理工程开工仪式，全区400人参加，临江河流域综合治理工程正式开工。

宣传引导　舆论宣传组采取多种形式加大宣传力度，营造临江河流域综合治理的良好氛围。制作《临江河流域综合治理专项宣传方案》，开设专题栏目，设立“曝光台”，向全区手机用户点对点发送主题短信140余万条，印制发放倡仪书30余万份。同时，通过宣传标语、LED显示屏、出租车顶灯、全区公交车移动电视、公益广告等载体，将河道治理宣传到千家万户。针对网民反映的“边治理，边污染”现象、临江河流域河岸堤坝等问题，舆论宣传组率先发声，及时正面引导，有效控制了负面炒作。

清洁临江河行动（2017年）　　（临江镇供图）

推行“河长制”　永川区委、区政府印发《永川区全面推行河长制工作方案》（永川委办发〔2017〕14号），区委书记担任总河长，全区河长制第一责任人；区政府区长担任常务副总河长，协助总河长开展工作；区政府分管水务、环保工作副区长担任副总河长，区人大、区政府、区政协相关领导分别担任相关主河流区河长。临江河境内河库全面推行河长制（其中区级河流12条，镇（街）、村级支流214条，水库136座）。2017年底，全区建立河长制组织体系，实施河长制。

专项整治　全年清淤25.58公里，城区内常态化清漂194万平方米；截污整治125处，排污点整治392个；工业企业污染整治28家；污水处理厂运维整治30家；整治流域内养殖污染和屠宰场134家、水产养殖场141家，关闭屠宰场2家；农贸市场污染整治81个；小作坊废水污染整治189家；餐饮行业污染整治1344家；洗车场关闭16家、规范整治87家；实施城区河道常态补水200万立方米，关门山河湖连通工程完工、南瓜山水库主体工程完工，小安溪提水工程、城西再生水厂建设中。生态修复专项整治完成可研。

治理结果　2017年10月，永川区统计局调查队对跳蹬河、萱花河、玉屏河、胜利河和红旗河5条河道的黑臭水体整治效果调查，评议满意率94.91%。区环境监测站实测临江河流域32个断面监测，有26个断面好转。永川出境江津荻坝断面达水质到Ⅳ类，各断面水质好转，永川区城市黑臭水体已消除，污水直排入河、两岸环境得到控制。

执法维稳　执法维稳组每天在临江河流域开展巡查和执法，按照“五个不放过（即“发现污染源不放过，不找到污染源头不放过，问题不整改不放过，整改不彻底不放过，拒不整改不立案查处不放过”）”的要求，进行执法。全年下达责令整改通知书和执法意见书1482份、立案41件、处罚21件，流域沿线整改3040家单位，化解信访矛盾20起，处置污染河道的违法行为，形成全民共同参与治理的强大合力。

督导追责 永川区政府出台《永川区临江河流域综合治理工作责任追究办法》（以下简称《办法》），督导追责组按照《办法》的要求，全年对7个牵头单位负责的10个专项整治任务分别进行“一对一”专项督查。全年通报工作进度17次，反馈突出问题100余个，开展现场督查150余次，发现问题264个，向督导单位提出整改意见建议245条，交办跟踪重点任务56项，促进专项治理的落实。

国家高新技术产业开发区创建

永川高新区（2016年） （区科委供图）

永川国家高新区创建历程 国家高新技术产业开发区，简称“国家高新区”或“国家级高新区”，是由国务院批准建立的国家级科技园区。国家高新区在省级高新区基础上升级创建。1988年国务院开始批准建立国家高新区，经过30年建设和发展，国家高新区已成为地方经济增长最快、投资回报率最高、创新能力最强、具有极大发展前景的高新技术产业发展基地，成为改造提升传统产业、带动地方经济发展、推进经济和科技体制改革的主力军。国家高新区以“发展高科技、实现产业化”为宗旨，促进科技成果产业化，优化经济和产业结构，强化自主创新，正在成为实现由“中国制造”向“中国创造”转变的重要高地。

2002年12月经重庆市政府批准设立的省级特色工业园区；国家发改委《中国开发区审核公告目录（2006年版）》备案核准面积1.39平方公里，园区代码S507022。

2015年4月，永川区委、区政府审时度势，启动省级特色工业园区基础上建重庆永川高新技术产业开发区（以下简称永川高新区），正式向重庆市政府请示建立市级高新区，成立了以区长为组长、相关区领导为副组长，相关职能部门为成员的创建国家高新区领导小组，创建办公室设在区科委，区科委主任兼任“高创办”主任；通过考察学习、制定工作方案、出台鼓励政策、准备各项评估资料，7月28日市级高新区通过专家组评审验收；10月23日，重庆市政府正式批准设立重庆永川高新区（前身为特色工业园区）；12月，区委区政府批准设立高新区党工委和管委会并正式挂牌，同时全面启动市级高新区升级国家高新区工作，聘请中国高新技术产业经济研究院编制形成永川高新区战略规划和产业规划，并先后两次在北京召开专家咨询座谈会；12月29日，区政府与重庆市科委联合向重庆市政府报送《关于提请永川高新区升级为国家高新区的请示》。

2016年2月2日，重庆市政府向国务院行文呈报《关于永川高新区升级为国家高新区的请示》，2月5日国务院办公厅批转科技部研究；6

月，重庆市政府批准同意永川高新区核准面积由1.39平方公里拓展到16.8087平方公里，管辖面积26.0906平方公里，上报国家发改委《中国开发区审核目录公告》备案核准；先后5次邀请科技部领导和专家组成员到永川调研，为永川高新区升级工作现场问诊把脉，并多次由市区相关领导带队赴科技部高新司及相关处室、火炬中心汇报以升促建各项工作，争取支持。

2017年3月9日，通过了科技部及专家组现场调研评审，专家组对永川高新区升级创建国家高新区工作给予充分肯定；3月中旬，根据评审专家意见修改完善的升级国家高新区创建方案正式报送科技部。6月29日，科技部正式行文征求国家发改委、国土资源部、住建部等相关部委意见。12月，科技部制作正式文件将符合条件的12家创建单位上报国务院。2018年2月28日，国务院正式行文同意永川高新区升级为国家高新技术产业开发区。

永川国家高新区建设 永川高新区是通过以升促建，不断集聚创新资源，创新体制机制，优化发展环境，成为本地区制造业、高新技术产业和生产性服务业集聚发展平台，不断增强辐射带动作用，成为实施制造强国战略和创新驱动发展战略的重要载体。

永川高新区由凤凰湖、港桥、三教、软件和职教五个产业园组成，坚持深入实施创新驱动发展战略，以供给侧结构性改革为主线，大力发展科技服务业、高新技术产业、战略性新兴产业，不断聚集创新资源，培育各类创新创业主体，建立健全科技金融体系，扶持优化创新创业生态，以升促建成效明显。现有企业454家，其中高新技术企业64家，科技型企业156家。2017年，永川高新区实现营业收入1220亿元，增加值303亿元，分别同比增长30.9%、30.3%，R&D投入占比4%，万人发明专利拥有量43件。

科技创新成果丰硕 突出企业创新主体地位，积极推动科研平台建设。2017年，新建成船舶与海洋工程动力系统国家工程实验室（低速机电控系统实验室）1个，激酶类创新药物等重庆市重点实验室4个、重庆市工业机器人应用服务等工程技术研究中心2个。现有市级以上研发平台或分支机构55个，其中国家级研发平台3个，国家级孵化平台3个，院士专家工作站1个、博士后科研流动站和工作站4个，市级重点实验室、企业技术中心等研发机构41个，市级以上科技服务机构21个。积极引进培育创新创业人才，先后引进院士、长江学者、万人计划、知名专家30余人，2017年有国家“万人计划”科技领军人才1人，重庆“百人计划”2人，柔性触控等3个团队入选重庆创新创业团队。科技研发和成果转化亮点纷呈。2015—2017年累计申请专利5629项，授权专利2533项，获中国优秀专利奖2项；研发新产品251个，其中市级高新技术产品达160个。与重庆西源凸轮轴、重庆新泰机械等10余家公司开展技术合作及成果转化，转化冷激合金铸铁技术、金属密封球阀等科技成果120余项。威诺克智能装备成功开发出全国首条双Y轴发动机缸盖（体）智能化生产线，填补了国内空白，威诺克“汽车盘毂机器人值守（无人化）智能化生产线”机加工综合效率提高20%，造价不到进口生产线的一半，是替代进口机的首选。固高长江研究院参与并在高新区成功召开《工业机器人控制装置技术条件》国家标准制定会议。利用固高的运动控制系统、南通振康的减速器、上海儒竞的电机制造永川弧焊机器人并实现量产。知识产权出版社i智库与重庆永川凤凰湖智能装备协同创新研究院共同举办《机器人知识产权蓝皮书（专利篇）》全球首发仪式。

产业培育成效明显 坚持科技创新引领，积极培育发展电子核心基础部件、新能源及智能汽车、高端交通装备、新型智能终端、物联网等成长性好、市场空间大的新兴产业。坚持整机与配套并重、生产与服务并举，推动战略性新兴制造业集群发展、提速发展，打造智能制造集聚区。成功引进德国利勃海尔总装基地、长城汽车、耐德永铃环卫车、东鹏陶瓷、泰石岩棉、中铁建总部经济、腾讯大渝网区域运营中心等项目，基本形成了机器人及智能装备、汽车及零部件、电子

信息、软件与信息技术服务、节能环保及新材料、特色轻工等优势产业集群。

基础设施功能完善　坚持深化产城融合发展理念，结合永川未来175平方公里发展空间，分析研究高新区未来发展方向，推进四个产业园土地利用总体规划调整，促进产城融合、多规合一。大安通用机场、直达重庆江北机场的都市快轨、过境永川的渝昆高铁等正抓紧建设，推动永川高新区进入“半小时重庆、1小时成都”的同城时代，“2小时昆明”即将变成现实。新建成港桥大道、昌龙大道、龙马大道等一批重要基础设施，中船智能产业园场平工程顺利完成，消防119指挥中心交付使用。进境木材检验检疫监管区完成主体工程，B型保税物流中心纳入全市规划，高新区与城市规划展览馆、永川港朱沱作业区、天然气配气站等重点基础设施加快建设。土地供应和水电气等各类要素保障有力。

对外合作深入拓展　坚持“两眼向外”，主动融入国家战略，瞄准区外广阔市场，扩容“朋友圈”，承接“大转移”，坚定不移地走大开放促大发展之路。办好节会扩大影响力。联合德国MAV出版社每年定期举办MAV创新论坛，努力打造西部地区中德金属加工领域具有影响力的代表性论坛。承办数控机床供给侧改革论坛和“智汇永川光电材料技术”等多个学术论坛，汇集国内外知名数控机床企业家和专家，在产业发展、共享技术等方面达成了一致共识，组团参加北京、重庆等地高交会，进一步扩大永川高新区的影响力和吸引力。建设中德产业园提升竞争力。加强与德国智能制造产业的交流合作，积极推进中德产业园建设，加快德国埃马克机床、利勃海尔齿轮机等一批高档数控企业建设，力争到2020年落户企业50家，推动永川高新区高端制造水平和产业竞争能力大幅提升。强化地区联动增强可持续力。加强与北京中关村、成都、武汉、深圳等高新区的对接，实现优势互补、资源共享、协同发展。建成中关村天合科技成果转化中心永川分中心，在人才引进、科研成果转化和产业化、创投体系等方面开展合作。积极构建数控机床产业技术创新联盟，推动产业共性关键技术研发及成果共享。与美国加州大学洛杉矶分校签约共建智能制造技术研究院，赛亚迪与东北大学共建国家工程技术研究中心永川分中心，升科精锻与重庆大学共建研发中心。

创新生态不断优化。落实永川创新“30”条，聚集创新创业要素，促进项目、人才、资本深度融合发展。众创空间蓬勃发展。培育市级以上众创空间13家，机器人产业和百川兴邦2家众创空间被认定为国家级众创空间。确立“永创汇”创新创业品牌，开展“周周有培训、月月有沙龙、季季有大赛、年年有节会”活动，孵化企业和项目团队680个。创新靶向药物国际研究院研发的“抗ED国际新药”项目荣获中国第四届创新创业大赛生物医药行业第一名，并已通过安全性评价，即将进入一期临床试验。大尺寸柔性触控项目获首届全国智能制造（中国制造2025）创新创业大赛总决赛（创新赛）第一名；银纳米线墨水和“卷对卷”滚筒式快速涂层设备，荣获中国第五届创新创业大赛第三名。科技金融不断融合。逐步构建以股权投资、债权融资、众筹募资为主体的科技金融体系，优化金融中介服务，扶持技型中小微企业加快发展，形成大企业顶天立地，中小微企业铺天盖地和大众创业、万众创新的生动局面。建立5000万元规模的创业投资种子基金，首期到位1500万元。筹建1亿元规模的知识价值信用贷款担保基金，首期到位1500万元。正在筹建2亿元规模的天使基金、3亿元规模的风投资金。将科技型企业纳入全区3900万元的中小企业贷款补偿资金池支持范围，贷款额度从500万元调增至1000万元，应急转贷资金额度增加2000万元。筹建科技金融示范银行，开展知识价值信用贷款改革试点。鼓励中小微企业到主板、创业版、新三版、科技创新版等资本市场上市融资。有新三板上市3家，科技创新版挂牌11家。（区科委）

大事记

大事记

1月

3日 区政府召开第五次全体会议，会议原则通过区第十七届人民代表大会第一次会议《政府工作报告（审议稿）》，部署当前工作。

是日 区政协第十四届主席会议第61次会议召开，听取区人民法院和区人民检察院工作情况的通报等。

4日 区委常委会召开，会议审议《关于深入学习宣传贯彻区第十四次党代会精神的通知》《重庆市永川区人民政府工作报告》等。

8—11日 中国人民政治协商会议重庆市永川区第十五届委员会第一次会议在区文化艺术中心召开，312名政协委员参会，大会通过《中国人民政治协商会议重庆市永川区第十五届委员会第一次会议关于政协重庆市永川区第十四届委员会常务委员会工作报告的决议》《中国人民政治协商会议重庆市永川区第十五届委员会第一次会议决议》。大会选举产生政协重庆市永川区第十五届委员会，主席由刘祥全担任，副主席由张健、魏智、马玉平（女）、罗朝友、钟代华、陈其炳6人担任，秘书长由代永强担任。

10—13日 重庆市永川区第十七届人民代表大会召开，会议应到代表326名，实到代表322名，会议听取表决通过重庆市永川区第十七届人民代表大会专门委员会组成人员名单，关于重庆市永川区人民政府工作报告的决议、关于重庆市永川区2016年国民经济和社会发展计划执行情况及2017年计划的决议、关于重庆市永川区2016年预算执行情况和2017年预算的决议、关于重庆市永川区人大常委会工作报告的决议、关于重庆市永川区人民法院工作报告的决议、关于重庆市永川区人民检察院工作报告的决议。

会议选举产生永川区十七届人大常委会主任、副主任、委员，王志飞当选区第十七届人大常委会主任。王建华、孔萍（女）、赵洪生、李光远、王晓英（女）当选区第十七届人大常委会副主任。委员37人。

会议选举产生了永川区人民政府区长、副区长，区人民法院院长，区人民检察院检察长。罗清泉当选区人民政府区长，文良印、杨华、刘建中、李军、王寒峰、关衷效、任伯平（女）当选区人民政府副区长。高林平当选区人民法院院长，李建超当选区人民检察院检察长。

2月

7日 区委常委会召开，会议审议通过《中共重庆市永川区委常委会2016年度民主生活会整改方案》，安排部署永川博物馆片区陈列布展工作相关事宜，传达市委政法工作会议精神、审议2017年全区政法和平安建设工作会议材料等。

14日 区委常委会召开，会议审议通过《中共重庆永川区委常委会2017年工作要点》《关于重申严禁国家公职人员操办酒席借机敛财相关规定的通知》《关于深入治理国家公职人员参与打牌赌博活动的通知》等，传达学习全市卫生与健康大会精神、全市统战部长会议精神、全市组织部长会议精神等。

16日 区政府第2次常务会召开，会议审议《永川区2017年重点建设项目实施计划》《中共重庆市永川区委办公室重庆市永川区人民政府办公室关于印发永川区2017年经济社会事业发展重点工作任务分解的通知》《区政府关于印发临江河流域综合治理实施方案的通知》等。

21日 区委常委会召开，会议听取区人大常委会党组、区政府党组、区政协党组、区法院党组、区检察院党组工作汇报，审议临江河流域综合治理实施方案，审议2017年全区纪检监察、宣传思想文化、统战、武装、组织等工作要点等。

3月

28日 区委常委会召开，传达重庆市委督查组到永川督查永川区政治、经济和社会稳定风险排查防控工作有关精神，审议《进一步深入落实中央八项规定精神坚决整治“四风”的工作方案》等。

4月

1日 2017年永川秀芽首届斗茶活动在神女湖公园幸福广场举行。由重庆市农科院茶叶研究所、永川区农业委员会等主办，参加斗茶的有永川区境内获得食品安全生产证书及永川秀芽证明商标准用证的9家茶叶生产企业。活动的目的是为了筛选出永川秀芽的最优品种，提升永川秀芽的品质和品牌知名度；制定出永川秀芽的标准规范，形成永川秀芽种植、生产的技术标准，打击市面上的假冒伪劣产品；借本次活动加大永川秀芽的推广力度，弘扬永川茶文化。

7日 财政部国家农业综合开发办公室主任卢贵敏率队调研永川农业综合开发工作，卢贵敏一行肯定永川区农业综合开发工作。

10日 永川区2017年第3次规委会召开，会议评审“多规合一”规划体系工作方案和超高层地标建筑方案设计等。

11日 永川区委常委会召开，会议传达学习《习近平总书记关于安全生产重要论述》和《中共中央国务院关于推进安全生产领域改革发展的意见》精神，听取临江河流域综合治理阶段工作汇报、全区第一季度平安稳定工作情况汇报等。

5月

9日 永川区第二十七届老年人运动会乒乓球比赛在体育馆举行，参加比赛的有中山路街道、双石镇、区卫计委、重医附属永川医院等18个镇街、17个部门单位的35支代表队共96名老年乒乓球爱好者。

是月 重庆市经贸中等专业学校获全国第五届黄炎培职业教育奖。

6月

19日 乐和乐都主题公园启动创建国家AAAAA级旅游景区。

23日 永川区入选全国首批城乡交通运输一体化示范区创建名单之列

27日 永川区委常委会召开，会议传达全市城市工作会议精神，听取城区公共区域临时占道停车管理情况汇报等。

是月 永川区获批国家知识产权试点城市。

7月

6日 永川区政府召开第11次常务会，会议传达学习全市创建国家食品安全示范城市推进电视电话会议精神，并就永川如何贯彻落实会议精神进行安排部署，审议《区教委关于2017年城区义务教育阶段学校招生办法的请示》等议题。

10日 永川区召开2017年第5次规委会，会议评审临江河流域河道景观规划指引及重点地段概念设计方案、其他规划设计方案。

是日 区政协第十五届委员会常务委员会第2次会议召开，会议传达学习重庆市第五次党代会精神；听取法治政府建设情况的通报、党风廉政建设情况的通报和区政协“界别活动月”界别活动情况的通报；审议通过《区政协常务委员会工作规则》《区政协专门委员会工作规则》《区政协委员履职管理办法》等议题。

21日 区政府第12次常务会召开，会议审议通过《重庆市永川区最低生活保障条件认定细则（修订）》《永川区食品药品安全“十三五”规划》等。

25日 区政协第十五届主席会议第5次会议召开，会议听取关于医疗卫生信息化平台建设情况的通报，协商财政半年工作运行情况，审议通过关于农产品质量安全监管情况的调研报告和推进众创空间建设情况的调研报告。

26日 区第十七届人大常委会第3次会议召开，会议听取和审议了区政府关于实施创新驱动发展战略情况的报告、永川区2016年预算执行和其他财政收支审计工作报告，审查和批准2016年决算；听取和审议永川区2017年1—6月预算执行情况的报告、永川区2017年1—6月国民经济和社会发展计划执行情况的报告；审议并通过有关人事任免。

是月 永川区委宣传部编排的戏剧《管家婆》获评重庆市第十四届精神文明建设“五个一工程”戏剧类奖。

是月 电影《我想和你们在一起》在何埂镇等地取景开机拍摄。该部电影导演颜芳是何埂镇人。

8月

5日 2017青峰里四季游夏季游活动第二届青峰水乡文化节暨果蔬采摘节举行开幕仪式。该节活动时间是8月5日至10月28日，其间，开展水果蔬菜采摘、品酒、酿酒工艺观摩、农家活动等，可到青峰李博园、青峰葡萄园、丰航蜜柚蔬菜基地等采摘果蔬，青峰红高粱基地酿酒坊观酿酒工艺、品青峰红酒，态聚中药鸡养殖基地吃中药山鸡，乐享健康生活。

是日 永川区黄瓜山采果节开幕式在廖氏好客山庄梨园举行。该活动内容以梨子采摘、乡村旅游为主。活动持续到8月底。

9日 吉之汇惠民云店全线启动，仪式在灵猴广场举行。该店启动标志着“农贸市场＋农贸APP＋线下社区体验店”的农贸网购社区服务新模式正式开启。

11—13日 2017重庆夜市文化节永川国际狂欢节在永川万达广场举行。该节期间，有科技与艺术结合的3D全息互动、幻彩激光秀、重庆魔术师协会带来的大型奇幻魔术、媲美好声音的热血摇滚、荧光芭蕾、百老汇世界风情歌舞、太空漫步等精彩节目表演，市民可品尝全国各地的夜市美食。

16日 区委常委会召开，传达重庆市区县党委宣传部长学习班精神，审议《关于加快教育事业发展的意见》等。

17日 永川秀芽为代表的永川系列品牌茶叶参加第二十八届香港美食博览会，永川秀芽受到青睐，永川秀芽开启了拓展国际市场之路。

24日 永川区被交通运输部命名为“四好农村路”全国示范县（市、区）。

26日 石笋山第六届七夕旅游文化节暨第五届红心猕猴桃采果节开幕。节日期间吸引万余名游客参加采摘活动。

是月 永川区科协获得“全国科协系统先进集体”称号。

9月

8日 区政协第十五届主席会议第6次会召开，会议听取2017年永川区金融工作情况的通报，审议民主评议区文化委、区工商分局工作的意见（审议稿）等。

14日 永川区城市形象歌曲《为你而来》MV

发布，发布会上，邀请中央民族乐团青年女高音歌唱家魏伽妮倾情献唱。

是日 永川区第二十七届老年人运动会“健身操比赛”在永川体育馆举行。来自全区各镇街、各行业的退休老同志组成的20个参赛队伍，共计200余人参加比赛。经过角逐，红炉镇、区老干局、大安街道、南大街街道、胜利路街道一队、中山路街道代表队等6支参赛队获得一等奖。

23日 永川中学成为清华大学生源学校，并授牌“清华大学生源学校”。

26日 “爱在深秋·海棠壹品”书法家中国画精品展在海棠壹品展厅开展。该画展是永川书协第一回画展，共展出卢国俊、肖飏举等32名永川书法家的50幅中国画。

27—28日 区第十七届人大常委会第5次会议召开，会议听取和审议区政府关于办理区第十七届人大1次会议代表议案与代表建议批评和意见情况的报告；审议通过重庆市永川区人大常委会关于调整2017年区级预算的决定（草案）；审议通过重庆市永川区人大常委会代表资格审查委员会关于个别代表的代表资格报告（草案）；审议通过重庆市永川区人大常委会关于召开重庆市永川区第十七届人民代表大会第二次会议的决定（草案）；听取和审议关于召开重庆市永川区第十七届人民代表大会第二次会议有关事项；审议并通过相关人事任免。专题询问全区旅游产业发展工作、评议3名任命干部。

29日 “华佗工程——耳鼻咽喉头颈外科”项目落户区中医院，永川区市民在本地就能就近享受国家级耳鼻喉科专家的诊疗服务。

是月 永川区十里荷香现代农业园科普示范基地荣获重庆市首批“十佳农村科普示范基地”称号。

是月 永川区宝峰镇龙凤桥村徐光文家庭、吉安镇寒泸村蔡荣凤家庭、中山路街道昌州社区蒲怀海家庭、胜利路萱花社区夏庆洪家庭、红炉镇红庆村谢向坤家庭获得2017年“重庆市最美家庭”称号。

10月

10日 区委常委会召开，会议传达第五届市人大代表选举暨政协委员协商提名工作部署会议精神及研究永川区贯彻落实意见；审议并原则通过《关于召开重庆市永川区第十七届人民代表大会第二次会议的请示》等。

11日 区规委会2017年第7次会议召开，会议审议永川规划展览馆布展设计方案、永川区镇村教育设施布点规划等。

19—24日 2017年“元臻杯”中国足协永川国际女足邀请赛在永川体育中心举行。参赛单位有中国国家女子足球队、巴西国家女子足球队、墨西哥国家女子足球队和朝鲜国家女子足球队。经过角逐，巴西女足夺得冠军，朝鲜女足获得亚军，中国女足夺得季军，墨西哥女足获得第四名。中国女足11号队员王珊珊获最有价值球员奖，巴西女足10号队员玛塔·达席尔瓦获得最佳射手奖，巴西女足1号队员芭芭拉·巴博沙获最佳守门员奖。

20日 区政协第十五届主席会议第7次会议召开。会议听取供销社综合改革情况通报，审议区政协2017年度委员视察工作方案等。

28日 重庆财经职业学院举行60周年校庆大会。

30日 中共十九大精神传达学习大会召开，会议集中传达学习党的十九大精神，安排部署全区学习宣传贯彻十九大精神工作。

9月30日—10月31日 永川第二届百合花·蝴蝶文化节在香薰·花湖世界举行，活动期间展出15万株40个品种百合花，吸引不少游客前来观赏。

11月

4日 第二届雾都脑出血高峰论坛暨第十一届中国西部神经病学学术论坛在永川区举行，该论坛有国内部分省市医院500余名代表参会，会议作了最新研究成果的专题报告，开展现场学术探讨。

4—5日 永川区开展“棠城之秋”艺术节暨第二届乡村文艺会演，主题是“喜庆十九大、共圆中国梦”。会演期间开展2017年永川区第四届舞蹈大赛，独舞《声》、独舞《静静的玛尼石》、群舞《馨香》、群舞《陪都记忆》、群舞《雨中花》等10个节目获一等奖。

15日 区委常委会（扩大）会议召开，会议传达中共重庆市委五届三次全会精神，审议《进一步加快现代职业教育高地建设发展的意见》等。

16日 永川召开2017中德（重庆）智能制造创新交流会。会议邀请国内智能制造行业知名专家以及德国利勃海尔、埃马克等知名智能制造龙头企业的企业家，共同交流中德智能制造发展的前沿动态，先进理念和创新工艺。

18—19日 第二届巴渝水文化论坛在重庆水利电力职业技术学院举行，论坛以“水生态文明建设与可持续发展”为主题，邀请全国各地的多位知名专家、学者，共商“巴渝水生态文明建设”，为重庆市的水生态文明建设与可持续发展献计献策。

20日 区政协主席会议第8次会召开，协商全区国资国企管理改革工作，审议通过区政协2017年“界别活动月”活动优秀、特色案例表彰方案等事项。

23日 区第十七届人大常委会第6次会议召开，会议听取和审议区人民检察院关于开展法律监督工作情况、区人民政府落实区人大常委会关于商务工作评议意见情况的报告、区人民政府关于审计查出问题整改落实情况的报告、区人民政府贯彻执行区人大常委会关于临江河流域综合整治决定情况的报告，审议通过关于调整重庆市永川区第十七届人民代表大会第二次会议召开时间的决定（草案）和相关人事任免。

27日 永川区建首个青少年法制教育基地——景圣中学，并举行授牌仪式。

28日 区委常委会召开，会议学习习近平总书记关于国家监察体制改革系列重要论述精神，审议永川区深化国家监察体制改革试点工作实施方案等。

11月30日至12月1日 中共重庆市永川区第十四届委员会第二次全会召开。会议学习领会党的十九大精神，全面落实重庆市委五届三次全会精神，听取讨论滕宏伟代表区委常委会作工作报告，审议通过《中共重庆市永川区委关于深入贯彻市委五届三次全会精神把党的十九大精神全面落实在永川大地上的决定》和全会决议。

是月 永川区三教镇利民村被中央文明委命名为“第五届全国文明村镇”；区妇幼保健院被命名为“第五届全国文明单位”。

12月

4日 永川区首届“我的家庭教育观”家庭教育论坛决赛暨2017年度“最美家庭”颁奖仪式在凤凰湖小学学术报告厅举行。重庆文理学院的叶静获得家庭教育论坛比赛一等奖。周维书、杜定芳、杨玉兰、黄仁超、汪启会、周贤凤、吴永军、李明全、代培、蒋顺华等10个家庭获永川区2017年度“最美家庭”。

7日 区委常委会（扩大）会召开，会议学习市委中心组（扩大）专题学习会会议精神，审议《“健康永川2030”规划》、学习全国精神文明建设表彰大会及市委常委会精神传达贯彻，听取永川区精神文明建设情况的汇报。

8日 永川区第十七届人大常委会第七次会议召开，会议审议通过《重庆市永川区人大常委会关于召开重庆市永川区第十七届人民代表大会第三次会议的决定》；审议通过重庆市永川区人大常委会代表资格审查委员会关于个别代表的代表资格的报告；审议重庆市永川区第十七届人民代表大会第二次会议主席团成员名单和秘书长名单、列席人员名单，同意提交大会预备会议审议通过。

13日 区委常委会召开，会议学习《中共重庆市委关于坚决维护党中央集中统一领导的规定》精神，审议《中共重庆市永川区委常委会进一步贯彻落实中央八项规定精神具体规定》，学习习近平总书记关于进一步纠正“四风”加强作风建设的重要批示精神及《中共重庆市委常委会贯彻落实中央八项规定精神实施意见》精神，审议《中共重庆市永川区委常委会进一步贯彻落实中央八项规定精神具体规定》。

13日 区政府第21次常务会召开，会议听取《关于中央环保督察反馈意见整改工作进展情况》《重庆市永川区农村集体产权制度改革试点实施方案》（送审稿），并对当前安全稳定工作进行部署。

17日 重庆乐和乐都主题公园举行红领巾艺术素养教育实践体验活动重庆地区启动仪式暨CCTV中央电视台大型青少年综艺栏目走进重庆活动，由中央电视台中央新闻电影纪录制片厂和永川区委宣传部主办。

19日 南大街街道八角寺村被农业部办公厅表彰为“2017年中国美丽休闲乡村”。

20日 诺贝尔经济学奖得主、美国普林斯顿高等研究院教授埃里克·马斯金应邀到重庆大学城市科技学院参观访问。重庆大学城市科技学院聘请埃里克·马斯金为名誉教授。

22日 区政府第22次常务会召开，审议并通过《重庆市永川区人民政府工作报告（送审稿）》《永川区2018年民生实事计划（送审稿）》《永川区2018年民生实事计划（送审稿）》，传达重庆市党的十九大维稳安保工作总结表彰电视电话会议精神，并对永川区维稳安保工作进行部署。

23—27日 第五届海棠香国美术展展出。画展主题“画说十九大·笔绘新时代”，展出作品120件。

26日 九永高速公路全线通车。九永高速公路全长约49.3公里，起于九龙坡区走马镇，与华岩隧道西延伸段对接，经江津区、璧山区，经永川区大安街道设小坎枢纽互通与成渝高速公路相接，止于卫星湖街道，与三环高速公路永川至江律段相连。九龙坡至永川观音寺枢纽互通路段33.1公里，双向六车道，设计时速100公里；永川观音寺枢纽互通至终点路段16.2公里，双向四车道，设计时速80公里。全线设服务区1处，收费站7处，永川区设永川东、陈食、莲花3个收费站。

是日 区政府第一次全体会议召开，会议通过区第十七届人民代表大会第二次会议《政府工作报告（送审稿）(2018年)》，部署当前工作。

28日 2017年度“感动永川人物”颁奖典礼举行，黄云华、罗正润、黄泽兵、黄刚强、徐云芳、周运川、周希林、张正群、陈治美、黄玉林等10人获“感动永川人物”称号。

永川概况

基本情况

【地理】 永川因“城区三河（永川河、文曲河、溪河现东门河）交汇到山岔河处、形如篆文‘永’字”而得名。唐代大历十一年（776年）置县。位于北纬28°56′16″～29°34′23″，东经105°37′31″～106°05′06″，海拔180～420米，平均海拔300米。位于四川盆地东南部、重庆市西部，是成渝两地交通要道。西距成都277公里，东距重庆63公里。辖区面积1576平方公里，辖16个镇、7个街道。

境内地质构造隶属新华夏系第三沉降带川东褶皱带永川帚状褶皱束。在境内表现为一系列北东至西南走向，展布不对称的高幅度紧密褶皱。其特点是背斜狭窄，向斜宽敞，背斜展布呈北紧南松的扫帚状。从东至西，依次分布着5条背斜，及花果山（亦称云雾山）背斜、箕山背斜、黄瓜山背斜、巴岳山背斜、英山背斜；3个向斜，及石庙（石竹）向斜、板桥向斜（三教）、来苏向斜。

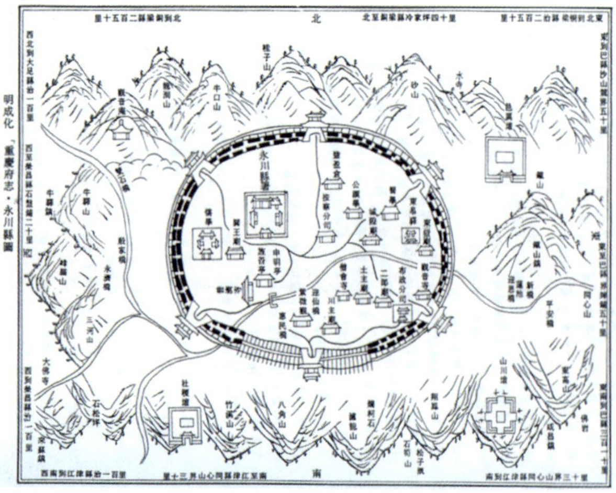

明成化·永川城图　　（区档案局供图）

境内地貌轮廓受上述地质构造和岩性控制，背斜相应形成5条条状低山山脉，走向为北东至西南向。有云雾山、巴岳山、英山、箕山、黄瓜山5条山脉。有长江、小安溪、永川河（临江河）、九龙河、圣水河、大陆溪、龙溪河等6条长年流水性河流。

境内地表出露的岩层主要有8个类型，及三叠系下统飞仙关组的暗紫色页岩及泥灰岩、三叠系下统嘉陵江组石灰岩、侏罗系上统须家河组石英砂岩、侏罗系下统自流井组暗紫色砂泥岩、侏罗系中统沙溪庙组紫色砂泥岩、侏罗系中统遂宁组棕红色厚泥岩、第四系更新统老冲积、第四系全新统冲积。根据地表形态特征海拔高度和相对高度，全区可进一步分为8种地貌类型，及低山槽谷、锯状与厢状低山、山麓深丘中丘、中丘中谷、浅（或缓）丘宽谷、桌状或馒头状方山中丘、坪状中丘、阶地。　　（区档案局供稿）

【历史沿革】 永川历史悠久，早在新石器时代先人们就在这片土地上繁衍生息。夏商属梁州，周属巴国，秦属巴郡。《元和郡县志》记载：唐代大历十一年（776年）置县。

北宋时，永川县属昌州；宋真宗咸平四年（1001年），四川设益洲、梓洲、夔州、利州，昌州永川县隶梓州路；宋重和元年（1118年）改梓州路为潼川府路，昌州永川县隶属之。元至元二十年（1283年），昌州废，永川县辖地并入合州；至元二十二年（1285年）改隶重庆路合州。至正二十三年（1363年）大足县辖永川县地。明代，洪武六年（1373年）复置永川县，隶重庆路。清朝，康熙元年（1662年），省璧山县入永川县；雍正六年（1728年）复置并改为璧山县，永川仍置；

嘉庆七年（1802年）以后，永川县属四川省川东道重庆府。

民国元年（1912年）3月12日，永川县隶属四川都督府的重庆镇抚府。同年6月，重庆镇抚府撤销，永川县直属四川都督府。民国2年（1913年），废省、府、洲、厅设道，道辖县，永川县隶属四川省川东道行政公署。民国3年（1914）年6月，四川省川东道行政公署改为四川东川道行政公署，后更名为东川道，永川均隶属之。民国18年（1929年）撤道，恢复四川省建制，永川县直隶四川省政府。民国24年（1935年），永川隶四川省第三行政督察区专员公署，公署设在永川县永昌镇。

1949年12月4日，永川和平解放。永川县隶属川东人民行政公署巴县专区。同年12月20日，专署迁璧山县，改名川东人民行政公署璧山专区，永川县属之。1952年9月1日，四川省人民政府成立，江津专区更名为四川省江津专员公署。永川县隶之。1960年，江津地区行政专署治所迁永川县城。1983年3月3日，重庆实行城市经济体综合改革，撤销永川地区行政公署。4月公署并入重庆市，永川县隶属重庆市人民政府。

1992年3月9日，撤销永川县设置重庆市永川市（县级），原行政区域不变。2006年10月22日，撤销重庆市永川市，设立重庆市永川区，原永川市的行政区域为永川区的行政区域。

（林长明供稿）

【气候】 永川属四川盆地中亚热带湿润气候区，气候温和，四季分明，热量丰富，雨水充沛，无霜期长，季风气候显著。2017年，永川区气温偏高，降雨量正常略偏多，日照时数略少，气象灾害总体接近常年，较2016年偏轻。年平均气温18.4℃，较常年偏高0.7℃，各月气温波动幅度大；年总降雨量1155.6毫米，较常年偏多1成左右，时空分布不均，呈夏多冬少分布；年总日照时数1180.5小时，略少于常年。≥10℃积温高于常年，农业气象条件略偏差年景；年高温总体偏强，高温日数偏多，盛夏期间有阶段性高温热浪；汛期强降水、秋冬季大雾是主要灾害性天气。

【水资源】 永川水资源分属于长江，涪江两大水系，境内有长江及大小干支河流229条，分别流归临江河、小安溪河、九龙河、盛水河、大陆溪、龙溪河6条干流，形成支状水网，形成6个流域，是工农业生产，人民生活用水的重要来源，水资源蕴藏量丰富，但水资源相对缺乏。

小安溪河（2017年）　　（胡莉摄）

【环境质量】 全年城区空气环境质量符合优良标准的天数283天，优良率77.8%，超额22天完成年度目标任务。长江永川段水质稳定达到III类水质标准。城市集中式饮用水源地水质达标率稳定保持100%，镇街集中式饮用水源达标率91.4%。区域环境噪声和道路交通噪声等效声级分别为57.3分贝、67分贝，声环境功能区达标率87.74%。

（黄侯宇供稿）

【自然资源】 永川地形复杂，雨水充沛，气候湿润，孕育着丰富的自然资源。

黄瓜山白岩槽林区（2016年）　　（杨在贵摄）

黄瓜山山脉虎头山一角（2017 年）（杨在贵摄）

土地资源　永川以山地、丘陵为主，土地类型多样，主要是水稻土、冲积土、紫色土、黄壤、红壤。耕地面积 4.98 万公顷。

动物资源　永川常见野生动物主要有鸟兽，其中鸟类 23 科 39 种；兽类 9 科 16 种。主要野生动物有：鸳鸯、画眉、野兔、野猪、山羊、松鼠、鹌鹑、百灵鸟、蛇、黄鼠狼、竹鸡、猫头鹰、鹊子、斑鸠、啄木鸟、白头翁、白鹤、白鹭、秧鸡、八哥、刺猬等。（区林业局供稿）

植物资源　森林覆盖率 47.9%。据不完全统计，境内植物有 101 科 263 种。除粮食、油料、蔬菜等主要农作物外，还有许多经济作物，如茶叶、梨、柑橘、桃、葡萄、药材等，自然植被主要有常绿阔叶林、楠竹林、常绿落叶阔叶混交林、常绿落叶阔叶林、单一或混交暖性针叶林、单一或混交竹林、桉树林等。（区林业局供稿）

矿产资源　永川矿产资源十分丰富，储量大、品种多，以能源、冶金辅助材料的建材矿产为主，主要矿种有天然气、煤、水泥灰岩等 27 种。煤炭储量 1.56 亿吨，是全国超百万吨产煤大县（区），石英砂储量 5000 万吨，天然气储量 5.3 亿立方米，是全国稀有金属镓三大富集矿地区之一。

水资源　永川区过境水资源较丰富，地表水资源缺乏，可控制径流小，降雨季节性变化强、丰枯悬殊。部分河流尤其是城区河道蓄水能力低，枯水季节基本无流水。长江沿境南而过，河流众多，流域面积在 50 平方公里以上的河流有 12 条，支流 214 条。多年平均过境水资源量为 2768.67 亿立方米，多年平均地表水资源量为 7.3 亿立方米，多年平均降水量 1036 毫米，人均多年平均水资源量 676 立方米，低于全国平均水平和重庆市的平均水平。全区有主要水源工程 25909 处，其中水库 136 座，山坪塘 12939 口，石河堰 517 道，提水泵站 591 处（包括松溉长江提水工程），引水堰 43 座；机井 5653 口。有水窖、水池等微型水利工程 6030 处。水利工程蓄水总量为 3.02 亿立方米，占水资源总量的 42.8%。

【旅游资源】　永川自然环境优越，旅游资源丰富。全区有 AAAA 级旅游景区 2 个，AAA 级景区 4 个、全国农业旅游示范点 2 个、星级旅游饭店 11 家（其中五星级旅游饭店 3 家）。

拥有国家森林公园、国家 AAAA 级旅游景区茶山竹海，重庆市规模最大的游乐的乐和乐都主题公园，全国休闲农业及乡村旅游示范点黄瓜山乡村旅游区，中国历史文化名镇松溉古镇，国家 AAA 级旅游景区香海温泉，国家 AA 级旅游景区石笋山，以“三湖胜景”为代表的城市休闲公园

茶山竹海景区（2015 年）（马勇摄）

乐和乐都主题公园全景（2016 年）（区旅游局供图）

等自然和人文旅游资源，涵盖了森林生态、都市娱乐、乡村田园、古镇及温泉等多种类型，是重庆市的休闲旅游高地。

永川茶文化源远流长。相传茶圣陆羽曾到永川箕山（茶山）游览，并兴书“扫来竹叶烹茶叶，劈开松根煮菜根”茶联一幅。永川的茶馆遍布城镇乡村，“大碗茶”“盖碗茶”构成独特的茶俗文化。有“永川秀牙”“永川红”等名茶。有茶豆花、茶烧排骨、茶酒等茶食品、茶饮料。

【人口】 2017 年，永川区常住人口 112 万人，比上年增加 0.9 万人。其中，城镇常住人口 76.1 万人，常住人口城镇化率为 67.9%，比上年提高 1.3 个百分点。全区户籍人口 114 万人，同比增长 0.324%。其中，男性 57.79 万人，同比增长 0.119%；女性 56.2 万人，同比增长 0.536%；农村人口 62.4 万人，城镇人口 51.6 万人。人口自然增长率 4.7‰。人口出生率 11.5‰，出生人数 1.27 万人。死亡率 6.9‰，死亡人数 0.76 万人。出生婴儿男女性别比为 1.063：1。

【民族】 永川有散居（常住）少数民族群众 5504 人，涉及苗族、土家族、彝族、壮族、布依族、回族、藏族、维吾尔族等 43 个少数民族。有大中专职教院校少数民族学生 1.1 万余人、重庆文理学院附属中学校青海民族班学生 112 人。

（区民宗办供稿）

【宗教】 永川宗教历史源远流长，有佛教、道教、伊斯兰、天主教、基督教教等 5 种宗教，有佛教协会、天主教爱国会、基督教三自爱国运动委员会 3 个宗教团体。有大佛寺、天主教天主堂、基督教福音堂等宗教活动场所 27 处，其中佛教 21 处、基督教 4 处、天主教 2 处。有认定备案的宗教教职人员 22 人，其中佛教 18 人、基督教 3 人、天主教 1 人。有信教群众 11.2 万余人，其中佛教信众 10 万余人、天主教和基督教信众各 5000 余人、伊斯兰教信众 700 余人、道教信众 1500 余人。

（区民宗办供稿）

佛教场所——老庙子（2017 年）（仙龙镇供图）

【行政区划】 永川区辖 23 个镇、街道。临江、何埂、松溉、朱沱、仙龙、五间、来苏、宝峰、红炉、永荣、双石、三教、板桥、青峰、金龙、吉安 16 个镇，中山路、胜利路、南大街、茶山竹海、卫星湖、大安、陈食 7 个街道。

经济社会发展概况

【经济发展】 2017 年永川区地区生产总值 704.5 亿元，按可比价计算，比上年增长 9.4%。第一产业增加值 57.1 亿元，比上年增长 3.9%。第二产业增加值 397.7 亿元，比上年增长 11.1%。其中，工业增加值309.4亿元，比上年增长10.9%。第三产业增加值249.7亿元，比上年增长8.0%。三次产业结构由2016年的8.7：56.0：35.3调整为8.1：56.5：35.4。永川级一般公共预算收入48.2亿元，永川级一般预算支出101.2亿元，政府性基金收入40.0亿元。

农业总产值84.5亿元。其中，种植业产值45.5亿元，比上年增长11.0%，林业产值3.1亿元，比上年增长21.4%，畜牧业产值27.8亿元，比上年下降10.9%，渔业产值7.1亿元，比上年增长7.5%。主要农产品产量：粮食总产量50.0万吨，比上年下降0.12%。蔬菜产量68.1万吨，比上年增长3.8%。水果产量18.0万吨，比上年增长8.1%。水产品产量45300万吨，比上年增长5.1%。油料作物2.2万吨，比上年增长2.9%。出栏生猪83.8万头，比上年下降1.5%。出栏家禽2315万只，比上年增长0.3%。猪肉6.0万吨（预计数），茶叶产量6200吨、产值6.5亿元，食用菌产量6万吨、产值6.6亿元，是全市最大的茶叶种植基地和全市本土最大的食用菌生产基地。

2017年，全区工业增加值309.4亿元，比上年增长10.9%。规模以上工业企业414家，增加值297.6亿元，比上年增长10.9%。产值1亿~5亿元的企业142家，产值359.4亿元；5亿~10亿元企业71家，产值648.2亿元；10亿元以上企业11家，产值212.7亿元。产业园区规模以上工业企业产值816.9亿元，比上年增长39.6%。

规模以上工业企业主营业务收入比上年增长26.0%。利税总额、利润总额分别比上年增长40.6%、43.4%。产品销售率97.6%，比上年提高0.6个百分点。全员劳动生产率334903元/人，比上年增长14.6%。

截至2017年年底，全区建筑业联网直报企业94家。其中，一级资质企业9家，二级资质企业31家。建筑业在地总产值比上年增长11.5%。建筑业注册地总产值比上年增长13.2%。建筑业税收收入比上年下降33.6%。

道路运输客运量1330万人次，旅客周转量8.5亿人公里，同比分别下降30.7%、35.9%；货运量3528万吨，货运周转量45.7亿吨公里，同比增长9.6%和18.0%；完成水运货运量314.5万吨，货运周转量20.6亿吨公里，同比增长6.8%、15.7%。现有营运客车1654辆，其中班线客车812辆、出租车540辆、公交车302辆，公交线路28条。全区公路里程3761.5公里（高速公路112公里，国道75.7公里、省道366.3公里、县道144.0公里、乡道379.5公里、专用道36.8公里、村道2759.2公里），公路密度145.78公里/百平方公里，镇（街）通畅率、行政村通达率、行政村通畅率、行政村通客车率均达到100%。现有铁路90公里，其中成渝高铁33公里，永川东站为其最大的中间站；成渝铁路47公里，境内设车站5个（永川站为三等站）；煤矿专用铁路10公里。大安通用机场规划为一类通用机场，本期飞行区指标为2B，跑道长度1000米，宽30米，占地81.2公顷，总投资4.86亿元。长江流经永川境内21.5公里，已建成朱沱理文多用途码头、松溉渝西货运码头等1000吨级生产性泊位8个，年货物通过能力达到606万吨（含集装箱4万标箱）。朱沱港区朱沱作业区一期工程拟新建3000吨级泊位5个，年设计通过能力550万吨，总投资17.4亿元，计划

和谐新城（2017年）　　（新城建管委供图）

2018年开工，2019年建成。

2017年，全区固定资产投资比上年增长13.1%。第一产业投资比上年下降19.1%，第二产业投资（全部为工业）比上年增长11.2%，第三产业投资比上年增长16.7%。其中，5000万元以上投资比上年增长12.0%，5000万元以下投资比上年增长17.1%，民间投资比上年增长19.3%，房地产投资比上年下降7.1%。全区新引进项目300个（其中10亿元以上的项目10个，20亿元以上的项目2个），同比减少21.5%，引进合同资金552.95亿元，增长62.6%；实际到位资金472.17亿元，下降1.7%。其中，工业项目137个，农业项目25个，旅游项目24个，商贸物流项目20个，服务外包项目59个，基础设施项目5个，其他项目30个。实际利用外资3.77亿美元，比上年增长9.4%。进出口总额30.7亿元，其中，出口总额12.3亿元，进口总额18.4亿元。

城乡建设管理水平不断提升。九永高速全线建成通车，全长56公里的城区高速公路环线正式形成。永泸高速开工建设。渝昆高铁前期工作有序推进。城区交通缓堵三年行动计划启动。金鼎寺水库竣工蓄水，南瓜山水库等一批水库正加快建设。城区污水处理厂完成提标改造，镇级污水处理厂实现全覆盖。新增营造林6667公顷、公园绿地65万平方米。完成萱花旅社、桂山公园等片区棚户区改造14.8万平方米。整治城镇违法建筑19.4万平方米。实施新城区临时占道停车管理，“停车难”“停车乱”状况有所改善。强化城区占道经营和环境卫生整治，城区生活垃圾清运率及城镇生活垃圾无害化处理率均达到100%。常住人口城镇化率达到68%。统筹推进小城镇建设，朱沱镇入选中国特色小镇。黄瓜山改善农村人居环境市级示范片建设完成并通过验收。

社会消费品零售总额351.4亿元，比上年增长14.0%，总额居渝西地区第一、增速居全市第一。城乡集市数75个，其中城市17个，农村58个。全年集市贸易成交额实现20.3亿元，其中城市9.5亿元，农村10.8亿元。商品销售总额732.5亿元，比上年增长21.8%。住宿餐饮业营业额91.2亿元，比上年增长20.1%。

全区共有金融机构总量60家，居渝西第一。其中银行19家，小额贷款公司5家，融资担保公司2家，证券机构4家，保险公司30家。金融机构人民币存款余额580.1亿元，比上年增长9.9%。其中，住户存款412.9亿元，比上年增长10.9%。金融机构人民币贷款余额468.1亿元，比上年增长11.6%。其中，个人消费贷款232.2亿元，比上年增长8.6%。存贷比为80.7%。

全区有国家A级旅游景区6个，其中AAAA级旅游景区2个，AAA级旅游景区3个，AA级旅游景区1个。星级旅游饭店10家，旅行社6家，旅行社门市服务网点44个。全年全区接待国内游客1592万人次，旅游总收入83亿元，分别同比增长16.47%和24.7%，其中，乡村旅游接待量达到1037.02万人次，实现综合收入45.17亿元，分别占全区总量的65.12%和54.31%。

【社会发展】 全区有高新技术企业77家、科技型企业196家，国家级、市级知识产权示范、试点企业12家，知识产权创新型示范（试点）企业6家，国家知识产权贯标企业1家。市级以上研发机构70家，其中国家级6个；院士专家工作站、博士后科研流动站及工作站6个；市级以上服务机构35家，其中国家级5家。从事科技活动人数4.2万人。建成院士专家工作站2个，引进院士8人、长江学者7人。培育全国“万人计划”2人、重庆“百人计划”2人、重庆学术技术带头人6人。实施市级以上科技项目55项。完成市级以上科研项目48项。新增重庆市级科技成果31项，推广运用重点科技成果18项。技术合同金额16500万元。全区申请发明专利1300件，同比增长71%；授权发明专利135件，同比增长32.4%；有效发明专利383件，万人拥有量3.42件，同比增长46%，专利产品产值36亿元。

全区小学124所，普通高中8所，初中26所，幼儿园138所，特殊教育学校1所，高等院校6所，中等职业学校5所，成人高等教育机构1所。小学招生1.2万人，在校生8.5万人，普通高中招生0.6万人，在校生1.8万人，初中招生1.3万人，在校生3.5万人，幼儿园招生1.5万人，在校生3.4万人，特殊教育学校招生15人，在校生152人，高等院校招生2.4万人，在校生8.3万人，中等职业学校招生0.9万人，在校生3.3万人，成人高等教育机构招生0.1万人，在校生0.3万人。幼儿园入园率88.7%，小学学龄儿童入学率100.0%，普通初中入学率达到99.0%。初中毕业升高中阶段升学率97.5%，高考录取率88.7%，高考总上线率98.27%。新增中小学教育用地17.22公顷，建成投用中小学校1所，启动5所学校建设，实施14所学校改扩建工程，改造薄弱学校57所，改扩建农村寄宿制学校2所。

东鹏智能家居开工仪式（2017年）　（三教工业园供图）

全区有专业艺术表演团体1个；图书馆1个，公共图书馆藏书17.1万册；综合档案馆1个，馆藏案卷13.4万卷；专业档案馆3个（房地产档案馆、教育档案馆、建设档案馆），文化艺术馆1个；镇街文化服务中心23个，剧场影剧院9个；电视台、广播电台各1个，区级播控中心1个，镇街广播站22个，镇级播控室22个，村级播控室208个；有线电视用户32万户，电视综合人口覆盖率83.0%。规划展览馆、博物馆启动装修。小猪班纳西南运营中心完成主体工程。群众文化活动蓬勃开展。

全区有体育场馆1752个，经常性参加体育活动人口占总人口比53.38%。全民健身综合广场13个、社区健身点29个、登山步道15条、全民健身路径197条，新建笼式足球场2个，农体工程全覆盖，人均体育场地面积2.210平方米。获得市级以上比赛奖牌：金牌16枚、银牌25枚、铜牌24枚。成功举办第七届永川国际女足邀请赛，成功申办2020年市第六届运动会。

2017年，全区医疗卫生机构647个。其中，医院23所，乡镇卫生院16所，卫生监督所1个，疾病预防控制中心1个，村卫生室327个，社区卫生服务中心16个，诊所（卫生所、医务室）258个。医疗卫生机构床位数7706张，医疗卫生机构各类人员总计7838人。其中，卫生技术人员6169人，执业（助理）医师2107人，注册护士2769人。家庭医生签约率达35.87%。新开诊民营医院2家。全年永川区主要医疗机构共接诊584.09万人次（门急诊555.31万人次、住院28.78万人次），其中区外就诊人员约25.9万人次。主要集中在重医附属永川医院，占该医院全年就诊人数（79.1万人）比例约为32.5%。人口自然增长率4.7‰。人口出生率11.5‰，出生人数12720人。死亡率6.9‰，死亡人数7571人。出生婴儿男女性别比1.063∶1。符合政策生育率97.28%。成功创建全国儿童早期发展示范基地。

全区居民人均可支配收入28032元，比上年增长10.3%。其中，城镇常住居民人均可支配收入33684元，比上年增长9.0%；农民常住居民人均可支配收入16738元，比上年增长9.7%。全区各项社会保险累计参保205.41万人次，缴纳保费20.02亿元。其中，参加养老保险60.33万人，参加医疗保险109.29万人，参加失业保险10.47万人，参加工伤保险15.05万人，参加生育保险10.27万人。

2017年，城镇新增就业3.61万人，登记失业人员就业9194人，就业困难人员就业4362人，开发公益性岗位3661个，分别完成目标任务的100.37%、131.34%、109.05%、366.1%；就业创业培训13491人，新增创业11796户，分别完成目标任务的 245.29%、165.83%；城镇登记失业率 3.13%。

城市最低生活保障人数 5403 人，比上年下降 6.2%，农村最低生活保障人数 11972 人，比上年减少 8.1%，城乡低保标准分别提高到 500 元/月和 350 元/月。农村特困人员 3734 人，比上年增长 53.8%，人均补助水平 7800 元/年，比上年增长 30.0%。城市特困人员 2807 人，比上年下降 14.4%，人均补助水平 7800 元/年，比上年增长 19.8%。

全区留守儿童 2825 人，建立健全留守儿童关爱保护机制，对 101 名监护差的留守儿童给予重点干预帮扶；全区孤儿 98 名，人均补助水平 12350 元/年，比上年增长 63.57%。全区有城市社区养老服务中心 33 所，敬老院 27 所，农村幸福院 115 个。保障性住房 3375 套，其中，公租房 2063 套、廉租房 772 套。（区政府办供稿）

精神文明建设

【概况】 2017 年，永川区扎实推进群众性精神文明创建活动，努力提升市民文明素质和社会文明程度，圆满完成各项工作任务。全区获评全国文明单位 2 个、全国文明村 1 个，培育中国好人 1 名、重庆好人 6 名；全市最美志愿服务组织 1 个、最佳志愿服务社区 2 个、最佳志愿服务项目 1 个，最美志愿者 4 个、最美志愿服务岗 1 个；中国好人 1 名、重庆好人 6 名，承办全市乡村学校少年宫现场会，承办重庆市“感动的力量·好人在身边”身边好人微访谈市级示范活动 1 场。板桥好人话端午、松溉祠堂文化节、吉安重阳敬老节等活动被中央电视台专题报道。

【精神文明创建】 扎实开展“文明在行动·永川更洁净”工作，区委常委会专题研究部署申报全国文明城市提名城市工作。完成市级文明村镇复查工作，三教利民村被评为全国文明村镇。全面完成市级文明单位复查工作。发挥 4 个全国文明单位、61 个市级文明单位作用，开展文明单位“爱心进农家”扶贫行动，开展活动 200 余场次，受益群众 6000 余人。会同区妇联、区总工会等开展最美家庭创建工作，评选表彰永川区最美家庭 20 个、最美亲子志愿家庭 302 个。扎实开展“孝亲尊师”系列行动，有序推进文明校园创建。

【公民思想道德建设】 突出精准发力，深化农村精神文明建设。围绕实施乡村振兴战略，突出抓好农村乡风民风、人居环境和文化生活建设。一是加快美丽乡村建设。广泛开展科学知识、实用技术、职业技能培训，加强农民文明习惯养成教育，积极开展“清洁户”评比，大力培育纯美农民、建设洁美农家、打造和美农村、发展富美农业。组织“寻找乡村文明旅游典范”展示活动，获评乡村文明旅游示范村等各类典型 5 个。二是大力推动移风易俗。开展婚丧礼俗整治，开展专题调研，形成《永川区加强移风易俗建设文明乡风》调研报告。联合区纪委建立健全党员干部婚丧操办事宜规范制度，加大问责处罚力度，有效

微访谈示范活动（2017 年）（宣传部供图）

遏制大操大办。开展乡村环境美化行动，集中治理农村大面积“脏乱差”。广泛开展大安之星、板桥好人、三教好儿女等群众身边典型评选，以正面典型推动农村移风易俗。三是加强示范社区建设。出台《关于培育和践行社会主义核心价值观促进社区善治的实施意见》，建设“四和一美”示范点26个，开展“社区邻里节”“衣旧情深”“洁净家园”等活动3000余场次，深化市民“衣食住行游”文明生活。四是深入开展“我们的乡贤我们评、评好乡贤我们学”活动，评选新乡贤913名，建设首批乡贤评理堂53个，涵育文明乡风，助力乡村治理。五是开展“我们的节日”系列活动，策划开展板桥好人话端午、松溉祠堂文化节、何埂七夕文化旅游节等“一镇一节一品”活动，传承中华民族孝老爱亲、崇德向善、见贤思齐的传统美德，中央电视台进行报道。六是深化“礼仪棠城·文明永川”主题行动，实施“文明礼仪我带头·争做永川好市民”“万名亲子志愿行”等主题行动。景区景点设立文明旅游劝导岗18个，引导游客文明旅游，获评重庆乡村文明旅游典范5个。深化孝亲尊师主题行动，实施“践行文明礼仪·争做文明少年”主题实践活动和“九童圆梦”行动，开展征文比赛、主题演讲、书画展览和微电影大赛等活动1500余场次。突出“孝、悌、慈、严”四大主题，校风校训融入学校育人活动。开展乡贤文化进校园活动。

【志愿服务活动】　全年认真学习和全面实施《志愿服务条例》，认真贯彻全国学雷锋志愿服务工作座谈会精神，落实“志愿服务季”各项工作，扎实推进志愿服务队伍、项目、嘉许、阵地等建设。培育天使在身边、胡远莉乡村义演队、文绍英爱心之家等优秀志愿服务组织23个，全区有志愿者20余万人。深入实施“我们一起奔小康”扶贫志愿服务行动，组织开展“保护母亲河、人人志愿行”、万名亲子志愿行、“爱心进农家”等志愿服务活动，传递社会温暖，引领社会风尚。“校园芬芳助残”“文绍英爱心之家”志愿服务项目获首届志愿服务项目大赛金奖。在“12·05”志愿者日、“全民助残日”“8·8”全民健身日等期间，开展扶贫、助残、消防等11个系列“最美志愿者”推选活动。获评全市最美志愿服务组织1个、最佳志愿服务社区2个、最佳志愿服务项目1个，最美志愿者4个、最美志愿服务岗1个。用好“志愿重庆”信息系统。

【群众性精神文明创建】　坚持评好、学好、用好、关爱好先进典型，发挥道德典范的示范引领作用，教育引导广大市民讲道德、尊道德、守道德。常态化开展身边好人评选，每月举办发布会，推出重庆好人6名、中国好人1名。会同相关部门开展最美乡村医生展示活动，推出“最美乡村医生”12名。每月在区级主流媒体浓墨重彩报道身边好人、感动人物等先进典型先进事迹。永川日报开辟专版专栏报道好人好事。永川手机台全程直播感动永川人物颁奖典礼，在线观众达1.3万人。开展“榜样面对面”身边好人宣讲党的十九大精神区级示范5场次。开展身边好人微访谈区级活动21场、镇街活动141场次、道德模范“心语微发布”活动20余场。组织干部群众收看《圆梦中国·德耀中华》电视专题节目，全区收看人数1万余人次。广泛开展定期一次电话问候、一次登门走访、一次志愿服务等“三个一”活动。春节、端午等节日走访慰问40多名道德典型。永川区慈善总会、国网永川供电公司等文明单位出资29万元，帮扶生活困难的身边好人，关爱礼遇道德典型。

【未成年人思想道德建设】　健全完善学校“立德”、家庭“养德”、社会“润德”、阵地“筑德”工作体系，增强未成年人思想道德教育成效。开展九童圆梦书香行动，寻找产生书香校园1所、书香班级6个、书香少年5名。组开展“美德少年”寻找展示活动，推出重庆市美德少年2名。开展“寻找最美教师”活动，评出一批师德师风先进典型。深入贯彻《重庆市家庭教育促进条例》，广泛开展九童圆梦鸡年春节行动，5000余名学生参与编感恩微信、做年夜饭菜、拍团圆照片、观新年灯会。扎实推进“三结合”孝善立德教育，组织孝顺儿女进社区、进学校宣传教育。深化“红樱桃·四季有爱”主题活动，整合社会力量，积极搭建公益平台，关心关爱留守儿童、困境儿童。“冬日针爱”活动动员全区各镇街爱心志愿者力量，对接帮扶酉阳县1531名留守儿童，为90余名孤寡老人每人送上一套爱心织物。发挥7所乡村学校少年宫的示范带动作用，完成全国乡村学校少年宫信息管理系统录入工作。组织乡村学校少年宫开展心理健康巡讲、“寻根乡愁”“百家百校”等系列展示活动20余场。年度考核获特等奖、一等奖各1所。（区委宣传部供稿）

政治与法治

政　治

中共永川区委员会

【概况】　中国共产党重庆市永川区委员会（以下简称永川区委）是中国共产党重庆市永川区地方组织的领导机构，执行上级党委的指示、永川区中共党的代表大会的决议。永川区委团结带领全区广大干部群众，为实现“兴业兴城、强区富民”总任务迈出新步伐。全区实现地区生产总值704.5亿元，增长9.4%；规上工业总产值实现1078.3亿元，增长23.6%；社会消费品零售总额达到351.4亿元，增长14%；一般公共预算收入实现48.2亿元，增长1.5%；城乡常住居民人均可支配收入分别为33684元、16738元，分别增长9%、9.7%。

【区委十四届二次全会】　2017年11月30日至12月1日，中国共产党重庆市永川区第十四届委员会第二次全体会议召开。全会深入贯彻党的十九大精神及重庆市委五届三次全会精神，听取讨论了滕宏伟代表区委常委会所作的报告，审议通过《中共重庆市永川区委关于深入贯彻市委五届三次全会精神把党的十九大精神全面落实在永川大地上的决定》。

【党的建设】　中共永川区委研究出台《关于进一步加强党支部建设的意见》。全区党建工作以“三会一课”为基本制度、党支部为基本单位、主题党日为基本载体，把学习贯彻党的十九大精神为主线，统筹抓好农村、国企、机关、学校、社会组织和城市等基层党建工作。理顺教育、国企、非公等基层党组织管理体系，全覆盖培训基层党支部书记、党组织成员和党小组长。整顿软弱涣散基层党组织35个。严格落实“二十字”好干部标准，从严教育管理干部，抓实抓牢领导班子建设。制定党员干部干事创业容错纠错机制，为党员干部担当负责。按照中央和市委统一部署要求，推进国家监察体制改革试点工作，把党风廉政建设和反腐败斗争摆在更加突出的位置，持之以恒正风肃纪、惩治腐败，净化党内政治生态。

【经济建设】　一是现代制造业基地建设取得新突破。理文纸业成为全区首家产值过百亿的企业；永川数控机床产销两旺，销量占到全市的31%；

永川区第十四届二次全委会（2017年）　（区委办供图）

临江河整治会议（2017 年） （区环保局供图）

庆铃市政专用车项目开工，年产 50 万辆长城汽车项目签约，汽车及零部件产业实现“整车”突破；中船重工一期智能制造产业园动工，东鹏智能家具创意产业园、中交世通重型钢构、泰石岩棉项目开工，页岩气勘探开发取得重大进展。二是区域性综合交通物流枢纽建设取得新进展。九永高速全线通车，永川成为全市除主城外首个拥有环线高速公路的区县。促成重庆至北京、天津的高速列车经停永川，渝昆高铁设站永川城南。都市快轨纳入市级规划，通用航空机场和长江朱沱港区、永泸高速、兴龙大道、茶神路再建中。完成 115 公里县道改造。农村公路由村村通向组组通延伸，成为全国首批“四好农村路”示范区和首批城乡交通运输一体化示范县创建区。三是区域性现代服务业高地建设迈出新步伐。红星美凯龙家居市场、纵达汽车城、五洲工业品博览城等专业市场开始修建，社会消费品零售总额增速连续 3 年排名全市第一。中铁二十一局五公司整体从兰州迁入，中交一公局重庆总部、携程网海外客服中心、重交集团总部、万学教育西南总部等项目相继落户。软件与信息技术服务规模以上企业 60 家，座席数突破 6000 个，从业人员达到 1.5 万人。永川旅游发展良好，全年接待游客 1592 万人次，实现综合旅游收入 83 亿元，同比分别增长 16.5% 和 24.7%。四是成功创建国家级高新区，区委出台《关于支持人才发展加快建设创新创业人才高地的若干办法》，促进各类人才创新创业活力迸发，建成国家双创示范基地。出台扶持职业教育发展政策 24 条，落实“创新驱动 30 条”，搭建科技平台，做实科技金融，推进产学研协同创新，全区入住高新技术企业 77 家，市级以上科研平台和服务机构达到 111 家，科技人员 3.6 万人，永川高新区成功创建为国家高新区。

【城乡建设】 坚持规划引领，永川形成高速公路环线合围的 175 平方公里城市轮廓。城区面积 71.3 平方公里，常住人口城镇化率 68%。改造美化城市主干道路和市政绿化设施，规范城区临时占道管理。新农村示范点建成稳步推进。南瓜山水库、河湖连通工程等水利设施项目有序推进。扶持发展龙头企业 90 家、电商服务站 400 个。

【深化改革】 深化供给侧结构性改革，依法关停煤炭、钢铁去产能企业，2016—2017 年关闭钢铁企业 10 家，化解产能 216 万吨；关闭煤炭企业 51 家，化解产能 321 万吨；关停砖瓦企业 56 家，关停数量居全市第一。去房地产库存，消化商品住宅库存 30 万平方米。持续深化“放管服”改革，认真落实“工业企业降成本 34 条”，新增市场主体 1.2 万户，民间投资占比达到 65% 左右。推进农村集体产权制度改革国家试点，试点经验“资金变股金、农民变股民、年年有分红”在全国推广。加快推进海关检验检疫平台建设和海关设立工作，完成进境木材检验检疫监管区主体工程，B 型保税物流中心纳入全市规划，启动综合保税区申报工作。积极融入中欧、中新合作战略，实现外贸进出口 33 亿元，实际利用外资 3.3 亿元，入选国家中欧合作新增案例地区（重庆）和全市承接加工贸易转移示范区。

【政治建设】 推进法治建设第一责任人职责，落实宪法宣誓制度，定期召开会议，支持法院、检察院依法独立公正行使职权。严格落实司法体制改革，切实保障司法公正和社会公平正义。开展普法宣传教育。支持人大对“一府两院”的监督，完善人大代表联系制度。制定《关于加强和改进人民政协民主监督工作的实施意见》，引导区政协联动，开展专项民主监督。定期召开政党协商座谈会，实施“凝心聚力”“献计出力”“经济助跑”“同心惠民”“攻坚克难”“固本强基”六大行动。开通民营企业“维权直通车”，促进非公有制经济快速健康发展。

【文化建设】 拍摄宣传片《茶竹和韵、智汇永川》《永立潮头、海纳百川》，书写传唱歌曲《永川，我为你而来》，提升了永川形象，编排的本土方言轻喜剧《管家婆》获评重庆市精神文明建设“五个一工程”奖。永川微发布获评“重庆最具区域影响力政务头条号”。加大依法管网用网治网力度，全年未发生重特大舆情。编制汉东城遗址保护规划，推进永川博物馆、规划展览馆陈列室布展，建成了一批文化大院、健身广场等文化阵地和设施。成功举办2017年永川国际女足邀请赛等文化活动，创作现代川剧《华莹烟雨》等一批文艺精品。建成首批“乡贤评理堂”53个，建设基层思想政治工作示范点27个，在中宣部会议交流经验发言。2013—2017年度区委宣传部获评全市宣传思想文化工作先进集体。

【生态文明建设】 永川重视生态文明建设，出台《永川区环境保护工作责任规定（试行）》和《永川区党政领导干部生态环境损害责任追究实施细则（试行）》，落实环保机构监测执法垂直管理改革。把临江河流域综合治理工作作为“一号民心工程”，临江河河流管理实行“河长制”。投入资金2.5亿元，开展截污清淤、面源污染整治、黑臭水体清除、排污管网完善，实施生态修复。群众评议满意率达94.91%。实施碧水、蓝天、绿地、田园、宁静“五大环保行动”，全年空气质量优良天数达283天，声环境功能区达标率达到87.7，森林覆盖率达到47.9%，城乡生态环境得到持续改善。

【督查工作】 中共永川区委督查工作由区委督查室牵头承担，主要是负责中央、市委和区委重大决策、重要工作部署贯彻落实情况的督促检查，对镇街、部门督查工作的业务指导。2017年，区委督查室围绕督查职能职责忠诚履职，围绕中央、市委和区委重大决策部署、重要工作、重大项目开展现场督查150余次，分解督办区委常委会议定事项41次401项、区委专题交办事项13次126项，滚动跟踪督办区委决策事项862项次，通报工作进度情况33次，编印《督查专报》17期，在市委督查室刊物《重庆督查工作》刊发经验材料1篇，有力促进了中央、市委和区委决策部署落地落实。

（黄冰冰供稿）

永川区人大常委会

【概况】 重庆市永川区第十七届人民代表大会常务委员会于2017年1月选举产生。区人大常委会设办公室、信访办、人事代表工作委员会、农业与农村工作委员会、教科文卫工作委员会、预算

法律知识竞赛（2017年） （区人大供图）

工作委员会等6个工作机构。常委会机关内设秘书科、行政科、人事科、市人大代表联络科、预算审查监督科、规范性文件备案审查科和人大信息中心，有工作人员54人。

2017年，区人大常委会听取和审议“一府两院”专项工作报告10项，专项工作评议1项，对区政府3个部门主要负责人述职评议，专题询问全区旅游产业发展情况，开展执法检查2项，专题调研9项，代表集中视察5项。全年共任免国家机关工作人员86人次，任命人民陪审员50名，组织宪法宣誓129人。

【重庆市永川区第十七届人民代表大会第一次会议】 2017年1月10日至13日在永川区文化艺术中心召开重庆市永川区第十七届人民代表大会第一次会议。会议听取和审议了区政府区长罗清泉向大会作的重庆市永川区人民政府工作报告、区人大常委会主任王志飞向大会作的重庆市永川区人大常委会工作报告、区人民法院院长高林平向大会作的重庆市永川区人民法院工作报告、区人民检察院检察长李建超向大会作的重庆市永川区人民检察院工作报告；审查永川区2016年国民经济和社会发展计划执行情况的报告，批准2017年国民经济和社会发展计划，审查永川区2016年预算执行情况的报告和2017年预算草案，批准永川区2016年预算执行情况的报告和永川区2017年区级预算，听取和审议并通过了关于各项工作报告的决议。

【人大决定、决议】 重庆市永川区人大常委会先后做出了关于实施临江河流域综合整治的决定、关于设立重庆市永川区人大常委会代表资格审查委员会的决定、关于开展第七个五年法治宣传教育的决议、关于批准2016年区级决算的决议、关于调整2017年区级预算的决定、关于召开重庆市永川区第十七届人民代表大会第二次会议的决定、关于接受赵智杰辞去重庆市永川区第十七届人民代表大会常务委员会委员职务请求的决定。

【人大监督】 先后听取和审议了区人民政府关于实施创新驱动发展战略情况报告、永川区2016年预算执行和其他财政收支审计工作报告、2017年1—6月预算执行情况报告、2017年1—6月计划执行情况报告、关于全国农村改革试验区推进情况报告、2017年预算调整的报告、办理区十七届人大一次会议代表建议情况报告、关于审计查出问题整改落实情况报告，听取和审议了区人民检察院开展法律监督工作情况报告。开展执法检查2项，检查《中华人民共和国文物保护法》《重庆市实施〈中华人民共和国文物保护法〉办法》《中华人民共和国禁毒法》《重庆市禁毒条例》贯彻实施情况。对全区商务工作开展了专项工作评议，对区民政局、卫计委、国房局主要负责人履职情况开展了述职评议，专题询问了全区旅游产业发展情况。

【人大代表工作】 全年人大代表开展2次集中走访，常委会对代表提出的613条意见建议转交“一府两院”，要求相关单位研究处理、改进工作。全年区人大代表620余人次参加常委会的议题调查、执法检查、专题调研、集中视察、预算审查等活动，扩大了代表对常委会工作的参与。完善永川区十七届人大代表列席常委会会议办法，保证每名代表届内至少列席一次常委会会议，旁听一次法院庭审。开展“代表回娘家”活动，代表积极走访选民，听取社情民意，宣传方针政策。永川区第十七届人大一次会议主席团交付审议的关于加强小区物业管理的议案，永川区人大城环委深入调研、认真审议，区人大常委会按照程序处理落实。办理479件代表建议，得到解决或者计划逐步解决的共329件。确定11件代表建议重点督办。举办区人大代表专题培训班，市人大、市委党校领导、专家和区人大常委会领导作专题讲座，350名代表和人大干部参加学习。全区设立268个代表联系点，落实民情联络员1630名，畅通民情表达渠道。

【人大调研工作】 全年开展9项专题调研。就全区金融行业发展、医疗保险基金管理与使用情况、区人民法院巡回法庭开展情况、永川区楠木保护与推广情况、物业管理情况、贯彻落实《“健康中国2030”规划纲要》和全民健身设施建设情况、区人民政府依法行政工作情况、全区商标培育发展情况、重信重访情况深入开展调研。

（汤泽扬供稿）

永川区人民政府

【概况】　永川区政府紧紧围绕“兴业兴城、强区富民”总任务，以推进供给侧结构性改革为主线，把推动高质量发展作为第一要务，积聚经济发展的潜力和后劲，加快聚集智能装备、汽车及零部件、电子信息、特色轻工、能源及新材料五大重点工业集群。战略性新兴产业增长25%。园区集中度达到80%。现代服务业有效供给不断扩大，软件与信息技术服务外包产业增加值增长35.4%，入选全市首批战略性新兴服务业集聚示范区和服务贸易特色产业园区。现代农业综合效益和竞争力稳步提升，形成茶叶、食用菌、名优水果等三大特色产业，产值增长20%。商贸物流繁荣兴旺，成为渝西、川东南和黔西北地区的配送中心、综合商圈、专业市场、物流园区。旅游资源丰富，拥有国家AAAA级旅游景区、国家级森林公园、首批市级旅游度假区茶山竹海，国家AAAA级旅游景区、重庆最大的主题游乐公园乐和乐都，全国乡村旅游示范点黄瓜山乡村旅游示范区，中国历史文化名镇松溉古镇和城区三湖等旅游景区。职业教育加快发展，产教融合、校企合作和人才培养环境进一步优化。

【城乡建设】　九永高速全线建成通车，全长56公里的城区高速公路环线正式形成。永泸高速开工建设。渝昆高铁前期工作有序推进。城区交通缓堵三年行动计划启动。金鼎寺水库竣工蓄水，南瓜山水库等一批水库正加快建设。城区污水处理厂完成提标改造，镇级污水处理厂实现全覆盖。新增营造林6666.67公顷、公园绿地65万平方米。完成萱花旅社、桂山公园等片区棚户区改造14.8万平方米。整治城镇违法建筑19.4万平方米。实施新城区临时占道停车管理，“停车难”“停车乱”状况有所改善。强化城区占道经营和环境卫生整治，城区生活垃圾清运率及城镇生活垃圾无害化处理率均达到100%。常住人口城镇化率达到68%。统筹推进小城镇建设，朱沱镇入选中国特色小镇。黄瓜山改善农村人居环境市级示范片建设完成并通过验收。

【招商引资】　全年引资项目300个（其中10亿元以上的项目10个，20亿元以上的项目2个），其中，工业项目137个，农业项目25个，旅游项目24个，商贸物流项目20个，服务外包项目59个，基础设施项目5个，其他项目30个。引进合同资金552.95亿元，实际到位资金472.17亿元。实际利用外资3.77亿美元。进出口总额30.7亿元，其中，出口总额12.3亿元，进口总额18.4亿元。

【保障和改善民生】　完成义务教育学校校舍维修改造项目90个。成功创建国家义务教育发展基本均衡区。建成社区养老服务中心6所。城镇低保、农村低保每人每月标准分别提高到500元、350元。发放社会救助资金2亿元，惠及困难群众7万人。帮助832户、2379名农村群众实现脱贫。取消药品加成和药事服务费收入共计2927万元全部让利群众。城镇新增就业3.6万人。职业培训1.3万人。新增创业主体9844户。硬油化农村公路303公里，新建泥结石公路120公里，建成村社便道648公里，新改建桥梁11座，完成农村进校道路搭接工程19.4公里。改造农村C、D级危房1023户。整治山坪塘1022口。实施农村自来水入户1.5万户。全面启动临江河流域综合治理，城区河段消除黑臭现象。全面完成民生实事年度目标任务。

【依法行政】　全面落实“谁执法谁普法”普法责

任制，健全完善规范性文件合法性审查和政府法律顾问制度，推动行政复议、行政应诉规范化。办理人大代表建议476件、政协委员提案357件，满意率分别达到98.5%和99.4%。通过政府网站、公报、微博、微信等信息平台，主动公开政府信息24023条，依申请公开政府信息101件。建成行政许可"全事项、全过程、各环节"互相配套协调的标准体系，网上行政审批服务事项按时办结率100%，一般类企业投资项目从土地出让到施工许可审批办结总时限压缩至56个工作日以内。深入推进"双随机一公开"行政检查改革措施行。严格落实职业准入制度，对全区现行23个职业（工种）开展职业技能鉴定。印发了《关于加强和规范行政执法证件管理的通知》。（区府办供稿）

政协永川区委员会

【概况】 2017年永川区政协高举爱国主义和社会主义两面旗帜，突出团结和民主两大主题，认真学习贯彻中共十九大精神，以习近平新时代中国特色社会主义思想为指导，深入贯彻落实永川区第十四次党代会、永川区委十四届二次全会精神，以促进"兴业兴城、强区富民"为主线，通过10次民主协商、6个专题调研、2项民主评议、13次情况通报、5个集中视察、23项界别活动，共形成协商评议意见、调研视察报告、重要社情民意信息等参政议政材料51份，交办提案360件，有效履行政治协商、民主监督、参政议政职能，为推动永川改革发展和民主政治建设做出了积极贡献。

政协委员调研（2017年） （区政协供图）

【常委会议】 全年召开常委会4次，对政协永川区第十五届一次会议以来提案立案交办和重点督办提案推荐情况、永川区政协十五届一次会议期间政协关爱基金募集情况、法治政府建设情况、党风廉政建设情况、永川区政协"界别活动月"界别活动情况、政协永川区第十五届二次会议筹备推进情况、区政府关于2017年全区重点项目建设和民生实事推进及办理政协履职成果情况的通报，审议通过了《政协永川区第十五届委员会工作机构设置方案》《永川区政协2017年工作要点》《关于加强常务委员会自身建设的意见》《永川区政协常务委员会工作规则》《永川区政协专门委员会工作规则》《永川区政协委员履职管理办法》《关于召开政协重庆市永川区第十五届委员会第二次会议的决定》，协商了永川区政府组成部门正职领导干部任职建议方案及有关人事事项，评议了永川区文化委、永川区工商分局工作。

【政治协商】 永川区政协对接党政年度工作重点，制定实施年度协商计划。就充分利用页岩气资源，提出坚持"共商共建共赢"原则、推动加大勘探开采力度、探索资源就地转化机制、争取建立气量留存制度、编制综合利用规划、发展新能源产业等建议；就加快中船重工永川基地建设，提出深化政企合作、加大协调力度、搭建产业联盟平台、加快重点项目建设、引导优势民营企业进入民参军领域、推进军民融合产业发展等建议；就发展旅游业，提出注重顶层设计、做好全域旅游规划、防止乡村旅游发展碎片化和加强文旅融合、保护原址原貌原物、传承历史文脉、开发特色旅游产品等建议。关注城市副中心规划建设，提出妥善处理副中心与主城区、产业发展与长江生态保护、园区建设与古镇开发利用关系和统一规划、突出重点、把握节奏、分步实施等建议。助推博物馆建设，成立委员专家咨询组，多次召开协商座谈论证会，提出优化陈列布展大纲、做好专业策划设计、抓紧文物清理修复、突出互动教育功能、打造永川文化地标等建议。瞄准经济运行中的问题，就财税工作、国企国资改革、重大政府性投资项目安排，召开主席会议协商，关于推进税收征管信息化、提升土地增值收益空间、积极培育涵养税源、加强政府投资项目管理、建立“全口径、大财政”统筹管理体制、完善“借、用、还”一体化的政府债务管控机制等建议，写入区政府关于进一步加强财政管理工作的文件中。

【民主监督】 按照中央和市委关于加强和改进人民政协民主监督的重要部署，永川区政协组织调查研究，形成《关于加强和改进人民政协民主监督工作的实施意见》，提请永川区委常委会审议同意后正式印发。全面动员、全员参与，联动开展临江河流域综合治理“一河段一委员”专项民主监督，助力一号民生工程有效实施。分别对区工商分局、区文化委工作开展民主评议，并切实改进评议方式，注重评议实效，形成书面评议意见。组织委员就永川高速环线建设、公安应急指挥工程和智慧交通建设、公立医院建设、规范停车秩序等开展视察，形成视察监督报告，提出建议。关于规范城区公共区域临时占道停车秩序工作的建议，区政府召开专题会议逐一研究落实。开展提案质量和提案办理民主评议，形成“双向互评”，360件提案全部办复。在常委会议、主席会议、对口协商会议中安排一定数量的监督性议题，就法治政府建设、党风廉政建设、金融工作、落实企业降本增效34条、全区年度重点项目建设及民生实事办理、社区矫正与安置帮扶、医疗卫生信息化平台建设等工作听取情况通报，开展会议监督。

【参政议政】 组成专题调研组，就做大做强“永川豆豉”产业开展重点调研，提出实施“永川豆豉”产业振兴计划的建议，永川区委主要领导批示肯定，永川区政府设立领导小组、组建工作专班、确定园区选址，着手制定产业发展专项政策。就“众创空间”建设、就业创业培训及就业帮扶、农产品质量安全等开展调研，分别形成调研报告。组织委员就促进税收可持续增长、培育百亿级企业、畅通城区交通、管好住宅小区消防安全、留住永川文化记忆等进行大会发言，多数建议被转化为重点提案，明确牵头领导和主协办部门办理落实。关于健全涉税信息获取机制形成“税收共治”格局、改进建筑业税收征管、推进茶产业发展、保护“铁岭夏莲”“成渝东大路”古景古迹、加大公立医院综合改革宣传力度等社情民意信息引起有关方面重视，得到较好落实。

【政协十五届一次全会】 中国人民政治协商会议重庆市永川区第十五届委员会第一次会议在区文化艺术中心召开，大会通过《中国人民政治协商会议重庆市永川区第十五届委员会第一次会议关于政协重庆市永川区第十四届委员会常务委员会工作报告的决议》《中国人民政治协商会议重庆市永川区第十五届委员会第一次会议决议》。

（区政协办供稿）

纪检监察

【概况】 2017年，永川区纪检监察组织认真贯彻落实中央纪委、重庆市纪委和永川区委的部署要求，忠诚履行党章赋予职责，聚焦监督执纪问责主业，纪检监察工作取得新进展新成效。

【严明党的纪律】 坚决贯彻中央精神和重庆市委要求，坚决维护以习近平为核心的党中央权威和集中统一领导。对新形势下党内政治生活若干准则等党内法规贯彻执行情况开展季度督促检查，要求被谈话函询干部在民主生活会、组织生活会上作说明或检查13人次。针对有违纪违法案件的单位召开专题民主生活会对照反思，查漏补缺。全年共回复党风廉政意见805人次。建立874名区管领导干部廉政档案和问题线索“活页本”。建立《永川区落实全面从严治党责任“十八必谈十八必问”工作清单》，明确各级党组织和纪检监察组织开展警示教育，提醒在党的建设和党的事业中因失职失责被追责问责的18种具体情形。对32个落实主体责任不力的单位党组织负责人进行严肃查处，问责党员干部37人。制定《关于建立党员干部干事创业容错纠错机制的实施办法（试行）》，89名党员干部澄清不实问题。

【严肃纪律审查】　出台《关于运用监督执纪第一种形态的实施办法》，全区纪检监察组织通过约谈函询、批评教育等方式处理275人；给予党纪轻处分和组织调整98人；给予党纪重处分和重大职务调整16人；严重违纪涉嫌违法立案审查39人。修订《永川区基层纪检组织办理信访举报件实施细则（试行）》等制度规范。建立信访举报联系点和包案办理机制，区纪委书记、副书记带队公开接访群众，其他常委包案化解重点、重复信访举报51件。办理中央巡视组转办件、市纪委交办件共68件。全区纪检监察组织共受理检控内信访举报305件，处置问题线索295件，立案查处111件124人，给予党纪政纪处分124人（其中处级干部16人、科级干部14人），严肃查处典型案件21起。全年查处违反中央八项规定精神问题25件，给予党纪政纪处分17人，组织处理19人，问责9人，通报曝光36人。督查扶贫政策、扶贫项目资金的落实并规范11项。

全年共查处侵害群众利益的不正之风和腐败问题48件，给予党纪处分38人、组织处理26人、问责23人。制定五年巡察工作规划，建立区委巡察工作人才库，编制巡察工作手册，绘制巡察流程图，编印《区委巡察工作十问十答》。全年共巡察镇街、部门党组织24个，发现问题286个，移交问题线索28条，查处13件15人。

开展违规公款吃喝、违规收送红包礼金、违规发放津补贴或福利、违规公款购买消费高档白酒、违规购买商业预付卡等专项整治。全区清退违规发放津补贴87.09万元，收受红包礼金8.01万元。

【监察体制改革试点】　永川区成为国家监察体制改革试点区，制定永川区深化国家监察体制改革试点工作方案，严把转隶人员政治关和廉洁关，配合永川区人大完成永川区监委主任选举和永川区监委副主任、委员任命工作，完成永川区监察委员会挂牌，试点成功。

【队伍建设】　永川区纪委推进“两学一做”学习教育活动制度化常态化，开展“三会一课”，班子成员带头讲党课21次，加强纪检队伍教育。制定永川区纪委《区纪委派驻纪检组及下属事业单位科级干部选拔任用工作实施办法（试行）》《永川区纪委机关临时党支部管理办法》《关于及时报告纪检监察系统重要事项的通知》等，建立例行沟通会商、干部监督留痕等12项制度。组织纪检监察干部参加中央纪委、市纪委、区纪委专题培训22期172人次，到永川区纪委跟班培训18人次，举办“永川纪检监察干部讲坛”，多渠道锻炼干部队伍。对纪检监察干部违纪行为“零容忍”，受理处置纪检监察干部问题线索4件。（区纪委供稿）

组织工作

【概况】　以学习贯彻落实中共十九大精神为主线，全面从严治党要求，开展干部管理、人才队伍建设、党员教育、基层党建等工作。开展的“民间乡土人才领跑带富计划”荣获2017年全国人才工作最佳案例奖。民办学校党建工作代表重庆市接受中组部、教育部专项督查。开展城市基层党建调研，调研报告荣获2017年度重庆市组织工作调研成果一等奖。开展“重点招商项目人才支持计划”，获重庆市人才项目优秀奖。开展“强化社会组织党组织政治功能”研究与实践，得到重庆市委委组织部、重庆市委非公工委肯定。

【干部管理】 严格干部管理标准，切实把领导班子建设抓实抓牢。开展组织部部长谈心谈话活动，干部认识到“上岗不易”，做到“在岗履职”。开展区级部门全覆盖回访考察，形成15万字的考察报告，建起区管领导干部个人信息台账。制定《区管领导班子综合考核实施办法》。选配永川区煤管局、永川区中医院等单位主要负责人，免去5名领导干部职务。全年开展民调10次，及时解决群众反映的突出问题。集中约谈2016年度考核结果排名靠后的6个区管领导班子主要负责人和8名区管正职领导干部，督促整改提升。

加强“理论武装”，开展干部理论教育、党性教育和能力培训。全年举办各类培训班近50期，培训各类干部1.32万人次。采取专题培训、辅导讲座、在线学习等方式学习贯彻习近平总书记系列重要讲话精神。举办3期学习贯彻十九大精神专题培训班，全覆盖轮训全区处级以上干部。会同区委党校开设访谈式教学课——“作风建设永远在路上”，邀请区纪委同志走进主体班课堂，讲解发生在身边的案例，党员干部接受教育。先后选派38名干部到信访、招商、临江河整治等重点岗位挂职锻炼，28名干部到市级部门、宜宾市挂职，46名干部到镇街部门互派挂职。举办新兴产业、全域旅游等专题培训班11期，举办党建群团、安全生产等业务培训班33期，提高干部综合能力。全年开展党员集中冬训153期，参训党员40163人，参训率达83.9%。

从严治党，营造良好政治生态。坚持科级干部备案联审，全年开展镇街、部门科级干部备案173批次、328人次。继续开展“带病提拔”处级干部选拔任用过程自查、科级干部选拔任用过程倒查。从严开展领导干部个人有关事项报告查核，先后对96名处级以上干部个人有关事项报告情况进行随机抽查核实，对34名科级以上干部进行重点核查。全年对8个单位15名党政主要领导干部开展任期经济责任审计，对9个单位开展整改落实情况“回头看”。全年对领导干部开展提醒、函询和诫勉60余人次。协同区纪委，研究制定领导干部容错纠错办法。开展超配处级、科级领导职务、非领导职务、编制混用、混编任职的清理整治，清理消化混编任职35人。开展党政干部在社团、企业违规兼职“回头看”，责令22名党政领导干部辞去或免去兼任社会团体职务。

【人才工作】 加强人才制度体系建设，制定人才队伍建设意见。组织实施“紧缺急需人才引进”“民间乡土人才领跑带富”“重点招商项目人才支持”“职业教育对接产业发展”等重点人才专项活动，先后引进教育医疗、现代农业等领域紧缺人才19人，累计引进硕士以上研究生161名。新认定民间乡土人才192人，永川民间乡土人才总量达到3377人。参与制定“加快建设现代职教高地激励政策”24条。开展人才培训，邀请中国人事科学研究院院长余兴安教授作专题讲座、开展“永川十大杰出工匠”“十佳服务明星”“优秀科技工作者评选”等评选表彰活动。为引进人才购房、就医及配偶就业、子女入学等方面提供方便，解除引进人才后顾之忧。

【基层党建】 出台《关于进一步加强党支部建设的意见》，明确党支部规范化建设的标准和要求。全年新发展党员435名，全额完成市委组织部下达的发展计划。全区2111个基层党组织坚持每月10日组织开展党内组织生活主题活动。持续开展党员日常管理量化考评。审查有无违纪处分情况，清理辖区外长年不返乡的党员、非党组织党员、流动党员情况，不按时缴纳党费、不参加组织生活、不完成党组织交给的任务的“三不”党员，不守规矩、不发挥作用的党员。量化评分、确定等次，对全区4万余名党员做出准确定性，实施分类管理。全年对各领域党支部书记、基层党组织成员和党小组长进行全覆盖培训，培训支部书记2023人，培训基层党组织成员和党小组长6270余人。整顿转化后进基层党组织35个。新建改建村（社区）便民服务中心17个，聘任村（社区）便民服务中心专职干部1618人，1/3以上的村（社区）书记、主任培养成为致富带头人。整治查处“蝇贪”和侵害群众利益案件42件、涉案43人。制定深化抓党建促脱贫攻坚行动实施方案，配强5个市级贫困村第一书记及驻村工作队成员。

2017年党员基本情况表

表1

	项目	总数	预备党员	女	少数民族	台湾省籍	年龄									
							30岁及以下	31至35岁	36至40岁	41至45岁	46至50岁	51至55岁	56至60岁	61至65岁	66至70岁	71岁及以上
	甲	A	B	C	D	E	F	G	H	I	J	K	L	M	N	O
	总计	47633	495	12921	159		4479	4113	3031	4594	4347	5280	2725	4682	4110	10272
	一、在岗职工	13906	271	4807	131		1974	2207	1807	2585	2192	2153	633	195	56	104
公有制单位	合计	10507	210	3856	114		1406	1670	1490	2096	1677	1670	450	36	4	8
	党政机关工作人员	3489	44	1010	41		391	515	343	640	619	781	197	3		
	事业单位管理人员	1235	12	370	7		85	153	210	326	215	194	46	6		
	事业单位专业技术人员	4642	131	2199	54		721	750	807	970	685	556	134	10	2	7
	企业管理人员	267	8	93	3		40	66	32	46	31	31	13	5	2	1
	企业专业技术人员	175	4	47	2		39	44	20	23	16	15	7	11		
	工勤技能人员	699	11	137	7		130	142	78	91	111	93	53	1		
	农民工	7		1			3	1		2	1					
非公有制单位	合计	3399	61	951	17		568	537	317	489	515	483	183	159	52	96
	企业管理人员	845	21	205	3		78	111	89	132	147	170	51	40	12	15
	企业专业技术人员	785	15	225	6		142	148	70	99	106	78	34	38	25	45
	民办非企业单位管理人员	146	5	52	1		36	29	14	13	20	13	13	2	1	5
	民办非企业专业技术人员	135	6	41	1		49	27	11	18	15	8	3	2	1	1
	工勤技能人员	1488	14	428	6		263	222	133	227	227	214	82	77	13	30
	农民工	17	92	2	16		15	13	5	11	14	9	4	8	1	12
	二、农牧渔民	20211	173	4423	9		1648	1273	825	1411	1457	2005	1166	2208	2309	5909
	外出务工经商人员	2232	14	446	2		518	349	203	311	275	266	115	115	32	48
	三、军人、武警	3	1	1		1		1						1		
	四、学生															
	五、离退休人员	8631		2271	12				9	35	93	459	642	2023	1550	3820
	六、其他	4882	50	1419	7		856	633	389	563	605	663	284	256	194	439

说明：1. 能够按时按标准交纳党费的党员47452名，经批准少交党费的党员44名，免交党费的党员40名，自愿一次性多交纳1000元以上党费的2名。2. 生活不能自理、丧失劳动能力的党员35名。3. 企事业、民办非企业单位党员中担任高级专业技术职务的716名，其中女性188名，35岁及以下的17名；担任中级专业技术职务的1687名，其中女性662名，35岁及以下的236名；担任初级专业技术职务的1309名，其中女性830名，35岁及以下的846名

制定加强国企党的建设的意见，全面推行国企党建工作内容进章程。加强中小学校党的建设，全区139所中小学校实行交叉任职。开展基层党组织书记述职评议。

【非公党建】 全年新建党组织13个，全区非公企业和社会组织党组织覆盖率分别达90.5%、77.4%，位于重庆市前列。强化3个园区党群服务中心管理运行，联系党组织，凤凰湖、三教、港桥工业园区，全年累计办理主题党日策划、党员志愿服务和工商、税务、环保等党政事务服务6830余件次，组织开展“双强双带”“双亮双争”主题活动20场次，举办党课、时事报告、技能培训36场次，开展“工业强区我当先、产业兴城我争优”等主题活动，全年培育党建工作示范点18个，“建馨家园”等党建项目的对内示范性和对外影响力不断提升。建筑协会行业党建案例入围第四届全国基层党建工作创新案例。

【党建信息化工作】 充分运用互联网思维，建成以党建信息平台、党建微信公众号、组工政务微博为核心的党建新媒体平台。实现全区2111个基层党组织、47862名党员信息电子化动态更新，永川党建信息平台累计点击量超过1200万人次。永川党建微信设置时政要闻、基层动态、经验交流等10余个栏目，粉丝数达到6万余人，位居全国影响力百强榜前列。完善“永川组工”政务微博，连续9次入围全国党务新媒体综合评价榜单前3强。新华网、人民网刊发《重庆永川：打造“指尖上”的智慧党建》文章，推介永川党建工作经验。

【“两学一做”学习教育活动】 深入开展“两学一做”学习教育活动，以中心组为载体开展集中学习，开展“千名党员干部进基层党支部讲主题党课”“机关支部书记交叉上党课”“年轻党员骨干上微型党课”开展学习教育。分领域对照“四个合格”党员标准，深化党员中心户建设、党员志愿者服务、无职党员设岗定责、党员入网格等载体，引导党员铭记身份，在薄弱村空壳村集体经济、党建助脱贫攻坚、临江河流域整治、招商引资、征地拆迁、安全稳定等工作中做一名合格党员。开展“七一”走访慰问困难党员群众2500余人次，解决生产生活问题3750件。深入开展整改“回头看”，制定《落实中央巡视“回头看”反馈基层党建意见整改方案》，不断巩固和扩大基层党建7项重点任务成果，健全防止党员失联的长效机制、持续整顿软弱涣散党组织，把“两学一做”落到实处。 （肖敏供稿）

宣传工作

【概况】 永川区宣传思想工作紧紧围绕宣传党的十九大精神，围绕区委工作，实施“七个一工程”（创作一首歌、创刊一本书、打开一扇窗、推出一台剧、提炼一句话、制作一部片、选树一群人），开展武装理论、思想建设、文化建设。

【理论武装】 区委中心组围绕党的十九大精神及习近平总书记视察重庆重要讲话精神等组织专题学习10次。完善“1+8”制度体系，把意识形态工作纳入领导干部民主生活会内容。

【新闻策划】 在重庆有线“全域重庆”开通“今日永川”窗口。创办出刊区委外宣刊物《今日永川》12期。制作完成《茶竹和韵 智汇永川》城

乡贤评理堂（2017年） （区宣传部供图）

市宣传片。量身定制歌曲《永川，我为你而来》并拍摄MV。创排本土方言轻喜剧《管家婆》，获评重庆市“五个一工程”奖。实施“中央媒体上稿工程”，在央视、人民日报、经济日报、光明日报等央媒刊发单条报道16篇。《重庆永川：吸引本土人才助力脱贫攻坚》在央视新闻联播播出，《重庆永川财政补出“三方共赢”》人民日报头版刊发。参与全市集中组织的“把总书记重要讲话精神落实在重庆大地上”“实干树形象·实绩惠民生”等大型主题采访7次。截止2017年11月，重庆日报上稿128条，头版10条。重庆新闻联播上稿190条，单条53条。全年市级以上新闻媒体报道永川3000余条。永川区电视台成为全市融媒体建设试点，全市融媒体现场会在永川召开。永川微发布粉丝量突破20万，获评“重庆最具区域影响力政务头条号”。“永川头条APP”下载量达27万，粉丝量达12万，永川手机报用户数30万户，访问量达700万次。

知识竞赛（2017年）　（中山路街道供图）

【思想政治】　印发《关于建设“乡贤评理堂”的通知》，开展乡贤评理活动，建成乡贤评理堂53个，化解矛盾纠纷830余起。出版发行乡贤文化建设实录《见贤思齐》，成为全国首部新乡贤文化建设专著。该活动的做法连续2次在中宣部举办的社会主义核心价值观培训班上发言。区委宣传部制定实施《培育和践行社会主义核心价值观促进社区善治的实施意见》，建成“四和一美（待人和善、家庭和乐、邻里和睦、社区和谐、家园洁美）”示范点27个。开展“党的十九大精神”“中国梦”宣教等演讲、征文、书画展览活动200余场次。组织梦想课堂、梦想沙龙、梦想社区等活动1000余场。评出年度“感动永川”人物10名，3人获评感动重庆月度人物。公布“失信者黑名单”2000余人。

【网络监管】　制定《网络社情民意收集处置实施办法》《舆情研判议事规则》等制度，强化基层基础建设。成功处置群众抵制乐天事件、校园暴力事件、校园贷事件、公职人员饮酒死亡事件、全国英语成考大规模代考事件等重大舆情40余起，全年处置涉永舆情1500余起。建立网络安全感知平台，对全区50余家网站进行统一体检。诫勉谈话虚假新闻、“标题党”“三俗”问题等网站负责人30余次。责令“大永川”“永川万事通”“二三里”等屡次违规平台停止更新1周。创新网络扶贫活动，“吉之汇”“开门有礼电商”等4个项目成为“全国十大网络扶贫候选项目”。

（王其深供稿）

【永川日报】　《永川日报》是中共永川区委、永川区人民政府主办，永川区新闻社编辑出版的机关党报，也是永川党政机关、企事业单位和社会各界认可的唯一平面媒体，是永川对内对外宣传的重要形式和主要渠道；以宣传永川、展示形象、服务发展为宗旨，让永川走向世界，让世界了解永川。《永川日报》对开四版、周五刊，每周二至周六出版，全彩印刷。为党政机关、事业单位和社会公众免费赠阅2万份/天。　（新闻社供稿）

【永川手机报】　2008年6月开始创办，实行全面赠阅。始终秉承“围绕中心、关注民心、凝聚人心”的办报理念，将原有固定栏目，整合升级为“要闻”“聚焦”“资讯”“问政”“养生”“图说”等栏目，于周二至周六推送。新开设栏目“问政”为读者提供法律解答、服务咨询等。2017年赠阅27万户，其中移动用户6万户，联通用户4万户，电信用户17万户。（新闻社供稿）

【今日永川】　是由永川区委、永川区人民政府主办，永川区委宣传部承办，永川区新闻社编辑出版的月刊杂志，一期一主题，期期有“卖点”，栏目宣传定位准确，杂志特色突出。《今日永川》免费赠送重庆市级领导、部门领导、各区县主要领导、区内各部门主要领导，以及泸州、内江、自贡、宜宾、遵义、赤水及所辖区县党政主要领导，区内重点宾馆饭店景区及重要公共场所。

（新闻社供稿）

【永川网】　重庆永川网（www.ycw.gov.cn）是由中共重庆市永川区委宣传部主办，永川区委外宣办、永川区新闻社共同承办的永川区对外宣传门户网，2008年6月20日开通。利用《永川日报》的平面媒体资源，充分发挥报网合一的优势，整合多方资源，以网络新闻传播广、速度快、容量大、互动强等优势，提供全方位的最新信息资讯，是对外宣传的最佳窗口。永川网开设有新闻、时政、政要、科教、社会、法制、文体、生活等10余个一级栏目和信息资讯频道，拥有子栏目100余个，日更新新闻及资讯600余条。以最快捷的方式，综合性、权威性、多角度、全方位宣传永川经济社会的最新发展变化，对外推介永川，展示永川的良好形象。永川网日均IP10000个，日均流量50000。

（新闻社供稿）

【微信“永川头条”】　2016年2月23日正式上线，由永川区区新闻社的原微信公众号“永川网”更名而来。微信“永川头条”致力于向广大公众号粉丝提供更主流权威的永川新闻、政策解读、民生资讯等。同时，还能在微信公众号查看当天《永川日报》数字版。实时推送永川最新政务信息、民生实事、便民资讯等信息。开设《今日事，今日知》固定栏目，把《永川日报》上的永川时政简讯方便快捷地推送到群众身边。策划拍摄永川本土脱口秀视频栏目“侃新闻视频秀”，调侃有趣新闻，评论热点报道，正面引导舆论，该栏目登陆永川电视台节目。微信粉丝量13万余。

（新闻社供稿）

统战工作

【概况】　中共重庆市永川区委统一战线工作部（以下简称区委统战部）与永川区民族宗教事务办公室、永川区委台湾工作办公室、永川区政府台湾事务办公室、永川区归侨侨眷联合会合署办公。内设办公室、经济科、理论宣传科、党派科、台侨民宗科及下属事业单位统一战线服务中心。2017年，永川区统一战线工作认真贯彻落实党的十八大、十九大精神和市委《关于贯彻〈中国共产党统一战线工作条例（试行）〉的实施意见》，推进“凝心聚力”“献计出力”“经济助跑”“同心惠民”“攻坚克难”“固本强基”六大行动，确保了统一战线领域的团结、和谐、稳定。全区有民革、民盟、民建、民进、九三学社等民主党派区委和致公党永川支部，共有成员1081人。

侨联分会成立（2017年）（统战部供图）

【思想政治引领】 出台《“不忘初心跟党走 凝心聚力促发展”党的十九大系列学习教育活动的实施方案》，举办“党的十九大和全国宗教工作会议精神”专题报告会、“喜迎十九大·携手创未来”知识抢答赛、“党的十九大精神”学习论坛、“统战干部培训班”“新任政协委员培训班”“非公经济人士培训班”等，组织和引导统战成员学习实践党的十九大精神、习近平视察重庆重要讲话精神以及重庆市第五次党代会、永川区第十四次党代会精神，切实把广大成员思想和行动及时统一到习近平新时代中国特色社会主义思想上来，统一到中央、重庆市委、永川区委对统一战线重大决策部署和要求上来。

【民主党派工作】 倡导和支持统战成员单位发挥自身优势，持续开展特色品牌助推活动。民革区委开展“送春联下乡”“爱心超市”“传统花艺培训”等活动；民盟区委开展“同心同行访民情，聚智聚力解民忧”活动；民建区委开展“助推创业兴业工程”，民进区委累计开展“经典诵读”赠书活动550余场次；九三学社区委与何埂镇在文化教育、医疗卫生等领域开展“九地合作”智力帮扶行动；知联会持续深入开展“我行孝道、守护晚晴”主题活动；区工商联积极引导非公企业参与社会慈善公益事业。据不完全统计，全区统一战线系统单位全年共开展各类活动393场次，捐款捐物4100余万元。

【党外代表人士工作】 对政府工作报告、“中国梦·文明行”城市交通文明对策和临江河流域整治等重大问题提出意见建议153条，被政府采纳。永川党代会、人代会期间提出议案、提案385件，办理满意率达90%。坚持党外人士建言“直通车”制度，对区委、区政府重点工作和群众关心的重点和热点问题开展调研。全年撰写各类意见建议100余条，被中央办公厅、中央统战部信息刊物采用5篇。2篇“建言直通车”得到永川区委书记滕宏伟批示。

【非公有制经济领域统战】 以诚信、守法为重点，引领促进非公经济人士特别是年轻一代非公经济人士健康成长。召开非公经济座谈会、联席会、现场办公会、学习交流会等，推动非公企业转型升级，助推非公经济健康发展。开通民营企业“维权服务直通车”，建立维权信息库，切实维护民营企业权益。全年通过走访、慰问、座谈共收集问题105个，解决61个，回复44个。搭建招商引资平台，借力招商引资，全年完成招商引资任务1.5亿元。

（统战部供稿）

人事工作

【概况】 永川区的人事管理工作由永川区人力资源和社会保障局主管。2017年，永川区认真贯彻落实人事人才有关政策，突出抓好公务员队伍建设，努力提高人才引育质量，扎实推进机关事业单位收入分配改革，为永川经济社会发展提供强力的人事人才支撑。2017年，全区有公务员2591名，参照公务员法管理事业单位工作人员1130名。

【公务员队伍建设】 组织开展面向社会公开考录公务员1次，招录公务员29名，其中，公务员6名，参公人员23名。开展面向公安院校公安专业毕业生定向招录工作，招录人民警察10名。录用2014年政法定向招录培养人民警察1名。从优秀村（社区）干部中考录公务员3名。面向2014年大学生村干部定向考录公务员2名。首次在西藏招录藏汉双语公务员1名。公务员辞去公职1人。创建首批永川区人民满意的公务员示范单位3个、示范岗5个。接收安置军队转业干部19名（其中团职1名、团职以下18名），随调家属4名。

【人才引进】 永川区实施积极的引才政策，促进各类人才集聚。全年引进市级以上专家30余名，专家教授级技术顾问27名，全区有各类研发人才3.6万人，高技能人才1.91万人。引进硕士研究生或副高级职称紧缺人才19人，累计引进紧缺急需专业人才191人。依托区人力资源培训实训考试中心建成市级专家服务基地，协助重庆重交再生资源开发股份有限公司设立市级博士后科研工作站。全区有院士专家工作站和博士后科研流动站5个，国家级科技研发机构6家，企业技术研发中心55个，集聚各类科技创新研发团队100余个。组织携程网、广州数控等12家企业参加重庆国际人才创新创业洽谈会现场引才活动，引进中关村天合科技成果转化、德国利勃海尔、苏州信能数控机床等10余个项目，吸引了国内外600余行业知名专家来永对接。

【人才队伍建设】　2017年，制定出台加快建设现代职教高地的意见及“激励政策24条”，对接新产业专业11个，新增6个市级特色专业，4个项目获得国家级产学合作综合改革试点。建成产学研用合作平台6个，建成定向培养班和实训基地17个，年输送实用技能人才近2万人。培训企业经营管理人才120余人次，小微企业经营者2800余人次。建成名医工作室2个，中医传承工作室1个，入驻名医16名，新培育全科医生6人，新培育全科教师19人。选派“双千双师”200余人，选派科技特派员3名，组建科技强农科研工作队23支，开展“冬春农业科技大培训”50次。选派优秀教师挂职交流417人，医疗卫生人才互派挂职交流100余人。全年共申报高级职称261人，中级职称267人，初级职称149人。职业技能鉴定合格10588人，其中：初级工323人、中级工9147人、高级工809人、技师51人、高级技师258人，入技能人才库48702人。新认定民间乡土人才191人，全区民间乡土人才总量达3377人。实施乡土人才特色效益农业项目101个，兑现补助资金2390万元。

【收入分配制度】　永川区稳妥推进机关事业单位收入分配制度改革。2017年1月1日起执行政法委机关工作津贴；2017年1月1日起调整人民警察法定工作日外加班补贴政策；2016年7月1起调整人民警察值勤岗位津贴标准。2017年1月起事业单位的绩效工资总量分为基础绩效和超额绩效，建立超额绩效动态调整机制，单位根据绩效工资功能定位落实分配自主权。2017年7月起全区实现一类区机关规范津补贴控制标准。

（人社局）

机构编制

【概况】　永川区机构编制委员会办公室紧紧围绕区委区府的中心工作，全面深化行政体制改革，严格控制和优化机构编制，为经济社会发展提供体制机制保障。对城市管理机构、安全生产监管机构、公共资源交易管理机构等进行整合和设置、改革。

【城市管理机构和职责整合】　按照中央和重庆市改革精神，优化整合城市管理执法资源，整合市政公用、市容环卫、园林绿化、城市管理执法等城市管理相关职能，市政园林管理局更名为城市管理局，挂城市管理综合行政执法局牌子，为政府城市管理主管部门。市政园林监察执法支队更名为城市管理综合行政执法支队，为城市管理局下属事业单位，依法接受委托具体承担城市管理行政执法工作，管理执法机构综合设置。

【安全生产监管机构设置】　根据重庆市政府文件精神，结合实际，优化安监局内设机构设置，设置安全生产巡查办公室，健全常态化巡查工作机制。对镇（街）安全生产监管办公室进行调整，独立设置为综合办事机构。三个工业园区管委会和新城建管委增设内设机构安全生产监督管理办公室，履行安全生产监督管理职责。

【公共资源交易体制改革】　公共资源综合交易管理办公室更名为公共资源交易中心，负责公共资源交易平台管理的公共服务。设立招标投标服务中心，负责区级公共资源交易活动的相关服务和发改委管理权限内工程建设项目招投标活动相关服务。理清各职能部门的公共资源交易监管职责，对重点监督部门的法定监管职责进行专项强化，实现了监管领域全覆盖，平台运行机构与交易监督部门分离。

【旅游服务机构和职责整合】 黄瓜山管委会更名为旅游产业发展中心，承担旅游产业发展服务、旅游招商引资服务、旅游资源利用服务、旅游宣传营销服务、旅游信息管理服务和其他相关服务等职责。

【控编减编】 坚持“瘦身”与“健身”相结合，持续推进全区编制资源优化调整，重点加强民生等领域工作力量。新设立凤凰湖中学、永和小学、儿童医院、老年大学等学校和医疗机构。街道的市容环境卫生管理所更名为“物业和环卫服务所”，承担城市社区物业领域公共服务。在确保全区各单位公招、区内外调配等日常补充人员用编需求基础上，不断加大动态调整力度，保障军转干部安置、退役士兵安置、选调生招录、村干部招考、村（社区）招录公务员、紧缺人才引进等政策性编制需求200余名。

【机构编制日常管理】 全年对全区机构编制、人员动态管理。实时维护全区各单位机构编制实名制管理信息，确保实名制数据及时、真实和完整。持续做好统计工作，按时报送统计月、年报数据。做好事业单位法人年度报告公示工作。深入开展事业单位履职情况事中事后监管工作，不断推动工作重心由“事前审批”向“事中事后监管”转变。继续做好为机关、群团、事业单位统一社会信用代码赋码工作。 （胡明鸣供稿）

民族宗教事务

【概况】 永川区民族宗教事务办公室挂牌在永川区委统战部。全区有土家族、苗族、彝族等43个少数民族1.65万人。成立了佛教协会、天主教爱国会、基督教三自爱国运动委员会，有大佛寺、天主教天主堂、基督教福音堂等合法宗教活动场所27处。

【宗教工作】 永川区委制定出台《关于加强和改进新形势下宗教工作的实施意见》。把依法管理宗教事务责任落实到镇村两级，宗教工作三级网络两级责任制。开展宗教理论知识培训，培训人员1万人次。6名民族宗教工作干部获得《重庆市行政执法证》。开展宗教宣传，编印发放《宗教基础知识》宣传手册3万份、《宗教工作常识手册》读本2500册和新修订《宗教事务条例》1000册。继续开展以“规范”为主题的和谐寺观教堂创建活动。开展以“不以规矩不成方圆”为主题讲经活动。鼓励教职人员讲解宗教思想教义中与社会主义核心价值观相契合的内容，对原创经典做出符合时代潮流的阐释。仙龙镇老庙寺释照诚法师参加全市讲经比赛荣获二等奖。开展宗教领域突出问题排查整治，解决天主教爱国会班子等历史遗留问题3个。健全宗教领域突发事件应急处置工作机制，妥善处置和化解矛盾纠纷11件，全区宗教领域发展良好。

【民族工作】 围绕“民族团结一家亲，携手共迎十九大”主题开展民族团结进步周活动。2017年新建南大街街道维权服务站。全年依法妥善处理重庆大学城市科技学院清真食堂经营纠纷等少数民族群众各种经营问题，协助解决4名少数民族随迁子女顺利就近入学。建立校地共建联席会议制度，协助召开辖区大中专院校意识形态工作座谈会。开展民族团结进步示范村、示范社区、示范学校创建活动，推进仙龙镇仙龙社区开展民族团结进步模范单位创建，重庆市文理学院附中荣获重庆市2017年民族教育特色学校。加强对少数民族流动人口、大中专和重庆文理学院附中青海民族班少数民族学生的服务和管理工作，依法妥善处理重大城科院清真食堂经营纠纷等少数民族群众各种经营问题。为369名回族等10个少数民族的居民和学生发放清真食品补贴费44280元。争取到少数民族发展资金和专项资金补助团结进步示范单位创建、基础设施建设等。

（区民宗办供稿）

党校行政学院

【概况】 按照“党校姓党”的特色，把党性教育作为干部教育培训的重要内容，推进党性教育。承担全区党政干部培训、事业人员培训、社区教育指导等主要工作。2017 年设办公室、培训科、教学科研科、学历教育科、学生科、总务科、信息科。在编职工 38 人。

【干部培训】 全年开办各类培训班 41 期，参训人员 7146 人。举办学制 1～2 个月主体班次 6 期，培训 329 人（次），承办了区人大常委会培训班、区第十九届人大代表履职培训班各 1 期、村（社区）专职培训班 6 期、基层党支部书记培训班 6 期、党的十九大精神专题培训班 3 期等。接待铜梁党校春期主体班、铜梁党校秋期主体班、重庆市委党校宣传文化系统处级领导干部进修班、重庆市委党校“医联体”专题培训班、重庆市委党校“现代产业”专题培训班、北碚党校内设机构负责人培训班、南岸党校科级干部培训班、宜宾市委党校“创新驱动”专题班、北海党办系统理想信念专题培训班共 9 个，共计培训 535 人（次）。

【科研资政】 开展资政调研工作，15 篇资政报告得到永川区领导的签批，其中《关于职教学生留永就业创业的三大失衡和六点建议》《永川乡村旅游融合乡土文化发展的四点建议》《关于进一步加强我区公共区域临时占道停车管理的建议》获区委主要领导或分管领导肯定性签批，并签转相关部门对照执行。申报立项市委党校课题 2 项，与区委组织部合作承担重庆市委组织部党性教育重点课题一项，承担重庆市社会主义学院委托课题 1 项，承担区委重大调研课题 6 项，区委组织部、区社科联、统战部、宣传部、纪委等各部门课题 10 余项。教师在各级各类刊物累计发表理论文章 20 余篇，出版《理论与实践》刊物一期，赠阅 200 本到永川各区级部门、镇街和重庆市各区县党校。

【硬件设施】 学校先后投入 20 余万元，采购了 4 台惠普笔记本电脑、华为防火墙、313 学术报告厅音响系统设备、31 台计算机、投影仪、电大白板、还原卡、红蜘蛛教学软件等。及时更新、整理校园网资源，完善了网站各类栏目板块的修改，多举措更新信息。对校园监控设备进行更新，对培训所需的结构化教室进行改造装修，完成两间党支部活动室的建造工作、试卷保管室改造工作、学校大门处人行通道建造工作等。

【学历教育】 学校扎实推进永川电大转型发展和开放大学的建设，以“一体多元、开放合作、调整结构、稳定规模、突出远程、提升质量”为重点，提升办学能力，巩固开放大学试点规模。全年学历教育招收新生 2683 人，开放教育招生人数名列全市电大系统第二名，被市电大评为全市电大教育工作“一等奖”。学校共有在校生 5703 人，形成了学籍工作“严谨、细致、零失误”；考试工作“规范、有序、不违规”；教学工作“改革、创新、有质量”；信息技术支持“方便、快捷、高标准”的良好管理氛围。学校成功申报重庆电大第二批基层单位试点项目，积极探索“1＋4＋N”开放办学模式。与永川工业技师学院、永川红江机械厂、永川新泰机械厂、渝西采气作业区、永川石油四大队等合作，建设与学校开办专业相适应的技能实训和实习实训基地。

【理论宣讲】 学校深入学习宣传贯彻中共十九大精神。成立了以主体班教师为主体的讲师团到各单位、部门、企业，宣讲党章党规、习近平总书记系列重要讲话、中共十九大精神、党章、习近平新时代中国特色社会主义思想、习近平总书记在党的十九届一中全会、中央政治局第一次集体学习时的重要讲话精神、习近平总书记视察重庆重要讲话精神、中共重庆市委五届三次全会精神、中共永川区委第十四次二次全会精神等达90余场(次)。其中，组织教师分赴镇街、部门等开展十九大精神宣讲26场（次），听众达3000余人次。

（谢玉婷供稿）

老干部工作

【概况】 中共重庆市永川区委老干部局是中共重庆市永川区委服务管理全区离休干部（含异地、易地安置）、区级（含原市、县级，下同）退休干部和处级（含副处级，下同）退休干部的职能部门，内设办公室和关工委办公室，工作人员7人(其中局长1名，副局长1名)。2017年底，全区有离退休干部1292人，其中，离休干部52人；区(市、县）职岗位离退休干部35人；处级退休干部1205人。建国初期参加工作的退休干部129人。2017年5月成立中共重庆市永川区离退休干部工作委员会，隶属中共重庆市永川区委，与区委老干部局合署办公，职责是统筹谋划、指导协调和督促检查离退休党支部工作。下属参公事业单位老干部活动中心加挂区老年人学牌子，有工作人员6人，负责管理区老年大学、老年书画研究会。

【老干部管理】 成立了区离退休干部党工委，摸清76个离退休党支部的情况，建立了台账和组织架构图；建立6个党建协作组，召开座谈会12次。制定了“三会一课”、谈心谈话、组织生活会等八项工作制度并印发各党支部。各党支部围绕基层民主议事、体验美好生活、畅谈发展变化等“5 + X”开展“主题党日”活动，平均活动8~10次。组织2期离退休干部党支部书记、委员培训和处级干部轮训，参训人员400余人次。承办重庆市73期党支部书记培训。督促落实离退休党支部活动经费及书记委员工作补贴。表彰了“夕阳先锋·正能量”离退休干部党支部等先进集体89个，“夕阳先锋·阳光老人”等先进个人119名。在《永川日报》开设“增添正能量·做夕阳先锋”专栏，编印了离退休干部内部学习资料《永川晚晴》4期。老干部工作动态、典型经验经济日报采用1篇，重庆市老干部工作网、关工委工作网、《老同志生活》采用30篇，永川日报采用40余篇。

【老干部待遇】 坚持在职领导联系老干部制度，全区性重要会议请老干部参加，按级阅读文件，天天开放阅览室，半年一次经济社会发展情况通报。建立5年内老干部节日慰问、健康休养费每两年定额增加机制，在春节、五一端午节、国庆节期间对老干部进行了普遍走访慰问，发放慰问300余万元。组织离退休干部健康体检。全面落实中共重庆市委组织部、市委老干部局、市财政局、市人力资源和社会保障局《关于调整重庆市离休干部护理费和生活长期完全不能自理的离休干部护理费标准的通知》（渝委老〔2017〕97号）文件精神。接待巫山老干部、南川老干部、重庆市老年书画研究会、长沙“老首长工作室”到永川交流。探索“互联网 + 医养结合”居家养老模式。热情接待来访的老干部，帮助老干部解决居家养老中的日常生活困难。

增添正能量活动总结表彰会（2017年） （区老干局供图）

【老干部活动】 举行老干部迎春座谈会。举行新退休处级干部座谈会，70余名退休干部参加“集体谈话”。组织参观考察泸州、自贡城市建设和临江河综合治理、智能交通等建设。举办区级老领导暑期培训。开放老干部活动中心棋牌室、书画室、健身房、阅览室、乒乓室、电脑室、门球场、气排球场等活动场地开展活动。举办重庆市第七届老干部艺术节永川分会场活动。开展了书画摄影征文活动，收到作品90余篇，评选出优秀作品40篇。组织老干部参加了渝西片区老干部门球、气排球、钓鱼、棋牌等区外比赛10余场，组织区内政治、文化、体育等活动20余场。区老年大学投入50万元改造教室，开设14个专业31个班，在校学员达1960人。老科协、老年书画研究会、老年摄影专委会会员有300余人。情暖桑榆义演服务队、书画服务队、关爱服务队、党建服务队积极开展志愿服务活动。

【老干部作用发挥】 围绕“产业发展新成就”“民生实事新面貌”“党风政风新气象”主题，组织60余名老干部开展了3次畅谈，《永川日报》、《永川读本》、永川电视台、永川网等媒体进行了报道。老干部宣讲团巡回讲党课、党建协作组交叉讲党课、七一期间书记到基层上门讲党课110余场。征集“建言十九大·夕阳红金点子”6个，为《政府工作报告》等重大决策建言、重点工程献策60余条，6名退休干部到基础党组织担任党群指导员。

（郑邦彦供稿）

党史工作

【概况】 2017年，永川区委党史研究工作紧紧围绕永川区委、永川区政府的中心工作，秉持脚踏实地的工作作风，创新工作思路，创新工作方法，转化党史研究成果，强化党史宣教工作，提升党史工作影响力，圆满完成全年各项任务。

【史料征集及编研】 全年收集永川解放前地下党组织配合解放军解放永川及策反资料和《2017年度党史大事记》，征集永川八十年代老照片30余张。编撰完成了《中国共产党重庆历史大事记·永川区卷》（1919年—2006年）。编写《永川乡镇企业发展历程》《永川城市建设发展实录》专题。收集整理刘安恭、黄开基、万丛木、黄墨涵等16位历史人物及副省部级以上肖奇明、邓永良、王东进、马正其等人资料。

【党史教育】 开展“迎庆十九大，建设新永川”主体活动。与区委宣传部、区文化委、区文联联合举办了“迎庆十九大，建设新永川”主题文艺创作成果展宣传活动。秉承“以史为鉴、资政育人、传承文明、引领未来”的宗旨，利用馆藏资料继续与区电视台合作，联办《永川档案》专栏节目。《东方梵高陈子庄》《重庆公安英烈第一人张汝德》《仁人志士黄默涵》《美术教育家万丛木》《红色记忆——党组织在永川的早期活动》《永川大轰炸》《永川解放前夕的策反暗战》《血染喻家坡》等历史人物及事件搬上了荧屏引起社会各界关注。与永川报社合作开设“解密历史、探寻传奇”专栏，陆续推出《永川最早的地下党组织——中共朱沱支部》《隐藏在校园的地下联络站》《雨花台烈士钟天樾》《出色的红军将领——刘安恭》《碧血丹心耀千秋》等专刊。

（欧利伟供稿）

回顾历史（2017年） （区档案局供图）

区直机关工委

【概况】　中共重庆市永川区直属机关工作委员会（以下简称机关党工委）是负责区直机关党的建设和思想政治工作的工作机构。内设机构1个，设办公室。有在职职工6名，其中书记1名，副书记1名，纪工委书记1名。机关党工委管理的基层党组织有171个，其中机关党委9个，党总支19个，党支部143个；管理机关党员2869名，其中在职党员2055名，离退休党员814名。

【思想建设】　研究制定《区直机关学习贯彻党的十九大精神的通知》《区直机关党的十九大精神“进机关”宣讲工作实施方案》等文件，成立了区委党的十九大精神“进机关”宣讲分队，25名宣讲队员到75个机关单位进行宣讲。组织基层党组织开展专题学习500余次，购买《中国共产党章程》《党的十九大报告辅导读本》等4000余册。印发《区直机关“两学一做”学习教育常态化制度化实施意见》，通过自学为主、集中学习为辅的方式，认真学习《撸起袖子加油干——党员干部读本》和《简明中国历史——党员干部读本》等书籍，撰写学习心得体会500余篇，推荐优秀读书心得体会54篇，评选出优秀心得体会35篇。举办机关党员理想信念教育专题报告会，邀请央视“百家讲坛”《信仰的力量》主讲人、原重庆红岩联线文化发展管理中心主任、重庆红岩历史博物馆馆长厉华同志作了《红岩魂—信仰的力量》专题讲座。交叉上党课，安排外交叉党课56场，拟定参考内容14项，评选出2017年度区直机关“十佳党课明星”。举办区直机关第五届“微型党课”大赛，“微型党课”下镇街活动8场次，受训镇街机关、农村、社区党员1000余人次。

区直机关党员冬训示范培训（2017年）　　（区直机关党工委供图）

【组织建设】　全年认真落实《关于调整部分区级部门党组织设置的通知》（永川委〔2017〕19号）、中共重庆市永川区委组织部《关于调整全区党组织隶属关系和基层党组织设置的通知》（永委组〔2017〕24号）规定，对57个区直机关直属基层党组织设置进行了调整，制作《区直机关党工委组织体系结构暨党员分布图》，明确区直机关基层党组织书记和委员分工，理清区直机关基层党组织隶属关系。制定《进一步加强区直机关党支部建设的实施意见》《永川区直机关党建工作纪实制度》等制度，统一印制“永川区直机关基层党组织规范化建设工作记录本”和“党员学习记录本”。对全区450余名机关党组织书记、350余名基层党组织委员和党小组长进行集中培训，各基层党组织全覆盖培训党员2869人。对18个检查验收合格的基层党组织进行了命名，9个后进党组织存在的问题得到有效整改。成立10个区直机关党建工作督查组，制定出台《区直机关党建督查制度》，开展督查工作4次，通报整改问题200余个。指导基层党组织运用重庆12371党建信息平台，全面完成基层党组织和党员基本信息采集工作。开展党费收缴清理工作，开设统一银行账户，定期督查对基层党组织党费收缴工作。制定基层党组织“主题党日”活动指导性主题，指导基层党组织制定“主题党日”活动方案，全年下发活动通知12次，督查12次。举办入党积极分子和发展对象培训班1期，培训学员90名。全年新发展党员27名，预备党员转正29名。

【作风建设】 制定《区直机关党员履职尽责发挥作用的规定》，区直机关党员志愿服务队开展志愿服务600余场次。走访慰问生活困难党员、老党员和因公殉职党员229名，慰问困难群众16户。撰写的《聚焦关键少数，着力解决机关党建“灯下黑”》理论调研报告获市直机关理论研究会“机关党建优秀调研成果二等奖”。认真审核基层党组织上传永川党建平台工作信息。“永川党建”“永川纪检监察”、市直机关工委“红岩魂”等微信公众号采用工作信息20余条，多篇信息在《永川日报》上刊登。

【廉政建设】 制订党风廉政建设工作计划、党风廉政建设责任清单，与班子成员签订了党风廉政建设责任书，组织机关普通党员签订了廉洁自律承诺书。委领导班子专题研究党风廉政建设和落实“两个责任”情况6次，学习传达党风廉政建设相关文件、会议精神16次。扎实开展1+3专项整治工作，建立完善《区直机关党工委公务接待制度》《区直机关党工委工作加班餐制度》《永川区直机关党工委财务管理制度》等制度7个，督促区直机关各基层党组织配齐纪律检查委员，将党风廉政建设和基层党组织纪检工作纳入区直机关党建工作季度督查内容，在年度党建目标考核中占20分。召开廉洁过节专门会议6次，约谈违纪基层党组织书记和后进基层党组织书记22人次，处置机关违纪党员6人次。 （何敏供稿）

督查工作

【重要会议督办】 永川区政务督查工作充分发挥目标绩效管理和督办督查的职能作用，重点围绕区政府常务会、区长办公会、区政府专题会上议定事项开展督查督办工作。全年共开展专项督查和现场督查调研100余次，形成督查专报（通报）81期，获区领导批示32件次，办理区长交办事项109件。

【建议提案办理】 有序组织重点建议、提案办理单位召开现场办理会、督办会，对建议提案办理工作实行目标责任管理，制定了考核细则。区十七届人大一次会议代表建议476件，区政协十五届一次会议357件提案，督查相关单位在法定时限内办结，办复率100%，满意率分别达98.1%、99.4%。

【政府信息公开】 按照“公开为原则、不公开为例外”的要求，及时、准确、全面公开群众普遍关心、涉及群众切身利益的政府信息，改进政务服务，提高行政效能，为人民群众提供优质便捷高效服务。全年主动公开政府信息24023条，其中：在重庆市政府信息公开平台上发布政府各类信息2107条，在永川区公众信息网上发布政务公开信息7846条，政务微博公开信息6828条，政务微信公开信息3006条，其他方式公开政府信息4138条。 （区督查室供稿）

保密工作

【概况】 永川区保密工作坚持党管保密和依法保密统一，强化责任落实，深入推进全区保密工作。全区54个重要单位互联网网上信息保密监测全覆盖。对全区各单位创办的政务网站、微博、微信、邮箱以及互联网办公自动化系统开展了保密安全专项检查。实现重要考试和涉密性会议保密服务全覆盖。实现重要岗位涉密人员保密教育管理全覆盖。把保密工作纳入全区办公室主任培训会课程，召开区委中心组（扩大）学习会对全区处级以上干部开展保密责任制专题讲座。组织各单位征订学习保密警示教育宣传系列片176份。对全区机关单位借调、临聘人员进行登记备案，并与各单位签订责任书，全面加强了涉密人员政审和保密工作的日常监管，进一步落实工作责任制度，确保充分履职。 （黄冰冰供稿）

信访工作

【概况】　永川区信访办于2010年10月迁至人民西一路6号，与区信访工作群众工作联席办、区维稳办、区政府人民建议征集办合署办公，一套班子四块牌子，是集“接待受理、转办督办、协调指导、维稳处突”为一体的群众信访维稳工作联合办事机构。有工作人员25人，常驻警员、协勤11人。办公建筑面积2000余平方米，设一个中心两厅三室四科，即群众服务中心；群众接待大厅和联合接访大厅；警务室、信访维稳视频调度室、区领导接访室；综合科、督查科、办信接访科、维护稳定科。

【接待群众来访工作】　为适应“互联网+信访”的变革，引导群众多上网、少走访，落实“让数据多跑路，让群众少跑腿”的便民利民举措，全区63个镇街和部门实现来信、来访、网上信访、复查复核等基础业务工作全入网，311个村居配备网上信访代理员，积极引导群众通过互联网表达诉求，建立起“信访网上投、事项网上办、结果网上评、问题网上督、形势网上判”的信访工作模式。全年受理群众信访事项6285件次、11658人次，网上信访2310件次。

【信访稳定机制建设】　“稳定信息日报告、稳定形势周研判、专项工作月会商、任务落实季督查”工作制度不断完善、常态运行。其中“周一维稳研判”成效明显，全年49次研判督办突出问题185件，办结162件，建立《关于加强电梯日周月查及维护保养管理的通知》等7个行业领域风险防控机制和管理办法。完善“行业部门、属地镇街、村居（社区）”三级联动矛盾纠纷排查调处体系，逐一建立矛盾纠纷台账，归口交办给责任单位限期化解。建立区级重点矛盾挂牌督办制度，实行定期交办、督导、销号管理。

【矛盾纠纷排查调处工作】　开展矛盾纠纷摸排调研工作，实行“四个一”（一个问题、一套班子、一个方案、一抓到底）工作机制，严格化解工作“清单”管理，确保各类风险隐患“发现在早、防范在先、处置在小”。全年共排查矛盾纠纷491件，化解438件，上报市维稳办重点矛盾纠纷63件，化解63件。

【社会稳定风险评估工作】　紧扣永川“兴业兴城、强区富民”发展大局，拟定并审议通过稳评工作实施细则、操作流程、机构培育、专家遴选、审查性备案等5份规范性文件，建立起“点对点”交办责任、“一对一”专班服务、“周研判”跟踪督导、“四色调”动态管理稳评工作机制，形成稳评工作永川模式。全年狠抓“评、管、服”有机结合，严格实行管理“双专班”、排查“全覆盖”、隐患“零容忍”，101个重点项目、45个决策事项顺利完成风险评估。

【干部下访群众工作】　永川印发《关于进一步做好全区领导干部下访群众工作的通知》，严格落实“区级领导公开接访、重点部门联合接访、镇（街道）和机关部门班子成员轮班接访、村居干部代理网上信访”四项机制。区级领导到群众接待中心接访群众120批次173人次，镇街部门领导干部下访群众12506次，13392人次，14个区级部门主要领导下访38次，接访群众45批75人次。

【信访积案化解】　全年化解了中央交办的6件和市级交办的13件疑难复杂信访问题。区内自排的41件疑难复杂信访问题，按照“定督办领导、定承办人员、定化解期限、定目标责任”的工作要求，坚持每周收集化解进度，每月专题研究部署，每季督查化解情况，26件积案得到化解，实现了积案化解工作“消减存量、有序清仓”的目标。

（刘代忠供稿）

关心下一代工作

【概况】 永川区关心下一代工作委员会（以下简称关工委），按照“强根固基、创新发展”的工作思路，坚持“围绕中心，服务大局，主动作为，量力而行”的原则，有针对性地开展了社会主义核心价值观教育，帮困助学、帮青致富、助企发展等活动，取得了实效。

【组织建设】 永川区政府、街道、镇换届，各级关工委领导“班子”作了调整。领导职数增加5个。全区23个镇街、部分区级部门、12所在永大中专院校、区属全部中小学校、行政村（社区）、30个企业建立了关工委组织。至2017年年底，全区建关工委组织400余个，形成了“纵向到底”的网络体系。成立了以爱心企业、个体商户、社会成功人士组成关工委爱心志愿服务队。关工委工作队由原来“三团一队”调整为“三团二队”，即革命传统教育团、科技教育团、法制教育团、校外辅导队、爱心志愿服务队。

“中华魂”主题演讲比赛表彰现场（2017年）

（关工委供图）

【革命传统教育】 在清明节期间，组织校外辅导队和革命传统教育团成员30余人，分赴双石、大安、来苏等革命烈士陵园参加祭扫活动，对参加活动的师生、在职干部、社会群众3000余人，进行了革命传统教育。在六一儿童节，教师节、学校开学期间，校外辅导员进入所联系学校开展革命传统报告20余场，有重点地开展爱国主义、集体主义、中国特色社会主义教育等社会主义核心价值观教育，引导广大青少年树立正确的世界观、人生观、价值观。

【“中华魂”主题教育读书活动】 全年开展“中华魂”（辉煌与梦想）主题教育活动，全区征订“中华魂”读本6万册，10万余人参加了读书活动，收到征文3400余篇，200余名选手参加演讲比赛。推荐13名选手参加重庆市演讲比赛，永川区获一等奖5名，二等奖8名。

【预防青少年犯罪】 关工委联合区政法委、区教委、区司法局等单位，以“关爱明天、普法先行”青少年普法教育专题活动为抓手，深入开展“零犯罪学校”创建活动，在全区青少年群体中广泛开展普法教育，持续开展校园周边环境整治、网吧义务监督、社区矫正活动，有力地预防了青少年犯罪。制作下发普法教育宣传资料5000余份，开展法治讲座60场次。联合重庆文理学院开展法律知识辩论赛16场。组织法律知识征文演讲比赛，收集优秀作品2000余篇，40余选手参加演讲比赛。组织重庆110警务宣传车进学校、社区开展普法宣传，受教育师生、群众万余人。

【帮困助学】 关工委爱心志愿服务队成员单位，开展对永荣镇白云小学、宝峰镇宝峰小学的贫困学生和留守儿童帮扶慰问活动，关工委老同志一对一联系贫困学生，对贫困残障学生覃倩在精神上、生活上经常关心，让她感受到党和政府、社会大家庭的温暖。服务队给胜利路街道辖区内中小学近视眼学生免费验光配镜300余付。

【帮青致富、助企发展】 关工委联合区委老干部局、区人社局等单位深入企业就青年创业、企业发展情况开展调研，提出可行的建议和意见。区委组织部指派区关工委工作团队老同志担任规模企业党建指导员，为企业党建把好脉、指好路。为有志青年提供技术、资金等全方位扶持，帮助他们创业致富。在重庆市凤瑞农业开发有限公司、重庆市永川区白乌鱼养殖公司建立了永川区关工委青年创业示范基地，组织农村青年开展创业精神、创业知识培训。（蒋继平供稿）

机关事务管理

【概况】 永川区机关事务局严格按照中央八项规定精神，加强公务用车管理，按标准公务接待，做好机关后勤保障。全年购公务车49辆，公务接待37批次，接待用餐单位40余个，用餐人数51万余人。

【公务用车】 对全区公务用车作规范管理。全年新购公务车49辆，报废25辆，划拨24辆。通过公开招标，确定2017—2019年度公务用车维修定点企业6家，车辆保险定点企业3家，公车租赁5家，加强公务用车的维修、保险、租赁、定点采购管理，降低运行成本。完成永川区146辆机要应急车和69辆综合执法车的标识化工作，公务用车的使用得到社会各界的有效监督。

【公务接待】 规范接待标准化管理。拟定详细、规范的《政务接待操作规程》，细化服务事项和服务标准，为公务接待服务标准化打下基础。建立接待任务清单制度，细化接待任务事项。将接待各个环节的任务列出清单，并细化分工，接待人员对照任务清单各司其职，确保事事有人落实，努力降低人为因素导致接待失误。挖掘地方特色菜品，体现务实节俭新风。2017年圆满完成公务及商务接待任务37批次1787人，其中省部级领导21人；加强对部门接待工作的业务指导；邀请专家为全区办公室主任培训公务接待知识。

【节能管理】 编制永川区“十三五”节能规划的编制初稿。扎实开展永川区便民服务中心能源审计工作，节能管理水平进一步提升。大力推广合同能源管理工作。2017年区计生集爱医院、区儿童医院、区人民医院采用分布式合同能源管理模式，实现能源梯级利用，提高能源利用效率，促进节能减排。抓好充电基础设施，加快新能源汽车的推广应用。永川中学新校区、萱花中学等积极推进新能源汽车充电桩的建设工作。

【后勤服务】 加强机关食堂、机关办公用房管理服务。利用“请进来，走出去”方式，积极向其他食堂学习管理和服务方面的先进经验，加强和完善相关制度进行规范化管理。组织每月一主题的业务知识和岗位技能培训，通过组织参观专业比赛、举办厨艺比赛、岗位文明服务用语培训、微笑天使评选等活动，不断提高员工的服务水平和工作效率。严格实行定点采购，落实专人对食品原材料质量进行检查监督，定期进行食品安全检查，确保食堂饮食安全。强化菜品更新及创新，加强对地方特色菜品的借鉴学习，接待用餐每月推出1~2个新菜品，不断丰富菜品内容。2017年共接待用餐单位40余个，工作餐人数51万余人；完成接待餐610余批次，1100余桌，接待用餐人数13200余人。合理调剂办公用房，为部门及镇街服好务。2017年主要为军供站、总工会、公安局、审计局等调剂办公用房，满足办公需要；为仙龙镇、临江镇需进行排危改造的政府办公用房提出合理的修缮建议。积极配合监察体制改革，调配办公用房。2017年11月为配合监察体制改革，对开发区综合办公楼入驻的14个单位办公用房进行调剂。通过召开专题协调会，多次征求相关单位意见，多方寻找房源，在10天内妥善解决10个单位的过渡用房及4个单位的固定办公场所问题，并于12月5日全面腾空开发区综合办公楼，以保证装修单位及时进场维修改造。

（区机关事务局供稿）

行政审批工作

【概况】 永川区行政服务中心是区委、区政府为方便群众和企业办事、提升政务服务水平、建设服务型政府而打造的阳光政务平台。2017年，共办理审批服务事项245.8万件，征收国地税37.34亿元、社保费25.45亿元和基金收入46.9亿元、行政事业性收费8.8亿元。通过群工系统解决群众诉求2.9万件，办结率99.8%，满意率99.9%。

【行政审批制度改革】 按照上级要求，公布33个区级部门保留的599项行政许可、299项服务事项清单和62项行政审批中介服务事项，做到“法定职责必须为、法无禁止即可为”。推行行政许可标准化，按照国家《行政许可标准化指引（2016版）》和《永川区行政许可标准化指引》要求，完成《永川区行政服务标准体系》6大类38个子体系的编制，分别对599项行政许可事项编制服务指南完整版、简版和审查工作细则，对299项服务事项编制服务指南完整版、简版。开展一次性告知、顶岗补位、文明服务等和公开办事指南、填写样本情况督查，对受理单制度不落实的窗口督促限期整改。在261个村（社区）便民服务中心开展四个“专项整治”行动，整改问题879个。

【行政审批服务】 依据《重庆市人民政府关于公布重庆市2017年行政审批制度改革事项目录的决定》（渝府发〔2017〕12号）和《重庆市人民政府关于取消和调整部分市级行政审批事项的决定》（渝府发〔2017〕21号）文件规定，取消14项行政审批。结合永川实际，公布31项简化办事环节、优化审批流程事项清单。对应重庆市《区县行政许可通用参考目录（2017年版）》，逐部门逐事项核对，向市编办、市质监局提出永川区拟增加行政许可21项、废止行政许可7项、修改事项要素109项建议。公布永川区第一批233项群众办事只跑一次事项清单。积极探索“互联网＋政务服务”，上线市网审平台受理审批事项22.1万件，按时办结率为100%。通过互联网办理的事项301项，“不见面”审批让群众更有获得感。公安服务厅24小时自助取证、签注服务，出入境证件工本费能通过微信支付。交通违法处理可在“12123”或支付宝完成重庆籍车辆、驾驶证的扣分和罚款缴纳。设立区办税服务厅自助办税区，确定专人专责辅导纳税人自助办税，有85%的涉税事项可在自助服务区完成。建成“49512366”纳税服务热线，接听“营改增”等国地税业务咨询电话14000多次。依托实名办税和电子税务局，纳税人足不出户即可办理涉税事项。迎战房交会，成交商品房5654套、面积47.26万平方米，成交二手房2274套、面积5.73万平方米，都按预案组织群众有序办证纳税。不动产登记事务中心配备2台房屋保有量自助查询机，群众查询不再排队等候。深化商事制度改革，营业执照、组织机构代码证、税务登记证、统计登记证、社保登记证、公安印制准刻证合一办理，企业简易注销和电子营业执照发放有序推进。按照国务院“放管服”改革督查要求，对2个工业投资项目、2个房地产开发项目办理建设工程行政审批和5家企业办理工商登记、5位群众办理二手房交易登记进行全过程解剖，为优化流程、减少要件、压缩时限提供依据。在区行政服务中心设立标识标牌8块，设立咨询服务台4个，确定专人咨询引导，开展行政指导，让群众一次办成事。（区行管办供稿）

政务信息化

【概况】 重庆市永川区信息化建设管理办公室是区委办公室下属正处级事业单位，负责管理、监督和指导全区电子政务和信息化建设工作。内设综合科、规划管理科、信息资源管理科、网络网站管理科。2017年有事业编制11名，在岗10人。

【信息化建设管理】 全年完成协同办公平台优化升级，开发功能71项，优化功能73项，梳理办公流程100余条，制作文单500余张，优化重塑116

个单位公文流程，提升永川政务办公运行效率。深入开展应用需求调研10余次，优化平台设计，融合主流产品优点，结合协同办公平台PC版已有功能，初步完成智能会议和移动办公系统开发。电子政务外网完成招投标，全面启动工程建设，电子政务基础网络应用范围拓展至136个部门、镇（街）。政府门户网站初步完成改版升级，立足永川实际，突出“集约建设、资源共享、便民高效”的原则，对网站栏目、页面设计和应用功能进行了全面梳理和调整，实现网站集约共建、优化整合。

【政务信息资源共享】　结合市级工作安排和永川现状，制定《永川区政务信息系统整合共享工作方案》，明确工作目标和任务。筹备建立永川区政务信息资源整合与应用联席会议制度，加大信息共享工作统筹协调力度。

【政府网站管理】　全年利用政府网站公开发布政务公开信息2321条，公共服务信息674条，开展在线访谈2次，意见征集1次，网上调查1次，办理群众来信1200余件，发布微博微信1400余条，区政府门户网站群信息公开、互动交流、公共服务、对外宣传能力不断提升。

【信息安全管理】　加强安全保障体系建设，按照《永川区网络安全事件应急预案》，修订电子政务网络、门户网站应急预案，联合区网信办、区公安局等开展全区政府网站应急演练1次，举行电子政务网络安全演练2次。切实加强网站安全管理，处理IIS，Apache Struts2等网站安全风险、技术问题60余次，网站等级保护三级评测合格。配置360天擎终端安全管理系统，升级病毒库、补丁库28次，实现对全网计算机的病毒查杀、漏洞补丁修复、资产管理、U盘管控，查杀office宏病毒、木马等85659个，修复漏洞2548个，电子政务专网实现“零”事故。

（黄良超供稿）

永川区智慧政务协同办公平台操作技能培训（2017年）　（区信管办供图）

民主党派

【民革永川区委】　2017年，民革永川区委坚持以习近平新时代中国特色社会主义思想为指导，深入学习中共十九大精神和市委五届三次全会精神，紧紧围绕“兴业兴城、强区富民”总任务，大力加强自身建设，积极建言献策，紧扣中心服务大局，努力提高履职能力，各项工作取得新成绩。

思想建设　区委会以坚持和发展中国特色社会主义学习实践活动为主线，扎实开展“薪火相传，圆多党合作之梦”学习教育活动和“不忘合作初心，继续携手前进”主题教育活动。区委会主要领导在《重庆民革》《永川日报》等报刊发表学习中共十九大心得体会署名文章，全体区委委员及各支部撰写心得体会18篇。各支部也按照区委会统一安排部署，召集全体民革党员开展深入学习活动。

组织建设　按照民革重庆市委和中共永川区委统战部的统一安排部署，区委会制定了届中补选主任委员工作方案，召开第三届第八次全体委员（扩大）会议，顺利完成届中调整工作。召开第三届第九次区委扩大会议，对区委班子分工及区委委员联系支部情况作了调整。举行暑期谈心活动。免费为各支部及政协委员、人大代表订阅《团结报》47份。全年新发展党员8人，其中具有民革特色2人，新阶层1人。至2017年年底，全区共有党员136人，平均年龄50岁、女党员比例为39.4%，民革特色比例为22.6%，高级职称55人，机关科级以上实职岗位14人。

参政议政　在2017年两会期间，共提交集体提案5件，人大代表提交建议4件、政协委员提交提案32件。其中大会发言《关于做大做强永川豆豉产业的建议》被评为区政协1号提案加以督办。《关于深化综合行政执法改革的建议》作为民革重庆市委集体提案被重庆市政协立案。区委会与区法制办、陈食街道、区司法局、区食药监局、区交委开展了对口协商。全年向民革重庆市委、区政协、区委统战部上报社情民意信息25篇，采用13篇。开展《永川区开放式协同创新模式研究》课题研究、《加快培育我区五大百亿级产业集群专题调研和协商》课题调研，撰写理论文章4篇。全年向民革中央、“重庆民革微信平台”、《重庆民革》永川电视台等媒体报送信息36篇，1篇信息得到民革中央网站采用，11篇信息得到市级和区级媒体采用。

社会服务　区委会每年筹集资金3万余元，为仙龙镇和松溉镇的“民革爱心超市”补充日用品，关怀300余名困难群众。开展、学生心理健康圆桌论坛、心理健康团体辅导、心理健康访谈会、心理健康个案咨询的关爱中小学生心理健康系列活动。组织法律专家到胜利路街道办事处开展“百名法律专家普法进社区”活动。为仙龙镇和松溉镇的30户困难家庭免费提供1200只优质鸡、鸭苗和技术指导。区委会还与区楹联协会书法家到陈食街道开展“送文化下乡活动”，现场为群众免费书写春联500余幅。　（区民革办供稿）

【民盟永川区委】　2017年，民盟永川区委以习近平新时代中国特色社会主义思想为指导，团结和带领全区盟员，围绕永川“兴业兴城、强区富民”总任务，切实加强自身建设，积极履行参政党职能，各项工作取得了新进展。

思想引领　全年民盟永川区委以学习贯彻中共十九大精神和习近平总书记治国理政新理念新思想新战略为重点，组织全体盟员认真学习领会其精神要义，紧跟中国共产党前进的步伐，广大盟员进一步坚定了走中国特色社会主义发展道路的政治信念。

参政议政　民盟永川区委成立了参政议政专委会，制定了《参政议政工作奖励办法》（试行）。完善了主委会、全委会、基层组织全委会、组织生活等定期学习机制。结合中心工作收集整理各类信息，为盟员参政议政提供第一手信息资料；安排分管副主委牵头对盟员所撰写提案、社情民意、调研报告等进行集体修改打磨，保证参政议政质量。邀请市政协原副主席、民盟市委原主委陈万志为盟务骨干作参政议政辅导报告，邀请盟市委处室领导、区政协领导就参政议政作专题讲座。在2017年区“两会”期间，共作大会发言2次，递交集体提案4件，个人提案50件，3位盟员人大代表共向人代会提交建议14件，4位盟员获得区人大、区政协的表彰奖励，3件提案被评为优秀提案或重点督办提案。《关于发展永川旅游正当其时大有可为的建议》《关于保护和塑造永川城市天际线的建议》被列为重点督办提案。围绕政府工作报告、交通文明、临江河流域综合治理、旅游产业发展等议题开展专题调研，形成调研报告3篇，提出了对策建议50余条。全年上报调研报告和建言直通车5篇，反映社情民意和统战信息28篇。《关于将社会主义核心价值观融入人教版高中英语教材体系的建议》被民盟中央的采用。《关于进一步完善婚姻登记制度，力促家庭和谐社会稳定的建议》《推进现代学徒制还需法制保障》被市政协的采用。民盟市委采用6篇，区政协和中共永川区委统战部采用14篇。

组织建设　建立了主委会成员对入盟积极分子的“面试”机制，注重发展质量，积极稳妥做好组织发展工作。全年发展新盟员11名，平均年龄31.8岁，本科学历占91.7%。全区有在籍盟员327人。按照《民盟中央关于开展“不忘合作初心，继续携手前进”专题教育的通知》要求，制订了实施方案。组织盟员参观中国民主同盟成立纪念碑、中国民主党派历史陈列馆等爱国教育基地，开展“不忘合作初心，心系学子·爱洒宝峰”“不忘合作初心，激扬青春，五四文艺会演”“不忘合作初心征文”“盟事大家谈”“三八”妇女节家庭插花讲座等活动，组织全体离退休盟员赴何埂镇石笋山调研旅游经济和农业产业化发展。优化《永川民盟》栏目结构，向民盟中央、重庆市政协、重庆民盟、重庆统一战线上报信息26条。坚持每年慰问老同志，看望慰问生病住院盟员；在中华民族传统节日通过微信、QQ等方式对盟员进行慰问。在民盟市委举办的“不忘合作初心，继续携手前进”主题征文活动中，提交的文章获一等奖1篇，二等奖2篇，三等奖2篇。在2017年区政协理论研讨征文活动，获奖2篇。

服务社会　开展针对学生青春期存在心理障碍较突出、青春期自我认知匮乏等问题调研，与区教委联合分批开展心理健康知识进校园的“心·希望阳光行动”。在学校上心理示范课教学8节，有针对性的心理辅导8场次，开展音乐乐理知识讲座、学生科学用眼用耳讲座、名师“微班会”“演讲的能量系统”讲座、青少年普法讲座等15场，捐赠学校价值近8000元的教学用具。重庆政协报、华龙网、永川电视台、《永川日报》、永川网、永川茶竹网等媒体的分别关注和报道。在宝峰镇等地举行了健康义诊活动，为居民免费测量了血压和血糖、发放新农村健康手册；为100余名小学生检查了牙齿，讲解日常保健和疾病预防知识。

（陈汝冬供稿）

【民建永川区委】　民建永川区委坚持以中共十九大精神为指引，团结带领广大会员，围绕中心工作、服务大局，切实履行参政党职能，为助推永川区经济社会健康发展做出贡献。

思想建设　全年深入学习贯彻中共十九大、中央经济工作会议、民建十一大及中共重庆市委、中共永川区委等重大会议精神。开展各类培训会、专题培训会8次，知识抢答赛1次；选送会员参加民建中央、民建重庆市委、区委统战部组织的各类学习培训活动40余人次。邀请老主委刘明德宣讲会章会史、组织会员参观民建成立旧址陈列馆、参加演讲比赛、撰写征文等活动，引导广大会员在思想上政治上行动上同以习近平为核心的党中央保持高度一致。

组织建设　全年新发展会员11名，平均年龄33.9岁，其中博士1名、研究生2名、本科学历8名。积极搭建后备干部成长平台，切实加强培养锻炼。3名会员参加永川区处级领导干部培训，10名会员参加民建重庆市委第33次新会员培训，李萍参加第四期民建中央企业家培训，30余名政协委员参加永川区政协举办的履职培训。举荐1名会员到沙坪坝区质监局工作，1名会员担任双桥经开区工商行政管理局副局长。1名会员获得国家留学基金委西部项目资助，作为访问学者赴美国路易斯安那州立大学农业经济学专业学习交流。

全年向会员赠送鲜花和生日卡片200束（张），看望慰问生病会员20余人次，发放关爱金12000元，提供会员帮扶80件次，采纳会员意见建议20余件。组织70余名会员到荣昌参观天鹰乐禾无人机有限公司，组织女会员走进蕊福农食用

大学生创新创业项目对接洽谈会（2017年）　（民建永川区委供图）

菌基地，组织会员调研十里荷香现代农业园区，助推企业发展。编辑发行《永川民建》刊物1期；建立永川民建微信网络平台，全年推送信息20余条；向民建中央网站、《重庆民建》、《永川日报》、《永川政协》等刊物投稿60余件。组织骨干会员参加民建重庆市委、区政协和区委统战部的理论课题研究，《浅谈民建区级组织在学习实践活动中的作用发挥》在区县研讨会上交流。《加强和改进政协特约监督工作的对策》《推进政协工作必须把握本地特色和优势》分别获区政协理论研究二等奖和优秀奖。

参政议政　永川两会期间，提交区人大、政协建议提案62件（其中，人大建议5件，政协集体提案9件，个人提案48件），集体提案《关于促进税收可持续增长的建议》被确定为重点督办提案并荣获年度优秀提案。申报并高质量完成的《关于规范政府购买公共服务研究》《关于加快农业供给侧改革促进现代农业发展研究》等6篇民建市委调研课题得到民建重庆市委肯定。积极参加中共永川区委政党协商、暑期谈心会，就中国梦文明行、临江河流域综合治理、永川区建设区域性休闲旅游目的地等课题开展调研，提出建议。发挥建言直通车等载体作用，提交调研报告11篇，多篇被相关部门采纳实施。向民建重庆市委、永川区政协、永川区委统战部报送社情民意稿件62篇。其中，中央统战部《零讯》综合稿采用2篇，民建中央采用1篇，重庆市政协采用4篇，重庆市委统战部采用2篇，民建重庆市委会采用18篇，永川区政协、永川区委统战部采用25篇。

社会服务　依托民建永川区委创业兴业培训基地和15个创业兴业实训基地，开展创业就业培训和实训，培训会计、企业管理、家政服务等领域人员5000余人次，提供实训就业岗位100个。组织政协民建界别委员接续开展“助推大学生创新创业”主题活动，签订《民建永川区委助推重庆文理学院大学生创新创业合作协议》，15名企业家会员受聘为文理学院创新创业导师，与重庆文理学院30多个创业团队结对进行创业指导。该活动荣获区政协界别活动一等奖。（区民建办供稿）

【民进永川区委】　民进永川区委全面学习贯彻十九大精神和习近平系列重要讲话精神，围绕中心，服务发展，突出重点，发挥优势，为建设人文民进、创新民进、魅力民进、和谐民进而扎实工作，圆满完成了年度工作计划。

思想建设　民进永川区委深入学习贯彻中共十九大精神、习近平系列重要讲话精神，引导广大会员在思想上政治上行动上同以习近平为核心的党中央保持高度一致。开展坚持和发展中国特色社会主义学习实践活动、干部暨中青年骨干会员暑期培训会、民进区委扩大会议、教师节座谈会，举办走进临江“西部香山”庆祝三八妇女节暨骨干女会员乡村旅游调研活动、“喜迎十九大·欢度重阳节”“喜庆中共十九大·不忘初心促发展”的十九大精神学习专题活动。参加“喜迎十九大·携手创未来”永川区统一战线习近平治国理政新理念新思想新战略知识抢答赛。《永川民进》信息量大，内容丰富，特色鲜明，多篇文章选进民进中央网站、《重庆民进》登载。

组织建设　民进永川区委在全体会员中实施“3336”工程，开展“三个为什么”（我为什么入民进、我为民进做什么、我给国家留什么）大讨论；彰显“三真”（提升素质真才实学、建言献策真知灼见、关注民生真心实意）；追求“三高”（自身建设成“高手”、参政议政献“高见”、社会服务出“高招”）；打造“六名”团队（名作家艺术家、名师、名医、名理论家、名创意师、名企业家）。民进永川区委召开述职测评会民主测评会，班子成员进行了述职，会员代表对区委会班子成员进行了测评。召开民主测评会，民主推荐后备干部。与民进巴南区委、荣昌区委、云南省玉溪市委等开展工作交流活动。2017年发展会员10名，其中，教育界4人、医疗卫生界2人、经济界2人，公务员及机关工作人员2人。走访了新会员所在单位。

参政议政　永川区“两会”期间，民进永川区委共提交人大建议16件、政协提案62件，其中，集体提案3件，委员个人提案59件。开展人大代表和政协委员述职活动，完成永川区“中国梦·文明行”城市交通文明建设专题调研，政党协商课题。牵头完成永川区建设区域性休闲旅游目的地对策专题调研，提出建设性意见。全年共收集社情民意反映100余条，上报民进重庆市委会23条，多篇被中央统战部、民进中央、重庆市政协及民进重庆市委采用。中央统战部《零讯》采用3篇，民进中央、重庆市政协采用4篇，重庆市委办公厅《信息专报》采用1篇。《高速公路隧道出口处的交通安全隐患亟待引起重视》得到市委常委、统战部部长陶长海批示。到卫星湖街道进行走访调研，与区文化委对口联系单位开展“荷香书院”规划设计评审会。

社会服务　开展“倡导经典诵读，建设书香校园”第四期工程：文化经典进村小赠书活动，全年走进22所村小，策划专题演讲《爱上阅读，长出梦想》22场。开展系列阅读推广活动，如：著名儿童文学作家王蕾、李姗姗书香校园行、2017年“我是夏天小书迷”好书推介会活动等。累计赠书562所（次）学校，“香喷喷故事团”累计开展80余场讲故事活动。举办“永川区夕阳之家老年服务中心爱心床上用品捐赠暨实训基地授牌仪式”活动，为老年人赠送价值3万余元的爱心床上用品。指导五洲小学、兴隆幼儿园、綦江区柴坝学校等多所学校开展特色学校与校园文化建设。到边远镇开展送医疗和法律知识进校园、送古筝进校园、送川剧进校园、送曲艺进校园、骨干教师献课等形式的“三下乡”活动。为多个镇街策划“一镇一品”地方特色文化活动。开展乡村旅游专题调研，完成了调研报告。本年度工作被《光明日报》《人民政协报》《团结报》《中国新闻出版报》《重庆政协报》等多家主流媒体报道。　（区民进办供稿）

【九三学社永川区委】　2017年，九三学社永川区委（以下简称社区委）学习贯彻落实中共十九大、习近平总书记系列重要讲话精神和中共重庆市委、社重庆市委、中共永川区委等相关会议精神，紧紧围绕全区中心工作参政议政，不断加强自身建设，切实履行参政党职责，工作取得较好成绩。

思想建设　社区委制定学习中共十九大精神实施方案，通过召开主委会、九三学社永川区委（扩大）会、社员代表会等进行专题学习，组织各支社、专委会采取多种形式认真学习中共十九大精神、中共重庆市委五届三次全会和中共永川区委十四届二次全会精神，引导广大社员用习近平新时代中国特色社会主义思想武装头脑，提高政治站位，在思想上政治上行动上同以习近平同志为核心的党中央保持高度一致。

组织建设　社区委围绕建设政治坚定、团结和谐、尽责履职、规范有序、凝聚力和战斗力强的基层组织的目标，成立基层组织规范化建设工作领导小组，制定《九三学社重庆市永川区委员会关于基层组织规范化建设的实施方案》。修改完善工作管理制度，继续实行对各支社、专委会量化考核机制，梳理历年文件，规范文件分类归档管理；建立104名社员个人档案盒，对社员个人信息进行完善；走访老龄社员3人，慰问患病住院社员2人。建立“九三学社重庆市永川区委员会”微信公众号。全年编印《永川社讯》2期，呈报社市委、区政协、区委统战部各类宣传信息60余件。开展暑期社员集中培训活动。组织社员进行社章社史学习和体会交流，积极选派社员参加时事政治、统战理论及九三学社社章社史的学习培训。全年累计选送社员参加社中央、社市委、中共市委统战部和区委统战部各类学习培训活动40余人次。全年发展新社员4名。至2017年年底，全区社员总数达到104名，其中，有高级职称的社员61名，有中级职称的社员34名。

参政议政　2017年“两会”期间向大会提交集体提案8件，市区人大代表、政协委员累计提交议案（建议）、提案79件。全年组织开展专题调研6次，撰写专题调研报告6篇。承担社市委重点调研课题《关于校企合作共同培养创新人才有关问题研究》1个。先后围绕“临江河流域综合治理”等五个政党协商计划项目组织专题调研，提出建议。

社会服务　社区委与何埂镇党委为期三年的“九地合作”助建项目进入收官之年。全面完成何埂中学等7所中小学“九三电子阅览室”建设，建成各类家庭农场32个；“九三专家诊室”形成品牌，组织社内、社外专家195人次，诊治患者2000余人次；建成生态茶园200公顷，建设名优绿茶生产线1条；指导石笋山国家AAA级旅游景区创建工作；向石笋山村、鱼龙村、沙坪村等6个村卫生室捐赠中医治疗设备430台。邀请重庆医科大学附一医院第一分院内分泌科邓小初主任医师到何埂进行镇、村两级医务人员适宜技术培训2次。开展第二十九届中国“国际科学与和平周”“百名专家进乡村入学堂”义诊咨询活动。持续开展“三个一”（每年资助一名困难学生、帮助一户困难家庭、扶助一个困难企业）民生帮扶活动。组织社员个人捐款资助金龙镇洞子口村水口寺学生张美；帮助何埂镇沙坪村孔令凤建家庭农场，落实补助资金5万元；为重庆茗羽茶叶有限公司提供整体规划、产品定位等建议。组织农业科技专家指导何埂镇、永荣镇茶叶加工企业生产基地示范建设。全年组织农业科技专家举办各类技术培训6次，培训农业技术人员和种植户600余人。文理学院支社为永川区特殊教育学校的孩子们授课30余节，组织亲子运动会1次、编排32人集体舞蹈1支，对小儿脑瘫进行康复评定9人次。

（区九三学社办供稿）

社会团体

工商联

【概况】　永川区工商联（总商会）以习近平新时代中国特色社会主义思想为指导，深入学习贯彻党的十九大精神，紧紧围绕区委区政府的工作部署，牢牢把握“两个健康”工作主题，各方面工作取得新的成绩。永川区工商联（总商会）连续四年被授予全国“五好县级工商联”荣誉称号，连续四年被市工商联评为年度考核“先进集体”。区工商联（总商会）下设基层商会48个，有会员4381个（户）。有党外知识分子联谊会1个，会员114名。建有300人规模的党外代表人士人才库。党外代表人士中，有市人大代表9名、市政协委员11名，区人大代表115名、政协委员193名；担任区级部门领导干部副职12名，担任镇街副职4名。

【非公有制经济】　全区有非公有制企业17186家，个体工商户54367户，全区非公有制经济总产值485亿元，占GDP比重为71.5%，完成国税收入23.61亿元，地税收入22.1亿元，解决就业32.45万人。

【非公有制经济人士教育引导】　把深入学习贯彻党的十九大精神作为首要政治任务，及时组织全体机关干部和基层商会集中收看党的十九大开幕式盛况。认真贯彻落实中央经济工作会议、中央统战工作会议、重庆市委五届三次全会和区委十四届二次全会精神。举办“榜样面对面”党的十九大精神宣讲活动。参加“喜迎十九大·携手创未来”永川区统一战线习近平治国理政新理念新思想新战略知识抢答赛。召开座谈会、与基层商会党支部共度主题党日等形式，接续开展以“民营企业家与中国梦”为主题、增强“四信”为主要内容的理想信念教育实践活动。引导广大非公有制经济人士进一步坚定中国特色社会主义的信念、增强对党和政府的信任、增强自身发展的信心和对社会的信誉。

【组织建设】　全区共有会员3896名，有基层商会48个，团体会员3个。成立了永川区莞深商会，组建永川区装饰建材商会、江苏商会和党支部。指导板桥、来苏等8个基层商会圆满换届。创新开展“两学一做”主题教育和“主题党日”等活动，区工商联领导班子被区委评为“好班子”。认真贯彻落实《永川区工商业联合会深化改革实施方案》（永川委办发〔2016〕36号）精神，推动镇街统战委员分管镇街商会工作、镇街党员中层干部兼任商会秘书长或党组织负责人。完善基层商会规范化建设管理办法和工作考核办法，商会工作水平得到提升。何埂商会被重庆市工商联评为“十佳”乡镇商会，建筑商会建立的“建馨党员爱心基金”被评为全国第四届基层党建工作创新案例，民营经济协会党委被重庆市委表彰为“全市先进基层党组织”。

【参政议政】 引导广大会员特别是会内人大代表、政协委员，为永川经济社会发展建言献策。提出《关于盘活镇街关停企业闲置资产的提案》《关于组建永川智能装备全产业链人才培养基地的建议》等提案、建议68件，撰写《重庆市传统民营制造业转型升级调研报告》等调研文章7篇。组织区工商联界别政协委员开展“加快企业转型，提振企业信心”界别活动，荣获永川区政协界别活动特色案例。

【优化服务】 发挥“百家企业大讲坛”和永川产业经济学院载体作用，组织会员200余人参加《企业用工管理与用工风险防范》和税务知识讲座。组织主席（会长）班子和部分常委60余人，开展健康知识讲座，关爱民营企业家身心健康。丰富完善“1124”维权服务工作方法，推进维权服务工作的经常化、制度化、规范化、程序化，得到重庆市工商联高度认可，并向全市推广。组织召开非公经济发展座谈会，收集反映非公企业存在的困难问题61个，区委、区政府领导高度重视，相关职能部门积极协调解决。加大与区检察院、公安局工作联动力度，创新服务非公经济工作联系机制，为非公有制经济健康发展保驾护航。与荣昌区、涪陵区工商联和四川德阳市、江安县工商联开展学习交流，组织区商务局、凤凰湖和港桥工业园区等单位，赴深圳、东莞等地考察招商项目，全年完成招商引资1.5亿元。建立区工商联常委群等5个微信群，编辑发行《永川商会》2期。全年向相关上级部门和主流媒体报送信息189篇，《中华工商时报》和“全球渝商APP”采用5篇。《永川日报》、永川电视台采用信息15篇（次）。

【服务社会】 继续开展“百企帮百村”活动，累计结成驻村对子219对，非公有制企业进村联系工作8500余人次，为群众解决困难1316件，提出发展建议473条，修建基础设施221处，落实帮扶项目204个，就地解决就业7500余人，落实建设及帮扶资金8995万元，落实项目资金约10亿元。全年帮扶贫困子女家庭428户；捐助政协关爱基金44万元；双石商会捐资210万元、陈食商会捐资180万元、何埂商会捐资100万元修建农村公路、慰问贫困家庭；临江商会会长袁豪江捐资70万元，解决修建普洪路的资金缺口；临江商会苏氏教育、李亮计生关爱和凌氏平安“三大基金”，累计捐助资金70万元惠及民生。 （区工商联供稿）

总工会

【概况】 2017年10月，永川区总工会办公地址由人民大道191号搬迁至红河南路2016号。有在编人员8名。有2个内设机构，即办公室（基层工作部）和服务发展部。下属事业单位重庆市永川区职工服务中心有在编人员8名。

【组织建设】 认真落实市总工会《关于进一步全面推进基层工会改革的意见》，创市级示范基层工会1个，重庆市模范职工之家2个，模范职工小家2个，先进职工之家4个，合格职工之家13个。工会会员实名制录入工作顺利推进，完成实名登记13.42万人。指导23个镇（街道）完成换届选举任务。举办2期基层工会干部培训班，培训260余人次。全年新建工会组织58个，新发展会员3843人。有基层工会1065个，会员19.09万人。

【服务经济】 承办和参加市总工会渝西片区的机电技能大赛决赛，永川区1名选手获CAD机模设计冠军并获重庆五一劳动奖章。参加渝西片区制茶，车工、钳工，厨艺、餐饮服务，母婴护理等技能比赛，永川区有12名参赛选手分获一、二、三等奖，总工会获3个优秀组织奖。参加重庆市第一届中小学青年教师教学比赛，永川区获一、二、三等奖各1个。组织新泰、海通、康泰斯等公司职工参加2017年重庆市职工优秀技术创新成果评选，永川区获得二等奖、三等奖、优秀奖各1名。举办卫生应急、旅游服务、家政服务、汽车维修等5场技能大赛，参赛职工2000人次。为关停煤矿下岗失业人员进行电工、焊工、养老护理等专业创业培训，累计培训582人，结业349人。

【评选表彰】　做好重庆市第五届劳动模范和先进工作者评选表彰工作。永川区获得重庆市委、市政府表彰劳模8人，先进工作者2人。开展永川区首届“十大工匠”和“十大服务明星”评选表彰活动。

【职工维权】　全区21家非公企业和9个区域开展集体协商工作，新签订21个企业集体合同、25个工资专项合同、21个女职工权益保护合同；开展区域集体协商，推进了“千名律师进企业，服务职工在基层”行动，组织律师到车站、进企业为农民工开展现场咨询3场次，发放《劳动合同法》《职工维权手册》宣传资料3000余份；为30家企业提供法律服务，服务职工1171名。全年调解劳动争议案件92件，标的额302.5万元，受理法律援助案件50件，调解结案27件，仲裁结案5件，诉讼结案18件，挽回经济损失308.5万元。

【职工活动】　牵头承办了渝西片区职工篮球赛预赛，代表渝西片区参加了重庆职工篮球联赛（决赛）获第四名。开展职工互动“晒新年愿望领话费”活动、“书香三八·阅美人生”女职工读书活动（在线征集）、关注“工匠精神”，留言送“十里荷香”园区门票等活动6次。组织观看爱国主义教育片《中国导弹之父——钱学森》和教育片《娘家人》。开展送电影下基层130余场。与卫生计生委联合开展了职工“健康万步行”全民健身活动。组织开展“互联网+工会服务”进基层系列活动3次。充分发挥凤凰湖党群服务中心的作用，协同开展文体活动、知识竞赛、关爱外来务工人员子女等活动12次。结合“安全生产月”活动，开展重点行业领域“安康杯”竞赛活动，组织开展全区职工安全生产知识竞赛活动，1.5万余名职工参与选拔和决赛。

【扶贫帮困】　全年，总工会对全区736名建档困难职工（农民工）家庭开展了走访调查。对永川籍26名矿难职工实行帮扶。慰问736名困难劳模和困难职工，共发放慰问金43.76万元。联合凤凰湖党群服务中心开展“小心愿·大温暖”外来务工子女“微心愿”活动，共圆了28名职工子女的57件“微心愿”。开展“夏季送清凉”慰问活动，重点走访了重点项目工程建筑、环卫、电力等部门一线工人，为他们送去了价值5万余元的防暑用品。开展困难职工子女“金秋助学”活动，共助学46名，发放助学金17.9万元。对因病、因灾造成临时困难的175名职工给予扶助，补助资金50.8万元。推进了职工互助保障工作，全区参保职工26502人，参保金额267.8万元，赔付1109人次，赔付金额124.6万元。

【阵地建设】　永川区职工服务中心投入使用。内设食宿、技能培训、乒乓球俱乐部等。中山路卧龙凼社区建立基层群团服务示范站（点）2个。建五洲国际城、凰城御府、玉屏北路等户外劳动者爱心驿站示范点4个；打造区职工服务中心、兴龙湖小学爱心妈咪小屋2个；在重庆通威饲料有限公司、永川区交通监察执法支队等企事业单位新建职工书屋20个。　（周卓越供稿）

共青团永川区委

【概况】　永川辖82个直属团组织，18个重点联系团组织，“两新”团组织544个。有14周岁至35周岁青年20余万人，共青团员5万余人，专职团干部200余人。永川区“青年之声”平台建设被团中央通报表扬，永川区“青年之家·泸州街社区市民学校”成为第二批全国示范性“青年之

红领巾演出活动（2017年）　　（团区委供图）

【青少年思想政治工作】　开展“我的青春我的梦”“砥砺奋进的五年”“喜迎十九大”“市第五次团代会”等话题讨论，累计6000余名青年参与讨论。创作推出《改革凝聚力量，青春绽放光芒》视频、《永川区城乡社区市民学校》微视频、青春喜迎十九大H5、人人争做河小青H5等新媒体产品。通过“永川团小微”微信、“暖青汇”APP、“青年之声”平台向社会发布9项涉及青年参与的创业帮扶等活动，青少年的思想得到了净化。

【青年创新创业】　举办“青锋计划”导师见面会，创业导师与创业青年“一对一”现场交流。开展10期青锋创业沙龙、青锋创业工作坊、青锋面对面系列活动，邀请区级部门一把手及创业青年前辈为初创业者授课，分享创业经验，600余名创业青年受益。开展2期青锋创业巡诊活动，组织10名创业导师实地走访13个创业项目，调查解决青年创业过程中遇到的困难。围绕茶叶、食用菌、名优水果等特色产业及农村土特产电商产业开展6期技能培训，“手把手”教授500余名青年创业技能。成立重庆市青年创新创业促进会九分会（永川分会），吸纳40人成为分会会员。依托永川区互联网青创营阵地，整合社会各方资源，为区内创业青年提供“一站式”服务。

【青年志愿服务】　全年重点打造区级“青年之家·城乡社区市民学校”示范点30所，举行购买青少年社会工作服务签约仪式暨兴南路社区市民学校启动仪式。深入推进预防农村女童性侵害“青盾”计划、青少年儿童“童声故事会”项目、废旧书籍玩具互换“乐享交换空间”项目及帮扶农民工子女城市融入“童益”计划等为主题的志愿服务品牌。召开2次青年社会组织联席会议，在市民学校社会组织孵化基地成功孵化永川区山茶花社会公益发展中心。举办“冬日阳光·温暖你我”新春关爱公益活动，对1200名贫困孤残留守儿童、困难群体代表进行关怀慰问，联合区总工会、区妇联举办“精准扶贫·圆梦行动”，筹款31万元，助学帮困102名青少年，组织“山茶花”青年扶贫突击队定期开展精准扶贫志愿服务，“一对一”帮扶农村重点贫困孤残留守儿童500余名。依托12355青少年服务工作站开展中高考减压活动，为全区1000余中高考学生作心理疏导讲座；举办4期“面对面”活动，区人大代表、政协委员就永川区青年创新创业工作、服务青少年健康成长、青少年宫建设、大龄未婚青年婚恋工作提出建议意见。

【组织建设】　做好“智慧团建”工作，已创建直属下级团组织36个。新建非公经济团组织57个、互联网企业团组织3个、新社会组织团组织3个。推进“学习总书记讲话 做合格共青团员”教育实践，召开专题组织生活会，组织开展入团离团或重温入团誓词仪式示范活动56次，举办主题团日活动74场次。隆重举行“不忘初心跟党走”永川区2017年五四主题集会活动。执行团干部直接联系青年“1＋100”制度，全区团干部联系青年3454名，开展活动939次。举办主题团课550场次，团区委班子成员带头到各自联系团支部上主题团课。全年发展新团员4350名。（团区委供稿）

区妇联

【概况】 深入学习中共十九大、市委五届三次全会、区委十四届二次全会精神和习近平总书记系列重要讲话精神，勇于担当、积极作为，纵深推进妇女工作和改革任务，连续6年获重庆市妇联工作综合考核为特等奖。

【妇女活动】 开展"三八红旗手""三八红旗标兵""三八红旗集体""巾帼文明岗""巾帼建功标兵""优秀巾帼志愿者""优秀妇女工作者"等评选表彰活动。开展"茶竹姐妹·农行情深"永川区首届女性创新创业大赛，103个创业项目报名参赛，80个创业者接受专业培训，32个项目一对一孵化，16个项目进入决赛并获奖，6个项目在全区第三届创业节获奖，其中3个项目分获一、二、三等奖。开展十里荷香赏荷采莲节开幕式暨重庆市女企业家永川行活动。开展"我为自己代言——'茶竹姐妹'创新创业产品展示"活动，为33名女性创业者搭建产品展示平台。开展女性劳务经纪人、SYB创业等各类培训2517人次，五间、来苏、红炉、松溉等镇积极组织开展《劳动合同法》专题培训。开展插秧、包粽子、采摘猕猴桃、种西瓜、收割稻谷、包装蔬菜等形式多样、妇女喜闻乐见的双学双比活动256场次。全国妇联100万"@她创业计划——母亲创业循环金"柑橘种植项目在何埂镇石笋山村实施，解决农村留守妇女、贫困妇女就业25人，流转土地约72.47公顷，年收益超过200万元。

全年32个女性集体、96名优秀女性获得区级以上表彰，文绍英获得全国巾帼建功标兵称号，区检察院公诉科获得重庆市十佳巾帼文明岗称号。陈食街道许向祝食用菌种植家庭农场荣获重庆市十佳巾帼家庭农场。

【家庭建设】 常态化推进寻找"最美家庭"活动。通过基层推荐、网络投票、专家评审，共评出区级"最美家庭"50户，"十大最美家庭""十大提名最美家庭"各10户。5户家庭荣获重庆最美家庭，1户贫困最美家庭户获得5000元专项资助。全面落实重庆市家庭教育"十三五"规划，承接举办全市首个家庭教育日暨市级家庭教育流动学校百场讲座进万家启动仪式，组织市级"家庭教育流动学校百场讲座进万家"活动5场，为何埂中学、景圣中学等3000多名家长送去了家教知识。联合永川区委宣传部、永川区教委举办首届家庭教育论坛活动，分学龄前、小学、中学三阶段开展家庭教育大讲堂，万余名家长参与。举办"我的家庭教育观"演讲暨征文比赛，征集到300余篇原创作品，137名选手参加演讲比赛。与区文明办、区教委联合开展"万名亲子志愿行"活动，参与亲子志愿者2万余人次，表彰最美亲子志愿家庭302个。开展"保护母亲河·巾帼志愿行"活动，1000名巾帼志愿者参与植绿护绿、河道清理、文明劝导等。

【妇女儿童权益维护】 利用"三八"节、"6·26"国际禁毒日、国际反家庭暴力日、宪法日等节日，开展妇女儿童维权宣传活动200余场次，发放宣传资料1万余份。联合检察院，开展"守护花季"——"莎姐"讲师团法治巡讲活动8场次。建立律师、心理专家、妇联工作者"三位一体"的接访制度，畅通12338妇女维权服务热线。协调区司法局在妇联设立法律援助工作站。全年接待上访群众182人次，化解矛盾纠纷82起，为4人提供法律援助。永川区婚姻家庭纠纷人民调解委员会参与区法院庭前调解工作18件。

【服务妇女儿童】 实施"爱心共筑·快乐成长"困境儿童关爱项目。深化农村留守妇女关爱项目，推进8个村实施留守妇女关爱项目，筹集互助资金28.2万元，开展心理健康知识讲座12场，开展互助组组长培训3期，慰问贫困妇女87人次，举办"双学双比"技能竞赛256场次，实施生产生活互帮互助3600余人次。指导大安街道灵英村实施市级农村留守儿童关爱示范项目，筹资2万余元完善妇女儿童之家装修建设。妇联界别政协委员、心舟驿站咨询师、大学生志愿者等走进灵英儿童之家，开展亲子阅读、法治讲堂、心理团辅、国学体验、电影沙龙等活动16次。春节、端午、中秋等节日慰问农村贫困妇女儿童960人次，送慰金18万元。为52名贫困两癌母亲发放救助金52万元。为73名女大学生、高中生发放助学金8.5万元。发动社会力量，捐资3.8万元，为100名贫困母亲送上母亲邮包，为15名两癌家庭子女送上助学金。

【妇女基层组织建设】　成立7个系统妇工委，4个区域性妇联组织。建立基层妇联公示制度、执委议事制度、分片联系制度、执委述职制度，方便妇女群众联系妇联干部。分层建立区、镇街、村社妇联执委工作微信群、QQ群590余个。分级培训，对镇街妇联主席、专职副主席、机关妇委会主任、区妇联执委、村社区妇联主席、执委培训全覆盖。妇联干部参加心理咨询师、家庭婚姻咨询师等专业化培训8人次。吉之汇妇女之家、区建委妇女之家、来苏幼儿园妇女之家、何埂镇石笋山村妇女之家、仙龙镇巨龙村妇女之家、双石镇五龙桥村妇女之家被评为“重庆市优秀妇女之家”，朱沱镇港口社区妇女之家被评为重庆市“十佳妇女之家”。（区妇联供稿）

区科协

【概况】　全年新成立1个企业科协、7个科普基地、2个农技协，新成立区心理健康教育研究会、区畜牧兽医协会，区教育学会和仙龙镇科协完成换届。全区有区级学（协）会23个、研究会1个，企事业科协19个，镇、街道办事处及园区科协26个，农村专业技术协会86个，农业科普示范基地23个。

【科协第七次代表大会】　2017年12月，召开区科协第七次代表大会。大会通过了六届委员会工作报告，选举产生科协七届委员会主席、副主席。

【科普活动】　全年实施“科普”行动，促进全民科学素质提升。组织农业科技专家到五间等镇街开展科技赶场26次，发放《养鱼实用技术》等科普资料8万余份，赠送《科普惠农》等书籍6000本，接受技术咨询2000多人次。举办种养殖技术培训20场次，举办第四届农技协特色农产品展销活动。组织科普大篷车到大安小学等32所中小学开展了巡展体验活动。举办中小学科技教师培训会和永川区第七届青少年科技创新大赛。组织学生参加第32届重庆市青少年科技创新大赛等获奖近100人次。开设社区科普大学教学点19个，全年上课464节，学员2万余人次。举办社区科普文艺演出，南大街火车站社区成功创建“全国科普示范社区”。在社区新建21个科普文化云终端、2处LED科普宣传屏，建成红旗小学小南校区壁挂式科技馆，启动“最美临江河科普摄影大赛”。

【科技成果应用】　举办重庆市科协年会暨“智汇永川”系列活动，组织了茶叶产业发展论坛、智慧城市建设论坛、工业设计大赛等活动，中国工程院院士倪光南等400余名院士专家齐聚永川，助力永川发展营造了创新氛围。邀请中国电子学会、中国茶叶学会等18个学会到永川调研对接，达成合作意向8项，签订技术合作项目2项，促成中国茶叶学会、中国兵工学会等全国学会在永设立学会工作站并与永川区签订了战略合作协议。建成中国科协创新驱动科技成果转化服务中心永川分中心，组织参加前沿科技讲座9次，对接活动6次。举办“院士专家与永川区党政领导座谈会”，形成了《关于永川区构建“一主两副三区”发展新格局的建议》等一批决策咨询报告。承担了市科协《公民科学素质提升路径探索》课题，组织科协界政协委员完成《永川茶叶产业发展建议》，《中等职业技术学校教师状况调查》课题研究成果经中国科协上报得到中央领导批示。组织开展第四次全国科技工作者状况调查、民营企业科技人员状况调查等，形成5篇调查报告向中国科协反映了科技工作者的状况。

【科技工作者服务工作】 区委、区政府在首个“全国科技工作者日”期间邀请各领域优秀科技工作者召开座谈会。召开全委会、镇街科协培训会、学会工作座谈会等学习中共十九大精神，邀请优秀科技工作者开展暑期休假考察活动，定期看望慰问科技工作者。联合重庆文理学院材料中心举办“2017 微纳米材料与先进制造学术会议”，支持区教育学会举办学术年会、水电学院举办“第二届巴渝水文化论坛”等。联合永川日报开办“新时代创新先锋”专栏，宣传优秀科技工作者 15 人次。评选表彰永川区第三届优秀科技工作者和第六届优秀科技论文。（区科协）

区侨联

【概况】 中共永川区委台湾工作办公室、永川区人民政府台湾事务办公室（以下简称“区台办”），永川区归侨侨眷联合会（简称侨联）均挂牌在统战部。2017 年全区有台属 217 人、台胞 158 人、台资企业 40 余家，累计完成产值 55.5 亿元，实现税收 22607.5 万元。全区共有海外侨胞、港澳同胞和外籍华人 500 余人，归侨 2 人，侨眷侨属 2000 余人。本届侨联委员 15 人，其中，兼职副主席 2 人，常委 7 人。侨联有工作人员 3 人，其中：主席 1 人，副主席兼秘书长 1 人，工作人员 1 人。2017 年区对台侨务工作围绕区委、区政府的重点工作，广接桥谊，解决困难，凝台侨心，为永川经济建设作出贡献。

【服务侨界】 通过召开会议，组织学习讨论，利用互联网 QQ 群、微信群、微信公众号等新媒体平台开展网上侨务，及时传达学习中共十九大和区第十四次党代会精神，引导侨界群众始终与党中央保持高度一致。成立了中山路、胜利路、南大街等 3 个街道侨联分会，协助中山路办事处卧龙社区创建了“侨胞之家”。与当地云南德宏州侨联缔结为友好单位，到渝北、涪陵、九龙坡、长寿、大渡口、潼南等区县侨联互访交流。到侨苑幼儿园、重庆美桥车检有限公司、重庆永川百事达天威汽车有限公司、重庆英格力铸造科技有限公司等侨资侨属企业走访调研 10 次，帮助他们解决生产生活中的困难和问题。组织华侨华人、归国留学生和美协会员参加了“第三届世界华侨华人美术书法展”。选送 300 余篇优秀作品参加第十九届世界华人学生作文大赛。组织侨爱心学校学生及中小学生参加第十八届世界华人学生作文大赛，20 余名学生作品获奖，区侨联荣获大赛组织奖。在春节、端午、中秋等传统节日开展“慰侨心·送温暖”慰问活动，走访慰问侨界群众 20 余户。将“澳大利亚魏基成慈善列车”开进镇街，为困难群众送去冬衣 300 件。

【引资引智】 2017 年组团到广州、深圳开展招商引资活动。邀请海外侨胞、国际知名钢结构专家、国家“千人计划”特聘专家、重钢集团首席技术专家肖勇为永川建筑产业建言献策。邀请国际知名药物化学家、激酶抑制靶向抗癌药物研究专家王淑东博士到永川考察重庆文理学院创新靶向药物研究所，并回永川投资创办医药研究所和企业。邀请美籍华人李

中山路、胜利路、南大街街道桥联分会成立大会（2017 年）（区侨联供图）

朝阳博士到永川创建高科技企业重庆睿恩光电子责任有限公司。

【港澳台服务】 在全区范围内开展了涉台涉侨情况摸底，完善了基层台账。为入驻永川台商工业园的台资企业全程代办各项建设审批手续，全年代办各项手续20余件。协助富胜科技、西胜电子等6户台资企业招工1000余名。为川亿电脑、致伸科技、荣艺电子等5家台资企业兑现各项税收返还、基础建设补贴资金、土地款及配套费返还等协议约定的优惠政策，共计2036万元。开辟延伸公交线路，方便台资企业员工交通出行。为台资企业员工提供公租房400余套，解决约2400人的住宿问题。帮助致伸科技、弘立电子等8家台资企业27名高管子女解决入学问题。走访台川橡塑、西胜电子、宝亿电子、乔国皮革等台资企业12次、20余家，帮助解决具体困难9件。端午、中秋等传统佳节期间召开台资企业座谈会，听取他们对台办工作的意见建议，帮助解决他们在生产生活中的实际困难和问题。协助台联举行第六届会员代表大会暨换届大会，妥善处理香港侨胞被电信诈骗、在永川台胞突发疾病猝死善后、重庆台海实业有限公司维权纠纷等涉台涉侨问题。

【参政议政】 组织重庆市侨界人大代表、政协委员来永川开展科技创新发展情况调研，考察中国（重庆）自由贸易区的重庆西部物流园。开展“一委员一河段”专项民主监督，组织政协委员参与临江河流域综合治理。

（张玉娇供稿）

区红十字会

【概况】 重庆市永川区红十字会于2014年并入永川区卫生与计划生育委员会。2017年，永川区红十字会充分发挥红十字会作为政府在人道救助领域的助手作用，积极开展“三救（救济、救助、救护）”“三献（献血、献遗体器官、献造血干细胞）”工作，圆满完成各项工作任务。

【救护工作】 2017年，先后走进学校、机关、企业、社区、村等培训救护工作，全年培训1165人次，完成“五进（进学校、进机关、进企业、进社区、进村）”工作任务。在区人民医院开展防震减灾应急救援演练。选送1名工作人员参加市红会救护师培训。有救护师3人。

【救助工作】 元旦、春节期间，开展送温暖活动，为贫困家庭发放“温暖包”130个；开展博爱助学活动，为贫困学生发放1万元助学金；开展疾病应急救助，全年救助1740人，申请救助金50.7万元元。

【遗体和器官捐献】 2017年，遗体、器官捐献工作取得新突破。全区有19名遗体捐献志愿者填写“《重庆市遗体（角膜）捐献志愿登记表》”，1名器官捐献志愿者进行登记。 （红十字会供稿）

区慈善总会

【概况】 重庆市永川区慈善总会成立于2005年

慈善活动现场（2017年） （区宣传部供图）

12月，是经永川区民政局批准登记的非营利性公益社会团体（慈善组织），是永川区专业慈善公募机构。主要职能：筹集慈善资金、开展慈善活动、兴办慈善事业、提供慈善服务。有会员126个，其中会长1名，常务副会长1名，副会长19名，秘书长1名，常务理事36名，理事69名。内设综合部、募捐项目部、宣传部、志愿者服务部；有驻会工作人员5名。

【慈善工作】　全年募集善款善物635.44万元（其中物资折价60.47万元），同比2016年增长13%。支出善款善物564.88万元，主要用于助学、助医、公益、助孤、扶贫等项目，直接救助困难群众5000余人次，实施21个公益援助项目，受益群众3万余人。（永川区慈善总会）

法　治

公　安

【概况】　2017年，永川区公安机关紧紧围绕党的十九大安保维稳中心工作，坚持打防结合、突出实效，努力提升公安工作整体水平和群众安全感、满意度、执法公信力，圆满实现“任务要完成，队伍不出事，质量要提高”既定目标，确保全区社会大局持续稳定。内设机构56个，派出所24个，有民警821人，警务辅助人员761人。

【打击刑事犯罪】　永川区公安局开展专项行动，共破获刑事案件2856件、起诉1235人，分别同比上升6.5%、12.9%。严打暴力犯罪，快速侦破“5·15”滴滴车司机故意杀人案、“5·18”刘某故意杀人案等81起八类暴力案件，现行命案破案率连续7年保持100%。深化扫黑除恶，坚持打早打小，打掉恶势力团伙7个，打击处理团伙成员98人，分别同比上升75%、15%，打黑除恶工作位列全市第3名，得到国家打黑办督导工作组充分肯定。严打毒品犯罪，破获涉毒刑事案件106件、打击处理137人，强制隔离戒毒301人、社区戒毒182人，成功破获中华人民共和国以来全市一次性缴获毒品数量最大（1.2吨）的“4·14”制毒案、一次性缴获涉案海洛因数量最多（7.06公斤）部督目标案件，永川区局禁毒工作位列全市第7名。组织开展打击盗抢骗、集中反扒、打击电信诈骗等系列专项行动，组建电信发诈骗中心和反扒专业队伍，破获侵财案件2218起，同比上升5.3%，打掉王某电信诈骗团伙等跨区域、流窜性犯罪团伙61个。强化网上追逃，抓获上网在逃人员170名，其中历年在逃人员24名、历年命案逃犯2名。强化打拐工作，规范失踪、失联人员案事件处置，破获王某拐卖儿童案，打拐工作位列全市第4位。

“平安手拉手　警民心连心”宣传小分队“进社区　进企业　进厂矿　进学校　进场镇”活动（2017年）　　（区公安局供图）

【打击经济犯罪】　深入开展打击风险型经济犯罪的“云端2017”等专项行动，破获“中信润德”非法吸收公共存款等涉众型经济案件17起，打击处理23人，挽回经济损失500余万元。强力推进食药打假“利剑行动”，破获张某等人销售假药公安部部督案等案件7起，起诉5人。

【维护社会秩序】　永川区公安局

扎实做好矛盾纠纷排查、重点人稳控和应急处置等工作，坚决防止发生系统性、区域性稳定风险。深入推进邪教破案打击专项行动，破获邪教类案件7起，打掉窝点4个，收缴反宣品1.2万份。保持情报信息工作最高等级，及时核查可能引发群体性事件的问题、集访非访的苗头等情报线索254条，预警化解串联集访等不稳定因素77起，稳妥处置群体性事件165起。强化重点人稳控，确保情报收集、排查梳理、人员稳控、查找劝返、案侦打击、交办督办六到位。全天候、全时段加强网络巡查，及时处置突发舆情176次，落地查人151人次，治安拘留6人。

【治安管理】 永川区公安局坚持问题导向，持续开展“扫黄禁赌”“缉枪治爆”、吸毒人员收戒等专项行动，查处治安案件8506件、治安拘留944人。坚持开展治安乱点地区挂牌整治，6个市级、18个区级乱点地区刑事发案同比下降47.2%，全部顺利摘牌脱帽，渝西广场扒窃等一批突出治安问题得到根治。对城区12个安置房小区治安环境进行治安综合治理，得到人民群众认可。组织开展“平安手拉手，警民心连心”“五进（进社区、进企业、进厂矿、进学校、进场镇）”等集中宣传活动，通过微博、微信等媒体平台发布官方信息1893条，编发短信300万条，制发防范宣传册、警民联系卡3万余册，张贴防范网络通信诈骗宝典2万余张。“永川公安”企鹅号入围全国公安20强，“永川公安”头条号获评最具影响力头条号。

【社会治安防控体系】 永川区公安局建起严密的社会治安防控体系，打破“平均用警、平均用力”惯例，调整出台全区社会面巡逻防控工作方案，建有网格化巡逻、24小时视频巡检、三人快反小组、维稳处突车巡步巡、武警联勤联防等，每日在广场、商圈、车站等重点区域开展见警式、震慑式巡逻。根据十九大安保工作形势，先后投入2/3、1/2警力全面加强社会面防范，保持高强度防控等级，全方位提升群众安全和感满意度。积极参加全区“大排查、大整治、大宣传”专项行动，继续推广群众平安信息员、物业小区联防等的优秀经验，社会单位和村镇社区参与群防群治。全区刑事案件、八类暴力案件、侵财案件立案分别同比下降6.6%、5.4%、5%。

【人口管理】 永川区政府出台《户口迁移实施细则》，放宽落户条件、拓宽落户渠道，永川常住人口城镇化率达45.2%。严格落实“延时、预约、上门服务”“一站式服务”等便民措施。全年共办理户籍业务9.92万人次、异地办证3981人次，出入境管理业务3.48万人次，车驾管业务15.9万人次，通过微信、电话、前台预约办理业务数量占比提升至48.5%，公安行政服务大厅获评“人民满意的公务员示范岗”荣誉称号，并连续4年荣获全区行政服务管理“五星级窗口”。积极争取邀请接待外国人单位备案受理审核、赴港澳商务备案等出入境管理业务审批权限，涉外人员管理更加全面快捷，出入境管理工作位列考核序列第4位。开展实有人口倒查专项工作，通过刑事案件倒查实有人口123人次，对倒查发现漏管的责任社区民警进行约谈，推动实有人口管理工作更加规范。强化境外人员管理服务，法定不准出境人员报备和国家工作人员报备工作连续四年保持零误差。

【公共安全管理】 严格大型群体性活动安全管理，确保国际女足邀请赛、国际机器人及智能装备博览会等173起群体性活动顺利举行，未发生挤压、踩踏等安全事故。加强危爆化物品安全监管，检查单位、企业224家次，发现并责令整改隐患215处，未发生较大以上安全生产事故。严密监所安全防范，开展安全大检查13次，未发生脱逃、非正常死亡事件。

【道路交通安全管理】 强化路面管控，相继组织开展“三个不发生”创建活动交通安全整治攻坚战、农村道路交通安全治理等35项专项行动，查处交通违法行为21.36万余件。其中，通过“现场查处+视频抓拍”方式，乱停乱放纠违5.64万件。强化源头监管，约谈并处罚款超员违法的公司。排查道路交通安全隐患109处，下发道路交通安全隐患15份，整治完成率为92.66%。强化基础设施建设，新建6组违停抓拍和1套电警设备，更换和新增176块交通标志、补划交通标线5000余平方米、安装人行隔离防护栏200米、U型桩4000米。强化车辆管理，办理小型机动车注册登记、转移登记和车辆年审等机动车业务83641辆次，办理机动车驾驶证有效期满换发、补发等机动车驾驶证业务37847人次，组织机动车驾驶人考试27816人次。开展标车淘汰工作，全区有黄标车1352辆，通过公告淘汰、强制淘汰、劝导淘汰等多种方式，累计淘汰黄标车1202辆。2017年，全区道路交通事故死亡数、受伤数同比分别下降8.6%、29.81%，死亡数创10年来最低，未发生较大以上交通事故。

【消防工作】 永川研究出台《永川区消防事业发展第十三个五年规划》《重庆市永川区火灾事故应急救援联动预案》。完成999个市政消火栓建设任务，276栋老旧居住建筑消防设施改造纳入（2017－2019年）区级民生实事；完成"一馆一室一院"建设；全年共检查社会单位8280家次，发出《责令改正通知书》7429份，督促整改火灾隐患20765条，查封场所139家，责令"三停"135家。全年接警出动2449起，出动消防车辆3300辆次，出动警力19903人次，抢救被困人员140人，疏散被困人员900人，抢救财产价值2445万元。办理消防行政案件440起，拘留41人，确立并整改重大火灾隐患9起，销案率100%。全年办理消防设计审核项目206个，消防验收项目203个，消防设计备案抽查116起，竣工验收备案抽查100起，举报投诉核查312起，公共聚集场所开业前安全检查80次。全年开展消防宣传教育工作，在院校开展消防安全学分制试点，发放消防安全教育读本，开展各种消防安全知识培训。推动消防职能由"管理型"向"服务型"转变。

全区火灾事故、财产损失比2016年减少，未发生伤亡火灾事故。 （消防支队供稿）

【警务综合保障】 永川区公安局建成"应指工程"高铁沿线83个高清视频镜头、2306个公共场所无线WIFI管控前端、62套4G移动警务终端等一批技术应用系统，"雪亮工程"一期建设有序推进。积极开展社会视频资源信息整合，整合接入市政、高铁东站等企事业单位自建视频。下发《社会信息资源收集整合工作方案》，明确整合范围、标准流程和责任义务，累计整合医疗、教育、交通等各类信息74类3700余万条，警务信息数据库扩容升级。

永川区公安局加强基础设施建设，完成萱花路派出所办公业务技术用房改造、看守所监视门改造等工程建设，大安、茶山竹海、松溉等3个基层派出所办公业务技术用房改造有序推进。购置执法执勤车9辆，新购置300套单警装备、230套防弹防刺服等实战装备。开展"一标三实（即标准地址、实有人口，实有房屋，实有单位）"基础信息集中采集工作，标注街路巷信息1321条、标注户籍人口信息81万余条，采集标准地址信息153万余条、居住人员信息26万余条、实有房屋信息7.8万余户。

【典型案件】 "4·14"制毒案 2017年3月3日，接公安部特急电令，命令永川区公安局会同广东、四川、江苏、河南、安徽5省公安机关对侦控发现的一特大制毒团伙开展链条式打击。接令后，永川区公安局在禁毒总队、技侦总队、情报信息中心等业务警种的支持配合下，集约精干警力成立专案组，立即开展案件侦查。经商请，重庆市武警总队指派特勤排40名战士到永支援。3月9时凌晨，专案组集约禁毒、特警、技侦、情报、派出所和武警等150余名警力，赶赴红炉镇会龙桥村风洞村民小组制毒现场开展收网行动，一举抓获犯罪嫌疑人12名，缴获毒品K粉1.207吨、大批制毒工具和5台涉案车辆。永川区公安局被区委、区政府记集体三等功一次，32人被市公安局和区委、区政府记功嘉奖，中央电视台等各级媒体对该案进行报道。

蒋某扒窃团伙案 永川区公安局通过深度经

营，掌握到一个隐藏在永川老城区的扒窃团伙信息。该团伙以渝西广场、大南门、小南门、玉屏市场周边过往群众为目标，用镊子、刀片、夹子等工具扒窃群众财物，群众反响强烈。对此，永川区公安局高度重视，成立“1·18”专案组，明确“情报先行、外围跟进、逐点击破、连根拔起”的工作思路，以技侦、情报、网安技术前期侦查为先导，从乡镇派出所集约精干警力40名，亲自指挥开展集中抓捕行动。各抓捕小组按照预案奔赴渝西广场等多个抓捕现场，成功抓获以蒋某为首的犯罪嫌疑人11人，扣押赃款赃物若干。

（沈君丽、张思栋、曾德波供稿）

检　察

【概况】　2017年，永川区人民检察院全面贯彻中共十八大、十八大以来历次全会和十九大精神，紧紧围绕全区“兴业兴城、强区富民”总任务，依法履行批准逮捕、提起公诉、查办和预防职务犯罪、诉讼监督等职能，扎实推进各项检察工作稳步发展。

【刑事犯罪查办】　严厉打击各类刑事犯罪。全年受理审查逮捕666人、依法批准逮捕552人，受理审查起诉1332人、依法提起公诉1163人。全力维护政治安全和社会稳定，批捕组织、利用邪教破坏法律实施犯罪6人、起诉7人。高度关注人民群众对安全感幸福感需求，批捕故意杀人、抢劫、强奸等暴力犯罪51人、起诉94人。坚决打击和惩治“黄赌毒”等妨害社会管理秩序犯罪，批捕149人、起诉269人；批捕“盗抢骗”等多发性侵财犯罪304人、起诉472人。对刘某某故意杀害网友焚尸案，何某某等13人制造1.2吨毒品案（该案系中华人民共和国以来重庆制造毒品数量最大的案件）等重大案件提前介入，引导侦查，高效打击犯罪。

【经济犯罪查办】　服务经济健康发展。认真落实市检察院加强产权保护“12条意见”、服务保障民营经济健康发展“18条意见”，坚决打击扰乱市场经济秩序犯罪。依法批捕侵犯知识产权、非法吸收公众存款、合同诈骗等犯罪7人、起诉25人，对非法吸收公众存款2.8亿余元的陈某某、杜某提起公诉。加强对非公企业特别是小微企业合法权益的保护，联合区工商联开展“服务非公企业·检察院联络员在行动”活动，设立非公企业联络员，提供“一对一”精准法律服务。

【职务犯罪查办及预防】　全年立案查办职务犯罪17人，其中渎职犯罪7人，处级以上国家工作人员3人，涉案金额300万元以上2人、1000万元以上1人，挽回经济损失360.8万元。加大行贿犯罪打击力度，查处行贿人员7人。持续推进职务犯罪预防，针对腐败问题多发易发领域开展预防调查2次，深入重点行业开展法治宣讲5次，提出检察建议2件，帮助发案单位加强制度建设。如在办案中发现地税系统在税收征收、减免、发票解冻等环节存在较大职务犯罪风险，及时提出检察建议，被重庆市地税局采纳。强化对市场准入、不正当竞争及商业贿赂等问题的法律监督，向有关单位提供行贿犯罪档案查询494次。撰写的《土地增值税职务犯罪预防调查报告》，被重庆市检察院评为2017年“全市十佳预防调查报告”。

【诉讼监督】　加强刑事诉讼活动监督，依法监督侦查机关立案11件、撤案1件，纠正漏捕10人、漏诉11人，依法追诉伪造货币的卢某某被判处有期徒刑10年。集中清理判处实刑罪犯未执行刑罚专项活动，监督收监执行6名，最高检、重庆市检察院挂牌督办被判处10年有期徒刑未执行刑罚的覃某某，被成功监督收监执行；扎实开展财产刑执行专项检察“回头看”活动，办理监督案件14件，监督执行金额312.8万元。加强民事行政检察监督，办理重庆市检察院交办、当事人申诉等各类案件87件，提请及建议上级院抗诉6件，均获改判。对不构成犯罪或事实不清、证据不足的案件，依法不批捕57人、不起诉45人。严防冤假错案，启动非法证据排除7件，及时提出纠正违法意见44件次。严格贯彻宽严相济刑事政策，依法对构成犯罪但无逮捕必要的不批捕51人、对犯罪情节轻微的不起诉77人。对无继续羁押必要的30名犯罪嫌疑人、被告人提出变更强制措施建议，均被采纳。办理的李某某羁押必要性审查案被最高检评为“全国优秀羁押必要性审查案件”。会同永川区公安局制定《关于加强刑事执法监督协作工作的实施意见》，设立派驻检察官办公室。开展破坏环境资源、危害食品药品安全犯罪两个专项立案监督活动，为行政机关提供专业咨询6次，建议行政机关移送犯罪线索7件。建立重大侦查监督事项案件化办理机制，通过侦查活动监督平台，办理非法取证、查封扣押程序不规范等案件12件。

【推进司法改革】 全面落实司法责任制改革。突出检察官办案主体地位，检察官独立决定案件1907件，占94.78%。制定《落实司法责任制改革督察工作实施意见》，对检察官履职情况、院领导和部门负责人直接办案情况全程监督。加强案件质量管控，开展质量评查4次，评查案件528件，将评查结果纳入检察官司法档案，作为绩效考核、等级晋升的基本依据。构建以随机分案为主、指定分案为辅的案件承办机制，随机分案1664件、占99.34%。对在生态环境和资源保护、食品药品安全、国有财产保护、国有土地使用权出让等领域，损害国家利益和社会公共利益的违法行为，依法开展公益诉讼。全年摸排公益诉讼线索3件，立案2件，提出诉前检察建议2件，挽回国有财产损失96万元。开展刑事案件认罪认罚从宽制度试点，构建侦查机关相对集中移送审查起诉、检察机关相对集中起诉、审判机关相对集中审理的“三集中”工作机制，促进认罪认罚案件提速增效。试点以来，共适用认罪认罚从宽制度办理案件505件，起诉490件，占全年起诉案件的58.5%。全力配合国家监察体制改革试点，做好各项衔接准备工作，抓好案件、线索、资产清理，配合完成职务犯罪侦查预防职能、机构、人员转隶工作。

【接受监督情况】 深化检务公开，全年依法发布案件程序性信息1156条、终结性法律文书785份，公开比例达93.08%；推送检察工作动态54条。主动接受民主监督、社会各界监督，认真履行对人大负责、受人大监督的宪法义务，主动向永川区人大及其常委会报告工作。专题报告法律监督工作情况1次，书面报告重要检察工作4次，全面落实审议意见。完善人大代表联络制度，举办“防治校园欺凌·护航未成年人成长”等检察开放日活动4次，邀请市、区人大代表视察、调研及征求意见36人次，虚心接受监督。向区政协通报检察工作，认真听取政协委员意见、建议。邀请人民监督员参与执法活动、回访监督5次，对1件拟撤案的职务犯罪案件提交监督。

【信访案件处理】 依托派出检察室延伸检察职能，接访群众200余人次，开展社区矫正监督检查72次，开展“平安永川集中宣传”等法治宣传咨询活动34次。完善律师参与化解涉法涉诉信访案件制度，律师参与值班接访33次。依法审查办理控告申诉案件224件，将心比心，换位思考，用心用情解决好群众合法诉求。办理支持起诉案件85件，依法保障农民工、孤寡老人等弱势群体合法权益。加大对侵害留守儿童、未成年人及在校学生犯罪打击力度，依法批捕9人、起诉10人。建立未成年人社区矫正监督机制。成立“莎姐”普法宣讲团，进校园、进乡村、进社区、进机关、进企业、进特定群体，开展法制巡展、专题讲座15次，受众5万余人。 （检察院供稿）

法　院

【概况】 永川区人民法院内设部门21个，其中3个人民法庭。有法官及其他工作人员162人。2017年共受理各类案件21089件，审、执结19010件，解决争议标的额65.86亿元。

巡回法庭办公现场（2017 年）（区法院供图）

【刑事审判】　全年审结一审刑事案件 872 件，判处罪犯 1153 人。其中，审理涉“法轮功”邪教组织犯罪案件 5 件、涉 2016 年“10·31”特别重大瓦斯爆炸事故系列犯罪案件 6 件；审结非法吸收公众存款、集资诈骗等涉众型经济犯罪案件 6 件，判处罪犯 15 人；审结故意伤害、强奸、抢劫、盗窃等侵犯公民人身权利和财产权利犯罪案件 416 件，判处罪犯 603 人；审结贪污、受贿等职务犯罪案件 16 件，判处罪犯 17 人。

【民事审判】　全年审结一审民事案件 3775 件。其中，审结追索劳动报酬、工伤失业保险等劳动争议纠纷案件 564 件；审结道路交通事故、医疗损害等侵权责任纠纷案件 1058 件；审结离婚、赡养等婚姻家庭和继承纠纷案件 1388 件；审结与食品买卖、餐饮服务有关的食品安全纠纷案件 35 件。

【商事审判】　全年审结一审商事案件 6152 件，解决争议标的额 20.85 亿元。其中，审结金融借款、民间借贷、银行卡等纠纷案件 2304 件，解决争议标的额 13.20 亿元；审理企业破产清算、破产重整案件 8 件，帮助困难企业优质资产资源重组或转型升级；审结数控机床、汽车及零部件、电子信息等领域的加工、承揽、运输合同纠纷案件 98 件，解决争议标的额 1719.25 万元；审结物业、装饰装修等服务合同纠纷案件 1606 件。

【行政审判】　全年审结一审行政案件 383 件，同比上升 45.60%。积极推进行政应诉工作，建立行政机关负责人出庭季度通报制度，包括区政府一名副区长在内的行政机关负责人出庭应诉 68 人次，出庭应诉率增至 46.90%，同比上升 19 个百分点。强化行政审判监督职能，审结行政不作为案件 3 件。大力支持依法行政，驳回行政相对人的起诉、诉讼请求 101 件，对符合执行条件的 388 件非诉行政强制执行案件及时裁定准予执行。强化行政纠纷实质性化解，加大行政争议协调化解力度，促成原告主动撤诉 43 件。

【执行工作】　全年执结案件 6006 件，执行到位金额 10.97 亿元，执行标的到位率 50.29%，同比增长 7.47 个百分点。深化执行威慑机制，司法拘留 175 人，限制出入境 15 人，移送公安机关追究刑事责任 1 人。将 4450 名失信被执行人纳入“失信黑名单”，在人民广场 LED 屏、“永川微发布”等平台发布失信被执行人信息 202 条，让失信者“一处失信、处处受限”。全面推进网络司法拍卖，进入网络司法拍卖程序标的 311 宗，成交 61 宗，成交额 4625.10 万元，溢价率 11.56%。

【司法改革】　推进人员分类管理改革，遴选出第二批员额法官 7 人，为 60 名员额法官建立单独职务序列。扎实推进院庭长办案，33 名院庭长全年共审结案件 7094 件，同比上升 35.59%，占全院结案总数的 37.32%。严格依照“让审理者裁判，由裁判者负责”，全年法官自行签发裁判文书 14875 份。发挥审判委员会总结审判经验等宏观指导职能，全年共讨论案件 67 件，占结案总数的 0.35%。深化民商事案件快速裁判机制，由永川区人民法院民四庭专司“简案快办”，全年办理简单民商事案件 2787 件，占民商事案件总数的 28.07%。扎实开展刑事案件认罪认罚从宽制度试点工作，审结被告人认罪认罚刑事案件 441 件，占刑事结案总数的 50.57%。

【审判监督机制建设】　发挥审判委员会总结审判经验等宏观指导职能，全年共讨论案件 67 件，占结案总数的 0.35%。以权责统一为原则，建立完善法官办案责任制，对法官追究办案瑕疵责任56人次。做深做实监督执纪问责，约谈干警75人次。坚持按“周回访、月反馈、季分析”开展案件回访工作，回访案件当事人714人，走访永川23个镇街的人大主席（工委主任）、政法书记、综治办主任以及各律师事务所，收集意见建议29条，全部予以研究处理。

【人民法庭工作】 人民法庭立足基层，畅通便民诉讼渠道，全年巡回收案425件。全年3个人民法庭共受理案件1998件，审结1867件，结案率93.44%。选取赡养、扶养、抚养等典型案件开展巡回审判103件次，切实达到“审理一案、教育一片”，弘扬社会主义核心价值观。积极参与社会治理，参加政法联席会议13次，提供专项报告2份，为党委政府决策提供参考。积极履行对人民调解委员会的业务指导，共指导基层人民调解组织解决纠纷40余件。利用“赶场日”，在辖区镇街、村社开展法制宣传40余次，发放宣传资料2600余份，接受群众法律咨询1500余人次。

【典型案例】 基本案情：2014年2月18日，被告人杨某与他人出资设立重庆互安资本管理有限公司，经营范围为资产管理服务、融资信息咨询服务、投资信息咨询服务、投资居间服务（以上经营范围不得从事银行、证券、保险等需要取得许可或审批的金融业务）。2014年10月10日，杨某将互安资本股份全部转让给彭某和何某。杨某系互安资本的实际经营管理者。2014年9月29日至2015年1月7日期间，被告人杨某明知互安资本未经金融监管部门批准，不具备开展金融业务资格，仍安排员工采取公开发放资料等方式向社会公众公开宣传，以四川太平洋国际饭店集团有限公司和四川金土地中药材种植集团有限公司需要资金为由，许以一定期限内的高额投资回报。同时，采取由投资人通过与互安资本签订居间服务合同，并委托杨某、谭某为出借人代表代为与四川太平洋国际饭店集团有限公司、四川金土地中药材种植集团有限公司签订借款合同，再协助集资参与人将资金分别存入用款方指定账户的方式，向陈某、段某等115名集资参与人吸收资金1870万元。其间，彭某、申某、黎某的28万元转让给杨某。张某的5万元转让给石某。科创控股集团有限公司共退还杨某、谭某等8人本金213万元。2015年1月20日，周某的银行账户向田某银行账户退还25万元。互安资本在提供上述两笔融资后共获得居间费37.203万元。

裁判结果：重庆市永川区人民法院于2017年8月2日做出〔2015〕永法刑初字第00766号判决：（1）被告人杨某犯非法吸收公众存款罪，判处有期徒刑三年六个月，并处罚金40万元（限判决生效后3日内缴纳）。（2）违法所得1632万元予以追缴，退赔集资参与人。（3）因非法吸收公众存款的违法所得37.203万元予以追缴。（4）查封扣押在案的财物由查封扣押机关依法处理。

裁判理由：法院生效判决认为，被告人杨某违反国家金融法律规定，未经有关部门依法批准，非法吸收公众存款，数额巨大，其行为已触犯《中华人民共和国刑法》第一百七十六条第一款之规定，应当以非法吸收公众存款罪追究其刑事责任。被告人杨某自动投案并如实供述自己的罪行，系自首，可以从轻处罚。关于辩护人提出的杨某系从犯的辩解意见，经查，杨某系互安公司的经营管理者，在犯罪中起主要作用，系主犯，对该辩解意见不予采纳。非法吸收的公众存款属违法所得，应当退赔集资参与人，已经支付的利息予以折抵本金。

（夏建飞供稿）

司法行政

【概况】 永川区司法局内设办公室、人事科、法制宣传教育科、基层工作管理科、法律服务管理科、社区矫正管理局（正科级）。有3个下属事业单位，分别是法律援助中心、公证处和社区矫正帮教服务中心，有基层司法所24个。截至2017年年底，有工作人员91名。

【普法依法治理】 以落实“谁执法谁普法”责任制为重点，充分发挥机关（系统、行业）的职能优势、人才优势、资源优势，着力构建党委统一领导，部门分工负责、各司其职、齐抓共管的“大普法”格局。全区64个重点普法责任单位签订年度普法责任清单，开展形式多样的法治宣传教育活动。依托“乡贤评理堂”建设重点项目，打造“乡贤弘法”新品牌，促进法治教育与道德感化相结合，邀请“新乡贤”参与法治院坝会宣讲40余场次。打造全区首个青少年法制教育基地，建成何埂刘家大院和青峰佛岩寺等4个法治文化大院。

【人民调解】 探索派驻派出所调解室建设，在双石、凤凰湖派出所开展试点，矛盾纠纷在接警之时得到有效化解。组建区级人民调解专家库，为全区调解工作提供法律咨询、专业培训和案情分析研判，指导化解全区性重大矛盾纠纷10余起。通过举办讲座、经验交流、模拟调解等方式，开展业务培训50余场次5000余人。全年全区各级人民调解委员会共受理民间纠纷17189件，调解成功17060件，调解成功率达99.25%。

【社区矫正】 大力推进监狱警察参与社区矫正工作试点。永川监狱、渝西监狱选派的4名监狱警察进驻司法所，参与社区矫正人员日常管控工作，有效降低执法难度。建立保外就医类社区服刑人员特困帮扶机制，规范保外就医人员病历提交程序，填补保外就医制度空白；开展社区服刑人员突击尿检，进一步彰显社区矫正执法严肃性。建立基层司法所社区矫正工作季抽查制度，确保社区矫正执法依法依规。累计接收社区矫正人员407人，解除404人，在册社区服刑人员456名，发出书面警告52人次，撤销缓刑4人，暂予监外执行条件消失收监4人。

【法律服务】 加快公共法律服务平台建设，建成区公共法律服务中心、23个镇街公共法律服务工作站、261个村（社区）公共法律服务工作室。切实履行监督管理职责，引导全区律师、基层法律服务工作者致力法治永川建设，在煤矿关闭后续处置工作中，积极提供优质的法律服务。督促区公证处、区法律援助中心和司法鉴定机构全力保障和改善民生，为群众提供优质高效的法律服务。全区法律服务市场整体秩序良好，有效满足群众的法律服务需求。

【司法考试】 制定《2017年国家司法考试组织实施方案》，成立国家司法考试永川考区考务工作领导小组，严格落实考试实施、综合协调、舆情处置、违纪处理、安全保密等各项工作。永川考区652人参考，整个考区秩序良好，未发生一起违纪作弊行为，未接到一起考生投诉。

（司法局供稿）

仲　裁

【概况】 永川区仲裁由永川区人力资源和社会保障局内设的劳动关系仲裁监察科和劳动人事仲裁院负责。2017年，以提升办案质量、和谐劳动关系为主线，维护当事人的合法权益，有效协调劳动关系，促进社会稳定。全年共接收劳动争议案件1060件，不予受理案件242件，立案受理案件818件。

【案件办理质量】 加大劳动人事仲裁力度，维护用人单位与劳动者之间的合法权益，提高办案质量和效率，确保公正执法。全年共办理劳动人事仲裁案件818件。其中调解案件458件（含撤诉案件250件），裁决案件360件，一裁终局案件260件。全年案件结案率为100%。

【劳动争议纠纷】 全年劳动争议纠纷处理平稳，共办理的劳动人事仲裁案件818件。其中劳动报酬案件216件，经济补偿案件、违约金案件、赔偿金案件197件，工伤保险待遇案件277件，确认劳动关系案件43件，解除、终止劳动合同案件85件。

（人社局供稿）

社会治安综合治理

【概况】 永川区成立有社会治安综合治理委员会，下设有办公室，与中共重庆市永川区委政法委员会（以下简称区委政法委）机关一个机构、两块牌子。2017年，永川区认真贯彻中央、重庆市委关于政法和平安建设的系列决策部署，忠诚履职保平安，真抓实干护稳定，全区社会大局持续稳定。全年共受理群众来信来访3557件次6732人次、同比人次下降11.94%；列管重点人员总数由87人减至75人、同比减少13.8%；刑事案件、八类暴力案件、街面犯罪案件立案数同比分别下降6.6%、5.4%、64.8%。没有发生影响社会稳定的重大政治事件、大规模群体性事件、极端恶性案事件、较大以上安全生产事故和涉永重大负面舆情。

普法宣传进校园活动（2017年） （区政法委供图）

【政法和平安建设工作机制】 2017年，永川区委、永川区政府高度重视政法和平安建设工作。23次在永川区委常委会、永川区政府常务会研究政法和平安建设工作。每周一上午召开全区维稳形势研判会议，总结上周维稳情况，研判当期稳定形势。全年连续召开研判会议50次，交办问题线索215件，提前预警处置不稳定活动153起。积极争取让永川区信访办主任兼“两办”副主任，明确每个提拔的副处级干部必须到信访办挂职半年。设立专项资金对各镇街平安建设予以考核奖补，永川区委、永川区政府对永川区信访办等41个集体和75名个人予以记功或嘉奖。明确提拔重用领导干部必须征求信访办的意见，对履行信访维稳责任不到位的候选人实行“一票否决”。认真贯彻落实《健全落实社会治安综合治理领导责任制规定》，建立领导干部社会治安综合治理实绩档案，实行季度督查通报、年度考核问效。全区形成稳定信息每天报告、稳定形势每周研判、专项工作每月会商、任务落实每季督查、工作实绩每年考核的系列制度，区委、区政府主要领导每天听汇报、提要求，其他领导包案件、访群众，镇街部门一把手亲自抓、分管领导牵头抓、专门人员具体抓。

【社会治安防控】 2017年，永川区狠抓预知预警预防，强化风险稳定评估。对107个重点项目、9个决策事项实行管理“双专班”、排查全覆盖、隐患零容忍，否决城区建安乐堂的动议，暂缓实施城区公共地段停车收费工作。为避免校园贷、假投资公司等非法金融活动影响稳定，排查全区涉及科技咨询类、劳务中介类、教育培训类、金融投资类公司179家，对涉嫌非法集资的1家公司、涉嫌非法网贷16家公司、涉嫌超范围经营19家公司开展专项整治。

【社会矛盾纠纷化解】 对15件市级交办信访积案和专项治理“3+4”的疑难复杂案件，严格落实区级领导包案、工作专班包干的责任制。“3+

4”专项治理中，房地产领域9件已全部化解，22件非法集资问题已有19件进入司法程序，12件环保领域问题全部限期化解，帮助清欠农民工工资5438万元，44件物业小区突出问题已化解38件，43件土地流转租赁纠纷已化解20件。

【公共安全体系建设】 永川区坚决把维护国家政治安全特别是政权安全和制度安全放在第一位，突出情报信息引领，牢牢掌握工作主动权，强化阵地意识，严防敌对势力，严查暴恐隐患、严管特殊人员，坚决防范极端案件、暴恐事件、反宣活动和意识形态领域渗透。按照“一人一专班、一人一对策”原则，运用综合措施加强重点人员的思想疏导、问题化解和依法处置，严格实行“日研判”“日调度”“日点名”“日通报”“日交办”的规定动作，确保不发生过激行为。启动“迎接十九大·忠诚保平安”——大排查大整治大宣传系列活动，围绕“重点问题、重点领域、重点群体”，白天开展政策咨询、法律服务，夜间做好巡逻防控、隐患排查，对排查梳理的矛盾纠纷建立动态台账，制定化解措施，做到90%以上的矛盾纠纷在涉事单位或属地化解，确保大事不出、小事可控。

【司法体制改革】 2017年，选任员额法官67名、检察官38人，细化法检203项、217项办案职权。永川区法院、永川区检察院推进司法体制改革的经验成效得到最高法、最高检高度肯定。选派监狱警察参与社区矫正执法，切实强化社区矫正人员服务管理，全区社区服刑人员脱管数同比减少7人。

【基层综治工作】 2017年，永川区着力推进智慧政法、综治中心和雪亮工程建设，完成前期基础调研工作，形成初步规划方案。截至2017年年底，已完成23个镇街2255个视频镜头建设，实施消防、市政、安监和社会单位约2.6万个视频镜头联通共享工程，推进背街小巷1800个镜头增补，加快实现“镜头站岗、鼠标巡逻”。依托1009名新乡贤，经过政法部门指导培训首批建设52个“乡贤评理堂”，引导“新乡贤”调解矛盾纠纷、维护公序良俗、促进治安防范，参与调处纠纷1987件。坚持共建共治共享理念，积极推进实践“一核多元”网格化治理机制，形成以基层党组织为核心，警务副书记、乡贤调解员等多元力量参与的城乡网格3917个，创建区级“平安示范大院”69个，解决突出问题2480件。

（区政法委供稿）

军 事

民兵预备役

【概况】 2017年，永川区民兵预备役工作以中共十九大精神和习主席系列重要讲话为指导，按照坚持党管武装、完成改革任务、突出动员主业、推进民兵转型、促进军民融合的思路，认真落实永川区委、永川区政府的命令指示，引导官兵、职工坚定政治信仰、强化军魂意识、纯洁思想道德、激发战斗精神，自觉践行当代革命军人核心价值观。全年，驻永部队全面建设呈现出稳步推进、安全发展、科学发展的良好形势。

【学习教育】 永川区人武部始终把思想作风建设摆在部队建设首位，坚持用党的创新理论武装官兵职工的头脑，确保各项教育落到实处。扎实开展“拥护核心、听从指挥”主题教育，深入推进“两学一做”学习教育常态化制度化。引导官兵职工铸牢忠诚品格、坚守政治本色，坚决维护权威、维护核心、维护和贯彻军委主席负责制，坚决听从党中央、中央军委和习近平主席指挥。认真召开专题民主生活会，开展批评与自我批评。把学习贯彻党的十九大精神作为首要政治任务抓紧抓实抓好。采取党委领学、集中学习、专题宣讲、党课辅导、讨论交流等方式，学原文、读原著、悟原理，在反复研读、准确领会、学深悟透上持续用力，做到党的十九大精神学习全员覆盖，入脑入心。班子成员分专题为党员上党课，组织宣讲队深入驻区部队、专武干部暨民兵集训队、基层乡镇开展宣讲4次，宣讲对象400余人。落实每月一次法治课和一次安全教育，强化法纪观念和安全意识。

【实战训练】 全年，永川区人武部按照以能打仗、打胜仗为根本标准，提升官兵职工和民兵队伍执行多样化军事任务的能力。修订完善各类战备预案，规范各类值班秩序，配齐门卫室警棍、盾牌、头盔等必要防爆器材，加装报警器，开展营门处突针对性训练，接受战区联指、警备区作战值班室抽点抽查无差错。推动军事训练工作有序开展。组织全体干部参加联合基础训练理论集中授课辅导。组织人武部官兵职工和专武干部、民兵应急分队180余人进行集中点验和战备拉练。组织官兵职工开展轻武器分解结合训练和武器集中保养。选派8名新任职专武部长参加警备区集训，选派综合应急分队骨干参加防汛抗旱应急抢险救援能力培训。分片区指导镇街开展入队训练、基础训练、专业训练，参训专武干部和应急民兵770余人次。组织全区专武干部暨民兵骨干120余人开展基础业务、基本技能集训考核。各镇街组建30人的民兵应急分队，森林防火分队与区应急办、区森防办联合开展森林防火科目应急综合演练。针对持续暴雨和连晴高温可能引发的洪涝灾害和森林火灾，专门下发通知，做好人员物资器材准备，对沿江镇街抗洪应急准备情况进行专项检查督导。

民兵应急分队训练（2017年） （区人武部供图）

【规范管理】 永川区人武部以枪弹管理为重点抓好安全大检查和枪弹专项清理整治，对涉枪涉弹人员按级签订责任书。接受军委国动部枪弹专项清理整治检查。在整个清查整治工作中，警备区工作组3次到永川督查工作情况，指出永川区人武部在枪弹管理工作中存在的15个具体问题。永川区人武部前后投入2万余元，对所有问题明确时限进行挂账整改。坚持安全风险评估制度，在军事训练、重大活动演练前严密组织安全隐患排查，确保不留隐患。加强训练中的人员管理，严格按照装备操作流程实施组训，确保训练安全无事故。落实训练中各项保障，重点加强卫勤、车辆、饮食保障，做好防范突发事件的准备。严格车辆管控。

【兵员征集】 从4月起，永川区陆续开展征兵宣传工作。永川区人武部与永川区委宣传部联合下发《征兵宣传方案》，组织征兵宣传活动6次，发放宣传资料6500余份，悬挂征兵横幅300余副，配合重庆市征兵宣讲团在重庆大学城市科技学院、重庆财经职业学院举办征兵宣讲2场，让适龄青年和家长人人熟知征兵政策、优抚安置政策。坚持教育部门全程参与，坚决杜绝将假文凭、假学历青年征入部队。主动征求各基层镇街党委、政府意见，全面衡量、择优定兵。聘请74名区人大代表、政协委员、退伍军人、应征青年家长和普通群众作为廉洁征兵监督员全程参与征接兵全过程。落实上级关于征兵工作流程规范，严格执行预定兵公示，为应征青年发放廉洁征兵监督卡，实现全程透明，阳光操作。圆满完成新兵征集任务。

【军民共建】　推动双拥共建，军政军民关系密切和谐。发动13个镇街的参与临江河流域环境综合整治；出动民兵400余人参与社会平安治理专项巡逻；持续开展拥军慰问活动。结合纪念建军90周年，镇街主要领导、专武部长为荣立三等功的现役官兵家庭送喜报，在主要媒体刊发2016年立功受奖现役官兵八一光荣榜。联合区保密局、公安局、国安局、双石镇等单位对78416部队50分队周边保密安全进行专项督导检查。联合区公安局对驻军单位周边开展社会治安综合排查整治。妥善处理6起涉军维权工作，为3名涉法涉诉军人及家属提供法律援助，协助破获1起假冒军人招摇撞骗案件，落实3名军人子女入学。

（区人武部供稿）

武　警

【概况】　中国人民武装警察部队重庆市总队第一支队二大队驻防永川城区，开展永川城市武装巡逻及固定目标执行。维护永川区社会稳定、保障人民群众安居乐业。

【城市武装巡逻】　2017年春运期间，动用140人次，圆满完成永川东站、永川汽车站春运执勤任务。3月3日至3月5日，出动120人次，圆满完成两会期间永川区城市武装巡逻任务。5月14日至5月15日，出动120人次，完成“一带一路”高峰论坛期间永川区城市武装巡逻任务。10月18日至24日，党的十九大召开期间，共出动120人次，协同永川区巡逻支队圆满完成城市武装巡逻任务。

【维护社会稳定】　2017年3月1日，全部官兵协同永川区公安局圆满完成永川区红炉镇“3·01”缉毒抓捕任务，一举摧毁以胡某某为首的特大制毒团伙，捣毁氯胺酮制作窝点1个，抓获制毒犯罪嫌疑人胡某某等17名涉案嫌疑人，缴获氯胺酮1.2吨。　（重庆武警一支队二大队供稿）

人民防空

【概况】　永川区人民防空工作由永川区民防办公室（简称区民防办）负责相关事宜，民防办挂靠区城乡建设委员会，利用各种会议，“6·5”防空警报试鸣日开展丰富多彩的民防宣传活动。开展全区2017年初级中学民防教育优质教案设计评比。首次将人防知识纳入区委党校主题班教学内容。依托红河路、棠城、兴龙湖、卧龙凼、汇龙路、昌州路6个“两防一体化（防空防灾一体化建设）”示范社区和万金路、张家坡2个防空洞纳凉点，开展人防知识宣传教育活动。

【应急保障】　完成重庆市民办在永川区举办的车载卫星通信系统前端自组网战术综合运用集训。完成由永川区牵头的南岸区、涪陵区、长寿区、彭水县民防跨区域拉动应急通信保障训练。新建成5台电声警报器，完成“6·5”防空警报试鸣及警报检修维护工作。

【人防工程】　建成卧龙凼、汇龙路、昌州路3个“两防一体化（防空防灾一体化建设）”示范社区。完成区惠永水务公司重要经济目标防护方案修订工作。完善南大街民防疏散基地建设。新建防空地下室1个。免费开放万金路、张家坡两个“百日纳凉送爽工程”防空洞纳凉，全年累计接待3.1万余纳凉市民。　（区建委供稿）

军　供

【概况】　永川区军供站属国家二级军供站，2017年，负责成渝铁路荣昌安富至江津朱杨溪111公里铁路沿线的军供保障工作。内设办公室、军供保障科、军人接待科、战备设施维护科，有工作人员18人。

【军供保障服务】　2017年，永川区军供站将军供保障的重心转移到江津区火车站。为做好新保障点军供饮食工作，永川区军供站及时组织开展前期调研、踏勘，并制订详细的《军供保障方案》和《军供保障应急预案》；通过任务布置会、工作检查会和总结会等形式，合理调配人力、物力，及时协调解决军供保障过程中的重点、难点问题，切实保障部队的各项需求。全年分八期赴江津区开展军供保障工作，为部队官兵提供饮食服务，优质、快速、安全、保密地完成全年军供保障任务，受到部队官兵的高度赞誉，并获赠锦旗一面。

【军供保障配套设施建设】 全年积极推进军供保障楼工程建设相关后续工作，委托重庆市建设工程质量检验测试中心对整栋大楼结构进行安全鉴定；组织参建各方完成大楼验收和移交工作；办公用房装修工程已完成立项、设计、预算、财政评审和招投标等前期工作，办公设施设备采购已启动招标程序。

（军供站）

经济

农业

综述

【概况】 永川是传统农业大区，属全国农村改革试验区、全国产粮大区、生猪外调大区、国家农业科技园区、国家农业综合开发现代农业园区试点项目区、农业部“健康养殖示范区”。全区有承包耕地面积6.72万公顷，其中，基本农田5.22万公顷。有农业人口75.54万人，农村劳动力44.55万人。永川区坚持农业“规模化、产业化、科技化、品牌化”发展战略，以加快推进农业供给侧结构性改革为主线，继续深化圣水湖、黄瓜山、八角寺、九龙河4大市级农业园区建设，做大做强茶叶、食用菌、名优水果、豆豉4大特色产业，倾力打造“永川秀芽”“永川豆豉”“永川香珍”“黄瓜山梨”“朱沱龙眼”5大特色品牌，努力实现农民增收、产业增效、生态增值三大目标。

【农业生产】 2017年，永川区粮食总产量50.0万吨，比上年下降0.1%。蔬菜产量68.1万吨，比上年增长3.8%。水果产量18.0万吨，比上年增长8.1%。水产品产量4.5万吨，比上年增长5.1%。油料作物2.2万吨，比上年增长2.9%。出栏生猪83.8万头，比上年下降1.5%。出栏家禽2315万只，比上年增长0.3%。猪肉（预计）6.0万吨，比上年下降3.9%。

农业总产值84.5亿元。农业增加值57.9亿元，按可比价计算，比上年增长3.9%。其中，种植业产值45.5亿元，增加值34.7亿元，比上年增长5.0%；林业产值3.1亿元，增加值2.0亿元，比上年增长21.4%；畜牧业产值27.8亿元，增加值15.7亿元，比上年增长0.2%；渔业产值7.1亿元，增加值4.8亿元，与上年持平；农林牧渔服务业产值9813万元，增加值7473万元，比上年增长3.5%。

【农民收入支出】 2017年农村常住居民人均可支配收入16738元，同比增长9.7%，高于重庆市平均水平0.6个百分点。农民人均总支出22277元，比上年增长3.3%。其中，生产费用支出3410元，占人均总支出的15.3%，生活消费支出11651元，占人均总支出的52.3%。

【农业产业化发展】 永川农业发展茶叶、食用菌、名优水果等三大特色产业。全区茶园面积5333.33公顷，总产量6200吨，总产值6.56亿元，全产业链产值25亿元；食用菌总量1.2亿袋、增20%，总产量6万吨、增20%，总产值6.6亿元、增26.9%；名优水果以黄瓜山梨、朱沱龙眼为重点，总面积1.53万公顷，总产量16万吨、增2.6%，总产值5.2亿元、增4%。全区市级农业产业化龙头企业达到31家，区级农业产业化龙头企业达到84家。组织企业参加西部农交会、西部农交会电子商务平台推介会、中国国际调味品展览会等展销活动，扩大企业知名度。农产品加工、农业休闲观光以及特色农业产业加速发展，一、二、三产业进一步融合，蔬菜、茶叶、食用菌、特色水果产值合计达到31.36亿元，占农业总产值比重的37%，经济作物已经成为全区农业发展的重要支撑。

【农村改革】 2017年，永川纳入重庆市农村改革

黄瓜山水稻田（2017 年）　　（杨在贵摄）

示范区，开展涉农建设性资金整合试验、农产品目标价格保险试点、农村集体产权制度改革、政府购买农业公益性服务机制创新试点、农业项目财政补助资金股权化改革、新型农业经营体系试点、农村金融信贷改革。整合涉农建设性资金 5 亿元。开展农产品目标价格保险试点，水稻目标价格保险投保 3386.7 公顷，生猪目标价格保险投保 5 万头。开展政府购买农业公益性服务机制创新试点，实施水稻生产全程社会化服务 3666.7 公顷，油菜生产全程社会化服务 240 公顷，茶园夏季及秋冬季修剪社会化服务 200 公顷。开展农村集体产权制度改革，在每个镇街选择 2～6 个村共 70 个村开展农村集体产权制度改革试点，利用 2000 万元市级项目资金扶持 20 个村发展集体经济。开展农业项目财政补助资金股权化改革，新纳入股权化改革资金 1408 万元，总股改资金达到 6728 万元，该项改革作为农业部部长韩长赋向习近平总书记汇报农村改革的典型案例之一。开展新型农业经营体系试点，利用市级项目资金 820 万元，在全区培育新型农业经营主体 132 个。开展农村金融信贷改革，设立区级农业信贷风险补偿基金、开展农村土地承包经营权抵押贷款、与重庆市农业担保公司共同探索一、二、三产业融合发展试点、人保财险公司“险资直投”试点，为新型农业经营主体提供贷款 2.76 亿元。

【农村基础设施建设】 加强农村基础设施建设，硬（油）化农村公路 192 公里，改造农村 D 级危房 641 户；完成山坪塘整治 1022 口，继续开展“清洁乡村”行动，完善污水管网 4.4 万米，整治河道 25 千米，清洁田园 9253.3 公顷，农业生产条件进一步优化。

（余力供稿）

种植业

【概况】 2017 年，全区种植业产值 45.5 亿元，增加值 34.7 亿元，比上年增长 5.0%。粮食播种面积 6.78 万公顷，比上年下降 0.6%。油料播种面积 1.11 万公顷，比上年增长 5.9%。茶叶种植面积 5333.33 公顷，食用菌产业袋栽 1.2 亿袋，名优水果种植面积 1.53 万公顷。蔬菜播种面积 2.85 公顷，比上年增长 1.3%。桑树面积 1000 公顷。粮食总产量 50.0 万吨，比上年下降 0.1%。蔬菜产量 68.1 万吨，比上年增长 3.8%。水果产量 18.0 万吨，比上年增长 8.1%。水产品产量 4.5 万吨，比上年增长 5.1%。油料作物 2.2 万吨，比上年增长 2.9%。出栏生猪 83.8 万头，比上年下降 1.5%。出栏家禽 2315 万只，比上年增长 0.3%。猪肉（预计）6.0 万吨，比上年下降 3.9%。

【粮油生产】 在朱沱镇、何埂镇、仙龙镇等镇街，推广国家一、二级稻米新品种、有机肥替代化肥和绿色生态防控技术，建设优质水稻生产基地 1.67 万公顷。在青峰、大安、金龙等镇街，以优质油菜为主栽品种，相对集中连片种植，建成优质油菜生产基地 1.09 万公顷。大力培育新型经营主体，全区 3.33 公顷以上规模种粮大户 236 户、面积4533.33公顷，油菜种植大户34户、面积733.33公顷，培育粮油社会化服务主体40个，新增粮油产业家庭农场16个，组建粮油农机专业合作社14个。利用粮油绿色高产创建项目，建成万亩示范片6个、千亩核心片13个、百亩高产攻关片20个，示范面积1040公顷，占全区粮油种植面积15.30%，为农户增收3600万元。积极探索效益粮油种植模式，实施稻—再生稻680公顷、稻—油轮作66.67公顷、稻—鸭共生600公顷、稻—虾共生33.33公顷、粮—菌循环种植3.33公顷、粮—菜轮作66.67公顷等6种高产高效模式攻关，实施面积0.76公顷，增收益6078万元。实施土壤生态文明建设项目，采购有机肥351吨，建示范片5处、66.67余公顷，平均每亩减施化肥10余公斤。实施千亿斤粮食项目1033.33公顷，总投资2093万元。在水稻、玉米、油菜、蔬菜、果树、茶叶等粮经作物开展部市级试验、示范、展示和肥料、种子品种筛选98个。

2017年永川区度粮油作物生产情况统计表

表2

指标名称	播种面积（万亩）	年产量（万吨）
一、粮食作物	1017425	500031
（一）谷物	767001	427458
稻谷	603590	353072
小麦	8036	1818
玉米	142287	68180
高粱	13088	4388
（二）豆类	111848	25883
豌豆	9170	2160
胡豆	36850	9208
大豆	64780	14400
绿豆	1048	115
（三）折粮薯类	138603	46690
马铃薯	42880	14190
甘薯	95723	32500
二、油菜	175000	22100

【茶叶生产】　实施茶叶有机肥替代化肥示范县项目，建成核心示范片853.33公顷，辐射带动4666.7公顷，建发酵床8100平方米，购买有机肥13768吨，建设沼液、水粪肥周转池12个、总容积2600立方米，购置铲车6辆，运输设备4台等设施设备。茶叶社会化服务工作有序推进，培育服务主体3个，支持业主购置茶叶修剪设施设备10余台（套），实施夏季茶园修剪200余公顷。成

黄瓜山梨（2017年）　　（杨在贵摄）

功举办首届斗茶会，参加中国首届国际茶博会、香港美食博览会暨国际茶展，“永川秀芽”获得“中国优秀茶叶区域公用品牌”。

【食用菌生产】　永川食用菌生产主要分布在南部镇，以何埂镇、仙龙镇种植居多。争取上级项目资金3000万元，引进食用菌工厂化生产企业4家，项目总投资4000万元，已完成投资1200万元。食用菌完成投保650余万袋。仙龙镇生产的有机食用菌——竹荪品质上乘，受消费者青睐。

【水果生产】　永川种植水果品种较多，主要有柑橘、梨子、龙眼、桃子、葡萄、李子、西瓜、枇杷、猕猴桃、柚子、柠檬、草莓、蓝莓、黑莓等。2017年全区实施柑橘保险试点，试点面积266.67公顷。

（余力供稿）

2017年永川区经济作物生产情况统计表

表3

种类		面积（万亩）	产量（万吨）	产值（亿元）
茶叶		8	0.62	6.5
食用菌			6	6.6
蔬菜		41.5	66	13
水果	小计	23	16	5.2
	柑橘	10.8	7	1.64
	梨子	6	5.7	1.6
	龙眼	3.5	0.78	0.74
	桃子	0.42	0.2	0.05
	葡萄	0.23	0.2	0.13
	李子	0.32	0.18	0.08
	西瓜	0.52	0.8	0.36
	枇杷	0.12	0.17	0.07
	柚子	0.46	0.68	0.22
	猕猴桃	0.3	0.24	0.08
	柠檬	0.1	0	0
	蓝莓	0.15	0.02	0.16
	草莓	0.08	0.03	0.07
蚕茧（蚕种桑）		1.5	0.0025	0.12
合计				31.42

养殖业

【概况】　2017年，永川区围绕“稳量、提质、增效、环保”的发展思路，推广科学养殖、生态养殖、循环养殖，实现养殖业持续健康发展。全年出栏生猪83.81万头，家禽出栏2315万只，肉兔489万只，全年畜牧业实现产值27.8亿元，实现增加值15.7亿元，比上年增长0.2%。渔业实现产值7.1亿元，实现增加值4.8亿元，与上年持平；全年无动物重大疫病和畜产品安全事件发生。

【畜牧项目实施】 持续开展能繁母猪保险，全年参保母猪1.834万头；开展生猪保险，全年参保22.38万头；生猪目标价格保险投保5万头，解决业主的后顾之忧，调动养殖积极性，保障市场供应。引导业主调整产业结构，通过培育青峰龙脉山养鸡场、红炉绿香源生态农业有限公司，打造龙脉山“中药鸡”“中药蛋”、绿香源“土匪鸡”，发挥示范带动效应，增加养殖收入，全区土禽养殖比例达到66.5%。组织实施好区级特色产业发展资金项目。全年争取区级特色产业发展资金30万元，对符合申报条件的林下养鸡、山羊、肉兔养殖场给予一次性5万元奖励，经过自愿申报、专家组审核、公开公示等程序，择优选择5家规模养殖场参与项目的实施，完成了各项建设任务。

【动物疫病防控】 通过镇街“赶集日”开展动物防疫法律法规和禽的H7N9防控宣传，编印《禽的H7N9防控监管告知书》《动物调运备案流程》等宣传单，发放资料2.1万余份。做好春季动物疫病综合防控工作，免疫生猪55.1921万头、牛0.9455万头、禽708.3149万羽、羊10.6306万只、犬12.0892万只，免疫密度达100%，畜禽圈舍消毒90.871万间，消毒面达到100%。

【水产项目实施】 全年水产品产量43460吨，渔业产值8.17亿元，同比增7.26%，渔业增加值5.65亿元，增7.41%，共实施特色效益农业项目11个，财政资金130万元，重点发展现代设施渔业、稻田综合种养、池塘低碳循环养殖、特色优质品种养殖等高产高效健康渔业。 （余力供稿）

林　业

【概况】 2017年，永川林业以加强生态文明建设为主线，着力转变林业发展方式，逐步实现造林向营林、数量向质量、粗放向集约、分散向规模的“四个转变”，较好完成年度各项目标任务，实现绿水青山与金山银山有机统一。全区有林地面积63931.98公顷，其中，常规林地面积47209.65公顷；可变林地面积16722.3公顷。森林面积62461.33公顷（含可变林地），森林覆盖率47.9%，比上年提高1.5个百分点。林业实现产值3.1亿元，实现增加值2.0亿元，比上年增长21.4%；

【造林绿化】 实施林业重点工程和重点区域绿化造林。全年完成营造林任务6066.67公顷，其中，人工造林666.67公顷、封山育林1333.33公顷、退化林修复含人工更新1333.33公顷、森林抚育3333.33公顷。稳步推进林业楠木行动，完成珍稀树种战略林储备林造林100公顷，培育桢楠苗木80万株。巩固退耕还林成果11453.33公顷，完成1233.33公顷集体公益林的生态效益补偿，实施封山育林400公顷。

【林业产业发展】 稳步发展林浆纸、林板、森林旅游和林下经济四大产业，提升林业综合效益，带动林农增收致富。发展壮大重庆理文纸业集群产业，培植板材成品加工企业4家，年生产各类板材约30万立方米，带动从事桉树单板加工企业60余家。加强茶山竹海、石笋山等森林公园基础设施建设，促进旅游接待能力和档次双提升。巩固发展林下经济。加大林业新型经营主体培育，建成森林人家39家，培育林下经济大户30户，培育家庭林场11个。全区林业产值115亿元。

【天然林保护】 全面落实停止以皆伐方式的采伐作业等天然林保护有关政策，落实9400公顷公益林管护责任，完成12333.33公顷集体公益林的生态效益补偿，实施封山育林400公顷。

【森林防火】 推进森林防火复合阻隔网络体系建设，新建防火通道10公里、防火林道34公里，消防水池13座，维护防火林道550公里，通道280公里。全年未发生森林火灾。

【林业有害生物防治】 完成黄脊竹蝗、桉树云斑天牛、刚竹毒蛾、松毛虫等各世代的调查工作。扎实开展松材线虫病春、秋季普查及除治工作。林业有害生物无公害防治率100%，种苗产地检疫率100%，测报准确率95%。

【林业执法】 严守森林和林地“红线”，严格执行森林采伐限额制度。认真做好野生动物驯养繁殖安全监管，开展野生动物驯养繁殖安全专项检查和疫源疫病监测防控工作。大力实施林业综合执法，加大对侵占林地、林木行为的查处力度。全年共办理各类林业行政案件90起，案件办结率100%。

植物检疫执法检查（2017年） （区林业局供图）

【林业改革】 制定《永川区集体林权流转管理实施办法》，开展集体林地所有权、承包权、经营权“三权分离”。开展重点生态区公益林赎买试点，落实永川国有林场流转三教镇张家湾林场，实现“生态得保护、林农得利益”双赢目标。进一步推进国有林场改革工作。坚持国有林场公益性属性，以加强国有林场基础设施建设为重点，创新经营保护机制，盘活森林资源。 （区林业局供稿）

水 利

【概况】 2017年，永川区水务局紧紧围绕“兴业兴城、强区富民”这一总任务，开拓创新、扎实工作，全年完成各类水利建设投资10.6亿元，争取上级资金2.7亿元，名列全市“禹王杯”年度目标考核第6位，着力推动全区水务事业发展迈上新台阶。南瓜山水库大坝主体工程建设完成，金鼎寺水库具备蓄水条件，1129口山坪塘整治全面完成，全区水资源保障能力明显增强。关门山水库—临江河河库连通项目投入使用，龙门溪—城区河道河库连通工程和小安溪—城区河道河库连通工程开工建设，多元互济的水资源保障格局初步形成。

【水利民生实事】 整治城区黑臭水体。完成城区6条河道25.58千米清淤，125处392个排污点（其中另新增排污点186个）截污整治，新建玉屏河技工校污水管网920米、胜利河黄墙片区污水管网920米。长江提水工程输水管线延伸工程已正式通水运行，由2.73公里DN1000钢质输水管道连通城区三水厂至一水厂，老城区20余万人自来水原水全程由管道从上游水库和长江提水供给。实施自来水入户工程，安装入户1.5万户，解决4.5万人饮水问题，农村自来水入户率达到75%。完成仙龙、临江、吉安、何埂、宝峰、金龙场镇共19.5公里供水管网改造。完成1022口（5万立方米以下）山坪塘整治。

【农田水利】 开展农村山坪塘和灌区整治，完成邓家岩中型灌区节水改造项目，年增节水能力1304万立方米；整治5万方以下山坪塘1022口（该项纳入区级民生实事）、5~10万立方米山坪塘107口，维修整治电灌站96台，助力农业增效、农民增收、农村增绿。

【河流治理】 开展临江河流域综合治理工作。全年完成河道清漂8512公里，关停畜禽养殖场202户，整治122户，关停污染工业企业20家，整治120家，关停餐饮30家，整治1542家，完成污水管网建设18.33千米。强力推进长江永川段砂石清运工作，长江水质稳定保持在III类及以上；城区五条河流全面消除黑臭水体，监测断面水质已基本达标；畜禽养殖污染严重的九龙河流域水质由整治前Ⅴ类转变为Ⅳ类，部分断面已达到 III 类水质。

建设中的南瓜山水库（2017 年）（区水务局供图）

治理后的圣水河（2017 年）　　（区水务局供图）

【防汛抗旱】　永川设有 79 个雨量站、8 个水位站、4 个墒情站、1 个信息中心站和 5 个水文站，运行良好，来苏水文站主体工程建设完成。防汛抗旱基础数据收集及水文监测预警工作正常展开，为全区防汛抗旱工作持续提供数据支撑。大陆溪（五间、何埂段）中小河流综合治理项目主体工程完工。何埂王家河、临江太生堂河综合治理工程完成主体工程的 80%，小安溪重点河段及青峰河段完成初步批复，全区防汛排涝保障能力不断提高。

【供水事业】　松溉长江提水输水管线延伸工程（即城区一、三水厂管网连通工程）投入使用，城区一水厂原水由河流取水改为全封闭管道输送。开展重庆市农村饮水工程改革试点，实施 2017 年度农村自来水入户工程，解决 1.5 万户，4.3 万人受益。完成张家水厂改扩建和仙龙场镇供水管网改造工程，城乡供水能力不断提升。

【水资源管理】　编制完成《永川区“十三五”节水型社会达标建设实施方案》。投入 1290 万元，完成邓家岩中型灌区节水改造项目，年增节水能力 1304 万立方米。全区 35 座国有公益性水库全面实行管养分离，水库日常管理实现标准化、规范化。对照中央环保督察整改要求，按时保质完成城区污水处理厂除臭加盖、提标改造等 22 个环保督查年度整改任务。针对长江采砂、河流治理等涉及部门较多、执法难度较大的重点工作实行联合执法，全年共立案查处水事违法案件 18 件，结案 17 件，罚款 25.4 万元，违法案件查处率 100%。狠抓入河排污口监管，17 个规模以上入河排污口设置单位全面完成水资源论证等相关审批手续。强化饮水源保护，加强日常巡查保护，定期清漂、合理投放鱼苗，确保水质稳定达标。对不达标饮水源开展实地调查和原因分析，制定整治措施，强力开展整治，不断提高饮水源水质。

（区水务局供稿）

农业机械化

【概况】　永川农业机械装备有拖拉机、插秧机、收割机、烘干机等，全年推广农业机械 3000 台（套）。2017 年全区农业机械拥有量为 14.8 万台（套），总动力达到 33.2 万千瓦，同比增长 3.8%。利用机械服务农业，实现水稻机收面积 3920 公顷，水稻机收比例 97.2%，完成农机深松整地作业 1353.33 公顷，促进农业生产可持续发展。

【农机化服务体系建设及农机技术推广】　全年共培育 40 个农机服务主体的发展，服务主体新增农机装备 146 台（套），新建农机化库棚 9 处。主攻关键环节农机化技术推广应用，完成机械化育插秧面积4073.33公顷，突出高效植保薄弱环节，引进无人机开展植保服务示范66667公顷，加强粮食烘干能力建设，引导合作社新增烘干设备16台（套）。

【农机购置补贴】　加强农机装备建设，新购拖拉机、插秧机、收割机、烘干机，除享受购机补贴外，项目资金再补足到购机价的50%。

【农机安全监管】　加强农机社会化服务主体安全监管，强化与公安驻农机警务室联合执法，开展农机安全“大排查、大整治、大执法”“变型拖拉机整治”等农机安全宣传、治理专项行动，查处违法案件11件。全年农机安全责任事故“零”发生。

【农业生产综合机械化率】　全区农业生产机械化持续稳步推进。开展宜机化地块建设工作，主要采取水平条田化改造、地块缓坡化改造、地块自连互通改造三种模式，推进土地并整，宜机化地块整理整治成效明显。全年完成地块整理整治164.66公顷。主要粮食作物生产全程机械化快速推进。全区耕种收作业面积138.66万公顷，同比增长12.7%。高效组织好关键农时的农机作业服务，实现水稻机收面积3.92万公顷，水稻机收比例97.2%，完成农机深松整地作业153.33公顷。油菜、茶叶等主要经济作物生产机械化取得新突破，农业生产关键领域机械化水平不断提升，薄弱环节机械化水平持续改善。全区农机化水平为60%，同比增5个百分点，永川区作为全国丘陵山区农业机械化发展座谈会主要的观摩现场。

（余力供稿）

农业机械化示范基地（2017年）　　（来苏镇供图）

农业植保

【农作物病虫预报与防治】　全年开展大小春作物病虫害测报防治工作，发布情保情报12期，永川区首次发现小麦条锈病，为全市小麦条锈病的监测防控提供依据。水稻秧苗因特殊气候影响所发生的绵腐病、蓟马、一代螟虫发生情况作出准确测报。全年实施水稻、玉米、果树、蔬菜、茶叶病虫防治面积6.35万公顷，统防统治和绿色防控融合示范面积2.27万公顷，绿色防控覆盖率30.37%，防治效果90%以上。

【种子工作】　2017年，对农作物开展植保检验54批次，完成154个水稻、玉米、油菜品种区展示示范工作，全年种子备案712批次，受理种子质量纠纷4件。

【耕地地力保护补贴】　根据市农委、市财政局、农发行重庆市分行《关于做好2017年耕地地力保护工作的通知》要求，原农业支持保护补贴资金并入农业生产发展资金，继续支持耕地地力保护。全区共发放资金8875.44万元，补贴面积6.55万公顷。其中大户面积3196.67公顷，涉及大户209户，补贴标准230元/亩，补贴金额1102.90万元；一般户21.46万户，补贴标准83.18元/亩，补贴金额7772.27万元。

【植物检疫】　全年开展农业植物种苗及其产品的产地检疫36批次、调运检疫182批次、市场检疫检查20次、公路检查15次，未发生植物疫情；对水稻水象甲、红火蚁、柑橘黄脉病、实蝇等检疫性危险性有害生物实时监测，全年共诱捕实蝇3975头，未发现检疫性有害生物。

【农业植保服务体系】 永川区有植保专业服务队12个，作业能力1600公顷/日，植保小型机械600台。全年新增无人植保机2台。

【农业植保科技】 完成水稻、茶叶、梨树绿色防控工作，共安放性诱剂10000张（瓶）、杀虫灯2000盏、黄（蓝）板5000张、香根草2000窝。五种作物（水稻、玉米、果树、蔬菜、茶叶）病虫防治面积6.35万公顷，实施统防统治和绿色防控融合示范面积2.27万公顷，绿色防控覆盖率30.37%，防治效果90%以上。比2016年减少农药使用量11.87吨。 （余力供稿）

农业行政执法

【概况】 永川区农业综合监察执法大队受永川区农委委托，行使法律法规赋予农业行政主管部门的行政强制、监督检查、行政处罚职能，开展农业专项整治；实施农业执法监督检查；依法查处私屠滥宰；秸秆禁焚，维护农民合法权益等工作。

【专项整治行动】 “绿剑护农”专项整治行动对农业投入品、农产品、农机、渔业、秸秆禁焚专项执法整治，检查各类企业、专业合作社、1300余个。

“绿盾2017”自然保护区监督检查专项行动拆除保护区内2艘餐饮船，制止保护区内非法挖沙采石活动，落实生态修复，涉渔工程建设全面监管。开展保护区巡护120次，查办非法捕捞水产品案件3起，刑拘3人，收缴违规网具25套、升压器及电瓶等非法捕捞渔具8台（套）、非法作业船舶3艘。投入增殖放流资金55万元，分2批采购草鱼、鲢鱼、胭脂鱼等80余万尾投入保护区。投入7万元，建设人工鱼巢5000平方米、鱼礁200组，开展保护区资源监测12次。

法制宣传和安全生产专项行动 结合平安渔业、平安农机等建设，组织农药、兽药、农机、渔民开展培训9次，培训人员700人次；对全区6家农药生产企业和57艘船舶开展安全隐患排查和船检工作。

【质量抽检】 抽检种子、肥料、农药、兽药、饲料、农产品180批次，合格率92%。受理种子、饲料、兽药、农业渔业污染等纠纷投诉37起，成功调解36起，另外1起进入司法程序。为农民群众直接索赔48万余元，挽回经济损失200万元，群众调解满意率100%，有效地化解了社会矛盾，维护了农民群众的合法权益，全年未发生因农资质量、使用纠纷、农业渔业污染引起的群访事件。

【违法案件查处】 全年查处、肥料、农药、兽药、饲料、农产品等各类违法案件52起，结案52起，罚没金额21万元，下达整改通知书15份。

（余力供稿）

农业生态建设

【概况】 以优化农村能源结构、改善农村生产生活条件、保护农村生态环境为重点，按照“循环发展、建管并重、强化管理、提升服务”的工作思路，稳步推进农村能源与农业环保各项工作。按照《临江河流域综合治理实施方案》总体部署，扎实开展临江河流域养殖污染及屠宰行业污染专项整治行动。关停畜禽养殖Ⅰ类污染源118家，整治Ⅱ类污染源16家，占比100%；整治水产养殖Ⅰ类污染源46家，整治Ⅱ类污染源95家，占比100%；来苏刘氏临时屠宰点已关停，南大街永隆屠宰点已整治。全面推行河长制工作，圣水河流域的污染整治、清漂等工作已基本完成，并对涉及的4个镇街进行了考核。开展农村沼气安全隐患大排查大整治专项活动，对全区所有户用沼气和各类养殖场建设的大、中、小型沼气工程开展

全面排查整治。（余力供稿）

特色农产品

【概况】 永川有无公害农产品、绿色食品、有机农产品和农产品地理标志的产品219个，其中包括无公害农产品161个、绿色食品48个、有机农产品9个、农产品地理标志1个。

【土特产品】 永川秀芽　由重庆市农业科学院茶叶研究所1959年研制生产，1964年经国内著名茶学专家陈椽教授正式命名为永川秀芽。1989年获农业部名茶称号。经过摊青、杀青、揉捻、抖水、做条、烘干五道工序。2004年加工工艺获国家发明专利。该茶属于绿茶类，具有外形紧直、细秀，色泽鲜润翠绿，芽叶披毫露锋，汤色碧绿澄清，香气馥郁高长，滋味鲜醇回甘，叶底嫩黄明亮的特点。茶中含有丰富的钾、钙、镁、锰等15种矿物质。2011年3月获得“永川秀芽”地理商标注册证。茶叶来源于永川云雾山、阴山、巴岳山、箕山、黄瓜山茶园。

永川豆豉　在川渝菜系中，豆豉是不可或缺的调味品。永川豆豉属毛霉型豆豉，富含蛋白质和人体所需氨基酸，香气浓郁，滋味鲜美，即可用于烹饪，也可代菜佐餐。不但营养价值高，而且有开胃助食解表祛汗之功效。生产工艺起源于永川家庭作坊，已有300余年的历史。2008年6月7日，“永川豆豉酿制技艺”被列入第二批国家级非物质文化遗产名录。产品畅销全国各大省、市，远销日本、加拿大、新西兰等国家和地区，深受消费者好评。

松花皮蛋　始创于1822年，成为永川名优特产。1981年被评为四川省优质产品。永川松花皮蛋具有无铅、呈松花纹、蛋清茶色透明、蛋黄橘红油润等特征，蛋白呈茶褐色或桃油色的琥珀状，半透明体，富有弹性，现松叶花纹；蛋黄外黄内绿，蛋心是彩色硬心或鲜红半固体糖心，固而不硬，稀而不流。

“梳妆台”牌系列腌腊制品　原料为无公害生猪养殖基地的生猪，采用独特配方和传统加工技术，结合现代食品生产工艺手工精制而成，选料考究，做工精细，色泽自然，腊香味浓，品种齐全，深受消费者喜爱，是重庆市内外家喻户晓的品牌食品。

松溉盐白菜　是传统民间美食，始于清朝初期。山东大白菜（黄秧白）经压榨、中药配料、发酵而成。产品清脆可口，酱香浓郁，开胃爽口，烹制各种汤料的调味佳品。2009年松溉盐白菜传统制作技艺被列入市级非物质文化遗产保护项目名录。

松溉健康醋　松溉调味品有限公司和四川省中药研究所共同研制的新型天然机能性调味品，是以上等大米、小麦、麸皮及天然保健植物为原料，采用传统生产工艺发酵而成。1995年获得第二届中国农业博览会金奖、重庆市“新产品百花三等奖”。1996年获得第二届中国国际食品博览会“国际名牌醋造品”。2012年9月7日“松溉健康醋”获得国家工商行政管理总局商标局批准的地理标志证明商标。

黄瓜山梨　以黄花、黄冠、翠冠等品种为主，早、中、晚熟配套，年产量6万余吨。黄瓜山梨口味香甜化渣，在7月上旬至8月下旬淡季上市，填补西南地区淡季水果市场，赢得消费者的青睐。从1999年开始，每年都组织黄瓜山梨“赏花节”和“采果节”等，打造黄瓜山梨品牌，搭建果品产销平台，实现种植基地与经销商对接，产品远销重庆、贵阳、遵义、宜宾、泸州等地。2003年得到农业部“无公害食品”认证，2014年成功注册为国家工商总局地理商标。

五间西瓜　永川区五间镇的特产，五间镇富硒西瓜果肉细嫩化渣、汁多味甜、香气浓郁、怡心爽口。五间镇出产的“润之爽”富晒西瓜品种优良，其富含的硒元素不仅有抗癌功效，而且口感甜度极佳。2013年被国家工商总局商标局核准注册为中国国家地理标志证明商标。

永川水花　双竹渔场及其生产的水产品——水花鱼苗鱼种及食用鱼，称永川水花。鱼苗指从亲本鱼体内产出的稚鱼（包括生长至3.3厘米寸片规格以下的小鱼苗），娇嫩细小（细似头发般大小），全长0.5~0.9厘米，身体具有鳍褶，活动能力弱。双竹渔场是西南地区最大的鱼苗鱼种生产供应基地。永川水花曾获地理标志证明商标。

【名优农产品】 2017年，永川区培育一批有影响力和竞争力的名优品牌及地方特色品牌。“永川秀芽”获评中国优秀茶叶区域公用品牌、重庆10大农产品区域公用品牌，五间西瓜、永川香珍、云岭牌永川秀芽、永荣牌永川秀芽入选全国名特优新农产品目录，华蔬牌蔬菜、新胜绿茶等被评为重庆市著名商标，云岭红茶、龙佰绪牌葡萄、蕊凝福双孢蘑菇等被评为重庆市名牌农产品。

2017年永川区获市级以上名优农产品一览表

表4

商标名称	企 业 名 称	证书有效期
云岭永川秀芽	重庆云岭茶业科技有限责任公司	2015年7月至2018年6月
禾叶旺牌黄瓜	重庆禾叶旺农业开发有限公司	2016年9月至2019年9月
禾叶旺牌番茄	重庆禾叶旺农业开发有限公司	2016年9月至2019年9月
禾叶旺牌辣椒	重庆禾叶旺农业开发有限公司	2016年9月至2019年9月
赖平脆鱼牌脆鱼	重庆市永川区赖平淡水鱼养殖场	2016年9月至2019年9月
赖平脆鱼牌鲫鱼	重庆市永川区赖平淡水鱼养殖场	2016年9月至2019年9月
永荣牌永川绿茶	重庆市永川区永荣茶厂	2016年9月至2019年9月
华蔬牌永川莲藕	重庆华辰生态农业发展有限公司	2016年9月至2019年9月
云岭渝红工夫·红茶	重庆云岭茶业科技有限责任公司	2017年10月至2020年10月
龙佰绪牌葡萄	重庆市永川区佳洲葡萄种植专业合作社	2017年10月至2020年10月
蕊凝福双孢蘑菇	重庆蕊福农食用菌种植有限公司	2017年10月至2020年10月
永荣早春绿茶	重庆市永川区永荣茶厂	2017年10月至2020年10月

（余力供稿）

农业综合开发

【概况】 2017年，实施农业综合开发项目10个，财政投资5318万元。其中，土地治理项目1个，财政资金2460万元；世行贷款项目1个，财政资金1752万元；产业化项目4个，财政资金946万元；产业化贷款贴息项目3个，财政资金110万元；市级专项资金项目1个，财政资金50万元。2017年产业新项目财政资金690万元，由重庆云岭茶业科技有限责任公司、重庆市君山茶业有限责任公司、重庆市石笋山生态农业有限公司、重庆市永川区多菇食用菌种植专业合作社实施。实施产业化贴息项目3个，财政资金110万元。

志愿者为贫困户插秧（2017年） （永荣镇供图）

【土地治理项目】 实施土地治理项目，财政投资2460万元，在卫星湖街道石龟寺村、石脚迹村，松溉镇打鱼河村、鱼岭村实施高标准农田666.67公顷；在金龙镇嘉阜村，宝峰镇龙凤桥村、泸永桥村实施生态综合治理586.67公顷。（余力供稿）

农村扶贫开发

【概况】 2017年，全区完成脱贫801户、2254人，继续对已脱贫户和5个市级贫困村的脱贫成果进行巩固提升；新增贫困人口913人，其中整户新增198户511人，家庭成员增加402人。截至2017年年底，全区共有建卡贫困户7272户、17402人，其中未脱贫740户、1771人，已脱贫享受政策3698户、8832人，已脱贫不再享受政策2834户、6799人。

【产业扶贫】 全年扶持贫困村产业发展，投入资金95万元，积极支持朱沱镇涨谷村龙眼，松溉镇打鱼河村龙眼、蚕桑，来苏镇关门山村枣子、柠檬，吉安镇石松村柑橘，宝峰镇龙凤桥村茶叶等产业发展。同时，加强贫困户产业帮扶，安排专项资金304万元，对贫困户实施产业帮扶。

【扶贫培训】 根据贫困人口的实际需求，开展扶贫培训工作。全年开展实用技术培训班11期，培训724人，实施“一户一人一技能”培训班3期，培训建卡贫困人口135人。

【社会扶贫】 完善结对帮扶机制。组织1500余名镇干部、村干部、教师和企业负责人等结对帮扶干部持续加大对有子女就学的贫困户、未脱贫户和已脱贫户的结对帮扶工作，积极为贫困户讲政策、找贫根、解疾困、扶产业，帮助贫困户按期脱贫。全年整合筹集社会资金700万元，设立扶贫济困医疗基金，全区累计扶贫济困医疗救助1829人次（其中建卡扶贫对象70人次），支付基金322.6万元。结合“扶贫日”活动，在红炉镇开展“永川区健康扶贫·光明助困”活动，为238名困难群众及眼病患者进行初步筛查，向28名贫困儿童赠送专业近视眼镜，现场接受捐赠14万元，专项用于贫困群众眼疾救治工作。（余力供稿）

工　业

综　述

【概述】 2017年，永川工业经济坚持稳中求进工作总基调，紧紧围绕贯彻落实党的十九大精神，以及市委五届三次全会精神，牢牢把握“兴业兴城、强区富民”总任务，尽心尽力服务工业企业，促进工业经济平稳健康发展。全区实现工业增加值309.4亿元，比上年增长10.9%。规模以上工业企业414家，增加值297.6亿元，比上年增长10.9%。产值1亿～5亿元的企业142家，产值359.4亿元；5亿～10亿元企业71家，产值648.2

中船重工智能制造产业园奠基仪式（2017年） （区经信委供图）

亿元；10亿元以上企业11家，产值212.7亿元。产业园区规模以上工业企业产值816.9亿元，比上年增长39.6%。规模以上工业企业主营业务收入比上年增长26.0%。利税总额、利润总额分别比上年增长40.6%、43.4%。产品销售率97.6%，比上年提高0.6个百分点。全员劳动生产率334903元/人，比上年增长14.6%。

【发展特点】　园区支撑。全年永川工业园区累计入驻企业545家，其中投产工业企业323家，规模以上工业企业209家；工业园区规模以上工业产值866亿元，同比增长35.5%，占规模以上工业总产值的80%。壮大产业集群。汽车及零部件、电子信息、特色轻工、能源及材料、智能装备等五大产业集群不断壮大，累计规模以上工业企业239家，规模以上企业实现产值789亿元，同比增长30.6%，占规模以上工业总产值的73.2%。其中汽车及零部件产业产值169亿元，同比增长36%；电子信息产业产值175亿元，同比增长33%；特色轻工产业产值232亿元，同比增长23%；能源及材料产业产值124亿元，同比增长12%；智能装备产值89亿元，同比增长69%。提升创新能力。新增原秀科技等重庆市认定企业技术中心3户，全区市级技术中心累计21户；新增力劲机械等重庆市中小企业研发中心5户，全区中小企业研发中心累计15户。新增高新技术企业26家，全区高新技术企业累计达到78家。完成重庆市技术创新指导性计划项目立项22个；申报重庆市技术创新示范企业2家。培育规模以上工业企业成效明显。全年新增规模以上工业企业40家，其中25家新投产企业上升为规模以上工业企业，15家规模以下工业企业上升为规模以上工业企业。全区规模以上工业企业总数达到414家。保障发展要素。完善电气基础建设，协调推进城南220千伏变电站110千伏送出工程、城南220千伏输变电工程、凤凰湖工业园拓展区供电工程等电气工程建设。认真落实中小企业转贷应急周转资金政策，积极推进中小企业风险补偿贷款工作，全力支持企业融资。2017年全区用气总量25918万立方米，同比增长10.8%，其中工业用气11506万立方米，同比增长8.9%；用电总量281668万千瓦时，同比增长0.75%，其中工业用电175718万千瓦时，同比下降3%；发放中小企业发放风险补偿贷款109笔，累计贷款金额3.21亿元，贷款余额1.55亿元，帮助70家中小微企业申请转贷应急周转资金3.5万元，有力保障企业发展要素需求。

安弟斯摩托整车组车间（2017年）　　（区经信委供图）

【发展措施】　一是抓企业运行调度，促进企业加快发展。加强对重点行业、重点企业的运行监控，坚持每月召开工业经济运行调度会，分析经济运行存在的问题和困难。同时，加大增量培育力度，筛选新投产项目和发展情况较好的规模以下企业，帮助企业完善管理机制，拓展销售市场，助推企业加快发展，尽快达到规模以上工业企业标准，增加入统规模以上企业数量，全年新增规模以上工业企业40户。二是加快推进项目建设，培育工业亮点。坚持把重点工业项目推进工作摆在更加突出的位置，切实加强项目跟踪服务，及时发现、掌握并协调解决项目推进过程中出现的各类倾向性问题，扎实有序推进中船重工智能制造产业园（一期）、理文牛皮箱板生活原纸扩产项目、生活用纸后加工项目等36个重点工业项目建设。全年重点工业项目开工建设30个，其中永信液晶面板减薄及配套生产项目等16个项目建成投产，PSA科技园等其余14个项目进展顺利。重庆元臻国际汽车运动与文化中心、庆铃新能源汽车及改装车项目等6个项目正在完善相关建设手续。三是推进科技进步，提高创新创造能力。大力支持、鼓励、引导企业进行产学研结合，培育“创新型企业”，引导企业开展“企业建立研发准备金制度”提升R&D强度，力争研发投入达到重庆市平均水平；支持“研发机构进行法人化改革”开展社会化服务；指导企业积极申报高新技术企业、市级技术中心，全区市级技术中心累计21户，市级中小企业研发中心累计15户，高新的技术企业累计78户。四是全力招商引资，增强工业发展后劲。坚持“抓大不放小，喜新不厌旧，求远不舍近”的基本思路，继续围绕专业、专家、专班“三专”招商方法，依托上级主管部门、行业专家、专业人士，充分发挥行业协会、商会的桥梁和纽带作用，按照抓信息、抓龙头、抓配套和抓产业链的招商路径，积极主动走出去，大力引进创新能力强、成长性好、具有引领和带动力的项目，为工业增长和产业升级蓄势聚力。全年新引进中船重工智能制造产业园等工业项目95个，投资总额387亿元。五是狠抓安全生产，营造和谐发展环境。加大对安全生产专业知识培训，进一步提高干部职工的执法检查能力。同时，突出抓好重点企业、重点行业领域、关键环节安全生产工作，切实消除企业安全生产隐患。全年对城镇燃气、CNG加气站、电力、通信、民爆企业以及工业企业在内的125个企业开展安全生产监督检查工作，确保工业经济安全稳定。六是保障要素需求，助推工业经济发展。进一步加强电力、天然气工程建设力度，重点抓好城南220变电站、港桥工业园、新城管委会等输变电工程、新增扩内需农网及城网工程、三教工业园供气工程、城东门站及气源管线建设工程等要素保障工程的建设，为全区经济社会发展提供电力、天然气要素保障支撑。同时，加大发电企业与用电企业直接交易供电的力度，全区参加直接交易电量的企业总数达45户，全年为企业减低用电成本3200余万元。会同相关部门搭建金融服务平台，整合银行、保险、基金等资源，大力推动银企、银保合作，创新担保抵押机制，为全区中小企业提供全方位、个性化的金融服务。全年中小企业风险补偿累计贷款金额3.21亿元，贷款余额1.55亿元，申请转贷应急周转资金3.5万元，助推工业经济持续健康发展。

规模以上企业

【概况】 2017年，新升规模以上工业企业40家，全区规模以上工业企业总数414家，实现产值1078.3亿元，同比增长23.6%；实现工业增加值297.6亿元，增速10.9%；规模以上工业企业实现主营业务收入1026亿元，利润总额129亿元，规模以上工业平均利润率13%。

2016年、2017年规模工业企业照表

表5

项目	2016年	2017年
规模以上工业企业数（户）	407	414
产值（亿元）	872	1078
主营业务收入（亿元）	815	1026
利税总额（亿元）	141	198
利润总额（亿元）	90	129

续表 5－1

项目	2016 年	2017 年
工业销售产值（亿元）	846	1052
工业增加值速度（%）	10.9	10.9
产品销售率（%）	97.1	97.6
工业企业税收收入（万元）	126506	150502
从业人员期末人数（人）	79207	92650

高新技术产业

【概况】　2017 年，永川工业在科技创新方面取得可喜的成绩，纳米银线柔性触摸屏、抗 ED 等新药、“永川”弧焊机器人、中国首台双 Y 轴汽车发动机缸盖（体）智能化生产线等发明产品均改变永川“制造”转身为永川“智造”的历史。电液调速器、超高压液压缸等多项关键技术和产品填补国内空白，替代博世等国际知名企业产品，技术和产品达到世界先进水平。

通过培育高新技术、搭建科技平台、助力科技成果转化。以数控机床、机器人及智能装备为主要高新技术产业，推动永川高新技术产业发展。2017 年，培育高新技术企业 25 家，永川科技型企业有 180 家，高新技术企业有 77 家；全年研究与试验发展经费（R&D）支出 14 亿元，占地区生产总值 1.8%。全区发明专利申请 1188 件，同比增长 369.6%；授权发明专利 113 件，同比增长 19%；有效发明专利 373 件，万人拥有量 3.36 件，同比增长 46.3%。全区建成国家级研发机构 6 个，国家级创新服务机构 3 个，国家、市级院士专家（博士后）工作站（流动站）5 个，市级研发机构 41 个，市级科技服务机构 21 个。重庆固高科技长江研究院研发的弧焊机器人，以“永川”命名，投入市场。平台建成低速机电控系统国家工程实验室、大功率柴油机燃油喷射系统重庆市重点试验室，以及 3 个市级企业技术中心。企业研发投入占销售收入比例在 8% 以上，获授权专利 100 余件，其中发明专利 26 件。主持和参与制定 20 余项国家和行业标准。

智能装备制造业

【概况】　智能装备业主要分布在永川工业园区凤凰工业园，主要生产机器人和机床、车床等自动化设备。以重庆广数机器人、埃马克（重庆）机械有限公司为龙头企业。全年规模以上企业 22 家，产值 87 亿元。其中机器人方面，重庆广数机器人为龙头企业，共有规模以上企业 4 家，产值 17 亿元；机床、车床等高档自动化设备以埃马克（重庆）机械有限公司、利勃海尔等为龙头企业，规模以上企业 18 家，产值 70 亿元，产量 1300 台，占全市总量的 31%。

永川造弧焊机器人（2017 年）　（区科委供图）

汽车及零部件产业

【概况】　全区有汽车及零部件类规模以上企业42家，以重庆西源凸轮轴有限公司、长城汽车和庆铃汽车等龙头企业，主要生产汽车及零部件，重庆西源凸轮轴有限公司生产的凸轮轴占国内汽车凸轮轴市场25%的份额，占全国微型车市场80%的份额。全区汽车零部件业产值167亿元。

电子信息产业

【概况】　全区有规模以上企业47家，产值172亿元。亿致伸科技股份有限公司为龙头企业，主要生产鼠标、键盘等产品，为惠普、苹果、联想等提供配套设备。2017年，该公司已建成自动化鼠标生产线20条，产量3200万支；建成自动化键盘生产线30条，键盘年产2100万个，该企业产值13.3亿元。

特色轻工业

【概况】　全区有规模以上企业68家，以理文纸业有限公司为龙头企业，主要生产原纸、纸浆、生活纸等。理文纸业公司牛皮纸产能95万吨、纸浆产能18万吨、生活原纸产能32万吨、生活纸加工产能30万吨，产值125亿元，同比增长56%。全区特色轻工业产值231亿元。

能源及新材料产业

【概况】　全区有能源及新材料规模上企业59家，产值123亿。以重庆新格再生铝、东鹏陶瓷、页岩气为龙头企业。

豆豉产业

【概况】　全区生产豆豉的企业有9家，其中规模

长城汽车生产基地签约仪式（2017年）（凤凰湖供图）

工业园区建设

【凤凰湖管理委员会】　管委会位于永川城区，以发展高新技术产业、智能装备制造业、电子信息产业、汽车及零部件产业等为主要产业。先后获得工信部“国家新型工业化装备制造·机器人产业示范基地”、科技部“国家工业机器人高新技术产业化基地”、中科协“创新驱动助力工程示范区”；重庆市的“机器人及数控机床高端智能装备产地基地”、“电子信息产业（元器件）园”、“台商工业园”、“都市工业园”和“中小企业创业基地”。

2017年，园区面积21平方公里，工业增加值218.5亿元，同比增长34.5%。固定资产投资246.3亿元，同比增长25%。财税收入19.87亿元（其中，税收收入9.81亿元，同比增长2.83%；非税收入3.85亿元，同比增长12.44%；基金收入6.21亿元，同比下降9.68%）。新增规上企业26家，园区规上企业累计162家。

（凤凰湖管理委员会供稿）

【港桥管理委员会】　永川工业园区港桥管理委员会位于永川南部的朱沱镇，国家生态工业示范园区、国家城市矿产示范基地、国家沿江承接产业转移示范区。2017年园区工业总产值164亿元，同比增长34.42%。工业增加值33.6亿元，同比增长130.29%。园区规模以上企业27家。固定资产投资118.24亿元，增长14.4%。招商引资完成26个项目，到位资金70亿元。财政收入5.17亿

理文公司（2017 年）　（港桥工业园供图）

永川港区理文码头（2017 年）（港桥工业园供图）

元，同比增长 13%，其中：税收 2.546 亿元，增长21%；非税 4900 万元，同比增长 9%；土地出让2.137 亿元，同比增长 5%。新增债务控制在 6 个亿以内。（港桥管委会供稿）

【永川高新区三教产业园】　成立于 2009 年 7 月，是重庆市现代装备制造业基地、重庆汽摩特色产业基地、重庆市建筑产业化新型示范生产基地、重庆中小企业特色产业基地，主要发展汽车及零部件、新型建材和装备制造三大主导产业。该园规划面积为 11.44 平方公里，2017 年已建成 2.59 平方公里核心区。2017 年固定资产投资 38.69 亿元，增长 13.76%；规上工业总产值 76.56 亿元，增长 30.12%；工业增加值 20.67 亿元，增加值率 27%；财政收入 3.63 亿元，增长 113.53%。

三教园区航拍图（2017 年）（三教工业园供图）

成功引进东鹏（永川）智能家居创意产业园项目和年产十万辆低速电动整车项目。

（三教产业园供稿）

【永川区旅游产业发展中心】　原名黄瓜山统筹城乡发展示范区管理委员会，2017 年 7 月更名为永川区旅游产业发展中心（以下简称旅游中心），职能职责由原来对黄瓜山辖区实行“园区管理”模式，转变为对全区旅游产业开展营销宣传、招商引资、信息管理和旅游资源开发利用等服务。旅游中心依托现代农业资源和产业优势，持续促进黄瓜山统筹城乡和乡村旅游产业发展进程，全力服务永川旅游发展。（区旅游产业发展中心供稿）

交　通

综　述

【概况】　永川区境内公路通车里程 3873.46 公里。高速公路 112 公里，一级公路 104.38 公里，二级公路 131.74 公里，三级公路 191.82 公里，四级公路 3231.13 公里，等外公路 102.39 公里。公路密度为每百平方公里 245.78 公里。全区养护总里程 585.98 公里，其中国、省道 441.94 公里，好路率 84.29%，县道 144.04 公里，好路率 82.83%。全区绿化里程 569.85 公里，其中国、省

昌龙大道（2017 年）　（凤凰湖园区供图）

道437.46公里，县道132.39公里。镇（街）通畅率、行政村通达率、行政村通畅率、行政村通客车率100%。

【基础设施建设】 2017年，永川交通贯彻落实交通行业核心价值理念，稳增长、促改革、调结构、惠民生、防风险，完成交通建设投资40亿元。九永高速公路建成通车。永泸高速控制性工程破土动工，渝昆高铁稳步推进。朱沱港区前期工作压茬推进，工程建设通道内的征地拆迁全面启动。大安机场正式进场实质性动工。115公里14条县道大修及升级改造全面建成通车。S445一环路至黄文道班等干线公路建成通车，S446丁吴路大涧口至铜梁界段、G246永川至泸州段等4条120公里国省道升级改造项目启动。农村公路加密完善。全年硬化、油化农村公路303公里，新（改）建泥结石路120公里，新（改）建农村公路危桥11座。永川区成功创建首批“四好农村路”（建好、管好、护好、运营好农村公路）全国示范县（区）。全区乡镇中小学（幼儿园）进校道路搭接项目全部竣工通车，投入2754.66万元，建成进校道路54条，建设里程19.44公里，惠及17个镇街、54个乡镇中小学或幼儿园，直接受益学生6.6万余人，受益群众20万人。

抢修病害路面（2017年） （陈戈摄）

【智能交通建设】 2017年5永川区动态资源整合系统（一期）投入试运行。永川综合交通运输管理平台进入前期研发，并纳入智慧城市建设项目范畴，由普天和平科技公司中标承建。完成交通微信公众号的开发运行，公众号设有微官网、出行服务、交委服务3个栏目和13个子栏目。

【农村公路建设】 按照建设好、管理好、养护好、运营好的“四好”要求，大力推进农村公路发展，2017年成功创建全国首批“四好农村路（建好、管好、护好、运营好农村公路）”示范县，启动农村小康路三年行动实施方案。严格执行计划、技术标准、建设程序、质量管理、工程验收等各环节的管理，硬（油）化道路303公里；新（改）建泥结石路120公里；新（改）建桥梁11座。开展农村公路建设综合验收4次，养护管理督导16次，列养率达100%，路域环境明显提升。兑现乡村公路养护补助资金1200余万元。全区207个行政村全部通客车，开通农村客运车辆400余辆，实现镇镇相连，村村相通。全区乡镇中小学（幼儿园）进校道路搭接项目全部竣工通车。投入2754.66万元，建成进校道路54条，建设里程19.44公里，惠及17个镇街、54个乡镇中小学或幼儿园，直接受益学生6.6万余人，受益群众20万人。

公路养护（2017年） （董彤摄）

【公路质量监督】 永川区公路工程质量监督站为永川区全区公路水运工程建设提供质量监督保障。2017年共监督项目205个，共计583.10公里，其中重点项目3个，共16条道路，121.50公里；农村公路项目161个，341.44公里；桥梁项目21座；省县道搭接项目14个，22.97公里；进校道路项目1个共53条，18.84公里；预防性养护项目5个，78.35公里。全年交通建设行业形势稳定，全区在建交通工程无一起质量、安全事故及信访稳定事件，质监站被市交委质监局评为“2017年先进区县质监机构”。

【交通执法】 全年共查处各类违章案件2023件（其中超限运输472件，非法营运342件），办理各类投诉举报1995件。依法申请法院强制执行2起，清理遗留案件433件，遗留案件基本了结，追缴率100%。

【交通安全】 深化“平安交通”建设行动，深入推进“打非治违”系列专项行动。加快推进企业标准化建设进度，积极开展大安全系列活动。严格落实安全检查“四不两直（不发通知，不打招呼，不听汇报，不用陪同接待，直奔基层，直插现场）”规定，持续深入开展大排查大整治大执法行动。督促排查整治安全隐患550处，整治率100%，全年实施1起安全行政处罚，涉案资金10万元。全区安全生产态势总体平稳，未发生一起道路运输、水上交通及交通建设施工安全责任事故。

公路运输

【概况】 2017年，永川区公路客运量1330万人，比上年减少30.7%。其中，旅客周转量85343万人公里，货运量3528万吨，货运周转量456923万吨公里，同比分别增长－30.7%、－35.9%、16.7%和18%，全区交通运输量并列全市第三。截至2017年年底，全区公路里程3761公里，行政村通客车率达到100%。有客运站14个，有营运客车1654辆，其中班线客车812辆、出租车540辆、公交车302辆，公交线路27条；有营运货车7600辆、51000吨。2017年6月15日，永川区成功入选全国城乡交通运输一体化示范创建县（区），成为重庆市首批入选区之一。

【城市客运】 全年优化调整公交线路8条，完成403台出租汽车重新投放工作。完成2017“元臻杯”杯永川国际女足邀请赛、各类商业演出等大型活动及中高考考生疏运、节假日各个景区客源输运任务，共布置出租汽车3000余台次，疏运万余人次。截至2017年年底，全区城市公共汽车运力302辆，经营企业3家，共27条线路，辐射范围分布新老城区，从业人员600余人，公共汽车日均疏运人次约为18.5万人次。全区共有出租汽车企业7家，出租汽车540辆，从业人员1700余人，出租汽车日均疏运人次7.2万人次。全区共有长途客运班线137条，其中省际41条，县际54条，县内35条，日发班次1100班，日均输送旅客10800人。

【农村客运】 全年投入资金307.6万元，在建招呼站35个，招呼点29个。截至2017年年底，全区共有农村班线客车35条线路，301辆客车，村村通线路54条，投入运力74辆；有农村客运招呼站（点）303个分布在各乡镇，其中招呼站143个，招呼点160个。农村班线客车和村村通客车形成城区至乡镇、乡镇至行政村的纵向和横向的客运网络，极大地方便农村群众出行。

【货物运输】 货运市场持续发展。全区拥有货运车辆7600辆，运量51000万吨，货运周转量456923万吨公里，清理淘汰营运黄标车606辆。

【从业资格管理】 全年新增普通货运企业9家，危险货运企业1家，大中型汽车租赁企业3家，小型汽车租赁企业1家，驾培企业1家；货运企业增项经营2家。新增普通货物运输车辆674辆，危险货物运输车辆65辆，教练车47辆。办理经营许可证43件；营运证2294件（其中新增网约出租汽车236辆，巡游出租汽车报废更新403辆）；线路牌附卡1008件；车辆技术等级评定4600件。截至2017年年底，全区有客运、货运、城市公交、巡游出租汽车驾驶员从业资格证培训机构1家，网络出租汽车驾驶员从业资格培训机构1家，全年累计培训从业人员1972人，其中网络汽车驾驶员

512人。

【驾培管理】 全年培训驾驶学员5万余人。截至2017年年底，全区有驾培机构23个，教练车辆1314辆，教练员1495人。

【维修管理】 全区有汽车维修企业264家，其中一类维修企业4家，二类维修企业44家（其中4S店13家），三类维修企业216家，维修从业人员2000余人。

【客货站建设】 永川区共有汽车客运站14个，其中一级站2个（永川客运中心，永川汽车总站），三级站1个（瓦子铺枢纽站），四级站11个。永川客运中心汽车站建于1998年，占地面积2.2公顷，建筑面积28000平方米，发车场面积12000平方米，候车室面积1180平方米，有发车位38个。永川汽车总站建于1958年，隶属于重庆长途汽车运输（集团）有限公司，车站占地面积18000余平方米，发车位面积1000余平方米，候车室面积1100余平方米，停车场面积900余平方米，售票厅面积300余平方米。瓦子铺汽车客运枢纽站建于2013年，隶属于重庆长途汽车运输（集团）有限公司，车站占地面积32518余平方米，发车位700余平方米，候车室面积2223余平方米，停车场面积15000余平方米，售票厅面积1234.8平方米。

水路运输

【概况】 重庆市永川区港航管理处是承担长江干线21.5公里，卫星湖、小安溪42.8公里通航水域内的水上交通行政管理工作。永川港长江岸线长21.5公里，地方通航水域42.8公里，辖区航运企业2家、港口企业3家，货运船舶41艘，总吨3.1万吨。2017年，完成货运量314.5万吨，货物周转量205679万吨公里，与上年同期比分别增长7%和16%。完成港口吞吐量236万吨，其中外贸19.5万吨，集装箱3.8万标准箱，与上年同期相比分别增长20%、2%和3%。

【运输监管】 全年查出并整改安全隐患16起。查处“僵尸脱检超龄船”4艘，落实整改资金1.8万余元。筹集2万余元补充艇趸钢丝绳、救生衣等；为3艘客渡船免费发放救生衣160余件；组织开展应急物资使用训练、实战演练；联合区公安消防支队、松溉镇、永川海事处等，在渝西码头开展“水上应急救援综合演练”，增强全系统预防处置突发事件的应急反应和救援能力。向群众普及过渡知识、应急救援知识。依法取缔“龙耀渔港”“古镇鑫源港”2艘长江餐饮船舶。特川建材码头取得“港口试运行经营许可证”，标志着整治行动取得阶段性成果。

路政管理及公路养护

【概况】 按照区委、区府的战略部署，构建和谐交通，以公路管养为中心，认真履行“保护路产，维护路权，保障公路完好、安全和畅通”的职责，确保区内畅通、安全、美丽。公路养护总里程585.98公里，其中国、省道441.94公里，好路率84.29%，县道144.04公里，好路率82.83%。全区绿化里程569.85公里，其中国、省道437.46公里，县道132.39公里。

【路政管理】 全年共办理路政审批138件，办理服务重点项目20余个，查处路政案件502件，清理各类路政违章行为113起，责令改正39份，拆除广告牌36块，拆除违规加水点等案件62件，安装波形护栏1000余米。全年收取路产赔（补）偿费共计93.81万元。全年共检测128万车次，收取公路补偿费143.1万元，查处严重超限运输车辆329车次，卸载车次2505次，卸载2501吨位。

【公路养护】 一是加强实施经常性养护。全年完成日常养护16782公里，清理边沟416公里，清理高路肩及堆积物420立方米，清理水沟7200米，疏通涵洞9道。修剪中央隔离带绿化植物66.64千米，修复、补齐标志标牌41套，粉刷所有省县道行道树12万余株。排查国省县道涵洞1112道，通畅率92%；边沟306公里，通畅率91.1%。二是发挥机械化作用养护。陆续投入1100余万元，购置保洁车辆设备23台，对S108渝隆路、S109渝泸路等225公里国省县道重点路段进行多频次、全方位重点保洁，有效提升养护效率。先后投入440余万元，购置路面养护设备26台，灌缝设备2台，进一步提高公路日常小修维护能力。三是抓好公路预防性养护。全年完成2016年预防性养护工程7个，启动2017年预防性养护工程2个，完成水毁抢险工程6处。修补约3.8万米2，坑凼修补率99%以上。灌缝30万延米，路面灌缝率达95%以上，更换和修复一批公路桥梁栏杆、伸缩缝、桥名牌、步道等，桥梁始终处于安全良好状态。四是加强信息化养护建设。开发运用永川养护信息平台，与执法支队建立养护巡查、路政巡查信息共享平台；配置31台养护信息化终端，加装养护APP；安装运用养护作业车辆视频监控系统和油耗监测系统；充分利用视频巡查车、手持PDA等多渠道收集上报、发布路况信息，实现“公路+互联网”时代。五是推进市场化养护改革。将252公里次干线公路通过委托镇街和交易平台招标的方式，向社会公开购买服务，委托给往年养护效果较好的7个镇街和新世纪路桥等3家专业养护公司进行养护，明确养护范围，加强日常监管，每月开展检查验收，根据验收结果拨付养护资金，确保养护质量和效果。通过一年多的运行，养护效果和质量较往年有明显提升。

铁路运输

【概况】　永川有两条客运、货运铁路运输线路。全年发送旅客156.37万人次，货物装车2259车，83618吨，卸车13960车。

【永川东站】　永川东站为成渝客专中间站，位于重庆市永川新城东侧。永川东站设3台7线，站房总面积为14981.9平方米。2017年永川东站发送旅客144.75万人次。

【永川火车站】　重庆车务段永川站位于重庆市永川区境内成渝线340千米+105千米处，为客货运业务办理的三等站，设有到发线5股，货物线3股，各类专用线5股。2017年发送旅客11.62万人次；装车2259车，83618吨，卸车13960车。

（区交委供稿）

邮　电

邮　政

【概况】　永川有邮政营业网点72个，其中代理金融网点62个；有值班邮路6条，邮路总长度（单程）703.6公里。开办金融、邮政汇兑、国内和国际邮件寄递、报刊发行、邮票和集邮品销售、机要通信业务和义务兵通信、农资配送等多种业务，严格履行国家及《中华人民共和国邮政法》

邮政爱心驿站（2017年）　（邮政局供图）

赋予的普遍服务的义务。永川区业务总收入规模排名全市第四，同比增长16.68%。

【包裹快递业务】 完善适应市场的组织架构，调整运营模式，大力挖掘包裹快递市场的潜力；通过走访等方式收集客户信息，大力开发包裹协议客户，为包裹业务发展夯实基础；积极开发产业集群电商客户、校园包裹、毕业生档案、同城配送、身份证特快专递等专业项目。区分公司建立主动客服联合服务机制，及时解答客户疑难问题，为客户提供优质服务。全年协议大客户服务满意度97%；建立健全问责考评机制，同时实时跟踪督导事件处理情况，确保回复率、反馈率、解决率等重点目标达标。

【函件、集邮、报刊业务】 结合重庆直辖20周年、建军90周年、中共十九大召开等时政热点，大力发展图书文创营销活动，及时传达国家的重大方针及战略指示。围绕职工福利，挖掘便民市场。通过走访各政企部门，利用总工会关爱职工福利文件，宣传营销职工福利电影卡、书报等。借助营销活动，宣传集邮业务。开展多场小型钱币博览营销活动、《中国恐龙》邮票发行活动、鸡年生肖邮票首发活动等多项活动，助推集邮业务发展。

【电商营销】 渠道平台建设，线上线下并进。线上建成4个邮乐农馆和1个邮乐生活馆，邮乐小店注册7284个；建成4个区县农村电商运营中心、9个邮乐购店中店、830个村级服务站；农村电商线上线下渠道建设初具规模，线上平台运营初见成效。开展创维电器专项营销、双十一现场订货会、美的电器专项营销等活动，为客户购买家电提供优惠的价格和便利的服务。全年组织开展福至新春年货、农资冬储、浓情夏日、爱在金秋、批销订货节等多个大型专项营销活动，为广大客户提供丰富的季节性商品和农副产品。大力发展车险和简易险业务，为客户的人生财产安全保驾护航。

【金融业务】 通过常态化地开展会员礼、优惠购、VIP尊享等活动，以及创新性地开展各种爆点活动，组织119支参赛队伍开展17场舞林争“坝”海选赛。全年完成5个网点的改扩建，4个网点的转型改造，出台《代理金融网点转型实施方案》等相关文件，推动代理金融网点转型工作有序开展；通过网点转型营造良好的厅堂氛围，为客户提供更优质的服务。在确保网点规模的同时，提高保费的综合费率；在扩大储蓄规模的同时，优化存款结构，提升价值存款占比。

【合规经营】 各分公司、部门、班组、支局所自上而下层层签订《安全工作目标责任书》《消防工作目标责任书》《案件防控目标责任书》，签订率100%，安全责任层层传导。加强日常检查，共检查网点、网点业务库及其他重要部位2052次，发现安全隐患325个，及时整改，防患于未然。规范前台人员销售行为，片区所有网点均实现录音录像。针对关键环节，关键人物，进行重点培训，同时开展实战演练，确保各环节平稳运行。开展“排雷行动”之“雷霆出击”“情系万家”之无着邮件、“百日大行动”、普遍服务达标情况等16个专项活动，累计排查网点1973个，发现问题280个，严肃整改生产环节中的各项隐患。

（邮政局供稿）

电　信

【概况】 中国电信股份有限公司永川分公司（以下简称“永川电信分公司”）位于永川区汇龙大道588号，是中国电信股份有限公司在永川设立的分支机构。截至2017年12月，永川电信分公司内设综合管理部、销售服务部、网络部、政企客户部、宽带电视部、综合支撑中心及17个支局，2个核心营业厅，主要提供基于固定通信、蜂窝移动通信（CDMA）、互联网接入及与此相关的技术开发、增值等业务与综合信息服务，全面承担永川区应急通信、党政专用通信及全区23个镇、街道的通信保障和服务，是渝西片区通信网络枢纽中心和全国长途骨干网的重要组成部分。

【网络建设】 2017年，永川电信分公司大力推进FTTH建设，投资4455万元，完成城区和农村场镇FTTH全部覆盖，光端口占比100%，农村行政村FTTH覆盖80%以上。完成覆盖用户数52万户，端口能力达32.45万个。永川电信分公司拥有160G超高互联网带宽出口，建成高速宽带网络，实现无处不在、无缝覆盖的高速宽带服务；新增LTE 800M基站420个，实现城市和农村4G网络全部覆盖，将互联网和商家有机结合在一起，实现民生与服务协同。

【电信业务】 2017年，永川分公司实现业务收入1.95亿元，同比增长9.92%。在移动业务方面提出免费签转4G，开发多屏互动视频通话的方案。截至2017年11月，手机用户累计新增13.9万户。在宽带方面以向用户“电信高品质宽带”为目标，打造“天翼智能组网”的口号，确保产品带宽，宽带用户达18.13万户，年净增2.44万户，城区光宽带用户渗透率达到100%。在ITV方面以打造“4K天翼高清”为目标，以视频为核心，加载音乐等，打造“天翼视讯”手机版电信电视。截至2017年12月，电视用户已有13.7万户，年新增5.5万户。

【智慧城市建设】 永川电信分公司根据全区智慧城市建设整体安排，采取“3+1+6”的建设模式，以服务城市特色产业；发展智慧城市特色应用；采用多样化的建设运营模式为思想指导，重点围绕大数据、警务通、森林防火、雪亮工程、服务公社、卫计委信息化、远程抄表、智慧交通、智慧旅游、车联网、智慧市政等项目领域应用的打造工作。同时，通过政企合约计划+智能化办公+总机服务的方式为政府部门、大中型企业构建城市公共服务云平台，建设共享数据中心，整合基础能力，发展智慧社区、智慧交通、政务监管、数字企业云服务平台。智能化办公平台的打造和服务，让客户感受到信息应用所带来的高效快捷、方便智能，有效促进永川区信息产业发展。

（永川电信分公司供稿）

移动通信

【概况】 中国移动通信集团重庆有限公司永川分公司（简称“永川移动”）是中国移动通信集团重庆有限公司在永川区设立的分支机构，同时为渝西事业部所在地。永川移动位于永川区红河中路319号，内设综合部/党群纪检部、建设维护部、销售部、集团客户部4个部门，全面负责中国移动在永川地区的网络建设、业务拓展和通信及信息化服务工作。

【移动业务】 永川移动致力于以移动终端为载体推广集团信息化和行业应用解决方案，实现从简单的提供通话服务，到多元化、全覆盖的信息化集成方向转变，让信息通信技术服务社会方方面面，充分满足公众的信息化需求。2011年搭建《永川手机报》平台实现党政和群众交流沟通；2012年与区政府签订《统筹城乡暨打造物联网城市战略合作协议》助推农村信息化建设；2013年在重庆移动与重庆市政府签订的战略合作协议指导下，全力开展“智慧城市”建设；2014年重庆移动与区政府签订《智慧城市信息化战略合作协议》；2017年年底永川点亮第一盏窄带物联网“智慧路灯”，为“智慧城市”建设写下浓重的一笔。

【网络建设】 永川移动网络建设增长态势凸显。全年完成驻地网建设10万户，政企一网通建设7500户，专线建设580条，固定电话650门，无线城市WLAN热点200个AP。网络覆盖广。截至2017年年底，城区4G网络覆盖率99%，风景区覆盖率98%，镇街覆盖率98%，农村区域覆盖率92%。在速率快，下载1G电影只需要3分钟。

【基站建设】 全年完成基站建设650个，全面提升网络质量，为客户通话质量、流程使用等提供保障。截至2017年年底，全区有移动基站2600余个，其中2G基站600余个，4G基站2000余个，

【服务客户】 永川移动秉承“追求客户满意服务”的服务理念，以客户满意为永恒追求和以客户需要为导向的经营思想。既提供多样化和个性化的通信业务，更强调细致、体贴和以人为本的客户服务。通过实体营业厅、网上营业厅、手机营业厅形成系统、完善的服务体系，较好地实现业务受理、业务演示、客户体验、客户关怀、品牌传播、咨询和投诉等多种客户服务功能。并针对区内新老客户推出家庭宽带及“魔百和”“和目”“智能后视镜”“全家全国不限量”等业务，以及集团用户等专职客户经理。为用户提供便捷、贴心的优质服务，深受用户信赖。

（永川移动供稿）

联通通信

【概况】 中国联合网络通信有限公司重庆市永川区分公司（以下简称“永川联通”）负责中国联通在永川区域的网络建设、通信服务和全业务拓展工作。2017年，永川联通全力提升网络能力，以“规建维优”“一体化精细管理，全面提升用户感知”为目标，聚焦4G移动网络建设，积极推进集团公司“宽带中国”战略，实施宽带社会化合作，完成光纤到户工程改造，持续推进视频业务端到端优化。为永川区广大用户提供全方位、高品质的信息通信服务。

【联通业务】 中国联通于2009年4月28日推出全新的全业务品牌“沃”，承载联通始终如一、坚持创新的服务理念，为个人客户、家庭客户、政企客户提供全面支持。永川联通在IDC、ICT、云计算业务方面，聚焦互联网企业、物联网业务、电子政务云、视频监控云云平台，借助互联网平台，打造智慧商圈、智慧工地、智慧传媒应用，跟进各传统行业龙头企业转型节奏，加快实现行业转型。2015年永川联通成为永川区智慧城市建设的通信运行承建商。

【网络建设】 全年新建固网FFTH端口5558个，光改小区45个，累计端口数37316个，宽带利用率达到20.5%。2017年9月启动网络质量百日提升专项行动，加大隐患自查整治力度，完成隐患自查整治19处，工程质量明显提升，完成三教粮站基站标准化整治工作。

【基站建设】 2017年新建移网基站123个，全区有基站1362个，其中2G站384个，3G基站370个，4G基站608个。全年新建室内分布13套，累计有157个，其中2G室内分布35个，3G室内分布58个，4G室内分布64个。解决网络质量差小区26个，聚焦4G校园高负荷区扩容整治，累计载波扩容76个小区，扩容载波分担流量34.59%，4日均流量21258G，无线资源利用率达49.1%，比2016年年底提升29.4个百分点。

【服务客户】 永川联通秉承“以客户为中心，用服务促发展”的服务理念，以为用户提供优质通信服务及促进社会和谐为己任，倾力做到“消费请客户放心，服务让社会满意”。通过按区域属地化建立“营销服务中心”的模式，让销售与服务更加地贴近用户；同时，通过实体营业厅、网上营业厅、手机营业厅等系统化服务体系，全方位的实现业务受理、交费、营销、业务演示、客户体验、客户关怀、品牌形象传播、咨询和投诉等多种客户服务功能。在VIP客户服务上，实行客户经理“一对一”服务机制。针对区内新老用户推行本地便捷客户服务热线“85386000”为用户提供更加便捷、贴心的优质服务。

（永川联通供稿）

城乡建设

城乡规划

【概况】 2017年，永川区规划局深入学习贯彻落实党的十九大精神和习近平总书记系列讲话，牢固树立和贯彻落实发展新理念，适应把握引领经济发展新常态，确保全域所有空间资源都有规划管控、所有建设项目都有规划遵循。永川区板桥镇大沟村传统村落获得联合国人居署颁发的2017中国（银川）都市景观大赛美丽乡村营建优胜奖。

【城乡总体规划修编及控制性规划修编】 开展永川主城区空间发展战略规划编制，初步形成永川战略定位、发展策略及功能布局等研究成果。开展大都市区轨道交通永川枢纽研究，研究成果已被纳入重庆市级层面规划。完成永川中心城区控制性详细规划整合一张图、永川区“多规合一”一张图、100个村规划、中心城区海绵城市专项规划、中心城区综合管廊专项规划等编制任务。

【重点规划编制】 启动《港桥产业园区沿江景观规划》《重庆市永川区汉东城遗址规划》《永川区跃龙湖公园景观方案设计》《永川跃龙湖公园主题策划与概念规划设计》等编制。完成《永川区三教镇控制性详细规划局部修改》审批。完成《永川区探花湿地公园概念景观设计》编制。

【专业专项规划编制】 完成《永川区交通缓堵近期建设规划》编制，并纳入中心城区交通缓堵三年行动计划。完成《永川区城乡教育设施布点规划》《永川区朱沱镇、松溉镇总规修改》。开展龙王巷有机更新城市设计；开展老城区城市更新规划，进一步提升城市功能和城市价值；完成临江河岸线景观规划岸线设计指引编制工作；完成板桥镇大沟村国家级传统村落整治修复修建性详细规划编制工作。开展“三河汇碧”片区城市设计，升级改造景观，恢复河畅水清。制定大竹溪“一河一策”整治方案，完成年度河长制工作。服务重点项目建设，重点审查永川纵达国际汽车城、五洲国际工业博览城、中交一公局办公楼等建设项目。分析论证一环路道路分幅现状、乐和乐都改造升级、元臻赛车公园、天山海世界等项目选址。

【规划行政审批】 全年共核发选址意见书93件，规划用地面积约264.96万平方米；方案设计审查88件，建筑面积约568.20万平方米；建设用地规划许可证81件，规划用地面积约465.12万平方米；建设工程规划许可证126件，建筑面积约301.38万平方米；竣工规划核实132件，建筑面积约265.27万平方米，圆满完成行政审批标准化建设。牵头组织8次规委会和7次规委会办公室主任会。

【规划执法】 健全领导机构，将原永川区违法建筑整治工作领导小组更名为永川区违法建筑整治工作指挥部。制定《永川区2017年度违法建筑整治工作要点》《黄瓜山片区违法建筑整治工作方案》等系列方案，层层动员部署，定期分析研判。开展“无违高校”创建工作。组织街头、小区宣传咨询活动30余次，发放宣传资料10万余份，接受群众咨询4000余人次，区内3家主流媒体报道违法建筑整治工作100余次，切实起到拆除一处、教育一片的效果。2017年以来，共停止水电气服务200余处，共整治各类违法建筑20余万平方米，圆满完成全区年度目标任务。

【测绘地理信息】 制定《重庆市永川区地理国情数据动态更新工作方案》。完成老城区部分1：500数字化地形图修补测。更新城市规划区范围内的航空影像图。数字永川测绘成果查询分发系统通过项目验收，并成功投入使用。完成地理空间综合数据库框架的搭建。完成2000国家大地坐标系转换、测量标志及CORS基站保护巡查；开展涉密测绘地理信息成果保密专项检查；完成国家版图意识宣传；开展排查整治“问题地图”专项行动。

（区规划局供稿）

永川新城全景（2017 年） （区建委供图）

城市建设

【概况】 2017 年，全区商品房施工面积 789.9 万平方米，比上年下降 1.6%。竣工面积 120.5 万平方米，比上年下降 8.6%。商品房销售面积 256.9 万平方米，比上年下降 15.8%。其中，住宅销售面积 211.9 万平方米，比上年下降 12.7%。商品房销售额 123.0 亿元，比上年下降 12.6%。其中，住宅销售额 97.6 亿元，比上年下降 6.4%。新增建成区绿化覆盖面积 66.0 万平方米，城区绿地率 35.6%，绿化覆盖率 37.4%，人均公共绿地面积 22.4 平方米。新建车行道 89.6 万平方米，新建人行道 46.9 万平方米。

【城区拓展】 2017 年，永川区大力推动城市骨架拓展，以高速环线合围的 175 平方公里空间成为城市建设的大骨架和主战场，永川城市建设迈向大城市发展的格局。以 70 个城市建设重点项目和工业园区重点建设项目为带动，推动中心城区拓展 3 平方公里，城区面积 71.3 平方公里。常住人口城镇化率增长 1.35%，达到 68%，继续保持全市远郊区县前列。

【基础设施建设】 全年突出基础设施对工业化和城镇化的支撑和保障作用，协调推动大安通用机场、兴业大道、一环路扩建改造等 38 个重大基础设施项目建设。牵头制定城区三年缓堵行动实施方案，10 余个项目启动实施。开展 5 条城市水体整治，全部消除黑臭。推动海绵城市建设，中心城区所有新开工项目均按照海绵城市理念进行设计建设。

【老城改造】 全年永川区积极稳妥推进棚户区改造，新增棚改政策性贷款授信 38.15 亿元（总到位资金 14.79 亿元），萱花旅社、桂山公园（一期）改造项目稳步有序实施，完成棚改拆迁 2056 户、14.8 万平方米，提前超额完成市级目标任务。加快推进老城有机更新，龙王巷片区和“三河汇碧”2 个片区旧城特色街区更新改造工作全面展开。

【智慧城市建设】 以信息化手段推动智慧小区建设，开发智慧小区公共服务平台 APP 应用，新建智慧小区 3 个，改造智慧小区 1 个。

村镇建设

【小城镇建设】 2017 年，永川区以培育亮点、示范引领为导向，加快朱沱特色小镇基础设施、公共服务设施和产业配套设施建设，完成投资 2000 余万元。朱沱镇成功创建第二批中国特色小城镇。着力改善老旧场镇居民生活环境，实施撤并建场镇环境整治项目 41 个。板桥老街棚改项目启动实施。

【农村人居环境改善】 2017 年，永川区扎实开展黄瓜山改善农村人居环境示范片建设，整合资金 1.7 亿元，开展示范民宿和院落打造，完善路、电、水、气等基础设施，黄瓜山改善人居环境市级示范片基本建成，示范作用明显。黄瓜山村获批全国改善农村人居环境整治示范村庄。大力开展美丽乡村建设，创建整洁庭院 840 个、市级绿色村庄 6 个、市级美丽宜居村庄 5 个。切实保障农村困难群众居住安全，完成农村 D 级危房改造 793

农村家园（2016 年）（李林摄）

户。积极推进“厕所革命”，全年改造农村厕所5500 户，全区卫生厕所覆盖率 95%。

市政园林

【概述】 2017 年，永川区城市管理局扎实推进市容环境、园林绿化等各项工作，城市功能不断完善，城市面貌不断改观。顺利完成农村生活垃圾治理目标任务。全区配备农村生活垃圾治理专（兼）职管理人员 423 人、保洁员 1265 人，配置垃圾桶 11250 个、垃圾箱 902 个、垃圾房 1376 个、垃圾运输车辆 118 台、中转站 21 座，处理农村生活垃圾 4.17 万吨，全区农村生活垃圾有效治理率达 85%。

【城市管理执法体制改革】 永川区委印发《关于印发深入推进城市执法体制改革改进城市管理工作实施方案的通知》（永川委发〔2017〕16 号）。12 月组建成立城市管理局（城市管理综合执法局），开展市政公用设施运行管理、市容环境卫生管理、园林绿化管理、城市管理执法、风景名胜区管理等 16 项工作。承接了露天烧烤污染、城市焚烧沥青塑料垃圾等烟尘和恶臭污染、露天焚烧秸秆落叶等烟尘污染，户外公共场所无照经营、违规设置户外广告，侵占城市道路，向城市河道倾倒废弃物和垃圾，户外公共场所食品销售和餐饮摊点无证经营等授权范围内的行政处罚及相应的行政强制职能。

【重点项目建设】 2017 年，三大重点项目全力推进。餐厨垃圾处理场建设项目已完成规划选址、国土预审、环评、可研报告、项目初步设计等前期工作已启动征地实施方案。生活垃圾焚烧发电项目已完成项目可研、地质灾害、压覆矿产、社会稳定风险评估、国土用地预审、环评、水资源论证、规划选址意见书、岩土工程勘察报告、入河排污口设置论证等工作。垃圾处理场膜下水及渗滤液处理项目开工建设。

【临江河流域清漂】 按照永川区临江河流域综合整治工作部署，开展城区河道、非城区河道清漂。城区河道清漂 124.1 万平方米，打捞漂浮物 250 余吨，清理白色垃圾 30 余吨、沿河房檐垃圾 1.4 吨，清除枯枝、断竹 10 余吨。非城区河道清漂打捞 471.54 万平方米。

【环境卫生管理】 2017 年，永川区环境卫生质量大幅提升。强化晨前普扫和 14 小时巡回保洁制度，城区主干道机械化清扫、洒水降尘率 85%，城区生活垃圾清运率 100%；实行一人一厕专人管护，健全公厕巡查制度、巡查台账，维修公厕 240 余座次；清掏化粪池 272 座，清掏容积 2.6 万余立方米，生产有机肥 2.2 万包；无害化处理生活垃圾 17 万余吨，城区生活垃圾无害化处理率 100%。全区农村生活垃圾收运系统建设步伐加快。投资 2348.29 万元，采购 1.5 吨垃圾收运车 41 台、16 吨垃圾收运车辆 12 台、3 立方米垃圾拉臂钩箱体 436 个、16 吨自压式箱体 24 个、垃圾桶 14000 个；投入 578 万元，建成三教、朱沱、临江等 7 个片区农村生活垃圾压缩中转站。建制镇垃圾无害化处理率 100%。

【市政设施维护管理】 投资 960 万元实施南大街新泰路改造工程，改造面积 1.6 万平方米；投资 236 万元翻修整治老城区破损人行道 9 条、1.32 万平方米；完成永川监狱新增污水管网功能恢复工程，改造公厕4座，新建公交站亭3座。投入869.61万元，维修车行道5457平方米、人行道2.79万平方米及附属设施；投资240万元安全检测桥梁9座、维修病害桥梁4座。投资109万改造昌南中学、临江路背街等老旧小区5处，整治车行道、人行道路面，新安路灯及人行道护栏，功能更加完善，有效改善老旧住宅区的街容路貌。

【城市照明设施建设与管理】 新建背街小巷路灯45盏、阳光尚城河道洗墙灯700米，改建竹海路及三水巷等路段路灯350余盏，升级改造节能路灯2700余盏；累计完成路灯抢修、维修5927盏次，更换电缆线4667米，维修破损井盖122处，清洗路灯杆6114组。城市道路照明设施路灯亮灯率、完好率98%以上。

【园林绿化建设与管理】 全年精细管护城市园林绿化。新增公园、绿地面积66万平方米。补植人民大道等道路花灌木9万余株、地被植物3.7万余平方米、行道树165株；修剪城区行道树3000余株、河道灌木30万平方米、草坪20万平方米；审批临时占绿、移植、修剪砍伐等行政许可11件，完成建设项目配套绿地初步设计方案审查26件，建设项目配套绿地竣工指标核定14件；查处各类占绿、毁绿35件。

【市容市貌秩序维护管理】 全年扎实有序开展一环路、洗车场、扬尘污染、占道经营、“牛皮癣”等专项整治。清运一环路垃圾540余吨，排查整治城区洗车场103家、关闭19家、整改到位84家，纠正各种占道经营摊点1.3万个，规范处置建筑渣土3.3万余吨，查处扬尘污染车辆188台；启动“城市违规广告语音警示系统”，立案209件，处罚106件，停机处理158个。规范管理城市户外广告。加大巡查力度，办理店招、店牌设置备案申请315件，规范设置临时广告许可37件、灯杆广告1000余件；取缔其他违法设置的户外广告及设施1200余处，设置公益广告展板200余块，拆除立柱式大型广告牌4块，取缔其他违法设置的户外广告及设施3000余处。对标对表建设智慧城管。制定《永川区智慧城市管理建设实施方案》，完成永川市政园林微信公众号上线工作，接入公安视频监控点676个，建设智慧城市导视系统14座。全年投诉案件43860件，立案43418件，派遣43418件，结案40435件，结案率93.13%。

【停车管理】 2017年，永川开展城区临时占道停车管，在新城区设置收费停车位5578个、免费停车位1626个，配备停车管理员400名，采取“智能+人工”收费管理模式，“停车难”问题有效缓解，车库利用率大幅提高。会同交巡警查处违法车辆2万余台，拖移僵尸车30余台。

（区城市管理局供稿）

勘察设计

【概况】 2017年完成建筑工程初步设计审批96个，其中建筑工程83个，总建筑面积289万平方米，总投资95.4亿元；市政工程13个，总投资5.24亿元。完成施工图审查备案132个，其中建筑工程95个，建筑面积322万平方米；岩土工程10个，边坡及基坑支护长度3993.02米；市政工程14个，装饰工程12个，装饰面积181595.52平方米；节能变更1个，建筑面积29767.45平方米。完成施工图备案抽查26个；完成勘查外业抽查29次。

（区建委供稿）

建筑业

【概况】 2017年，全区装配式建筑产业集聚效益初步显现，中交构件厂建成投产，中交世通重工（重庆）钢结构工厂启动建设，新增钢筋加工配送、预拌砂浆等配套企业5家，全区装配式建筑相关企业17家，年产值超过50亿元，全年产值20余亿元。截至2017年12月底，永川区有建筑企业256家、开发企业101家。其中一级资质企业

9 家，二级资质企业 31 家。建筑业、房地产业实现增加值 110 亿元、贡献税收 23.94 亿元，分别占 GDP 和税收总额的 16.2%、44.8%。建筑业在地总产值比上年增长 11.5%。建筑业注册地总产值比上年增长 13.2%。建筑业税收收入比上年下降 33.6%。

2017 年重永川区建筑企业情况一览表

表 6　　单位：家

级别	施工总承包	专业承包	劳务承包	合计
一级	9	2	0	11
二级	37	35	0	72
三级	50	13	0	63
不分级		12	98	110

【建设工程招标管理】　全年完成 210 个项目的报建审批工作及招投标监督管理工作，建筑面积约 356.59 万平方米，同比下降 8.88%，造价约 69.74 亿元，同比增长 8.23%。其中非国有投资办理发包 88 个工程，建筑面积 246.8 万平方米，与 2016 年同比减少 28.88%，工程造价 37.09 亿元，与 2016 年同比减少 17.81%；国有投资共办理发包 122 个工程，建筑面积 109.79 万平方米，与 2016 年同比增长 147.78%，工程造价 32.66 亿元，与 2016 年同比增长 69.06%。

【工程监理】　根据《建设工程监理规范》（GB/T50319－2013）和《重庆市建设工程监理管理办法》，工程监理单位（依法取得工程监理单位资质证书，具有法人资格，对建设工程实施专业化监督的企业）受建设单位的委托，在监理合同约定的范围内，依据法律、法规及有关的技术标准、设计文件和建设工程承包合同，对建设工程质量、建设工期和建设资金使用等方面实施监督。全年永川区城乡建设委员会监理合同备案建设工程项目 89 个，参与监理合同备案的监理单位 27 个，项目总监 53 个，专监 90 个，监理员 85 个。对 10 个监理单位进行立案查处，全区监理到岗履职情况明显好转，不作为、乱作为的行为得到有效遏制。

【工程质量监督】　2017 年，永川区持续深入开展“质量安全三年提升行动”，工程质量水平不断提升，质量投诉同比下降 12%，4 个项目荣获重庆市三峡杯优质结构奖、“巴渝杯”和市政工程金杯奖等荣誉。大力开展建筑市场整治，开展违法分包、转包行为检查，坚决打击扰乱建筑市场的违法违规行为，挂靠、阴阳合同等违规行为得到有效遏制。加强建设行业信用体系建设，评选出区内诚信企业 57 家，守信激励和失信惩戒得到较好应用。全年办理建筑工程质量监督手续 105 个，其中房屋建筑工程 83 个，建筑面积约为 249 万平方米，市政工程 22 个，总造价约为 6286.7 万元。监督竣工验收工程 113 个，其中房屋建筑工程 97 个，建筑面积约为 266 万平方米；市政工程 16 个，总造价约为 6724.1 万元。提交《工程质量监督报告》113 份，在监工程监督覆盖率和工程竣工验收合格率均 100%。

【建筑安全管理】　2017 年，永川区安全生产监管保持高压态势，企业主体责任得到严格落实。大力推进安全监管信息化建设，创建安全智慧工地 6 个。实施建筑施工围挡美化、靓化改造，创建市级文明工地 1 个。开展运输车辆密闭运输整治，创建扬尘示范工地 10 个。

【工程档案】　2017 年，录入全区 37 个乡镇的村民个人房屋产权证，每卷 35 户左右，共计 1225 卷。电子档案、纸质档案全部移交到永川区国土房管局档案馆。全年接收的各类工程档案，文字类5942卷；竣工图纸3784卷；照片207卷，11658张；光盘111卷，538张；共114个工程项目，10044卷。接收建委建管科竣工备案档案184卷。全年文字材料查询登记82次，153卷，实际查到82次，153卷；竣工图纸查询登记59次，176卷，实际查询到59次，176卷。

【预拌砼行业】 全区有6家预拌混凝土搅拌站，13条生产线，年产能达290万立方米。2017年所有商品混凝土生产企业完成专项试验室能力验证工作和《混凝土生产企业管理信息平台》安装工作。在加强企业内部管理和产品质量管理的基础上，注重工艺先进、绿色环保、低碳节能，全区商品混凝土质量总体稳定可控。全面清理整顿混凝土搅拌站，关停非法搅拌站3家。开展预拌砂浆应用试点工作，预拌砂浆的推广使用稳步推进。

【建筑科技】 2017年，永川区组织建设行业专业技术管理人员（施工员、安全员、质量员、预算员、材料员、机械员、劳务员、测量员、试验员），培训二次，606人，考核通过率70.6%。组织培训技术工人4次，532人，考试通过率98%。组织培训建设行业专业技术管理人员继续教育4次，698人，全部考试并取得合格证书。建造师485人通过新注册、增项、变更等取得执业资格证书。永川区持续推广绿色生态建筑。全年新增绿色生态小区8个、绿色建筑1个，提升永川区生态城市的内在品质。

【民工工资清欠防欠】 2017年，永川区持续深化民工工资专户制度，累计开设农民工工资专户145个，办理工资直付卡2.9万张，银行代发民工工资约7.3亿元，民工欠薪信访案件同比下降60%。建馨调解作用进一步发挥，新成立“建馨”家园9家，总数达到82家，建馨调解室成为全区调解建设领域矛盾纠纷的重要平台，全年化解劳资纠纷260余起。民工班组长法制培训效果明显，全年培训民工班组长12期，680余人次，非法讨薪、恶意讨薪等行为得到有效遏制。 （李安科供稿）

公用事业

自来水生产

【概况】 永川城区自来水主要由重庆市永川区侨立水务有限公司负责供水。该公司是中国水务集团有限公司的下属全资子公司，公司注册资金2亿元，总资产5.3亿元，有员工162人，有一水厂、二水厂、三水厂3座水厂，日设计供水能力为18万立方米，供水面积约71平方公里，供水人口约70万人，供水管网总长度533公里，供水普及率99%，水质综合合格率99%。全区有镇级水厂16个，日供水能力5.77万立方米；场镇及农村集中式供水工程58处，分散式供水工程1363处，日供水能力4.71万立方米。

【供水设施建设】 为提高供水水质，满足城区用水需求，永川区持续加强供水基础设施建设。2008年投资4500万元新建了日供水能力3万立方米/日的二水厂；2012年投资1.61亿元新建了供水能力为10万立方米/日的三水厂一期工程；投资1.3亿元，给老城区水管网改造、给新城区水管网敷设和水厂“三扩五”技术改造（日供水能力由3万立方米提升到5万立方米）等。同时，新敷设输水管网14公里，连通新、老城区，缓解永川城区的供水不足，提高了水量、水压和供水质量，为永川大城市建设作好供水基础保障。2017年年底，长江提水工程输水管道延伸工程正式通水运行，标志着老城区自来水彻底告别40年从临江河取原水历史，老城区20万人自来水原水全程由管道从上游水库和长江提水供给，原水更安全、水量更充足、水质更稳定。

【自来水价格】 自来水价格分用水的种类，按基本水费、污水处理费、水资源费、原水费、终端水价收取费用。

永川区自来水价格一览表

表 7　　单位：元/立方米

用水分类	基本水价	污水处理费	水资源费	原水费	自来水终端水费价
居民用水	2.15	1.00	0.12	0.38	3.65
工业用水	2.70	1.30	0.12	0.38	4.50
商业用水	3.50	1.30	0.12	0.38	5.30
建筑用水	3.25	1.30	0.12	0.38	5.05

说明：1. 基本水价为侨立水务公司收取，其余费用为政府代收费；
2. 侨立水务公司每月代永川区城市管理局向居民用水户代收7元/户的垃圾处理费；
3. 用户委托侨立水务公司管理二次加压供水的用水价格通过双方协商确定

（区水务局供稿）

电力供应

【概况】　国网重庆市电力公司永川供电分公司（以下简称永川供电公司）是国网国网重庆市电力公司直属基层供电单位，国有大二型企业。公司在永川区供区面积1576平方千米、人口113.1万人、客户51.17万户，2017年售电量20.19亿千瓦时。

【电网建设】　永川电网位于川渝电网结合带，由两条东西走向横贯供区的220千伏线路与重庆、四川电网相连，形成以500千伏板桥变电站为中心、220千伏变电站为枢纽、110千伏变电站为节点的链式互联供电格局。截至2017年年底，国网重庆永川供电公司拥有35千伏及以上变电站39座，主变压器78台，总容量2662.6兆伏安，其中110千伏变电站19座，主变39台，容量1960兆伏安；35千伏变电站19座，主变37台，容量342.6兆伏安；10千伏开闭所72座，比2016年增加18座。辖区内35千伏及以上输电线路133条，总长1465.246千米，其中220千伏线路30条，长度531.302千米；110千伏线路62条，长度535.848千米；35千伏线路41条，长度398.096千米。辖区内10千伏配电线路343条，总长5612千米，公用配变9895台，总容量2553.4兆伏安。2017年新增10千伏配电线路234.97千米，新增配变台区98台，容量111.49兆伏安。

【服务重点工程建设】　主动超前服务重点项目招商引资工作。针对长城汽车、东鹏瓷砖等重点项目，逐个成立专项工作组，提前介入、及时了解供区政府招商引资情况，做好供电政策、流程解释等靠前服务。开辟绿色通道，压缩办电环节，将重点项目办电环节从“申请受理、供电方案答复、设计审查、中间检查、竣工验收、装表接电”压减为“申请受理、供电方案答复、外部工程实施、装表验收接电”4个环节，环节办理时限压减40%。首次联合建管的城南220千伏输变电工程顺利投运，永川供电公司荣获国网公司基建信息化应用先进单位。

【居民用电提升工程】　全年完成8个中心村电网改造和78项城、农网项目，1个配网工程被评为国网“百佳工程”，永川供电公司荣获国网公司新一轮农网改造升级“两年攻坚战”先进集体。开展配网隐患整治和网络优化改接，城网联络率较年初提升8.5%。整治18条高故障配网线路，配网故障率同比降低36.3%。全年完成12个小区双电源改造，惠及7.3万群众，积极争取资金，通过追加项目落实16个小区，剩余37个小区已列入配网三年攻坚计划，根据小区用户数量及客户敏感程度逐年实施。

【销售电价】 现阶段用电主要分为居民生活用电、一般工商业及其他用电、大工业用电和农业生产用电。

居民生活用电。按照重庆市物价局（渝价〔2017〕90号）文件执行。城乡“一户一表”居民用户实行阶梯电价，年用电量2400千瓦时（含）以内，接入电压等级不满1千伏的0.520元/千瓦时；接入电压等级1～10千伏的0.510元/千瓦时；年用电量2401千瓦时～4800千瓦时（含）的，接入电压等级不满1千伏的0.570元/千瓦时；接入电压等级1～10千伏的0.560元/千瓦时；年用电量4801千瓦时（含）以上，接入电压等级不满1千伏的0.820元/千瓦时；接入电压等级1～10千伏的0.810元/千瓦时。居民合表用户，接入电压等级不满1千伏的0.540元/千瓦时；接入电压等级高于1千伏的0.530元/千瓦时。

一般工商业及其他用电。按照重庆市物价局（渝价〔2017〕90号）文件执行。接入电压等级不满1千伏的0.7925元/千瓦时；接入电压等级1～10千伏的0.7725元/千瓦时；接入电压等级35千伏0.7525元/千瓦时；接入电压等级110千伏及以上的0.7375元/千瓦时。

大工业用电。按照重庆市物价局（渝价〔2017〕90号）文件执行。大工业电价包括电度电价和基本电价，其中，电度电价：接入电压等级1～10千伏的0.6057/千瓦时；接入电压等级35千伏0.5807元/千瓦时；接入电压等级110千伏的0.5657元/千瓦时；接入电压等级220千伏及以上的0.5557元/千瓦时。基本电价：每月按最大需量计收36元/千瓦；每月按变压器容量计收24元/千伏安。

农业生产用电。按照重庆市物价局（渝价〔2017〕90号）文件执行。接入电压等级不满1千伏的0.568元/千瓦时；接入电压等级1～10千伏的0.553元/千瓦时；接入电压等级35千伏及以上0.538元/千瓦时。 （区经信委供稿）

天然气供应

【概况】 永川区有供气单位12个，分别是蜀南气矿渝西采气作业区、重庆市荣昌区西部天然气有限公司、重庆永川燃气有限责任公司、重庆市永康燃气公司、永川石油天然气安装有限公司、重庆川友天然气公司、重庆华燃天然气公司、重庆恒冠天然气有限公司、西部天然气销售公司永川CNG东站、CNG西站、永源CNG加气站、海源CNG加气站。蜀南气矿渝西采气作业区日产量35万立方米、泸州华油浅层油气公司日产气量15万立方米。全区有居民、商业等城市天然气用户31.43万户、工业用户67户。2017年全区实际用气量为2.59亿立方米，比上年增长10.81%，其中民用气1.27亿立方米，比上年增长13.81%；工业及CNG用气量1.32亿立方米，比上年增长8.1%。

永川区城市管网分别由蜀南气矿渝西采气作业区、荣昌西部天然气分公司和重庆燃气集团永川燃气公司等单位建设管理。城区有高压、次高压、中压管网总长度185公里，城市燃气管网总长1500公里；调压箱（柜）1591个、调压计量站数量19（座）、储配站6座，储配能力25万立方米。永川区在用天然气长输管道有2条，即来——永输气管线（璧山来凤至永川）和西——永输气管线（西彭至永川）：来——永输气管线气源由蜀南气矿渝西采气作业区供气，管线接口于西南油气田公司输气公司西彭气站，管道长度58千米（其中来凤至永川38公里），管道压力2.0兆帕，管径为DN200，输气能力为$30.0\times104m^3/d$。重庆燃气集团投资近9500万元建设了西——永输气管线，管线设计长度约48.3公里，管径分别为D406、D323.9、D273，设计压力为4.0兆帕，日输气量可达190万立方米。中贵线永川支线（即永川区至璧山区马坊天然气管线）由蜀南气矿投资建设，全长15公里，管径DN300，设计压力4兆帕，总投资9500万元，可下载天然气150万立方米/天，已建成投入使用。

【燃气安全】 督促全区城镇天然气经营企业按“五查（查企业建立健全安全管理制度、查从业人员配备、查燃气设施运行、查燃气设施工程、查用户安全管理）”内容开展检查。全年对2275户非居客户用气安全进行隐患排查，发现29处隐患，已全部整改，其中有158户未用气客户已停气封堵，并张贴《安全用气温馨提示》牌2259块。截至2017年12月底，共计发现管道隐患53处，已全部完成整改；开展管道泄漏检测84311米，发现管道泄漏点39处，已全进行整改；竣工测绘136.5公里；开展管道防腐层探测84.3公里，防腐层检测出严重破损点1404处。

【管网建设】 2017年，全区各天然气公司加大对天然气管网的投资力度，确保农村居民的用气安全。共投资总额6170万元，同比增长2.5倍。重庆永川燃气有限公司有序推进管网建设，完成各类项目管道建设18259千米、形象进度投资额3481元。重庆永康公司全年投资新建主管线及支管线2310万元，投入管线整改、搬迁约40万元。全年建设施工低压管道31.5千米，其中中压PE63管道15.19千米，PE90管道7900米，PE110管道2.08千米，D108×5管道8539米。

【服务质量】 督促全区各燃气企业做好用户服务工作。各燃气公司将相关服务制度、服务标准、收费标准上墙公开，建立安装、维修及验收台账，公开安装、报修、维修、抢修等工作流程及服务电话，且有24小时值班人员。永川燃气公司落实《入户安全导则》，推进“入户安检系统”的正常运行。全年组织安检人员进户安全检查114100户，查出居民户内一级安全隐患829处，已整改261处，整改率为31.5%；查出工商客户户内一级安全隐患182处，已整改73处，整改率为40.1%；对三次未进户的均张贴“到访不遇卡”并照相留存。

【天然气价格】 城区居民天然气初装费3500元/户。居民天然气价格1.73元/立方米。工业用气价格1.95元/立方米。集体用气价格2.40元/立方米。商业用气价格2.40元/立方米。

（区经信委供稿）

房地产开发

【概况】 2017年，永川开发房地产企业103家，其中，二级资质企业34家，三级资质企业26家，暂定二级资质企业15家，暂定三级28家。

2017年重庆市永川区开发企业名录

表8

单位	资质等级	单位	资质等级
重庆江鸿房地产开发有限责任公司	2	重庆渝永建设集团房地产开发有限公司	2
重庆俊豪实业（集团）有限责任公司	2	重庆渝荣房屋建设开发有限公司	2
重庆乐华房地产开发有限公司	2	重庆市汇龙房地产开发有限公司	2
重庆市永川区宏旭房地产开发有限公司	2	重庆市永川区文海房地产开发有限公司	2
重庆城中城房地产开发有限公司	2	重庆永川区惠通建设发展有限公司	2
重庆中科普永奥地产有限公司	2	重庆利安物业有限责任公司	2
重庆市金科上尊置业有限公司	2	重庆迪锐房地产开发有限公司	2
重庆永兆实业有限公司	2	重庆恒大永君房地产开发有限公司	2
重庆市宏方实业有限公司	2	重庆竣尊房地产开发有限公司	2
重庆置铖蓝鹏房地产开发有限公司	2	重庆忆诚投资有限公司	2

续表 8－1

单位	资质等级	单位	资质等级
重庆旭恒置业有限公司	2	重庆市汇悦房地产开发有限公司	2
重庆协润置业有限公司	2	重庆海亮房地产有限公司	2
重庆远澜房地产开发有限公司	2	重庆远溯房地产开发有限公司	2
重庆易泰实业集团房地产开发公司	2	重庆永南实业有限公司	2
重庆吉之汇农产品有限公司	2	重庆永川万达广场投资有限公司	2
重庆豪禧房地产开发有限公司	2	重庆国禄实业有限公司	2
重庆福特佳房地产开发有限公司	2	重庆伟豪实业有限公司	2
重庆华越实业有限公司	3	重庆市永川区月源实业有限公司	3
重庆市恒瑞祥实业有限公司	3	重庆三华建筑工程集团房地产开发有限公司	3
重庆润通房地产开发有限公司	3	重庆市鹏辉实业有限公司	3
重庆市康怡棠房地产开发有限公司	3	重庆英世邦房地产开发有限公司	3
重庆晟京房地产开发有限公司	3	重庆乐帆房地产开发有限公司	3
重庆江昊房地产开发有限公司	3	重庆市易力房地产开发有限公司	3
重庆金高房地产开发有限公司	3	重庆市楠庭房地产开发有限公司	3
重庆市铭祥房地产开发有限公司	3	重庆智永房地产开发有限公司	3
重庆和玉房地产开发有限公司	3	重庆莱艾亿置业发展有限公司	3
重庆同航置业有限公司	3	重庆科融房地产开发有限公司	3
重庆浦伟房地产开发有限公司	3	重庆市永豪房地产开发有限公司	3
重庆鼎正房地产开发有限公司	3	重庆上手房地产开发有限公司	3
重庆市金灿房地产开发有限公司	3	重庆鸿正房地产开发有限公司	3
重庆祥宁房地产开发有限公司	暂定 2	重庆江鸿豪茂置业有限公司	暂定 2
重庆旭亿置业有限公司	暂定 2	重庆中船重工置业有限公司	暂定 2
重庆市同诚汇悦房地产开发有限公司	暂定 2	重庆金蜀实业有限公司	暂定 2
重庆川地房地产开发有限公司	暂定 2	重庆宣明房地产开发有限公司	暂定 2
重庆中泰旅业发展有限责任公司	暂定 2	重庆鲁科房地产开发有限公司	暂定 2
重庆市永川区五洲中合商贸物流有限公司	暂定 2	重庆运易通物流电子商务有限公司	暂定 2
重庆旭景置业有限公司	暂定 2	重庆泽通房地产开发有限公司	暂定 2
重庆爱利福天东置业有限公司	暂定 2	重庆永川中山房地产开发有限公司	暂定 3
重庆市和军房地产开发有限公司	暂定 3	重庆耀本置业有限公司	暂定 3
重庆竣雄房地产开发有限公司	暂定 3	重庆富航房地产开有限公司	暂定 3
重庆市永川区德航置业有限公司	暂定 3	重庆国维定益投资（集团）有限公司	暂定 3
重庆维康置业有限公司	暂定 3	重庆博耀房地产开发有限公司	暂定 3
重庆市永川区碧桂园房地产开发有限公司	暂定 3	重庆市常友房地产开发有限公司	暂定 3
重庆恒生力创投资有限公司深圳 100%	暂定 3	重庆市泓韵房地产开发有限公司	暂定 3

续表 8－2

单位	资质等级	单位	资质等级
重庆远兆置业有限公司	暂定 3	重庆卓扬实业有限公司	暂定 3
重庆融大房地产开发有限公司	暂定 3	重庆松嘉置业有限公司	暂定 3
重庆宝利阳文化传播有限公司	暂定 3	重庆国维实业有限公司	暂定 3
重庆腾希置业发展有限公司	暂定 3	重庆俊豪棠晖置业有限公司	暂定 3
重庆市琦松房地产开发有限公司	暂定 3	中铁二十一局集团重庆置业有限公司	暂定 3
重庆市天悦房地产开发有限公司	暂定 3	重庆宇瀚房地产开发有限责任公司	暂定 3
重庆永杰房地产开发有限公司	暂定 3	重庆昌州茧丝绸有限公司	暂定 3
重庆市宏兴科旺置业有限公司	暂定 3		

房地产业管理

【权属登记】 2017 年，永川区全面开展农村集体土地所有权、使用权、宅基地及地上房屋所有权等农村三权登记业务工作。全年颁发不动产权证书 34872 本，不动产登记证明 30560 本。积极解决遗留疑难办证问题，召开疑难问题专题会审会 12 次，解决各种遗留疑难、信访办证问题 80 余件。推进农村集体土地所有权、使用权、宅基地及地上房屋所有权等农村三权登记业务工作，积极推动不动产登记制度“放管服”改革，精简审批环节，缩短办事时限，下放农房办证权力，实行特殊人群、特殊事项特色服务，群众对窗口的满意率 99%，在民主评议、行风评议中名列前茅。

【物业管理】 2017 年，永川区对物业企业进行综合考评，评定服务星级，评选五星级服务企业 1 家，区级示范小区 2 家，区级优秀物业企业 6 家。对全区 60 余家物业企业进行检查，下发《物业服务企业限期整改通知书》7 份，对 3 家企业亮“黄牌”警告。积极化解物业矛盾纠纷，及时处理各类信访件 457 次，接待来访群众 60 余次，召开研判会 40 余次、联席会 13 次、现场工作会 3 次，重点调解处理渝西广场、竹映三清等小区突出矛盾。做好物管建议、提案办理工作，代表、委员满意率 100%。培训物业从业人员 150 人、社区物业管理干部、业主委员会成员 120 余人，与大足、巴南、渝中等区县进行交流，组织到攀枝花、成都、广州等城市学习。对城区 54 个“三无”小区实施整治，并验收移交辖区社区管理，制定 2018—2019 年“三无”小区改造计划。深入开展“红管家联盟”活动。对三圣公寓等 13 个小区设施进行改造，利用传统节日组织开展“邻里节”活动，举办第三届“红管家联盟物管小区文化节”活动，展示物业形象。

【保障性住房】 2017 年，永川区做好保障房受

住房公积金业务培训现场（2017 年） （公积金办供图）

理、审核、公示和摇号配租工作。全年利用腾退房源举行公开摇号配租2次，成功配租廉租房49户，受理公共租赁住房申请1106户，成功配租807户。实施保障房动态管理。全年对经审核符合保障条件家庭予以续签合同1324户，清退不符合条件家庭101户，让困难家庭公平享受保障。成功创建“3+2”管理模式，建立智能门禁、诚信管理、他方监管三大管理系统，开展“春风化雨”（思想引导）和“精准帮扶”两项特色服务行动，促进公共租赁住房管理和服务上档升级，该做法上报重庆市委、重庆市政府专报并被采用，在重庆电视台播报、《重庆日报》报道。全年争取重庆市级保障房政策以外补助资金2.19亿元。做好全区突发城镇房屋安全使用应急抢险排危，全年未发生1起安全伤亡事故。

【房地产市场管理】 2017年，永川区每月开展执法巡查，规范企业销售行为。全年开展执法巡查15次，重点查处房地产违规销售、违法宣传等行为，规范房地产企业的销售。对全区在建开发项目的商品房预售资金进行监管，每个项目落实专人负责监管，强化房地产预售监督。开展整顿规范房地产开发销售中介行为专项工作，重点检查房地产开发企业14类违法违规销售行为，发现的违法违规问题已整改完毕。组织相关单位和企业学习讨论房地产调控新政策，通过房地产业协会组织相关人员定期与不定期开展座谈，分析市场动态，引导企业理性开发；做好周报、月报和季度市场分析，及时了解市场动向，通过《渝西地产》（每月）、“渝西楼市”微信公众号（每日）等媒体公开市场信息，引导理性消费。

【房地产交易】 2017年，全区成交商品房22842套，面积191.4万平方米，交易金额95.2亿元。其中住宅成交15937套，面积153.6万平方米，住宅建面均价4798元/平方米。同比成交套数增加21.2%，面积增加17.7%，其中住宅成交面积增加4.9%，住宅建面均价上涨380元/平方米，涨幅8.6%。库存共计377.4万平方米，其中住宅92.7万平方米，车库135.8万平方米，商业136.6万平方米，办公13.3万平方米。全年去化库存36.1万平方米，住宅去化周期7个月。全年房地产市场平稳健康，量增价稳。

【房交会】 2017年11月8日至12日，重庆·永川第十九届房地产展示交易会在永川区人民广场成功举办。5天共成交房屋1477套、12.1万平方米，成交金额6.6亿元。（田国江供稿）

住房公积金

【概况】 2017年，永川归集住房公积金7.2亿元，新增缴存单位59个；新增缴存职工5725人。住房公积金缴存单位共有713个，缴存职工56160人，累计归集额46.89亿元，归集余额19.81亿元。公积金提取16300人次，提取资金5亿元，76%以上用于住房消费。职工提取资金占归集额的70%。办理住房公积金提取11.4万人次，提取资金27.18亿元，占归集额的58.43%。发放住房公积金贷款1825笔，发放额6亿余元，个贷比99.34%。三期以上逾期额为48万元，逾期率为0.24‰，控制上限在的1‰内。

（公积金管理中心永川分中心供稿）

新城建设

【概况】 2017年，永川区新城建设按照永川区委区府的统一部署，抓建设、发展和经营管理等工作，重点项目加快建设，产业蓬勃发展，呈现出产城共荣、互动发展的良好局面。全年完成固定资产投资56.6亿元，20个重点项目完成投资29.13亿元，其中市场主导类投资22.22亿元。新引进项目79个，合同引资110亿元，实际利用内资126亿元，实际利用外资3000万美元。软件园实现产值121亿元。重点商贸物流项目全年实现交易额73.38亿元。财政收入完成41.74亿元，上解财力23.36亿元。

【新城市政建设】 深入落实生态优先绿色发展战略行动计划，新增绿化面积9万余平方米，改造河道5.5公里，改建新建雨污水管网8.6公里。投入7.01亿元，建成市政道路16.7公里，实现高铁片区路网全覆盖和昌州古城、神女湖片区路网大循环，打通探花公园片区至一环路连接通道。投入265万元，实施重百、商贸城、小南门等区域交通渠化改造，畅通微循环。投入1000万元，完善交通辅助、监控设施和道路交通智能系统。投入4400万元，实施水电气讯项目66个。

【功能配套设施建设】 投入7150万元，建成兴龙湖中学；投入总额2.5亿元，五洲小学、南郊小学建设顺利推进，启动建设永和小学，三所学校建成后可容纳在校生8000余人。投入5312万元，建成永川职教综合实训基地；投入6657万元，加快永川青少年宫建设；投入3710万元，建成灵猴广场安置小区，116户居民喜迁新居；支付棚户区（城中村）改造补偿费4.69亿元，拆迁1871户；投入3000万元，建成和顺人家农贸市场。

【新城城市管理】 以岗位外包为切入点，按照市场化运作模式以劳务外包形式进行市政物业管理，节约市政物业管理费用1400多万元，同比下降55%。加强市政秩序管理，积极开展扬尘控制、学校及市场周边环境、公共区域临时占道停车、占道经营等专项整治，查处违章运输车辆20余台次，违规停放机动车辆2400余辆，取缔骑门摊占道经营40余件，纠正违规占道行为20余件，拆除清华苑农贸市场周边违规搭建彩钢棚48处、广告牌50余块，拆除海棠里酒吧街违规构筑物40余个。

【城市经营】 强化国有资产经营，加快推动特许经营项目建设，与中石化重庆永川石油分公司合资成立重庆中石化兴湖石油天然气有限公司，观音山加油站已完成土地摘牌，北大桥加油站土地即将挂牌，科目三考场项目已完成主体房屋建设、内外装修、考试车辆采购等，即将试运行。深入挖掘资产经营潜力，全年资产经营收益突破1亿元。着力完善配套，强化营销推广，提升服务质量，茶山竹海景区实现收入525万元。

【招商引资及产业发展】 新引进腾讯大渝网区域运营中心、宏购电子商务、杭州天夏集团、北京勾正科技等57个软件与信息技术项目，软件园项目总数达到274个，规模以上企业达到60家，实现税收1.73亿元，新增就业岗位8000个。新引进永川吉之汇水产冻品交易园、中合智慧物流、建材商会等6个项目，吉之汇国际农贸物流城、红星美凯龙、万达广场、协信中心等项目运营良好，万达广场棠人街、昌州古城长乐坊、海亮广场大润发开业运营，国际木业高新产业园、五洲国际工业博览城加快推进，纵达国际汽车城开工。新引进中交一公局重庆总部、中铁建二十一局五公司等项目，中铁建二十一局五公司及2000余名员工从兰州整体迁入永川，总部经济项目数达到8家。互联网青创营成功孵化点都软件、铸剑科技、纳联科技等企业37家，认定知识产权80余个，培育科技型企业12家，成功升创高企2家，开展创新创业培训60余场。智慧城市建设投入5000万元，完成智慧交通一期、城市服务平台一期建设。

（新城建管委供稿）

大美兴龙湖（2017年） （新城建管委供图）

环境保护

综　述

【概述】　2017 年，全区环保工作坚持以习近平新时代中国特色社会主义思想为指导，全面贯彻中共十九大精神、重庆市委五届三次全会精神，以生态文明建设为统揽，以改善环境质量为核心，突出抓好中央环保督察反馈意见整改、临江河流域综合治理“两件大事”，扎实推进环境质量改善、监管水平提升、环境安全保障“三大任务”，忠实履职，锐意进取，圆满完成各项目标任务。

环境质量治理

【碧水行动】　全年开展碧水行动，完成重点行业清洁化改造和 3 家企业强制性清洁生产审核。临江河流域 28 家涉水类工业企业完成达标整治验收。城市污水处理厂按时完成提标改造并投入运行。11 座镇级污水处理厂正式运行。分别与周边 8 区县签订水污染联防联控协议。全区 5 段黑臭水体于 2017 年 11 月 13 日在全市区县中率先完成整治效果评估，公众评议满意度为 94.91%。

【蓝天行动】　加强环境治理，开展蓝天行动。完成 2 家企业搬迁和关停工作。28 家符合产业政策的矸砖企业完成环保改造并通过验收，其余 72 家不符合产业政策企业关闭或停产。全区 76 辆公交车、540 辆出租车全部使用清洁能源。淘汰黄标车 1244 辆。路检机动车 2008 辆。成功创建扬尘控制示范工地、示范道路各 10 个。城区机扫率达 85% 以上。

世界环保日宣传活动（2017 年）　（环保局供图）

【宁静行动】　为给全区安静生活，减小噪音污染，开展宁静行动。严格审批夜间建筑作业许可 283 个。创建 1 个市级安静居住小区和 4 平方公里环境噪声达标区。

【绿地行动】　制定并实施永川“土十条”方案。督促化工片区 3 家化工企业投入 2.63 亿元，完成化工片区场内污染整治任务并通过验收。完成 2 块潜在污染地块调查评估及治理修复。依法转移工业危废 2.28 万吨、医废 671.7 吨。危废产生和经营单位规范化管理抽查合格率分别为 95% 和 100%。编制完成永川区生态保护红线方案。

【田园行动】　建成石庙场污水处理站及荷花村、官禄岩村、二郎坝村污水配套管网。完成 209 家禁养区畜禽养殖场（户）的关闭或搬迁工作，占年度目标任务的 218%。完成 1.5 万头生猪当量污染治理配套设施工程整改。

主要污染物总量减排

【概况】　全年完成 21 个年度减排目标任务。办理排污许可证 403 家。核定排污权 218 家，排污权交易额 2753.25 万元。自 2015 年实行排污权交易制度以来，全区交易额居重庆市区县第三位。

生态环境保护

【生态文明建设】　狠抓制度建设，全区生态文明扎实推进。出台《永川区党政领导干部生态环境损害责任追究实施细则（试行）》，实行生态环境损害责任终身追究制。修订完善以环境质量、目标任务和责任履行为主要内容的考核机制，把考核结果作为干部选拔任用的重要依据。163项生态文明建设工作任务和重点攻坚任务全面完成。全年环评审批151件、竣工验收70件，豁免项目16个，指导填报备案项目225个，主动公开环保行政审批信息446条。2个规划环评、3个园区拓展区规划和跟踪环评编制完成。市区两级141个重点项目落实专人服务。加强辐放射管理。将全区在用的24台电磁设备，632.95公里110千伏以上的输电线路，以及6座变电站纳入申报登记，严格管理。依法审批辐射安全许可证1个。对辖区34枚放射源开展安全检查，全区辐射环境安全。

【环境监测】 永川区生态环境监测站持证项目255项。承担并完成渝西9区县城区饮用水源19个监测项目季监测任务。3月起每月对全区4条主要次级河流48个断面开展水质监测。全年出具监测报告458份。

【环境执法】 全年查处环境违法行为141起，罚款431.9万元。责令113家单位限期改正环境违法行为，移送行政拘留2起，限产停产2起，查封扣押4起，按日处罚1起，强制执行案件31件。征收排污费1772.58万元。受理并妥善处置环保投诉2034件。依法主动公开环保行政执法信息126条。督促160家重点企业如实公开环保信息。

（区环保局供稿）

商贸服务业

综　述

【概况】 2017年，永川区主要商务经济继续保持平稳较快增长，全区社会消费品零售总额351.4亿元，比上年增长14%，总额和增速保持渝西片区第1位；批发零售业商品销售总额945.1亿元，比上年增长21.8%，总额和增速分列渝西片区第1位和第3位；住宿餐饮营业额93.5亿元，比上年增长20.1%，总额和增速分列渝西片区第1位和第5位。

【商贸网络体系】 2017年，永川区全面整治农贸市场。全区共有81个农贸市场纳入临江河流域综合治理范畴，截至2017年年底，全部完成整治。改造市场基础设施，新修2个化粪池，完成部分农贸市场内排水管网的改造与205地质队门面污水排放管网建设。规范占道经营，共计拆除场外通道100余处违章搭建、棚架近3000平方米，规范占道经营600余处；取缔沿河边占道经营摊点330余处。积极向市商务委申报创建公益性农产品市场体系建设示范区，向上争取项目资金300万元。全区农贸市场做到“排水规范、干净整洁、秩序井然、安全卫生”。

【发展会展经济】 全年参加市级展会活动、开展会展促销活动62次，实现收入30余亿元，拉动消费200余亿元。组织参加“重庆市直辖20周年汽车超级惠暨新能源汽车科普展——2017汽车区县巡回展永川活动站”等10个会展活动。开展乡村赏花、采摘等休闲、体验消费活动。联合多部门主办休闲消费活动，商旅融合度提升，休闲消费进一步释放。

【电子商务】 2017年永川区大力发展电子商务。电商产业园由广东云易通公司投资建设，占地40公顷。2017年开始一期工程，投入1.32亿元，建设2万平方米的单层钢结构高标准物流仓库和3.2万平方米的电商楼。引导电商平台企业入驻电商产业园。启动阿里巴巴、苏宁等电子商务平台，组织“淘实惠”一村一店推荐会，依托悦格、名扬天下、易田等电商企业设立电商服务站（点）384个。阿里巴巴建设的农村电商站（点）覆盖15个镇，各个服务站平均覆盖和服务的有效村民数995人。双11当天总交易额170万元，单日订单量突破13000单。各村点平均8.07万元，创下重庆平均订单量单日交易之最和各村点双十一单日交易额之最双高数据。召开电商培训13次，帮助农户或个体开淘宝店、微店销售特色农产品。引导电商企业利用平台渠道整合农产品进行统一包装销售。吉之汇公司采用线上线下销售模式对农特产品进行流通，推进电子商务进社区。永川区电子商务示范区成功创建为重庆市电子商务示范区，青峰镇胡豆坪村、何埂镇石笋山村成功创建为重庆市电子商务示范村。云易通（永川）电商物流园和永川五洲国际工业博览城争取到重庆市2017年度电子商务资金扶持资金。截至2017年12月底，已有阿里巴巴、重庆智考信息技术等19家电商平台企业入驻电商产业园。全区注册的电商企业有1000余家，全年快递出港量610万件，进港量1560万件。全区有农村电商站（点）432个，其中阿里巴巴21个、供销120个、邮政187个、淘实惠72个、易田32个。全年电子商务交易额120亿元。网络零售交易额30亿元。

【大型商场】

中国永川商贸城　中国永川商贸城位于永川火车站附近，占地面积23.47公顷，建筑面积31万平方米，是重庆市政府重点打造的百亿级市场之一。一期工程共70688平方米，800余个商户，2008年9月开业，设置服饰家纺区、日用日化区、五金电子区、文体工艺品区、食品保健品区等互补业态，涵盖商品20余万种。二期工程建筑面积14万平方米，2009年12月盛大开业，设置流行服饰区、品牌服饰区、家居博览中心、建材市场、家电数码城、渝西副食批发区等专业化市场。由于不断创新管理理念，完善管理体系，优化经营环境，完善物流配送，加速市场升级，已经形成统一、开放、有序的商贸市场体系。

永川俊豪·中央大街商圈　永川俊豪·中央大街位于永川区核心商圈——渝西商圈中心地段，周边3公里常住人口35万人。2011年3月开业，是永川首个集休闲、购物、娱乐、餐饮等功能于一体的城市综合体项目。经营面积22万平方米，车位2000余个。汇聚新世纪百货、沃尔玛超市、肯德基、苏宁、屈臣氏、越界影院、新东方教育等主力商家及周大生、老凤祥、三福百货、名创优品、25小时健身、吉布鲁海鲜、泰熙家、鲜芋仙等200余知名商家入驻。2017年实现营业额20余亿元。

HMC华茂中心　HMC华茂中心位于昌州大道东段，是重庆江鸿豪茂置业有限公司倾力打造的商业作品。2017年开工建设。该项目将打造集购物中心、休闲中心、美食中心、健康中心、儿童成长基地、文创基地等为一体的永川首个全家庭、体验式商业中心。该中心作为永川“智慧城市”试点项目，将打造具有划时代意义的智慧商圈。依托商业APP、免费Wifi、智能停车、智能支付、大数据营销5大智慧商业体系，以“O2O”商业运营模式为，实现线上引流支付、线下体验享受，全面提升消费者购物体验。

永川五洲国际　项目位于星光大道与一环路的交汇处，项目总占地31.73公顷，总建筑面积50万立方米，总投资50余亿元。项目分为三期建设，主要分为工业名品博览城、仓储物流区、智慧生活社区三个功能板块。第一期占地面积5.07公顷，总建筑面积约6万平方米，2018年建成。该期项目集精品电器、五金机电、时尚礼品、特色休闲娱乐为一体综合性商贸集聚中心。建成后集“工业品交易中心、仓储物流中心、物联网分拨中心、跨境电子商贸中心、特色商业中心、智慧生活社区、科文基地”等七大功能于一体，对永川及周边分散的专业市场进行集中整合，降低物流和交易成本，是永川承接商贸物流产业转型

永川商贸城（2016年）　　（区档案局供图）

升级的首选目的地。

重百永川商场 重百永川商场坐落在永川商贸经济中心地带——渝西光华世纪广场，2001年9月成立，是集百货、超市为一体的综合百货商场。经营面积1.4万平方米，经营品种3万余种。商场设施齐全，环境优美，有舒适的商业步行街，是购物休闲的理想场所。2003年底实现盈利。截至2017年年底，累计实现销售超过37亿元，向永川当地上缴税金超过1亿元，解决下岗失业人员再就业1000余人。

新世纪百货永川商都 新世纪百货永川商都成立于2011年4月29日，位于永川区中央大街商圈，面积2.4万平方米，拥有6个营业楼面。主要经营化妆品、黄铂金珠宝、钟表、手机数码、女鞋、女包、烟酒茶、滋补、男女服饰、家居家用、儿童用品、生活小家电、健身按摩器材等多种品类。永川商都以广大工薪族为主流客群，兼顾大众、时尚、中高端消费群体的购物需求，着力为顾客提供品质、方便、实惠的购物空间。截至2017年年底，累计实现销售收入18亿元，上缴税金超5000万元。

名豪百货购物广场 永川名豪购物广场位于永川萱花路繁华地段，1999年12月5日开业。总经营面积1.5万余平方米，主要经营百货、农副产品、针纺织品、日用杂品等，店内装饰华丽，名品荟萃，商品琳琅满目，质量可靠，价格实惠，服务一流，深得永川市民青睐。永川名豪百货下设名豪上游店、名豪汇龙店、名豪火车站店、名豪大安店等15个连锁分店。先后获得商务部“达标百货店”、重庆市商委“山城百店无假货示范店”、重庆市消协“消费者信得过企业”等荣誉称号。

人人乐百货 人人乐百货2011年1月20日开业，是一家集生活、购物、商务休闲为一体的大型时尚主题商场。人人乐百货共分4层，经营品类齐全。拥有女装品牌区、皮鞋皮具区、休闲服饰区、儿童乐园等，具有国际国内知名品牌200余个，商品种类十万余种。

沃尔玛百货有限公司 沃尔玛（重庆）百货有限公司永川渝西广场分店位于重庆市永川区渝西大道中段918号，2010年12月9日开业。商场坐落在永川区渝西广场负一层，面积5000余平方米，商品种类2万余种。主要经营食品、农副产品、纺织服装、日用杂品、汽车零配件、摩托车零配件等，商场内还有洗染、理发、美容及保健咨询、摄影扩印、验配眼镜等配套服务项目。商场地处永川的核心商圈，占尽地理优势，结合自身在硬件设施、成本控制、对供货渠道的把控等强项，给永川市民带来全新的购物体验和购物选择。

特种商品流通

【概况】 截至2017年年底，永川区有油库1座——中国石油天然气总公司重庆公司永川油库，总储量为3万吨。全区有加油站50座，全年销售量为16万吨，其中汽油9万吨，柴油7万吨，总金额9亿元。有液化气充装站1座，液化气配送站店71个，全年销售液化气2178吨。有二手车交易市场1家，全年销售过户二手车6643辆。有典当企业3家；有再生资源回收站店、公司257个，酒类备案企业有3376家。

商品市场

【概况】 永川区建有农产品交易、家电交易、机具交易、机车交易、电商物流、木材等专业市场。吉之汇国际农贸物流城等专业批发市场14个，面积90.2万平方米，全年交易额200余亿元。

【农产品交易市场】 永川区农产品交易市场主要有重庆吉之汇国际农贸物流城及城区和各镇街农贸市场。重庆吉之汇国际农贸物流城由深圳圆周嘉年投资集团控股投资，是集农产品电子商务、仓储、农产品批发、配送等功能于一体的现代农贸市场。2017年年底，已建成营业面积15万平方米，有商铺2000余个，仓储、冻库和物流等场地设施配套齐全，集聚农副产品经营商户820余户，

清华苑菜市场（2017年）　　（曾垂凤摄）

电商平台入驻商家及基地1137户（含微创商户226家）。全年交易额61亿元。市场通过新疆主题馆、渝东南（黔江）中心站和渝西北（合川）中心站等向区外输出本地果蔬3300余吨，初步建立多地农副产品便捷高效的“云网”互通关系；吉之汇利用信息化手段成功对市场配送需求进行整合，开设市场到五间、金龙等镇（乡）街12条物流配送专线，实施“智慧云店（便民驿站）”双创服务工程，开创农产品“基地到市场、市场到社区”的绿色流通新模式。

【水产禽畜市场】　永川区水产禽畜市场主要有重庆市永川区双川禽苗交易中心。该中心营业面积1.5万平方米，主要经营禽苗销售。2017年交易额0.8亿元。

【家俱建材市场】　2017年，大型的家俱建材市场有红星美凯龙永川商场、建玛特、永川区腾龙装饰城、奥韵家博城、永川区天骄银座装饰城、永川东科家俱城，商家经营方式以零售为主。红星美凯龙永川商场2017年3月18日开业，营业面积5.4万平方米，展位数172个，入驻品牌134个，其中128个品牌属于战盟品牌。2017年交易额5亿元。

奥韵家博城　是一家主营中高档建材的专业商场，营业面积7.5万平方米，主要经营建材销售。有经营者100余家，上万种规格，产品涵盖家装的各个类别，能充分满足各种档次装修一站式的购物需要。2017年交易额4.6亿元。

永川区天骄银座装饰城　营业面积1.2万平方米，是渝西地区第一大装饰建材市场。主要经营陶瓷、洁具、橱柜、木地板、墙纸、板材、油漆、灯饰、开关、门业、五金、室内饰品、窗帘等装饰材料。拥有国际国内知名品牌百余个，装饰城批零兼营，充分满足各类各层次消费者一站式购物的需求。2017年交易额1.2亿元。

永川东科家具城　经营面积1.8万平方米，主要经营家具和家居饰品，有来自广东、深圳、香港、四川、重庆等国内外的上百个知名品牌。商场装修典雅、高档，具有较强的文化氛围和艺术格局，是永川区政府重点培育的专业家居市场。2017年交易额1亿元。

永川区腾龙装饰城　营业面积1万平方米，主要经营装饰建材。2017年交易额2亿元。

建玛特　营业面积3万平方米，主要经营家具建材。2017年交易额0.86亿元。

【家电市场】　永川有专业家电市场，有重百电器、苏宁电器、张家坡家电市场、银兆电子城等。张家坡家电市场，营业面积1.2万平方米，主要经营彩电、空调、冰箱、冰柜、洗衣机、电风扇等家用电器、音像器材批发零售。2017年交易额1.6亿元。银兆电子城是以电脑、通信、数码为主，涵盖IT行业全品类的体验式购物动感主题卖场。营业面积7500平方米。具有运营规模化、品牌集约化、服务专业化、推广一体化的经营特色。不断集约品牌经营规模，不断提升专业服务档次，强力构造渝西地区IT、通信专业市场中心地位，已成为渝西地区较大的专业市场。

【汽车配件市场】　永川区经营汽车配件的大型市场主要有重庆市渝西旧车辆交易市场和永川汽摩机电城。重庆市渝西旧车辆交易市场营业面积1.1万平方米，主要经营旧机动车辆交易。2017年交易额0.67亿元。永川汽摩机电城营业面积5.4万平方米，主要经营汽摩机电。2017年交易额9.3亿元。

【小商品市场】 永川区经营小商品的市场主要有永川玉南路商业城和永川商贸城。永川商贸城营业面积35万平方米，主要经营家电数码、家居建材、针织家纺、副食百货等业态。2017年交易额133亿元。

粮油购销

【概况】 2017年，全区粮油供需产量稳中略减、需求量上升、商品率回升、区外购进量略减、粮食供求紧平衡状态加剧。全区粮食总产略减，粮食总产量为50万吨，比2016年减少587吨，主要原因是玉米和小麦产量减小；油料产量稳定，全年油菜籽产量为17991吨，比2016年增加902吨；商品粮回升，粮食商品量为12.4万吨，比2016年增加0.9万吨。粮食购进量略减，全年从区外购进各种粮食14.13万吨，同比减少1.3万多吨，减幅8.4%；食用油购进量上升，食用植物油购进量1.52万吨，增长14.6%；油料购进5972吨，比2016年增加3126吨，增幅109.8%。粮食消费总量上升。全区全年消费粮食54.69万吨，比2016年增加5.81万吨，增幅11.9%。主要原因是饲料用粮增加2.9万吨，口粮增加2.4万吨。食用植物油消费呈上升趋势。全年食用油消费2.12万吨，比2016年增加0.25万吨，增幅13.76%。

【粮油仓储】 全区认真落实仓储工作“一把手”负责制，将仓储工作纳入综合目标管理。建立健全仓储管理制度，狠抓基础防治工作和环境“四无”（无垃圾，无杂草，无污水，无乱堆乱放和乱搭建），不断探索和采用储粮新技术，地方储备粮“四无”储粮100%，宜存率100%。建立区级成品粮储备700吨，2017年10月底700吨大米储备储备到位。永川粮食物流园二期建设全面完成，新增标准粮仓5万吨，总量25万吨。

（区商务局供稿）

餐饮业

【概况】 2017年，永川区食品药品监督管理局备案的餐馆有4906家，有中餐、汤锅、火锅等。餐饮街区有永川名豪美食街。

【特色美食】 永川特色美食有：豆豉鱼、星湖鱼、花椒鱼、茶山豆花、绿茶醉排骨、朱沱氽汤肉、松溉九大碗、盘龙黄鳝等。

【规模餐饮街区】 2017年获得“重庆市级特色夜市街区”称号。该街区属传统商业街区，萱花路和胜利路两条城市主干道交汇于此，日人流量10万余人。

供销商业

【概况】 全年供销商业商品购进54.5亿元，与上年同比增长86.5%；商品销售总额78.1亿元，与上年同比增长4%。负债总额6636万元，比上年同期增长24.1%，汇总利润2241万元，同比增长22.3%，所有者权益14895万元，比上年同期增长23.7%。

【农村合作经济组织建设】 全年，永川区供销社以大力服务经合组织为抓手和切入点，以助农增收为落脚点，围绕全区主导产业、特色产业，大力发展各类农民合作经济组织。新发展农民专业合作社20个，股份合作社10个，恢复重建基层社3个。共计恢复重建基层社22个，实现全覆盖。向重庆市供销总社申报2017年至2019年基层社示范社建设项目，其中8个基层社被市总社纳入规划，完成何埂、陈食基层社示范社项目书编制和申报工作。按照农民合作社示范社标准，推荐3家农民合作社参与评选第五批农民合作社示范社，在临江等12个基层社新成立庄稼医院（农资超市）14个。在全区实施测土配方施肥80余公顷，成立“永川区农民合作社服务中心”且正式运营。

（供销社供稿）

对外经济贸易

综 述

【概况】 2017年，全区商务工作把创新、协调、绿色、开放、共享五大发展理念贯穿永川商务经济发展中，用新理念破除新障碍、催生新状态、引领新实践，推动“产业兴城、强区富民”；厚植开放，以提高发展质量和效益为中心，以推进供给侧结构性改革为主线，以发展新兴产业集群促进经济转型升级，“两眼”向上、“两眼”向外，创新招商引资方式，突出产业链招商，推动招商引资取得更大实效。全年累计收集有效招商信息350余条；通过派驻招商工作组，成功召开投资推介会，储备在谈项目38个，吸引到永川考察企业17个，签约5个；依托“渝洽会”“中美投资论坛”“厦洽会”等展会平台，宣传推介永川投资环境和招商项目；通过实施委托招商，用好中新、中欧项目重点承接平台政策，引进新加坡中新翼公司珠宝人才培训基地项目、TGL肿瘤治疗中心项目以及德国利勃海尔投资项目，同时与新加坡、欧洲多家企业保持洽谈。全区实际利用内资512.9亿元，比上年增长16.5%；实际利用外资3.8亿美元，比上年增长9.4%。进出口总额30.7亿元，其中：出口总额12.3亿元，进口总额18.4亿元。

招商引资

【引资成果】 全年累计签约项目300个，其中有10个10亿元以上的项目；引进合同资金预计552亿元，到位资金472亿元；策划包装项目172个，收集有效招商信息352条。

【重大招商项目】 2017年，引进东鹏智能家居、长城汽车、中交一公局重庆总部、纵达汽车、泰石岩棉、金皇后汽车等一批重大项目签约落地。

服务外贸

【企业服务】 创新思路，全力优化政务服务。优化政务服务软环境，推行一站式综合化服务。在招商引资和项目建设中建立区领导亲自挂帅、各部门统筹协作、全要素系统保障的政务服务模式。安排专人负责协助项目完成工商注册、税务登记等事项的办理，积极协助办理开展业务所需资质、安全许可证及三类人员证件落户等工作；按国家和重庆市相关政策接受企业职工社保转入，接受随迁管理人员和原注册地集体户口人员及今后新增员工落户；为项目员工及家属提供就学就医等便利，将项目规划的员工住宅楼列入永川区重点中小学招生片区；为项目无偿提供过渡办公场地和职工公寓。

【贸易优惠政策】 建立对接重庆自由贸易试验区建设机制。以重庆设立自贸办为契机，加强与重庆自贸办及重庆市商务委处室的对接。参与重庆市自贸办组织的德国组团招商工作，拜访德国商贸及智能装备制造等企业，积极开拓外贸渠道，拓展德国智能装备制造企业招商渠道。参加市检验检疫局组织的重庆食品农产品质量安全示范区产品推介会，E创汇·众创商城作为永川参会企业，展出20多类100多种农特产品，销售额达50多万元，为本地农产品出口俄罗斯奠定基础。

利用外资

【概况】 10月10日，外资企业利勃海尔齿轮加工机床总装生产基地项目落户永川区。全年实际利用外资3.8亿美元，比上年增长9.4%。

进出口贸易

【概况】　加强关检协作，全面融入重庆通关一体化。优化检验检疫、外汇管理、海关监管点职能，完善物流、仓储、金融监管等配套功能。加快推进海关检验检疫平台建设。重庆出入境检验检疫局永川办事处已挂牌成立，负责永川、江津、大足、荣昌、潼南、铜梁等6个区县出入境检验检疫工作。重庆海关在永设有临时监管场所。全区进出口总额30.7亿元，其中：出口总额12.3亿元，进口总额18.4亿元。

旅游业

旅游接待与出游

【概况】　永川旅游资源丰富，有国家A级旅游景区6个，其中AAAA级旅游景区2个，AAA级旅游景区3个，AA级旅游景区1个。星级旅游饭店10家，旅行社6家，旅行社门市服务网点44个。全年全区接待国内游客1592万人次，旅游总收入83亿元，分别同比增长16.47%和24.7%，其中，乡村旅游接待量达到1037.02万人次，综合收入45.17亿元，分别占全区总量的65.12%和54.31%。

旅游基础设施建设

【旅游规划修编及专项规划编制】　永川区旅游局牵头编制《永川区旅游发展总体规划（修编）》《永川区全域旅游发展规划》《永川区乡村旅游发展规划》《茶山竹海旅游区总体规划修编》《松溉古镇开发规划》《英山片区旅游开发规划》6个旅游专项规划。《永川区旅游发展总体规划（修编）》及《茶山竹海旅游区总体规划修编》获区委批复，《松溉古镇概念规划》通过规委会审核，《永川区全域旅游发展规划》和《永川区乡村旅游发展规划》经过专家评审，《英山片区旅游开发规划》初稿形成。

旅游行业

【旅游饭店】　全区共有星级酒店10家，其中五星级酒店3家，四星级酒店1家，三星级酒店5家，二星级酒店1家。

【旅游商品】　全区旅游资源丰富，商品种类齐全，主要有永川秀芽、永川豆豉、松花皮蛋、三峡蝶画、星湖茶酒、松溉盐白菜、川东花生、黄瓜山梨、五间西瓜、“五千年”老鸭汤炖料等。

【旅行社】　全区共有6家旅行社，分别是重庆渝西旅行社有限公司、重庆呈诚旅行社有限责任公司、重庆华联旅行社有限公司、重庆益兴旅行社有限公司、重庆要吧旅行社有限公司、重庆中欧国际旅行社有限公司。

旅游宣传

【概况】　全年区内外媒体新闻报道永川旅游共约548条，其中国庆期间报道永川旅游共计128条。充分利用微博、微信、微电影、数字旅游、影视植入等新媒体，形成叠加效应。永川旅游网全年更新各类资讯、信息266条，全年访问量超过2万人次。永川旅游官方微信《永川，为你而来》单条信息阅读量2.8万次。“三生三世永川行”事件

永川龙特种邮票首发式文艺演出（2017年）
（区旅游局供图）

获得200万网络关注量；“永川果真不错”网络视频获得848.6万微博话题曝光量，并获2017新浪网最赞互动营销奖。“永川旅游诗意之秋”主题营销成为重庆秋季旅游媒体关注焦点，《永川，为你而来》城市形象歌曲推广暨秋季旅游新闻发布成为永川秋季外宣亮点。开通《听游永川》电台节目，创刊《永川旅游》杂志并摆进主城政务宾馆；手绘地图、精美画册、《永川风光》明信片、《导游永川》笔记本等宣传品进一步丰富。以川渝两地游客为重点，针对细分市场设计旅游产品、制定营销策略。在重庆机场投放登机口刷机屏、登机牌、行李厅宣传广告，机场大巴车身广告及国航到达重庆航班视频宣传广告，在重庆观音桥、解放碑、南坪等商圈投放LED广告，在重庆轻轨投放车内广告，在成渝高铁投放期刊广告、站场广告等，市场反响好。积极参与渝西旅游联盟和渝西川东协作组织整体对外宣传，先后在杭州、重庆主城、荣昌等地开展促销活动；加强与宜宾等城市旅游合作，2017年秋冬季与宜宾开展两地市民互惠旅游及两地景区广告位互换活动。

旅游节庆活动

【首届永川秀芽斗茶大会】 2017年4月1日，永川举行首届斗茶大会。在神女湖公园幸福广场举行。参与“斗茶”的“选手”均是永川境内获得食品安全生产证书及永川秀芽证明商标准用用证的9家茶企。来自中国茶叶研究所、重庆茶叶研究所、重庆市农委特经处、重庆市农技总站的五位专家担任大会评审。按照永川秀芽生产标准以及茶叶的形、色、香、味的要求对参赛企业进行现场打分。最终，重庆云岭茶业科技有限公司经过综合评审，获得永川秀芽的“茶王”，摘得“斗茶”大会的金奖。

当天，演员进行茶叶主题的文艺表演，工作人员向市民演示永川秀芽炒制过程，现场的茶企还提供他们的优质茶叶，供市民品尝。

首届斗茶大会文艺演出（2017年）

（区旅游局供图）

旅游景区

【概况】 永川旅游资源丰富，有国家A级旅游景区6个，其中AAAA级景区2个，AAA级景区3个，AA级景区1个 。拥有茶山竹海、乐和乐都、黄瓜山乡村旅游区、松溉古镇、石笋山、桃花源、香海温泉等一大批优质旅游景区。

【旅游景区选介】

茶山竹海景区 诸葛亮赐名“箕山”而号称“天下第一隐山”，距永川城区2公里，景区全长33公里，总面积117平方公里，年平均气温14摄氏度，森林覆盖率达97%。景区有1333.33公顷茶园和3333.33公顷天然竹林，29处历史遗迹。张艺谋武侠巨片《十面埋伏》国内唯一外景地，国家AAAA级旅游区，重庆市首批市级旅游度假区。景区2000公顷连片茶园和3333.33公顷浩瀚

电影《十面埋伏》外景地（2016年）（腾前进摄）

竹海交相辉映，形成独特的茶竹共生景观带。景区森林覆盖率97%，负氧离子含量每立方厘米2万个，是天然氧吧的养生佳境。景区内主要有桂山茶园、金盆竹海、朱德楼、宝吉寺、十面埋伏外景地、翡翠长廊、天子殿、薄刀岭等景点。景区内有中高端度假酒店、农家乐等接待设施。

乐和乐都主题公园　乐和乐都主题公园是国家AAAA级旅游区，距重庆主城区65公里，占地333.33公顷，集动物观赏、器械游乐、湖滨休闲、文化风情演艺、科普教育等多功能一体观赏游乐园。设地球村、欢乐世界（娱乐天堂）、野生动物世界、度假酒店、水上乐园、熔岩之城六大版块。野生动物园区，可体验与非洲狮、猛虎、猎豹、黑熊擦身而过的惊心动魄感觉；娱乐天堂，可观看皇家大马戏、海豚剧场等世界顶级演艺表演，可体验吉尼斯世界纪录保持者十环云霄的飞车、全球第四套金刚、亚洲首套最新版的树魔风暴以及霹雳飞轮、永生河漂流、辛巴达奇航旋风塔、60米高的蹦极等30余套具有国际、国内一流水平的大中型机动游乐设备。内设异域风情的商场、餐厅、水吧及五星级休闲度假酒店和动物主题酒店接待游客。

乐和乐都主题公园一角（2017年）（乐和乐都供图）

黄瓜山乡村旅游示范区　坐落于永川城区西南的黄瓜山，距永川城区7公里，海拔高度为400~600米，年平均气温为18℃-22℃，森林覆盖率80%。全国农业旅游示范点、全国休闲农业及乡村旅游示范点、重庆市统筹城乡发展示范点、重

走进梨村（2015年）　（滕前进摄）

庆市现代农业示范点，该景区可赏花、采果、休闲。景区月月有花开，季季有果采，四季有美食。

石笋山景区　该景区位于永川东南面何埂镇的石笋山村境内，与江津市交界，海拔最高处700米。景区马尾松、松树、油桐密布，间植茶树、桃、李、梨等生态林、经济林，属于一级林区。景区有男、女石笋山、鳄鱼石、大圣像、孔雀湖等自然景观和三教寺、弥陀寺等人文景观。气候宜人、树木茂盛，风景秀丽，石笋山动植物资源丰富、种类繁多，有桫椤、情人香樟、油桐、雪松等植物1000余种，其中植物活化石桫椤等珍稀濒危植物7种，有野鸡、野猪等动物135种，其中国家级重点保护动物3种、省级保护动物8种，是名副其实的自然博物馆。禁区内种植200公顷全国绿色有机茶基地，66.67公顷优质猕猴桃、高山西瓜等水果园区，可供品尝采摘。

松溉古镇　松溉古镇位于永川区南端的长江北岸，距永川城区40千米，与江津隔江相望，因境内松子山、溉水而得名松溉，曾两度为县衙署所在地。历史上是重庆的物资集散枢纽。古镇濒临长江，素有“小山城”之美誉。该镇面积1平方公里，纵横交错的街巷有26条，青石板路蜿蜒约6000余米，是重庆地区规模最大、保存最完好的古镇。松溉人杰地灵，曾是宋高宗帝师陈鹏飞授书讲学之地，是著名影星陈冲的故里。松溉祠堂众多，西南最大的罗姓总祠，医学世家陈家大院，古老的樊家祠堂……述说着岁月悠悠；松溉历史厚重，历史上曾两度置县衙，1937年抗战时期宋美龄曾在此办纱厂。松溉美食飘香，九大碗、长江鱼、盐白菜、健康醋，该镇有“三清七绝”之誉。“三清”即清幽的环境，清洁的石板路、清新的江风。“七绝”即明清建筑群、祠堂和寺庙、石板路、夫子坟、古县衙、陈公堰、长江温中坝。2002年10月入选重庆市首批历史文化名镇。

香海温泉　国家AAA级旅游景区，位于永川一环路与桃花山交会处，紧邻茶山竹海，占地20公顷，环境怡人。温泉采自地下2500米深处，水温47°C，含有偏硼酸、偏硅酸、锶、镁、氡等多种矿物质和微量元素。温泉池在设计上融合佛禅文化、儒家文化和茶竹文化精髓，拥有动感水疗中心、日式泡池、芬兰蒸浴、土耳其鱼疗、华夏太极SPA、四季泉、十二生肖泉等各式露天和室内温泉池，配套有石板养生廊、休闲美食廊、露天舞台和休闲假度酒店等设施，是理想的休闲度假胜地。

桃花源旅游区　是国家AAA级旅游区，位于永川黄瓜山腹地，占地133.33公顷，距离永川城区25公里。景区内林木葱茏、瀑潭相映、鸟语花香、四季如画。大自然的鬼斧神工在此造就了倒立石壁的黄桷树、传世绝奇的石锣石鼓、银河天降的飞丝瀑、溅珠瀑等独特景观。桃花源度假山庄是三星级旅游饭店，为巴渝园林建筑风格，能同时容纳200人用餐、150人住宿。可露天烧烤、林下垂钓、竹筏荡舟、捕鱼捉蟹、悠然品茶，是游客旅游休闲去处　（区旅游局供稿）

金　融

综　述

【概况】　2017年，永川区金融办认真履行“兴业兴城，强区富民”的工作目标，做好全区金融服务和金融监管工作。全年引进金融机构4家，修改中小企业风险补偿贷款政策、大力推进企业应急转贷资金工作、注资中小担保公司，切实解决实体经济融资难问题，强化金融监管，严厉打击区内非法集资，加大对金融风险防控的宣传，排查各类非法金融平台公司，维持金融稳定。全区共有金融机构总量60家，居渝西第一。其中银行19家，小额贷款公司5家，融资担保公司2家，证券机构4家，保险公司30家。金融机构数量居渝西第一。

【人民币存贷款】　2017年，金融机构人民币存款余额580.1亿元，比上年增长9.9%。其中，住户存款412.9亿元，比上年增长10.9%。金融机构人民币贷款余额468.1亿元，比上年增长11.6%。其中，消费贷款203.2亿元，比上年增长8.6%。人民币存贷比80.7%。贷款不良率为0.6%，比年初降低0.15个百分点。

【金融服务实体经济】　出台《永川区金融支持创新驱动发展实施方案》。协调全区银行机构创新科技贷款品种，推广“循环贷”“无间贷”等贷款模式。以创建科技金融示范银行为抓手，探索开展知识产权质押融资、信用贷款、科技融资担保等金融创新业务。永川区财政累计出资3500万元与建行、工行、农商行开展风险补偿贷款工作。全年发放贷款111笔，累计贷款3.28亿元。累计出资5000万元设立区级中小微企业应急转贷周转资金，帮助企业及时获得转贷支持。全年完成转贷91笔，共计4.2亿元。向区中小企业担保公司新增注册资本金8401万元，永川区中小企业担保公司实际注册资本金达到2亿元，单笔贷款担保能力提升至2000万元。中小企业担保公司全年共向实体企业担保发放贷款62笔，累计担保金额3.55亿元，在保余额4.3亿元，工业企业担保费按1%收取。全年为企业减低各类成本4.5亿元，规模以上工业企业资产负债率降低6.5个百分点。

【上市公司】　全区有“新三板”挂牌上市企业3家。2017年3月，重庆威诺克智能装备股份有限公司在“新三板”挂牌，“新三板”挂牌企业重庆重交再生资源开发股份有限公司通过资本市场引入战略伙伴成功融资2152万元。重庆江通新型建材股份有限公司完成改制，上市辅导已在重庆证监局备案。

【保险行业】 全年保险公司保费收入34.61亿元，同比增长28.73%；赔付支出7.8亿元，同比增长86%。证券交易额251.46亿元，小额贷款公司在贷余额25.45亿元，担保公司在保余额5.05亿元。参与全区社会化农业机械化合作社试点，利用“险资直投”模式，协助全区15家专业合作社无抵押融资615万元。参与全区“精准脱贫”项目承保工作，涉及建卡贫困人员共计6333人，向贫困户发放理赔资金18.3万元；率先开展“生猪、水稻”收益保险试点，全年共承保生猪5万头，水稻3333.33余公顷，赔付450万元。开办“惠民济贫”保险，全区孤寡老人、孤儿、特困人群等近3万名优抚对象参保。

【金融生态环境】 全年对辖区内5家小额贷款公司和2家担保公司开展专项检查。排查167家投资咨询类企业、28家网络贷款公司和5家网络交易平台，注销、变更、吊销经营风险隐患企业106家，驱逐22家在永开设的线下网贷、车贷、房贷公司，取缔5家交易平台。开展互联网金融风险专项整治，在永川区开展线下业务的互联网6家金融企业逐一排查。全年检查规范门头、户外、印刷品、互联网等各类投资类广告共460条（幅），下达责令整改、行政告诫和提示等125次，收缴投资类广告宣传资料2.8万份，拆除投资咨询违法广告35户，拆除三轮车身广告30幅，展示牌35块，依法发出责令改止通知书11份。全年处置非法集资案件22起，其中移送检察院6起，检察院移诉起诉9起，法院审结4起，逮捕在押犯罪嫌疑人17人、取保候审31人。加强对重点人员的稳控工作，中共十九大期间、重点敏感时点未发生去渝进京重大非访、集访事件，未发生极端危害社会的事件，未发生重大网络舆情事件，净化全区金融生态环境。 （区金融办供稿）

【打造科技金融品牌】 2017年，永川中心支行打造对外履职品牌，提升对重点工作的支撑。科技金融“人民银行牵头+政府职能部门推进+财政金融资金”“三力撬动”模式成效明显。呈送《关于发行双创专项债助推国家高新区建设的建议》、《关于深化金融服务实体经济转型升级的建议》等金融专报，得到永川区主要领导肯定性批示，永川区领导携人民银行、金融办等部门赴浙江嘉兴专题考察学习科技金融工作。制定《创新驱动金融支持专项行动实施方案》《科技金融示范行管理办法》，设立科技金融风险补偿基金2000万元，永川农行成为首批授牌的科技支行。全年落实支持政策18条，永川区被纳入重庆市科技型企业知识价值信用贷款改革试点区县。

（人民银行永川中心支行供稿）

【发展普惠金融】 2017年，永川区普惠金融工作多点开花，人民群众满意度和获得感不断提高。永川中心支行建立完善普惠金融工作机制，多次召开普惠金融工作推进会。依托永川区政府门户网创建金融消费投诉互联网受理平台，实现7×24小时线上受理+线下处理投诉，得到《搜狐财经》、《永川金融》等主流媒体的广泛转载。全年受理处理线上投诉3起，投诉者对处理结果满意率100%。创新借助“永川移动”等微信平台开展3次普惠金融微信答题送流量、赠礼品活动。国库及时拨付永川区农村中小学（幼儿园）道路改造专项资金，共计普惠学生10万余人、受益群众20万余人。在永川朱沱镇建立全国首个农村“反假货币监测服务站”，普惠服务水平得到显著提升。编制《永川金融统计手册》，促成永川区《关于开展中小企业风险补偿贷款的意见》落地实施，设立3500万风险补偿基金专项补偿银行贷款损失，助力中小微企业获得授信7.62亿元。硬币自循环机实现零的突破。安装5台信用报告自助查询机，对履职辖区全辐射，方便群众办事创业。大力宣传普惠金融成果，15篇工作信息被《金融时报》采编。 （人民银行永川中心支行供稿）

【金融风险监管】 2017年，永川中心支行牢牢守住不发生系统性金融风险的底线。强化监管协调，联合工商局、金融办等部门开展非法金融广告治理、互联网金融风险整治、电信网络诈骗打击防范，实施“微盘”平台及违规交易场所的排查整治工作，与公安等部门建立反洗钱联席会议机制。出台《金融系统综合事务管理暂行办法》，修订综合评价考核细则，加强对金融机构的业务综合考量。构建永川区经济金融形势定期分析机制，实施区域风险监测联系制度，重点加强对辖区两家外资村镇银行经营风险的监测。创新开展国库集中支付负面清单事中监督评估和国库业务标准化管理工作。对金融机构实施现金差异化服务。坚持依法行政，对14家银行和企业开展金融统计、反洗钱、征信、支付、外汇专项执法，对1家企业实施行政处罚。截至12月末，永川区银行业金融机构各项存款余额580.1亿元，比年初增长9.9%；各项贷款余额468.1亿元，比年初增长11.6%，金融运行态势良好。

（人民银行永川中心支行供稿）

【服务小微企业】 设立专营机构服务科创型小微企业。区内银行主动与区科委等相关政府部门对接联动，推动科技型支行专营机构试点工作。全区已有4家银行机构被评为科技示范银行。区内银行机构利用互联网、云计算、大数据等新兴技术，不断提升服务质效。如建行永川支行的小微“快贷”电子渠道线上产品，自2017年6月上市以来已新增贷款163户，贷款余额3426万元。区内银行机构积极引入政府信用，加大小微金融服务力度，如建行与税务部门合作，推出无须抵押的“税易贷”产品，向符合条件的小微企业发放月度纳税额7~9倍的信用贷款，已支持小微企业33户，累计实现信贷投放3247万元。截至2017年12月末，区内小微企业贷款余额202.59亿元，同比增加15.73亿元，增长8.42%，小微金融服务水平总体稳中有升。

（银监局永川办事处供稿）

【服务“三农”】 区内主要涉农银行积极支持地方农村公路建设、水利建设、土地整治、人居环境和棚户区改造等基础设施建设。全年支持区内基础设施建设相关项目共计31个，贷款余额107.95亿元。永川区内主要涉农银行结合机构网点布局，探索“分片包干服务”制，全面落实各网点包村包户的责任分解包干要求。全年发放扶贫信贷781.6万元，助推15184人脱贫。持续推动“两权”改革试点和惠农服务点建设。农行永川支行与永川区农委以签订农业贷款风险补偿基金的担保方式发放土地经营权抵押贷款27笔，余额3647万元。针对部分偏远乡村无金融网点，村民要求增设金融服务点意愿强烈的现状，永川银监分局积极协调农行永川支行，争取上级支持，在何埂、来苏、仙龙、朱沱4个乡镇建成营运平台6个，获得当地村民认同。区内主要涉农银行强化银税、银政、银企协调联动，加大对涉农贷款的投放力度。永川区涉农贷款总额共计94.03亿元，较年初增加17.32亿元，增速22.58%。其中，永川北银村镇银行成立经营第一年共发放涉农贷款4860万元，占全年贷款投放总额的32.10%。

（银监局永川办事处供稿）

银　行

【概况】 全年新设立2家银行机构，由北京银行主发起设立的永川北银村镇银行于2017年1月9日正式开业，民生银行小微支行于2017年11月14日开业。截至2017年12月末，全区银行业金融机构各项存款余额579.42亿元，比年初增加53.84亿元，增长10.24%。全区银行业金融机构各项贷款余额480.05亿元，同比增加59.65亿元，增长14.19%。全区银行机构不良贷款余额2.78亿元，不良率0.58%，较年初下降0.17个百分点，低于重庆市平均水平。

【中行永川支行】 中行永川支行以服务永川地区经济为己任，实现文明优质服务规范化、制度化，推行个性化服务和三级财富管理体系服务，营造为客户服务的良好环境，特别是在外汇结算、外币服务、民生金融等方面形成自己的特色，树立良好的品牌形象和信誉，得到社会各界广泛认可和支持。支持地方经济建设，承担起国有大行的责任。服务重点行业，策应招商引资，提供优质金融服务；开展金融服务进社区、厂区、学校、医院等活动，彰显中行惠民金融的服务效能；推动科技金融创新，实现服务方式智能化。2017 年底，总存款 37.19 亿，市场份额占比 6.7%，其中储蓄存款 25.49 亿，市场份额占比 6.29%，公司存款 11.7 亿，市场份额占比 7.8%；总贷款 27.63 亿，市场份额占比 5.9%，其中公司贷款余额 8.62 亿，市场份额占比 3.87%，票据及贸易融资 2.93 亿，市场份额占比 30.88%，零售贷款余额 16.08 亿，市场份额占比 6.81%。

【农发银永川支行】 2017 年，农发行永川支行大力支持凤龙片区土地整治项目、汉东片区农村居住环境整治建设项目和永川区棚户区（一期、三期）改造建设项目，多方协调区财政、区金融办，召开业务推动会和项目对接会，积极与永川区建委联系，跟进永川区 2018—2020 年棚改实施范围及资金需求，新营销棚改贷款项目 11.9 亿元。加强对国家粮食储备库、临江市储库的粮食库存核查与监管，有效防控风险。全年累计监督支付粮食收购资金 19400 万元，监督稻谷收购入库 63973.6 吨、小麦 14605.8 吨、玉米 593.95 吨。累计发放贷款 13.33 亿元，累计收回贷款 8.19 亿元，贷款余额达 39.13 亿元；各项存款余额 6.56 亿元，日均存款余额 6.66 亿元；账面利润 5261 万元，同比增加 588 万元；中间业务收入 28 万元，国际业务 56 万美元。不良贷款和案件零发生。

【工行永川支行】 2017 年营业网点实现智能银行全覆盖，各项存款余额 107.93 亿元，各项贷款余额 125.18 亿元，中间业务收入 10887 万元，拨备前利润 32423 万元，实现安全运营。

【农行永川支行】 以服务“三农”重点，服务地方经济，实施《永川农业贷款风险补偿基金管理办法》。把永川吉之汇农产品有限公司作为重点目标，打造成具备网络融资、网络支付结算和电商金融服务三大功能的公司，重点突出“互联网 +”新模式。截至 2017 年年底，4 个乡镇网点搭建“四融”平台。累计投放资金 4000 余万元。

（胡雨供稿）

【建行永川支行】 2017 年，对区内重大项目和基础设施进行集中支持。理财融资额新增 7.5 亿元。用于永川区北部新区建设，超额完成经营计划。投放永泸高速项目。开立交委和区征地事务所拆迁专户，打通代发业务通道。持续做好建委民工工资监管代理，同时拓展水务、交通和市政建设领域民工工资监管代理，全年新增民工监管账户 42 户，全年代发 21197 人次，代发金额 29440.3 万元。加强对金融资产新增、全量资金新增及转型业务的开展，纳入考核。制订普惠金融发展的策略及目标计划，制定具体的考核办法，推进小企业业务下沉网点，积极推进普惠金融发展。加大与园区管委会、协会、税务部门的对接，获取信息，实现精准营销。

【农商行永川支行】 全年重庆农商行永川支行坚持稳中求进、稳健发展的工作总基调，聚力改革转型，强化内部管理，筑牢风险底线，注重发展的质量和效益，各项工作得到健康发展。各项存款余额 168.11 亿元，较年初增加 28.41 亿元，存款余额和净增额继续保持区域首位，各项贷款余额 66.19 亿元，较年初净增 2.88 亿元。不良贷款余额 4955 万元，较年初增长 1380 万元，不良贷款占比 0.77%。

【重庆银行永川支行】 重庆银行永川支行积极参与全区重点项目建设和民生工程推动，支持新城服务外包园 B 区建设、豪江公司土地整治、文海国际天街、俊豪中央大街等项目，累计提供资金 15 亿元。积极对接中铁 21 局 5 公司、心联心实业公司等重点招商项目，助力全区招商。支持新格金属、新泰机械、荣易达铝业等重点企业，支持智能装备、电子信息、汽车及零部件等产业，助推全区建设成为重要的现代制造业基地。截至2017年年底，支持区域小微企业318户，贷款余额3.5亿元，累计向全区发放小微企业贷款6.9亿元。2017年5月开始开展“新六产”助农贷业务，支行全力推动实施，全年发放“新六产”助农贷贷款62户，金额1500万元。

【交通银行永川支行】 交通银行永川支行新增对公有效户7户，完成全年任务；对公平均存款5.61亿元，比年初增长1.12亿元；对公时点存款6.99亿元，比年初增长4.12亿元，比年初增长143.04%。储蓄存款时点比年初增长7778万元，全口径低成本负债日均年化后较年初增长4800万元。

【邮政银行永川支行】 2017年，坚持总行“建设大型全功能零售商业银行”的发展战略和市场定位，完善“邮政银行自营加邮政企业代理”的邮政金融特色运营模式，走普惠金融发展道路，逐步成为服务“三农”的主渠道和促进城乡统筹发展的生力军。全年金融业务收入7625万元，实现利润2993万元。

邮储银行永川区支行出台中小企业信贷专项激励措施，将贷款重点投放到农户、个体工商户、小企业等经营实体，努力做好服务民营企业和实体经济发展。全年信贷投放10亿余元，涉农贷款余额5.19亿元。发挥网络、渠道优势，积极开展资源占用多、成本高、收益低的代收农村电费、电话费等业务，提供代发粮食直补、退耕还林款和计划生育奖励金等各种与民生息息相关的金融服务，较好地履行落实政府惠民政策的社会责任。全年代发低保19.6万笔，金额8332.37万元；代发涉农补贴2.26万笔，金额9884.26万元；代发退耕还林补贴0.72万笔，金额2734.57万元。

【成都银行永川支行】 成都银行重庆永川支行秉承服务中小企业宗旨，支持中小企业发展。为中小企业量身订制包括“科创贷”“壮大贷”“成长贷”“易采贷”“科票通”等多种产品在内的“财富金翼”中小企业融资品牌；加大与专业市场、担保公司合作力度，通过流程优化、绿色通道等措施，为中小企业提供全方位、宽领域、多层次的专业服务。践行“市民银行”承诺。成都银行推出的芙蓉锦程系列金卡始终免收开卡费、换卡费、年费、账户管理费以及ATM跨行取款手续费等，最大限度降低持卡人用卡成本；执行一浮到顶的储蓄存款利率，让利于民；相继推出金康卡、钻石白金卡、信用卡等系列卡种；开展个人循环、综合消费等个贷新产品和电子银行等业务。

保　险

【概况】 2017年，全区有保险公司30家。保费收入34.6亿元，比上年增长28.7%。其中，财产类保险公司保费收入6.2亿元，比上年增长11.2%，人身类保险公司保费收入28.4亿元，比上年增长33.3%。

【人保寿险永川支公司】 公司秉承“人民保险，造福于民”的企业宗旨，坚持“总部服务基层、后援服务一线、全员服务客户”服务理念，不断改进和提升客户服务水平。本着“加强内部管控、加强外部监管、遏制违规经营、遏制违法犯罪”的要求，坚持合规经营。积极开展反洗钱等合规培训和宣传，改善服务质量，提升品牌效应及竞争力。全年保费收入16191.9万元，其中续期保费4425.7万元。

【平安财险永川支公司】 公司认真学习贯彻十九大会议精神，秉承“合规经营、健康超越”的经营理念，提升服务，加快团队建设，实现公司的持续健康发展。全年保费收入17962万元，占永川保险市场份额的35.6%，排在永川市场第一位。

公司践行“万元以下，资料齐全，一天赔付”

服务承诺，服务再升级。利用科技手段，实现与客户非面对面、及时交互，全流程的理赔服务。小额纯车损，开启“0”等待，收集理赔新模式，赔款瞬间到账，在平安好车主APP平台中，实现快速理赔新模式。人伤门诊案件启动“现场=LCC”仅需3步即可直接完成赔付。人伤住院案件，开启合作医院绿色通道，平安客户与医院合作在就医环节中为平安客户提供医疗费垫付、主任查房、专属病房、就医绿色通道、单病种医药费限价5大特色服务。全年赔案件数8932件，实现赔付9037万元，其中车险赔付7716万元，财意险赔付1321万元。上缴税金1154万元，同比增长1.17%。其中营业税及附加107万元。个人所得税126万元，印花税22万元。

【人寿保险永川区支公司】 中国人寿保险股份有限公司重庆市永川区支公司（以下简称中国人寿永川支公司）为个人及团体提供人寿、年金、健康和意外伤害保险产品，涵盖生存、养老、疾病、医疗、身故、残疾等多种保障范围，全面满足客户在人身保险领域的保险保障和投资理财需求。全年保费总收入28694.11万元，其中首年保费11080.10万元，给付和赔付23341.88万元。

中国人寿永川支公司推出科技国寿业务。客户可通过中国人寿官方网、手机APP、微信等方式进入e宝账办理业务，通过95519电话服务。全年为永川95万余名城乡居民提供大病医疗保障、为全区计生失独家庭提供综合保障、为永川区大、中、小、幼儿园4.9万名学生提供意外医疗保障和为部分镇街提供农村小额保险。

证　券

【概况】 2017年，全区有证券公司营业部4家，分别是光大证券永川营业部、西南证券股份有限公司永川营业部、爱建证券永川营业部、华龙证券股份有限公司重庆永川人民大道营业部。

【光大证券永川营业部】 营业部致力于永川区市民投资意识、发展永川资本市场等。通过设立销售专岗人员并进行每日晨会督导，与分公司销售专岗形成良好的对接，坚持财富部全员共同参与探讨产品销售的要素、特色，集思广益，对封闭时间短收入高见效快相对安全的产品鼓励大家重点销售。为填补客户流失，与工行、农行、中行等渠道开展合作营销，实现全年新开户任务。按照重庆证监局、公司、分公司的要求，在内部多次开展合规检查与自查，并接受公司适当性管理小组的检查，公司法律合规部的现场检查，以及永川人民银行的反洗钱检查，针对检查出来的问题，进行积极整改，保障各项业务健康规范发展。

【西南证券永川营业部】 营业部秉承“用心创造价值”的客户服务理念和全方位服务地方实体经济的原则，将依托总部强大的研发优势、服务平台、完备的硬件设施、开拓进取的员工团队，为永川金融提供西南证券全牌照的经纪业务服务，并充分发挥金融在现代经济中的关键性作用，重点致力于服务永川各实体经济。业务范围：证券经纪、证券投资咨询、与证券交易、证券投资活动有关的财务顾问，证券投资基金代销，代销金融产品，融资融券，为期货公司提供中间介绍业务。公司全年营业收入30.61亿元，有从业人员10人。（西南证券永川营业部供稿）

财政　税务

财　政

【概况】 永川区财政局是区政府组成部门，负责全区财政工作，深入贯彻党的十九大精神，以习近平新时代中国特色社会主义思想为指导深入，紧紧围绕区委、区政府的决策部署，有效发挥职能作用，统筹做好“稳增长、促改革、调结构、惠民生、防风险”各项财政工作，较好地服务了全区经济社会发展。贯彻执行国家财务制度，按照国家财政政策组织财政收入，保证财政支出，管好财政资金，促进全区经济社会发展。2017年内设办公室、预算科、国库科、行财科、经济建设科、农业科、社会保障科、监督检查科等8个科室、设永川区财政国库支付中心、永川区政府投资评审中心、永川区区级部门会计委派管理中心、永川区镇街道办事处会计委派管理中心、永川区会计考试培训中心等5个下属事业单位。

【财政收入】 全区一般公共预算收入完成48.2亿元，为年度预算的92.5%，同口径增长1.5%，其中税收收入27.8亿元，同口径增长2.9%。一般公共预算收入加上上级转移支付收入41.3亿元、地方政府债券收入12.5亿元、调入资金13.1亿元、上年结转收入7亿元后，收入总计122.1亿元。全区地方政府性基金收入40亿元，为年度预算的100%，增长14.2%，加上上级转移支付收入0.8亿元、上年结转收入0.4亿元、债券转贷收入11.9亿元、调入资金0.9亿元后，收入总计54亿元。全区国有资本经营预算收入421万元，为年度预算的133%，下降6%，加上上年结转收入1970万元后，收入总计2391万元。

【财政支出】 全区一般公共预算支出101.2亿元，增长5.7%，加上上解上级支出2.9亿元、安排债务还本支出4.7亿元、补充预算稳定调节基金4.8亿元、结转下年支出8.6亿元后，支出总计122.1亿元。全区地方政府性基金支出29.6亿元，下降14.3%，加上上解上级支出0.3亿元、调出资金11.9亿元、债务还本支出11.9亿元、结转下年支出0.3亿元后，支出总计54亿元。全区国有资本经营预算支出161万元，加上调出资金416万元、结转下年支出1814万元后，支出总计2391万元。

【财政促进经济增长】 永川区多角度支持发展，实体经济减负增效。全面落实“营改增”、西部大开发、小微企业和高新技术企业等税收减免政策，减免税收2亿元；落实行政事业性收费减免政策，取消收费项目6个，减费2800万元。安排7000万元，兑现落实房交会等一系列购房优惠政策，去除商品房库存。筹资1.69亿元支持钢铁、煤炭行业化解过剩产能和职工安置分流。继续通过政府风险补偿贷款、中小企业担保、转贷应急周转金等方式与银行合作，支持162家企业获得贷款12.51亿元。使用转贷应急周转金为企业搭桥冲贷，帮助79家企业节约成本3021万元。安排3.82亿元，用于鼓励企业创新驱动和龙头企业带动产业链协同发展。筹资10.81亿元，兑现招商引资政策。

【财政保障与民生改善】 2017年，永川区投入20.97亿元，按标准定额落实各教育阶段学生平均公用经费，保障学校正常运转；兑现家庭经济困难学生资助，提高建卡贫困户学生生活救助标准，落实精准扶贫精准脱贫政策；实施何埂小学等校舍维修及运动场改造；建成兴龙湖中学、昌南中学、三教小学。投入8.7亿元，落实民政优抚、救灾救济、城乡低保、特困救助、就业补助、残疾人救助等政策，提高民政优抚救济对象定期补助标准，其中城市低保金提高到500元/月，农村低保金提高到350元/月，特困人员救助供养标准提高到650元/月。投入9.9亿元，用于城乡居民医疗、困难群众医疗救助、疾病防控、妇幼保健、计划生育等。支持公立医院综合改革，对公立医院取消药品加成和药事服务费减收部分给予财政补助，对分级诊疗制度给予专项补贴。基本公共卫生服务经费达到人均50元，城乡居民基本医保人均财政补助标准提高到450元/月，城乡居民大病保险最低报销比例提高到50%。将因病致（返）贫重病患者纳入医疗救助，城乡医疗救助、扶贫济困医疗受益困难群众5万多名。筹资2.9亿元，保障城区环境清洁、城镇生活垃圾无害化处理，镇街污水处理厂及管网设施运行，农村生活垃圾治理，综合治理临江河流域及中小河流。投入7.53亿元，用于国省道干线建设、硬（油）化农村公路、泥结石道路、危桥改造、公路养护、县道大修等，建成村社便道648公里，实施撤并场镇基础设施改造。通过预算统筹安排、发行债券、市场化融资等方式，支持高速公路、大安机场等基础设施建设。筹集10.3亿元，用于公（廉）租房建设，龙王巷及朱沱片区棚户区、城中村、城区老旧小区、农村危旧房改造及传统村落保护等。

【助推农业发展】 2017年，永川区多链条增加投入，农业产业融合发展。投入9.7亿元，用于精准脱贫和巩固脱贫成果、发展壮大村级集体经济、支持农村一、二、三产业融合发展、完善农田水利等基础设施、支持林业生态建设和森林防灾减灾等。争取农村综合改革资金5280万元，开展清洁示范院落和清洁示范田园建设，完善农村垃圾集中收运系统，实施生产生活道路、防火通道、防火林道建设、人饮入户等。全年新增一、二、三产业融合发展担保贷款1.55亿元，农业风险补偿贷款4000万元，创新开展险资直投1200万元，农业融资难问题进一步缓解。安排685万元，用于农业政策性保险和农产品收益保险。

【财税改革与管理】 多方面推进改革，财政制度不断完善。在进一步明晰财权、事权、支出责任的基础上，全额下放非税收入和基金收入到镇街，适当提高镇街税收收入留成比例，增加镇街可支配收入来源，通过提标、兜底和补足等方式，加大区财政财力下沉力度，均衡财力配置，增加区对镇街转移支付1.8亿元，保障镇街正常运转。以人大、审计监督发现的问题为导向，推行零基预算，对预算编制、执行、公开全过程进行重大改革。建立预算编制公开评审制度，实行“用钱先评审、开门办预算”，由人大、政协、审计、专家等组成联合评审组，对2018年189个单位874个项目支出预算开展评审。建立预算执行“零结转”制度，对年底部门未执行完的预算，全部收回统筹，防止财政资金“趴在账上睡大觉”。建立预决算信息公开制度，推动预决算公开制度化、规范化、常态化，主动接受监督。启用国库集中支付动态监控系统，阻止违规资金支付5200笔，金额4.2亿元。优化预算单位职工社保资金和住房公积金缴费流程，单位缴费更加便捷。清理规范账户开设，账户管理更加严格。启动国库集中支付电子化管理改革。筹集4.2亿元，顺利推进全区机关事业单位人员养老保险制度改革并轨。

【政府债务管理】 2017年，永川区多举措规范管理，有效防控债务风险。通过严格控制新增投资、新增债务成本、用款节奏，按照资金统筹平衡的要求，实行新增债务限额管理。制定债务风险应急预案，建立四级应急处置机制。实施债务风险防控调度会制度，定期分析债务风险状况，研究解决具体问题。开展债务日常预警，确保到期债务能够按时偿还。全面清理平台公司债务和不规范的融资担保行为，督促相关融资平台公司积极整改。全年争取新增债券资金7.8亿元，置换债券资金16.5亿元，永川区政府性债务综合成本降至3.6%。

【财政监督】 对15个部门和镇街进行财政财务检查，涉及资金18.67亿元，发现和纠正问题34项；开展预决算公开专项检查，督促整改问题80余项。利用财政票据电子化系统，开展非税收入专项检查，督促非税收入及时入库。99个单位编制2016年行政事业单位内部控制报告，内控意识得到加强。充分发挥财政评审的技术性支撑作用，全年完成政府投资项目预决算和土地成本审核项目460个，送审金额60亿元，审减2.5亿元，审减率4.2%。制定政府集中采购目录及限额标准，扩大采购人自主权，规范采购招投标活动，全年采购2.18亿元，节约财政资金3100万元。对政府采购活动执行情况进行动态监管，处理采购投诉和情况反映13件，实施行政处罚1件。强化财务总监工作。协助园区健全完善财务管理制度，建立完善在建工程、债务和资产等台账，参与大额支出联签，切实加强园区财务指导和风险预警。

【税源培植】 搭建社会综合治税网络，实现涉税信息实时有效归集、共享、交换和综合利用，全面提高税收征管质量和效率。多个部门联合，合力推进外来建安企业税收征管；发展总部经济，增加税收收入；在医药零售、旅店等行业开展专项清理，提高纳税遵从度。按照镇（街道）、新城和工业园区辖区划分，以2016年实际入库税收为依据，对照税源所属辖区调整归属地，进一步理清镇街、新城和园区税源情况，将协管任务落实到位。全面清理核实非税收入征收项目、范围、标准，落实征管责任，进一步完善财政非税征收票据电子化改革，提高征管效率。积极探索特许经营与土地储备相结合的土地储备方式，全年共实施加油站土地收储5宗，出让2宗，进一步提升土地增值空间。主动对接上级部门，努力争取更多政策、项目和资金支持。全年共争取上级资金42.1亿元，增长14.6%。

【国库支付】 国库集中支付是指政府将所有财政性资金都纳入国库单一账户体系管理，收入直接缴入国库或财政专户，支出通过国库单一账户体系支付到商品、劳务供应商或用款单位。永川区从2009年开始实行财政国库集中支付制度，2012年实行公务卡改革，2016年制定公务卡强制结算目录并将公务卡改革扩大到全部区级部门和镇街，同年8月镇街财政实施国库集中支付制度，至此永川区国库集中支付制度实现了区级预算单位和镇街财政全覆盖。

为切实加强国库管理，提高资金支付效率，确保财政资金安全，2017年永川区国库集中支付推行3项重大措施：一是实施预算执行动态监控。根据不同的监控规则对预算单位财政资金支付行为进行实时监控，对违反相关规定的支付行为设置阻止、挂起、提醒三个等级预警，对规范预算单位财政资金支付行为起到重要作用。二是改进社保资金国库集中支付流程。制定新的预算单位职工社会保险、住房公积等资金集中支付业务流程，出台《重庆市永川区财政局关于改进社会保险等资金国库集中支付流程的通知》，改进支付流程后，单位社会保险、住房公积金等缴费实现直接付给收款人，减少资金周转环节，简化单位会计核算，提高工作效率。三是2017年10月启动国库集中支付电子化改革，确定电子化试点预算单位和代理银行，计划2018年5月底上线运行。

（区财政局）

国家税收

【概况】 重庆市永川区国家税务局位于永川区胜利北路202号，负责全区税收征管工作。全局下设11个内设机构：办公室、政策法规科、货物和劳务税科、所得税科、收入核算科、纳税服务科、征收管理科、财务管理科、人事教育科、监察室、机关党委办公室，1个直属机构，即稽查局；2个事业单位，即信息中心、机关服务中心；8个派驻机构，即办税服务厅、第一税务所、第二税务所、第三税务所、第四税务所、第五税务所、第六税务所、第七税务所。截至2017年年底，有职工259人，其中离退休人员78人，在职人员181人，中共党员111人。全区有31626户纳税户，其中：内资企业5735家、港澳台商企业42家、外商投资企业64家、个体工商户25260家、非企业单位234个、其他企业281家。

【国税收入】 全年税收收入累计入库276716万元，同比自然增收79523万元，增长40.33%，其中中央级收入157994万元，市级收入35783万元，区级收入82939万元。在十三区中，永川区国税收入总量排名第6位，税收增量排名第5位，税收增幅排名第7位，综合排名第5位。按同口径计算，税收收入同比增收18672万元，增长7.24%，地方级收入118722万元，同比增收5500万元，增长4.86%，其中区级收入82939万元，同比增收6260万元，增长8.16%。分税种看，增值税204314万元，同比减收4500万元，减少2.16%；企业所得税41412万元，同比增收19372万元，增长87.89%；消费税12011万元，同比增收735万元，增长6.52%；车辆购置税18979万元，同比增收3066万元，增长19.27%。

【税收服务】 升级完善国地税联合办税服务厅，国地税共建12366分中心和纳税人自助办税区，全力推行电子税务局，实名注册2.1余户。与中国建设银行股份有限公司永川支行和重庆银行永川支行合作，开启银税互动项目，积极推广“好易贷”“好企贷”“云税贷”等信贷项目，共向中小企业发放贷款6000余万元。分别针对一般纳税人、小规模纳税人、新办纳税人开展16批次集中培训，全区4000余户纳税人参训。制作宣传展板，印制并发放宣传资料4万余份，录制学习视频并通过纳税服务QQ群向纳税人宣传。积极服务区委区政府招商引资，成立服务地方政府招商引资工作小组，共服务政府招商引资12户次，全程参与长城汽车、东鹏瓷砖等重大招商引资项目，为招商引资工作出谋划策，同时在防止地方税源流失上也积极作为，得到永川区政府的高度肯定。

【税收征管】 深化征管体制改革，打破部门界限、统筹人力资源、重构工作流程，初步形成以风险管理为导向的税收管理模式，全年共建立57个风险扫描方案，对房地产业、建筑安装业、医药行业、驾校行业、住宿业等10余个行业开展扫描153次，共查补税款4932万元。按照税收综合改革试点工作要求，实行“属地+行业”征管模式，在全市率先开展收缩边远税务所，征管资源更加均衡，税源管理更加专业。实行管理员“管户+管事”的管理模式，进一步整合优化各税务所职能，形成6个税源管理所和1个风控所。严格落实各项税收优惠政策，全年办理增值税即征即退、征前减免、车辆购置税减免、固定资产进项税额抵扣、出口企业退税、免抵税额、西部大开发优惠以及小型微利企业所得税减免共计10.77亿余元。

【税收法治与稽查】 推进“放管服”改革，推行权力清单和责任清单，完善依法行政工作领导小组会议制度、减免税事项集体审议制度，开展重大税务案件审理和重大执法决定法制审核，统一常见税务行政处罚事项的尺度，探索“说理式”税收执法，健全法律顾问和公职律师制度，认真开展日常、专项监督检查，成功创建“重庆市国税系统法治示范基地”。大力开展税务稽查，认真开展市级重点税源企业随机抽查自查和重点检查，严厉打击虚开增值税专用发票行为，开展驾校行业剖析式辅导检查，与区公安局、地税局联合打击涉税违法行为，全年稽查查补入库2718万元，有效发挥稽查的“利剑”作用。（区国税局供稿）

地方税收

【概况】 永川区地方税务局围绕组织收入中心工作，深入开展各项清理清查，全面梳理营业税改征增值税后地税工作中存在的税收风险点，合力攻坚税收征管疑难点，进一步规范税收征缴行为，高质量完成全年税收收入任务。

【地税收入】 全年完成地方各项税费收入50.90亿元，同比增长24.12%，增加收入9.89亿元。其中，税收收入完成24.27亿元，在克服“营改增（营业税改征增值税）”减收因素影响下，同比增长3.11%，增加收入0.73亿元；社会保险费及代征收入完成25.45亿元，同比增长56.27%，增加收入9.17亿元。

【地税稽查】 2017年，永川区地税局稽查局依法加大税收违法行为查处力度。全年共开展各项检查99件，通过立案检查和辅导自查，入库收入7915万元。其中，立案检查查补入库1311万元（含滞纳金202万元，罚款94万元），同比上年增长210%。查处百万元以上大要案7件，入库税款1475万元，同比上年增长434%。成立专门的追欠小组，全年共追回税款1047万元。加大积案清理力度，全年共完成积案9件，查补入库1193万元。搭建案件询问室，增设高清监控设施，全程录制询问情况；使用可移动的税务执法记录仪，全程记录执法过程。成功举办第一届“稽查案件讲评会”，总结涉税违法行为的发案规律、趋势，促进稽查成果有效转化。加快稽查信息化建设，加大积案及欠税清理力度，强化税收“黑名单”及联合惩戒，大力推动税警协作，与区国税联合开展随机抽查辅导自查和重点抽查。

【税收征管】 创新建立催报催缴机制，通过“归口、协同、联动”环环相扣的运行流程，修正系统中纳税人错误数据，挤掉申报率与催报率中的“水分”，提高纳税人遵从度。催报催缴户数由最开始的2059户下降到568户，减少72.41%，成效明显。开展基础征收管理排查“百日行动”。对国地税税务登记信息差异进行比对和排查，共清理漏征漏管户1071户，统一国地税税收档案编号4261条。扎实开展“四清六查（开展营业税清结，开展土地增值税清算，开展所得税清缴，开展欠税清缴，检查注销企业税收结算情况，检查稽查查补收入的入库情况，检查审计、执法督察反映问题的整改情况，检查风险疑点的应对情况，检查重点行业和高风险事项的纳税情况，检查备案类优惠政策后续管理情况。）”工作。结合“四清六查”全面查找征管工作中存在的难点、堵点，及时梳理清查中发现的管理问题，并落实整改措施，全年清查入库税款6132万元。由税收风险监控中心统筹全局的风险管理，按递进策略划分风险等级并分类施策，推送相关部门进行应对，同时通过过程监控和“双随机”复核监督来保证应对结果。全年推送风控任务40批2296户次，完成2226户，入库税款及滞纳金9980万元。强化欠税调查分析，针对不同情况，采取有针对性的清欠措施，严控新欠，力压陈欠，全年累计入库欠税5938万元。

【税种管理】 2017年，永川区地税局对土增税清算工作开启全新试点。采取外省国地税协查、资金流向调查、约谈施工方等外围突破手段，及时锁定相关证据，全年共完成土增税清算审核7件，共计审定补税、审减退税5593万元，进出差7700万元。审核结果实现清算项目由退变补，由补变多的颠覆性变化。同时，落实“把土增税清算审核作为房地产开发企业管控兜底抓手”的理念，查补并入库营业税及附加、所得税共计500余万元，清算工作取得显著成效。认真组织开展2016年度企业所得税汇算清缴，汇算清缴率达100%；积极组织个人所得税年收入12万元以上自行申报的宣传和培训，申报期有3726人进行自行申报，完成率106.64%。借助金三大数据应用平台和风险管理平台，加强房产税、土地使用税监控管理。全年两税合计入库7.24亿元，其中房产税同比增收0.82亿元；土地使用税同比增收2.93亿元。

【纳税服务】 前移基础管理职责，由纳税服务中心承接新办户税费种初始认定、个体户定期定额初次核定等依纳税人申请发起的管理事项，办理无疑点个体工商户注销登记事项、房屋产权交易入库减免退税、残疾人个人所得税入库减免退抵税等低风险行政审批事项。同时，简并审批环节，提高审批效率，如退税办结时限较以前缩短三分之二；扩大电子征管档案应用范围，主动承担二手房交易网上办税、税务行政许可网上审批、实名办税等试点任务，实现从“排队等”到“畅通办”的转变；率先在全市范围内试点成功小规模纳税人网上代开发票一票清税，纳税人在线轻松完清所有税款，实现从“往返跑”到“一次办”的转变；房交会期间，联系中介机构向纳税人推广手机网上申报APP，最大限度方便纳税人，实现从“跑马路”到“走网路”的转变。共同打造永川区国地税联合办税服务厅，合理配置窗口功能；在全市范围内率先共建共驻“12366”二级分中心，确保咨询解答“一个声音”；共同推进电子税务局，共设自助服务体验区，共同派驻自助办税辅导人员；联合举办“纳税人学堂”，全年共同开展培训21次，参加培训人数1250人；共同制定纳税人财务报表等涉税资料的报送规范，实现“纳税人一次报送、国地税双方共查共管共享”；共同开展纳税信用评定，对A级纳税信用企业国地税联合进行表彰，开设A级纳税信用企业办税便捷通道，在发票领用和开具方面对D级纳税信用企业给予限制；开展联合稽查，全年合计查补入库5731万元，其中国税查补入库1483万元，地税查补入库4248万元。

【税收特点及分析】　税收收入完成特点：一是税收增幅高开低走。

从下图看，2017年税收收入全面实现正增长态势，但增幅呈现高开低走的趋势。1月，受企业

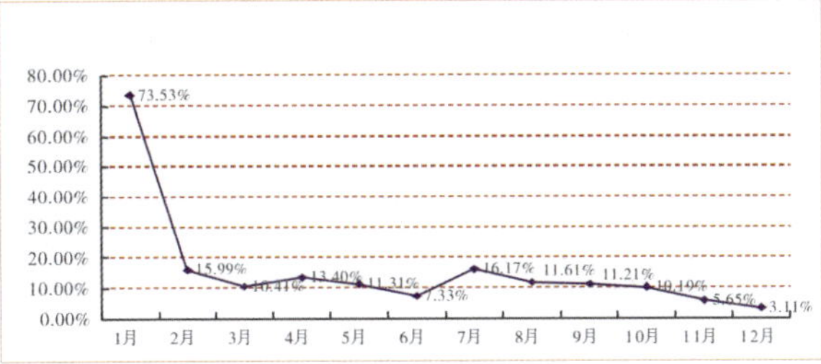

2017年税收收入累计增幅变动图

所得税预征管理、欠税清缴成效明显等因素影响，税收收入增幅高达73.53%。而后随着重点企业大额税款的入库、各项组织收入工作的不断推进以及上年同期高基数影响，税收增幅逐渐趋于平稳，但基本保持两位数的增长态势，6月、11月、12月仅实现个位数增长，全年仅同比增长3.11%。

二是中央级、地方级税收同步提升。受两大所得税快速增长影响，中央级税收完成4.16亿元，同比增长13.46%；地方级税收完成20.1亿元，同比增长1.2%，其中：市级税收完成5391万元，同比增长19.43%；区级税收完成19.57亿元，同比增长0.78%。

三是所得税双双提升。企业所得税完成3.81亿元，同比增长9.29%，增加收入3242万元，拉动税收增长1.38个百分点。从行业细分看，房地产业增长较快，完成2.16亿元，同比增长54.92%，增收7650万元；制造业完成5798万元，同比增长17.39%，增收859万元；建筑业下滑明显，完成7655万元，同比下降41.27%，减收5379万元。个人所得税完成2.6亿元，同比增长8.31%，增加收入1998万元。分品目看，工资薪金所得持续增长，完成1.48亿元，同比增长21.39%，增收2603万元；劳务报酬所得、财产转让所得大幅度提升，分别完成3022万元、2656万元，同比增长46.2%、47.72%，增收955万元、858万元；受上年同期高基数影响，企事业单位所得严重下滑，完成2825万元，同比下降50.75%，减收2911万元。分行业看，卫生和社会工作业、公共管理、社会保障和社会组织业、金融业增长较快，分别同比增长46.38%、86.22%、22.74%，分别增收917万元、707万元、707万元。

四是财行税“三升六降”。财行税完成17.23亿元，同比下降0.64%，减少收入1116万元。其中：受一次性因素影响，房产税、土地使用税快速增长，房产税完成1.71亿元，同比增长108.46%，增加收入8873万元；土地使用税完成5.6亿元，同比增长113.62%，增加收入2.98亿元；车船税完成131万元，同比增长227.5%，增加收入91万元；受煤炭企业关停影响，资源税完成3314万元，同比下降11.51%，减少收入431万元；城建税完成1.70亿元，同比下降0.71%，减少收入121万元；土地增值税完成1.12亿元，同比下降4.17%，减少收入488万元；受上年同期高基数影响，印花税、耕地占用税、契税减收明显，分别完成3596万元、2.68亿元、3.73亿元，同比下降34.46%、18.51%、45.29%，减少收入1891万元、6088万元、3.09亿元。

五是主要行业税收增减差异明显。

房地产业税收持续增长。2017年，房地产业税收完成103999万元，同比增长86.03%，增收48096万元，拉动税收增长20.44个百分点。剔除惠通公司变更行业管理入库税款26420万元影响，房地产业税收完成77579万元，同比增长

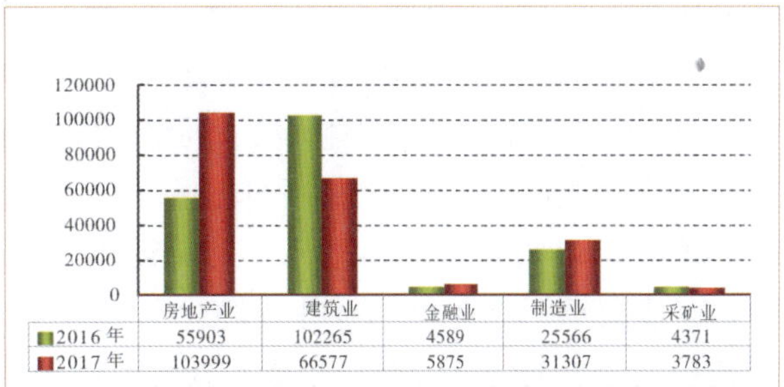

2017年主要行业税收收入完成情况对比图

38.77%，增收21676万元。从税种来看，企业所得税同比增长54.92%，增收7650万元；房产税同比增长78.62%，增收1625万元；契税同比增长46.62%，增收8501万元，8月，永川区人民政府实施房地产去库存促销售优惠政策，使得年底房交会交易火爆，房屋交易量陡增，契税大幅度增长。

制造业税收快速增长。2017年，制造业税收完成31307万元，同比增长22.46%，增收5741万元，拉动税收收入增长2.44个百分点。从行业细分看，汽车制造业、造纸和纸制品业支撑着制造业税收的增长，分别同比增长44.75%、71.51%，分别增收2066万元、2121万元；从税种看，房产税、契税、土地使用税增收明显，分别同比增长62.94%、431.21%、17.11%，分别增收1717万元、1423万元、1105万元。

金融业税收平稳增长。2017年，金融业税收完成5875万元，同比增长28.02%，增收1286万元。从行业细分看，保险业增速最快，完成2898万元，同比增长71.38%，增收1207万元；货币金融服务、资本市场服务分别同比增长2.79%、27.06%，分别增收73万元、46万元；其他金融业税收呈下滑趋势，同比下降37.04%，减收40万元。

建筑业税收持续下滑。2017年，建筑业税收完成66577万元，同比下降34.9%，减收35688万元，减缓税收收入增长15.16个百分点，主要是受上年同期高基数影响；剔除惠通公司因变更行业管理的基数15418万元影响，建筑业税收同比下降23.34%，减收20270万元。

采矿业税收持续负增长。2017年，采矿业税收完成3783万元，同比下降13.45%，减收588万元。受煤炭企业关停影响，煤炭资源税严重下滑，完成881万元，同比下降38.65%，减收555万元，使得采矿业税收呈持续下滑趋势。

2017年增收因素有两个。一是所得税增长。永川区地税局不断强化分税种管理，两大所得税增长较快，合计增收5240万元，拉动税收增长2.23个百分点。二是土地使用税增长。企业补缴土地使用税2.45亿元，土地使用税同比增长113.62%，增收29797万元，拉动税收增长12.66个百分点。减收因素主要是高基数压力。上年同期，兴永、惠通等重点企业补缴历年土地出让契税4.78亿元，各镇街全面清理以往年度乡村公路占用耕地以及审计整改一次性入库耕地占用税2.77万元垫高基数，加剧税收增长压力。

【税收法治】 2017年，永川区地税局制订“十三五”时期依法治税工作规划，规范自由裁量权。组织开展2017年度案卷评查，梳理执法程序、文书等方面的问题，指导各执法单位进一步规范执法。通过应诉一起诉区局及胜利路税务所阻止出境案件，组织干部职工旁听庭审过程，进一步提升依法行政意识，规范执法行为。积极落实法律顾问、公职律师制度，让法律顾问、公职律师参与相关工作决策和重大事务处理。

（区地税局供稿）

经济监督管理

经济发展与改革

【概况】 永川区发展与改革委员会统筹协调辖区经济社会发展，承担指导推进、综合协调经济体制改革和统筹城乡综合配套改革，编制和协调全区固定资产投资计划，重点建设项目年度计划和综合管理，指导协调和综合监督全区招投标工作，负责重大产业发展项目策划和资金争取，研究全区社会事业发展的重大问题，统筹协调全区节能工作，负责全区价格监督检查工作。2017年3月，增设正科级事业单位招投标服务中心，为公共资源招标投标交易活动综合监管提供服务。至2017年年底，共有内设科室9个，工作人员32名。全年争取到上级项目25个，获得资金支持1.8亿元。

【规划编制与实施】 编制完成全区“十三五”物流发展规划，科学布局物流园区，指导物流业与生产、生活密切融合。组织开展全区资源环境承载能力试评价，精准识别全区土地、水、环境、生态等资源环境承载能力状况。积极推进新型城镇化，出台全区国家新型城镇化综合试点实施方案，全力支持朱沱镇成功创建国家级特色小镇，扎实推进农民工返乡创业试点工作。成功申报国家农村产业融合发展示范园，将农村产业融合发展与新型城镇化建设有机结合，构建产城融合发展示范区。

【经济结构与产业布局】 全年地区生产总值704.5亿元，增长9.4%。第一产业增加值57.1亿元，比上年增长3.9%；第二产业增加值397.7亿元，比上年增长11.1%。其中，工业增加值309.4亿元，比上年增长10.9%。第三产业增加值249.7亿元，比上年增长8.0%。三次产业结构由2016年的8.7∶56.0∶35.3调整为8.1∶56.5∶35.4。

【固定资产投资】 全年固定资产投资增长13.1%，其中民间投资增长19.3%。从投资类别来看，九永高速、永泸高速、朱沱港区、大安机场等一批基础设施项目推进有力，基础设施投资大幅增长27.3%，占比29%；产业投资增长11.3%，占比60.9%。积极推进PPP投融资改革，储备PPP项目9个，总投资109.6亿元。

【公共资源招投标管理】 理顺招投标管理机制，加强综合评标专家管理，建立公共资源交易数据分析制度，印发《重庆市永川区招标投标实施细则》、《重庆市永川区国有资金投资项目招标投标信息集中统一公开发布实施细则》等规范性文件，规范招投标管理。全年对103个区级重点项目投资180亿元，完成年度计划投资的101%，其中41个政府主导类项目投资63亿元，完成年度投资计划，62个市场主导类项目投资117亿元，完成年度计划的102%。年初确定的60个计划新开工重点项目开工57个，开工率97%；完工23个，完工率66%。

【政府投资与管理】 出台《重庆市永川区政府投资项目管理办法》和《重庆市永川区政府投资项目概算管理办法》，并严格按照办法规定，认真抓好政府投资项目概算审批工作，规范政府投资项目概算管理，提高财政资金使用效益，解决长期以来政府投资项目超概的“顽症”。全年审结项目236个，审减金额4.75亿元。

【物价管理】 大力清理和规范涉企收费，对部门、单位、中介服务机构、行业协会商会的收费，特别是对经营服务性收费和电子政务平台的使用、运营、收费情况逐一摸底排查，优化发展环境。开展旅游环境市场价格行为专项整治，对景点的门票价格、停车收费政策的落实情况进行检查，助推全域旅游高质量发展。平稳实施居民生活用气阶梯价格制度，保障绝大多数家庭不受影响。深入调研制定城区临时占道停车收费标准，加强公共停车服务收费管理，以价格手段推动营造清爽的市容环境。开展民办幼儿园收费巡查，督促有关问题限时整改，解决群众最关心的民生问题。

【收费许可年审】 利用“全国收费动态监管系统”平台，完善收费项目、收费标准、收费单位及年度收费情况等信息化动态管理，完成2017年行政事业性收费年度统计上报工作。2017年全区行政事业性收费执收主管部门21个，收费单位252个，收费项目288个，收费总额9.32亿元。

【价格认证】 办理涉及物业、药品、公路运输、停车等各类价格信访、投诉及咨询254件，办理公安机关刑事案件涉案物品价格认定316件，维护社会和谐稳定。 （区发改委供稿）

土地资源及地质矿产管理

【耕地保护】 全年完成全域永久性基本农田划定工作。经重庆市政府批准全年建设占地33宗，建设占用减少耕地面积254.73公顷，新增耕地面积

281.56公顷，新增耕地面积大于减少耕地面积，实现耕地占补平衡。

【土地供给及监管】 做好土地供应，确保项目用地需求。全年取得调规批复23宗，面积494公顷，编制73个行政村的村土地利用规划，其中黄瓜山村等3个村纳入重庆市第一批村规划编制示范村。完成永川区级土地利用总体规划调整完善工作，获重庆市政府审批。完成“地票”入库备案7宗119公顷。全年重庆市下达新增建设用地计划42宗，全区供应建设用地93宗，面积542.47公顷。其中，出让土地中房地产经营性用地18宗，77.33公顷，合同约定土地价款206150万元；工业用地28宗，222.2公顷，合同约定土地价款36075万元；其他用地15宗，15公顷，合同约定土地价款27967万元，土地出让价款40亿元。划拨土地32宗，面积212.33公顷。全面保障全区各类建设用地需求。

【土地监察执法】 严格土地管理，坚决打击违法违章建设和土地违法行为。全年共发现和制止土地矿产违法行为76宗，立案查处76宗，立案查处率100%。做好闲置土地处置工作，督促企业动工建设的闲置土地6宗面积30.7公顷，送达收回决定书1宗4.53公顷，按程序处置闲置土地7宗9.94公顷。做好矿产卫片执法监督检查工作，全区土地矿产卫片执法监督检查顺利通过国家验收。

【矿产资源管理】 采矿权出让价款做到应收尽收，收取采矿权出让综合价款147.2万元。委托技术单位实地核查生产矿山47个，其中煤矿核查9个，非煤矿山核查38个，核查率100%。开展关闭煤矿注销和退还剩余价款工作，完成2015—2016年52个关闭煤矿的采矿许可证注销工作，完成35家永久性关闭煤矿剩余已缴采矿权价款的退还工作。完成非煤采矿权延续登记22宗、变更7宗、注销8宗，办理建设项目压覆矿产资源预审3宗，办理建设项目压覆矿产资源审批33宗。完成51家矿山企业巡查工作，共计168人次，对发现的21个非煤矿山的不合格界桩119根和31个矿山标识牌进行更换。完成采矿权实地核查及储量动态检测工作。

开展全区非煤矿山整治，印发《永川区人民政府关于印发非煤矿山整合工作方案的通知》，关闭注销非煤矿山8个。完成区第三轮矿产资源总体规划编制及数据库建设工作。开展矿产资源打非治违。印发打非治违活动方案，将露天矿山顺向边坡开采、高陡边坡开采和关闭煤矿纳入重点打击对象，规范开采秩序。会同区煤管局、区安监、产煤镇街开展煤矿超层越界专项检查整治，印发《煤矿超层越界开采专项检查整治行动实施方案》，解决箕山煤矿等5个矿山的历史遗留问题。全区9家煤矿未发现超层越界开采行为。配合区环保局完成与生态红线重叠的64家已设和拟设采矿权的调整工作；对14个已关闭的历史遗留矿山的地质条件、损毁土地面积、尾矿库等相关情况进行调查，编制专项整治方案；完成《永川区绿色矿山建设工作方案》编制工作，明确绿色矿山建设阶段目标；组织开展第14个“3·12”植树活动。

【地质灾害防治】 召开全区地灾防治工作会议，统一安排部署。落实汛前汛中汛后“三查”制度，发现问题及时处置。全区178处地质灾害隐患点，全部配置移动终端和配齐监测人员，建成自然灾害应急联动预警系统和地质灾害应急指挥中心，监测做到全覆盖。在茶山竹海街道办事处在田桂树屋后滑坡处开展地质灾害应急演练，开展所有纳入群测群防范围地灾点的单点疏散演练。加大治理力度，消除地灾隐患。重庆市级地质灾害治理项目金龙镇何家岩危岩已基本完成，松溉镇半边街不稳定斜坡治理完成前期工作，陈食狮子岩危岩等10余处隐患点已经全部治理，通过治理共消除地质灾害隐患40余处。全区连续18年“无重大人员伤亡”事故。

【土地整治】 始终坚持“改革创新”，成功开展低效林园地整治改革试点。低效林园地整治扩大试点范围工作在胜利路、茶山竹海街道，朱沱、何埂等镇街有序铺开。低效林园地整治试点一期何埂镇鱼龙村项目得到国土资源部充分肯定，并在此基础上扩大试点规模，策划包装项目32个，林园地规模649公顷，已备案正在实施的有166公顷。全年完成11个区级土地整治项目，建成高标准农田建设规模2733.33公顷，补充耕地260.53公顷。正在实施的土地整理项目19个，计划新增耕地549.93公顷。

【建设用地复垦】　实施土地复垦项目，服务新农村建设。全力推进23个、29.27公顷复垦项目各阶段工作，完成三教云龙2个村共17个农村集体建设用地复垦项目市级抽查复核并配号工作。完成地票交易43个项目、77.04公顷的工作，办理地票证书101.17公顷。

【土地储备】　推进土地储备，保障重点项目用地。全年运用自筹、社会资金等方式推进南大街粮库、特色物流园、来龙湖、何埂及加油站项目等24宗、131.4公顷经营性地块储备工作。收购储备闲置土地、低效利用地，收储火电厂、黄瓜山、粮食集团项目等闲置、低效用地3宗20公顷。对城市规划区内的800公顷经营性用地实施控制性储备。

【征地拆迁】　全年批准征地39宗，其中计划件28宗，土地征收7宗，地票4宗，面积557.8公顷。重点推进大安机场、东鹏（永川）智能家居创意产业园区、金鼎寺水库、永泸高速（永川段）等项目征地拆迁工作。依法征收房屋，助推重点项目建设。全力推进西大街永川宾馆区域道路扩建工程房屋征收补偿工作，已签订拆迁协议；做好南大街街道兴南路建材市场H幢片区危旧房应急抢险拆除重建项目国有土地上房屋征收工作，永川区法院已作出行政裁定。

国资管理

【概况】　永川区国资局成立于2005年，是永川区财政局举办的事业单位，以促进国有资产保值增值为主要工作目标，依法履行区属国有企业出资人监管职责；局内设机构三科一室，分别为办公室、资产与资本管理科、产业发展科、考核监管科；2017年机关核定编制为18人，实有在职职工18人。

2017年全区纳入监管的区属国有企业为14户，其中投融资类5户，经营类9户。国有企业投资项目主要涉及基础设施建设、产业发展、民生事业三大领域。

【财务管理】　2017年年底，区属国有企业账面资产总额860亿元，同比增加80亿元，增长10%；所有者权益440亿元，同比增加10亿元，增长2%；收入40亿元，同比增加1亿元，增长2%；利润4.5亿元，同比增加0.3亿元，增长7%。2017年经营类企业上缴税收1075万元，上缴国有资本经营收益421万元。

【资产管理】　2017年区属国有企业通过完善产权、市场营销、出租处置、综合利用等方式盘活资产9979宗、面积125万平方米，资产综合效益26.72亿元，同比增加7.02亿元，增长35%。

【国企管理及改革】　按照《重庆市人民政府办公厅关于加强融资平台公司管理有关工作的通知》（渝府办发〔2017〕74号）要求，对全区国有平台公司数量、经营状况、债权债务以及注入企业的公益性资产进行全面清理，并结合永川区实际拟定《永川区区属国有平台公司转型升级改革方案》。同时向市财政局和市国资委报送国有平台公司清理整合方案，以及3家公益性项目建设单位名单。全年完成供水468户、供电2101户、供气218户、物业2643户、退休人员社会化6367人，以及12座桥梁和3处社区市政管理的分离移交实施协议签订工作。

【国企监管】 开展国有企业“人员、资产、资金”专项检查，加强预算、内审、监事会等监管，强化国有企业“人、财、物”重点领域监督检查，向区政府上报《关于区属国有企业资金资产监督管理情况的报告》，针对检查中出现的问题督促相关企业进行整改。同时，突出“国有企业重大事项监管、改革国有企业监事会管理体制、推进国有平台公司财务总监全覆盖管理、加强国有平台公司成本控制、规范国有企业对外投资管理、规范国有企业对外借款、规范国有资产出租处置”等方面完善监管制度，进一步加强国有资产监管，规范国有企业运行管理。建立国资国企“人、财、物”信息化系统，提升国资监管智能化、信息化水平。 （区国资局供稿）

审 计

【概况】 2017年，永川区审计局完成单位审计146个，其中审计项目144个，专项审计调查项目2个。查出主要问题金额379796万元，其中违规金额154696万元、损失浪费金额135万元、管理不规范金额224965万元；审计发现非金额计量问题259个；损益（收支）不实金额12246万元；出具审计报告和专项审计调查报告146篇。审计处理处罚金额164297万元，其中应上缴财政120914万元、应归还原渠道资金18534万元、应调账处理金额24847万元；移送司法机关、纪检监察机关和有关部门处理事项23件，移送处理人员20人，移送处理金额4120万元。审计促进整改落实有关问题金额69480万元；审计后挽回（避免）损失13583万元；核减投资额47690万元；移送处理落实事项13件。审计提出建议237条，被采纳213条；推动被审计单位制定整改措施103项；促进被审计单位制定、完善规章制度49项。

【预算执行审计】 实施本级预算执行审计时，同步开展22个部门预算执行审计。重点关注财政资金管理风险和财政管理改革推进。查出违规金额14.87亿元，管理不规范资金14.06亿元，已上缴财政5.13亿元，归还原渠道资金0.34亿元。提出在政府债务管控、财税优惠政策等方面加强管理的建议，得到区委、区政府主要领导批示。

【固定资产投资审计】 全面退出与审计职责无关的议事协调机构和建设项目决策管理工作，纠正将“审计结果作为办理工程结算和竣工决算依据”的行为，终止政府投资200万元以上必审制度。完成政府投资结（决）算项目80个（决算项目4个），送审金额24.60亿元，审减工程造价4.66亿元。完成跟踪审计17个，过程审减或节约建设资金1.74亿元。

【企业审计】 助推“涉企减负30条”、行政审批制度改革等重大政策措施落实，促进区政府印发黄标车淘汰集中攻坚行动方案、烧结砖瓦企业削减现有产能环保关闭工作实施方案等方案。对保安公司资产负债损益进行审计，查处出入境照相中心收入、汽车施救中心收入等经营业务收入入账不实，隐瞒利润导致少缴纳企业所得税及国有资本经营收益等问题。

【经济责任审计】 完成8个单位15名领导干部

博物馆项目审计（2017年） （区审计局供图）

经济责任审计，查出违规金额1723万元，管理不规范金额4463万元，提交《永川经济责任审计聚焦“履职用权”取得实效》等10篇审计专报、审计要情。在区林业局、镇街经责审计中试点自然资源资产和环境保护情况审计。

【专项资金审计】 开展保障性安居工程、教育重点专项资金等行业审计，实施549口山坪塘整治工程的审计调查。查处专项资金管理不规范、项目建设程序不规范等问题。

【内部审计】 全区各部门、各企事业单位设内部审计机构53个，其中专职机构6个；配备内部审计人员176人，其中专职审计人员38人。全区各级内部审计机构共完成审计项目268个，促进增收节支11701万元，提出的建议和意见被采纳331条。

（区审计局供稿）

统　计

【概况】 2017年，统计局内设办公室（综合统计科）、工业能源监测统计科、三产业统计科、执法检查室，下设“重庆市永川区城市经济调查队”。主要开展全区统计调查工作、统计监督管理、全区国民经济核算、普查、社情民意调查等方面的工作。

【统计基础工作】 以园区和重点镇街为主战场，完善统计数据审核评估体系，强化基层统计规范化建设，加强人才队伍建设，提高数据与发展的匹配性和协调性。严格执行GDP核算部门联席会议制度、部门统计工作月度推进会议制度，确保部门工作准确、规范，研究经济运行大势趋势走势，全力推进经济健康可持续发展。

【统计联网直报】 根据《重庆市统计局关于切实做好报表催报和联网直报数据审核查询工作的通知》（渝统发〔2017〕12号），《重庆市联网直报数据在线审核规范》，切实加强数据审核工作。组织行业人员和镇街业务人员开展统计规范化建设培训、一套表数据审核验收操作培训，审核验收规范化操作，并对镇街、园区开展规范化督查，确保联网直报数据真实。

【数据质量管理】 为保证数据质量，严格执行国家和市局统计报表制度，加强统计基层基础建设工作。组织基层规范化培训会和督查。向镇街、园区分管领导及统计人员传授如何做好统计工作的方法和规范化操作，严把数据质量，规范镇（街）和产业园区统计工作流程，做好报表催报、审核、查询和核实工作。建立和完善统计数据质量控制和评估体系。建立涵盖全行业、专业的数据质量控制办法，《重庆市永川区统计局关于印发数据质量评估办法的通知》（永统计发〔2017〕41号）。从硬件和软件上统一规范管理。加强统计信息化建设，23个乡镇（街道）、7个行业主管部门和3个工业园的统计信息网已全面开通运行。

【统计法治建设】 大力宣传统计法律法规，依法开展统计执法工作。针对个别单位统计报表迟报，基础工作不到位情况，2017年发出《统计报表催报单》，并对统计违法单位依法进行处理，有力维护《中华人民共和国统计法》的严肃性和权威性。

【国民经济核算】 经重庆市统计局核定，2017年永川区地区生产总值704.5亿元，按可比价计算，比上年增长9.4%。第一产业增加值57.1亿元，比上年增长3.9%。第二产业增加值397.7亿元，比上年增长11.1%。其中，工业增加值309.4亿元，比上年增长10.9%。第三产业增加值249.7亿元，比上年增长8.0%。三次产业结构由2016年的8.7∶56.0∶35.3调整为8.1∶56.5∶35.4。

【统计调查】 2017年开展11次社情民意调查、2次卫生计生满意度民意调查，全国第三次农业普查调查情况抽查调查等，其中有效样本调查41251

户，共收集问题或建议6038个。（区统计局供稿）

工商行政管理

【概况】 2017年，永川区工商分局有在职干部职工143人，其中公务员125人，工勤人员12人，消委会人员6人；离退休干部115人；在职干部中党员87人，本科学历以上98人，占在职干部职工的69%。下辖13个内设机构，1个直属行政单位，1个事业单位，15个基层工商所，建有党支部12个。

【市场主体建设】 加快推进“多证合一”改革，实现十证合一；持续推进个体、企业简易注销改革“双试点”；加强登记窗口规范化建设，推行窗口导办服务，提升群众办事效率；多措并举推进注册登记便利化，深入实施跨区域登记“随地办”，办事群众可在全区范围内就近选择任一工商所办理注册登记，切实打通服务企业“最后一公里”。2017年全区新增各类市场主体11692户，全区累计发展各类市场主体73353户，注册资金878.2亿元，其中新培育发展广告经营主体296户，同比增长43%。

【小微企业发展】 全年发展微型企业624家，带动就业3000余人，发放微型企业创业补助资金11家26.44万元，后续扶持补助资金64户220万元，评选成长型微型企业4家，奖励21万元，开展微型企业创业能力提升培训4期，培训微型企业230余家。

【市场监督管理】 深入落实《重庆市市场监管“十三五”规划》，努力夯实事中事后监管基础。认真抓好年报和即时信息公示工作，全年完成内资企业年报15749户；围绕2017年重点工作任务清单，依法查处不正当竞争等各类经济违法案件，加大对公用企业的强制交易和滥收费行为的查处力度；创新建立外资企业走访联络制度，建立工商外资企业专管员与企业公示联络员对接机制，实施专管员信息和走访进度“两个公示”，明确实地走访、“双随机”抽查、召开座谈会、现场接待咨询投诉“四种走访形态”；立足工商职能，有序开展“红盾护农”、农贸市场整治、消防产品、电线电缆产品专项整治、“限塑”专项整治等各类专项行动；积极推进网络市场线上线下一体化监管。开展网上巡查8000余户次，开展线下“走进电子商务经营者”活动，走访电商经营户111户，建立永川区电子商务主体数据库，发放一级域名网站电子标识190个，建立交易类网站消费维权服务站13个。

【商标管理】 全年新申请注册商标1405件，注册商标总量5776件（其中涉外商标44件，地理标志10件），“永川高粱酒”地理标志证明商标已通过商标局初审。对440件普通商标注册、12件商标国际注册、6件续展认定的重庆市著名商标给予奖励补助，共计发放补助资金86万元。

【消费者权益保护】 充分发挥消费维权职能，

“3·15”宣传活动（2017年） （区工商局供图）

全年12315系统受理消费者投诉举报832件，为消费者挽回经济损失194.2万余元；大力开展消费投诉信息公示试点和放心消费创建工作；大力开展流通领域商品质量抽检，全年组织商品质量抽检164组，其中不合格商品32组，立案查处侵害消费者权益案32件；大力开展旅游市场、粮食市场、城区菜市场和“限塑”、电线电缆、食品安全监管等专项整治，促进重点领域行业监管，优化消费环境；积极发挥消委会职能，共受理处理消费者投诉417件，向有关行政部门移交案件举报线索17件，发布消费警示20期。

【非公党建】 积极开展“双培双帮双带”工作，培养推荐党员创业先锋和创新标兵23名，新增“三亮”党员84名，全年共有“三亮”党员337名，开展“小个专”非公党组织书记培训73人次，开展百堂党课进企业31次。（区工商局供稿）

劳动及就业管理

【概况】 全区城镇新增就业36132人，城镇登记失业人员就业8523人，城镇就业困难人员就业4184人，城镇登记失业率3.34%，比控制目标低0.66个百分点，职业培训13491人，发放创业担保贷款1.17亿元，失业保险参保104765人，缴纳保费3318万元。新增各类市场主体11796户，新增高校毕业生创业企业157家。

【重点群体就业】 离校高校毕业生就业。实施高校毕业生就业促进计划，做实“能力提升、创业引领、校园精准服务、就业帮扶、权益保护”五大行动，举办了10场高校学生现场招聘会，提供岗位2556个，成功对接1228人。2017年离校未就业高校毕业生实名制登记391人，年底就业率97.3%。

就业困难人员就业。围绕“精准扶贫”、“清洁乡村行动”等重点工作，做实就业扶贫。通过就业培训、岗位对接、托底安置等，对就业困难人员实施精准帮扶。2017年，针对农村扶贫对象开展养老护理、厨师等5期培训班，培训困难人员227人，有效提升了他们的就业能力；开发适合贫困人员就业的道路清扫维护、治安巡逻等公益性岗托底安置就业困难人员3661人，是2016年安置人数1497人的2.45倍。

返乡农民工就业。根据国家发展改革委《关于同意河北省阜城县等116个县（市、区）结合新城城镇化开展支持农民工等人员返乡创业试点工作的通知》（发改就业〔2016〕2640号），开展支持农民工等人员返乡创业试点工作，建立长效回引机制，引导农民返乡就业创业。建立了季度报表、总结和动态监测机制，适时掌握、推动农民工返乡创业工作。2017年，新增返乡创业3657户，五间镇现代农业返乡创业园和十里荷香返乡创业示范园被评为重庆市级农民工返乡创业园。

去产能企业职工就业。完善“化解过剩产能企业职工实名制系统”，动态监测去产能职工就业状况，制定帮扶方案和实施“岗位对接、技能提升、创业服务、就业援助和跟踪回访”五大帮扶行动，开展就业帮扶。2017年帮助去产能关闭39家煤炭、钢铁企业的8376名职工分流安置8287人。

【就业服务】 职业指导、职业介绍。利用大数据、“互联网+”等新技术，投资400万元建立了智慧就业信息系统，做到智慧就业从城区到村（社）、高校、市场和企业的全覆盖，实现了服务结果可视化、统计分析科学系统、招工求职“一点通”，促进了就业服务的专业化、精细化和市场就业机制的形成。实现了线上线下全覆盖、招聘求职自动对接。建立定期现场招聘会制度（每周三组织日常现场招聘），适时开展高校学生、去产能职工专场招聘会、春风行动大型招聘会、民营企业招聘周等，有效促进城乡劳动者充分就业。2017年举办各类招聘会77场次，直接帮助8619人实现就业。

技能培训。按规定认定培训机构，建立远程视频监控系统，通过不定期实地抽查、视频监控、严格师资等对职业培训机构的政策性培训进行监管，确保培训质量。通过培训，提升劳动者素质，缓解就业结构性矛盾。2017年，开展各类培训13491人，培训总量在全市各区县中排名第一，落实培训补贴1140.6万元。

就业援助。针对市场就业能力弱的就业困难人员，通过部门、镇街道开发公共环境卫生保洁、道路维护和治安巡逻等公益性岗位来进行过渡性安置，帮助其实现。2017年，开发公益性岗位安置3661名就业困难人员就业，落实财政补贴2500万元。

【创业带动就业】 打造创业孵化平台。引导各类社会资源创建创业孵化平台，提供融资对接、创业指导、公共服务、线上线下培训等一站式服务。2017年，在全市新批准的28家市级创业孵化基地（园区）中，永川区吉之汇创业孵化基地、青创营留学生创业园、五间镇现代农业返乡创业园和十里荷香返乡创业示范园等4家入围，新增数量全市领先。截至2017年年底，全区已建立各类创业孵化基地22个，其中国家级3个，累计孵化企业3500余户，带动就业1.3万人，其中带动高校毕业生就业1000余人。全年发放创业担保贷款1.17亿元，发放额渝西地区第一，扶持创业788户，带动就业2521人。

打造创业活动品牌。打造“周有培训、月有沙龙、季有大赛、年有节气”的创业活动品牌，先后举办“永川电子商务发展论坛”、“阿里巴巴村淘项目推介会”、2017年“乐业杯”、“科创杯”和妇女创新创业大赛；举办全区第三届“大众创业节”，线上线下参加创业论坛2万人，175个项目参加创业大赛，创业成果展展洽会推荐创业项目近80个，受到人民网、华龙网、重庆电视台等10余家主流媒体报道，搭建了创业竞技舞台，提升参与创业氛围。积极组织“泛海扬帆——大学生创业行动”，4个优秀项目获得资助金11万元。

打造创业培训品牌。顺应互联网+时代新要求，创新“创业培训+电子商务”模式和开展网络创业培训试点，为传统行业注入互联网思维。根据创业层次和培训需求，分类开展GYB、SYB和IYB培训。在培训中引入往期优秀学员“现身说法”，分享经验和体会；将实地参观考察融入创业培训之中，让学员走出课堂，走进园区、走进孵化基地、走进企业，实地参观，增强直观感受，汲取经验，提升创业培训后的创业率，促进更多的学员实现创业。2017年，开展SYB培训957人、大学生GYB培训3851人、IYB培训78人。

（区人社局供稿）

质量技术监督

【概况】 永川区质监局内设办公室（监察室、法制科）、行政许可管理科、计量科（认证认可监督管理科）、标准化科、质量科、特种设备安全监察科和执法大队共计7个科室队。2017年有干部职工24人，其中有3人通过标准化工程师考试。

【质量监督管理】 全年共抽查552个批次产品，合格率为93.84%。对5类产品23家企业实施“双随机一公开”摇号抽查。将2家企业纳入重庆市市长质量管理奖培育对象，5家企业7个产品进入重庆市名牌产品公示名单。对5个食品相关产品生产企业的2个批次食品相关产品开展双随机市区联动监督抽查，监督抽查合格率为100%。完善全国企业质量信誉档案，上报后处理32条。联合永川车管所加强机动车监督检查，遏制、杜绝虚假检验行为的发生。加强与技术机构的联系，动态调整不定期监督抽查重点。

【计量工作】 抓好“乡村社区基层医疗计量惠民工程”，对354个基层医疗机构的2186台件（不含体温计）全部实行免费检定。开展“打好三大战役、严查计量欺诈”，在批发市场、加油机、出租车等领域开展计量专项检查，对5起使用未经检定计量器具和不合格计量器具违法行为进行立案查处，对12起计量投诉全部进行及时处置。

【标准化建设】 同区府办、编办、行管办等部门提质行政许可标准化工作，深化“放管服”改革，2017年共办理有关特种设备使用注册许可件1411件2278台。朱沱龙眼项目被列为重庆市级农业标准化示范区项目。以新泰机械、西源凸轮轴2家企业为示范，开展标准质量提升活动。帮助重庆文理学院和天沛公司2家单位完成6项地方标准的申报、立项，其中《竹根姜脱毒种三级繁育技术规程》和《竹根姜脱毒种苗技术规程》2项地方标准2017年正式发布实施。对在网上实行自我声明公开的317项企业标准进行监督抽查，向23个企事业单位宣贯相关国家强制性标准49项。

【认证认可】　全面完成2017年推进认证“双提升”活动计划约束性指标和部分推荐性指标。对辖区内16家资质认定检验检测机构和24家强制性产品认证获证企业的日常监督检查覆盖率100%，对25家自愿性认证获证组织进行证后巡查和帮扶，有效提升全区认证公信力和贡献率。

【特种设备安全监察】　落实特种设备使用单位“3211”主体责任，狠抓特种设备“三大攻坚战、两大专项整治”的落实，做好特殊时期和重要节点期间、重大活动、重点行业和重点领域内特种设备安全检查。全年共出动执法人员1156人次，检查特种设备生产、使用单位415家次，下达安全监察指令书62份，消除安全隐患68条，一般隐患整治率100%。印发《关于对特种设备使用单位实行分类监管的通知》，试行特种设备隐患“日周月”排查制。在区内有重点监控设备或20台以上的特种设备单位开展安全标准化达标活动，其中72家参评单位均达到B级及以上。按时保质完成信息化建设工作，对39家存在重大违法行为企业信息进行公开，并录入“两法衔接系统”；报送企业行政处罚信息17条，企业荣誉信息12条。

【检测与执法】　与区煤管局就煤矿强检计量器具监管形成合作机制，对9个煤矿企业进行现场检查，区内在产煤矿企业巡查率和申报计量器具送检率100%。与区国土局联合发出《关于加强电梯日周月查及维护保养管理的通知》，化解物业矛盾纠纷，整治电梯维修中的乱象。联合区经信委对10家钢铁企业进行关停，并适时开展“回头看”巡查，对20家已投产的涉钢企业进行摸排，均未发现异常。开展“质检利剑”行动，充分发挥执法打假维护质量安全的积极作用。注销9台淘汰锅炉，总蒸发量为14.4吨/小时。对“中石油兰成渝输油管道”永川段的46.467千米长输管道，进行督查并完成定期检验。

坚持规范公正文明执法，以法制考试、法律讲座等形式积极营造法治质监浓厚氛围，聘请1名法律顾问，对行政执法案件开展法制审查，全年未发生行政执法被投诉事件和行政复议及行政诉讼。2017年查处立案81件，畅通“12365”、“12345”等投诉举报渠道，受理咨询投诉举报77件，办结满意率100%。2017年，全区未发生产品质量安全事故和特种设备安全事故，并连续6年保持“双零”记录。　（区质监局供稿）

食品药品监督管理

【概况】　重庆市食品药品监督管理局永川区分局有在职干部职工63人（其中机关30人，直属监管所33人），退休职工9人。分局机关内设八科一室，即办公室（监察室）、综合科、人事财务科、法制监督科（稽查科）、行政审批科、食品监管一科、食品监管二科、药品监管一科（不良反应监测科）、药品监管二科；下设6个食品药品监管所（中山路街道监管所、胜利路街道监管所、南大街街道监管所、茶山竹海街道监管所、大安街道监管所、卫星湖街道监管所）。2017年，受理核查发放食品药品许可证5668家，食品小作坊、食品摊贩、家宴承办者备案登记695家，建立指导服务机制，主动介入指导服务食品工业园、吉之汇农贸物流城等重点建设项目，助推食品药品产业发展，杜绝食品药品安全事故的发生。

【食品药品监督管理】　永川区构建区、镇街、村

食品安全检查（2017 年）　（区食药监局供图）

（社区）三级食品药品监管网络，制定食品药品安全风险清单，全面实施网格化管理，明确监管责任。在辖区红炉镇召开全区镇街食品药品监管机构规范化建设工作推进会，严格按照“四有两责”要求抓基层强基础，大力推进基层监管机构规范化建设，完成镇街食品药品监管机构规范化建设。组织开展全区执法人员业务培训、快检培训，提高监管人员业务技能。基层监管保障能力不断提升。

【食品药品安全与监管】　坚持食品药品安全日常监管和专项整治相结合，2017 年开展校园及周边食品安全检查、散装白酒、猪肉、活禽市场、茶叶豆制食品、食盐、婴幼儿配方乳粉、食品生产企业清洁消毒、食品销售环节隐患排查、保健食品会销、“骨肽注射液”等 48 个专项检查及临江河流域城区段餐饮行业污染专项整治、一环路周边环境整治、食品生产加工小作坊和食品摊贩专项整治、医疗器械流通领域、中药材和中药饮片、国产非特殊用途化妆品备案等 25 个专项整治，检查食品药品生产经营 27701 次。开展食品快速检测 3512 批次；开展化妆品快速检测 40 批次；开展食品药品、化妆品监督抽样送检 1577 批次；抽检出问题食品 48 批次，假劣药品 3 批次，问题化妆品 2 批次，及时发现一批食品药品安全问题。药品不良反应监测报告 932 例，医疗器械不良事件监测报告 247 例，化妆品不良反应监测报告 269 例，药物滥用监测报告 790 例。排查整治食品药品安全隐患 13333 个，查获取缔食品非法生产加工黑窝点 1 个，立案查处食品药品违法案件 530 件，结案 456 件，移送公安机关案件 11 件，食品药品违法行为得到严厉查处和打击。

【食品药品宣传教育培训】　全年开展食品药品安全法规、科普知识和创建宣传 404 次，张贴宣传标语 15000 多幅，手机短信已发 60 万条，印制发放《致市民的一封信》15 万份、《食品安全知识读本》9 万册和日历宣传画 29 万张；受理群众食品药品投诉举报 584 起，同比增长 36%，办结率 100%，兑现举报奖励 21 起；推进食品安全责任保险，参保 1259 家，保费 215.8 万元，保额 20 亿余元。开展食品药品生产经营单位从业人员等培训 14410 余人，充分发挥媒体的正面宣传和舆论监督作用，初步形成公众参与、行业自律、媒体监督的社会共治格局。

（永川食药监局供稿）

烟草专卖管理

【概况】　2017 年卷烟销售 38778.7 箱，同比降低 550.4 箱，降幅为 1.4%。销售收入 111430 万元，同比增加 1872 万元，增幅 1.7%。单箱收入 2.8735 万元，同比增加 0.088 万元，增幅为 3.15%。税利 18144.99 万元，同比增加 684.40 万元，增幅 3.92%。其中，税金 16，614.83 万元，同比增加 342.65 万元，增幅 2.11%；利润 1530.16 万元，同比增加 341.75 万元，增幅 28.76%。

【烟草专卖管理】　全年共查获案件 230 起，查获卷烟 241.398 万支，案值 234.158 万元。没收假冒卷烟 138.48 万支，没收走私卷烟 1.036 万支，罚没款 14.63 万元。行政许可方面，共受理新办申请 627 起，准予许可 625 起，不予许可 2 起。

【品牌培育及营销网络建设】 2017年重点培育地产卷烟，全年销售地产卷烟18150.4箱，同比减少235箱，降幅1.28%。截至2017年年底，全区有零售客户4184户，比2016年年底的4326户减少242户。 （烟草专卖公司供稿）

盐务管理

【概况】 永川盐业分公司认真贯彻执行国家盐业政策法规，坚持食盐专营，强化市场管理，确保碘盐供应，为全区经济建设和社会发展作出积极贡献。全年盐销售总量5546.49吨，其中口盐总量2544.34吨，品种盐总量351.93吨。行业用盐总量3，002.15吨。非盐销售总量506.55万元，其中酒销售410.17万元，粮油销售41.70万元，日化销售3.04万元，食品类销售37.05万元。

【食盐销售网络建设】 以“重庆不可替代，国内不可忽视”的战略目标，坚持以市场为中心，以竞争为导向，抓改革、强管理、促发展，加快盐业改革步伐，加强企业经营管理，加快城乡批零营销网络建设。按照口盐年销量在10吨以上或非盐商品销售较好或门店经营面积在200平方米以上的标准，对所有客户进行全面梳理。与符合标准的客户签订核心分销协议，收取保证金，市场人员向客户们宣传新政策，耐心地讲解签订核心分销协议的好处及未来盐市场的发展情况，完成营销目标。

【食盐专卖稽查】 为确保全区食盐市场的安全稳定，永川盐业分公司加强盐业市场监管。利用“3·15”国际消费者权益日，开展品种盐的宣传促销活动，向群众展示介绍低钠盐、钙盐、天山湖盐、天然海盐等品种盐，普及“健康用盐、科学用盐”知识，共接待前来咨询的市民约800余人，发放宣传资料1000余份。与区食药监分局联系，制定食盐市场整治专项行动方案。2017年9月，开展为期一个月的食盐安全集中联合整治行动。10月24日至26日，同区食药监分局联合组成食盐专项整治小组，开展盐政执法。对涉嫌违法销售食盐、违法销售未加碘盐的3家进行批评教育，再次向他们宣传有关的法律法规，采取就地封存及扣押到库房的处罚。

安全监督管理

【概况】 2017年，全区发生安全生产事故28起，死亡29人，占市政府下达的事故年度控制指标的74.3%，同比事故起数减少4起，下降12.5%，死亡人数减少36人，下降55.3%。其中，道路交通安全生产事故23起，死亡24人；建设施工事故3起，死亡3人；工贸行业事故2起，死亡2人。煤矿、非煤矿山、危化、烟花爆竹、消防、特种设备、农机、水上交通、旅游等行业未发生安全生产死亡事故。全区未发生较大以上生产安全事故，安全生产形势平稳向好。

【安全责任体系建设】 “党政同责、一岗双责、齐抓共管、失职追责”责任体系全面强化，“管行业必须管安全、管业务必须管安全、管生产经营必须管安全”。区委、区政府始终坚持安全生产工作与经济发展同研究、同安排、同检查，定期听取安全生产工作情况汇报，定期现场调研和专题研究安全生产工作。区委书记亲自参加安全生产国家考核工作，区长坚持参加全国全市安全生产工作会议、每季度区安委会成员单位会议，逢会必讲安全，到基层调研必强调安全，带头到煤矿井下进行检查。区政府各分管领导坚持安全生产调度会议制度，定期研究部署、检查安全生产工作，全年区级领导带队调研检查126次，检查企业248家，提出要求或者责成整改问题335个。

【安全生产标准化建设】 认真做好标准化样板区示范作用。2016年永川区为创建标准化的市级样板区，制定下发安全生产标准化建设推进方案，明确三年内的创建目标并对工贸企业进行分类，对达标方式、达标时间、工作步骤、相关部门的目标责任等进行细化。2017 年 4 月召集三年内需创建达标的 500 余家企业召开大会，编制安全标准化培训资料并分片区举办 7 期标准化创建工作培训班，培训企业 400 余家。对 2017 年有创建任务的企业开展全面督促，对个别工作进展缓慢，隐患较多的给予警告或罚款等处罚。全年启动三级标准化创建数为 114 家，通过评审验收 83 家（其中一级标准化 1 家，二级标准化 4 家，三级标准化 78 家）。

【安全监管执法】 出台《关于推进安全生产领域改革发展的实施意见》，推行分类分级监管，区安委办增设巡查办公室，重点行业部门单设安全生产监管科室，镇街、园区单设安监办，均落实人员、增添装备。建立职责清单和负面清单，明确生产经营单位主体责任、49 个区级部门（单位）监管责任、23 个镇街、4 个园区管委会监管责任。出台煤矿监管“十项举措”，全力补齐煤矿监管制度短板。深入持续开展安全生产“大排查大整治大执法”行动，排查生产经营单位 26513 家次，整治一般隐患 63855 条，整治重大隐患 7 条。重点开展道路交通、建设施工、煤矿等行业领域专项整治，查处道路交通违法行为 10 万件，查处各类路政、运政违章案件 1899 件；行政处罚建筑施工违法行为单位 13 家；停产整顿 117 家企业，关闭 25 家企业；对全区 6 个乡镇煤矿开展“体检回头看”，确保煤矿安全复工复产。

【安全生产应急管理】 编制《永川区应急救援队伍岗位训练与考核大纲》，强化永川区两支危化应急救援战斗队伍的日常训练工作。编制并印发《生产安全事故应急救援预案》，进一步完善从区级到部门的预案管理体系；持续开展直管行业企业的预案备案工作，全年完成非煤矿山企业 13 家，危化企业 59 家，烟花爆竹储存企业 2 家、其他企业 25 家的应急预案备案工作。完成 3 家企业重大危险源备案工作。直管行业企业应急预案备案率及重大危险源备案率均为 100%。组织开展“8·23”永江高速危化品运输事故暨永川区突发事故灾难专项演练；积极督促直管企业落实应急管理主体责任，非煤矿山、危险化学品、烟花爆竹储存企业全部开展应急演练。全年共出动执法人员 170 余人次，检查企业 40 家，抽查企业 28 家，查出应急管理工作隐患 130 余条，行政罚款 4.5 万元。

【安全生产宣传】 扎实开展“安全生产月”、安全知识“十进”、“安全伴我行”、“10·31 安全警示教育日”活动，通过电视台、公交移动媒体、小区 LED 宣传屏等媒体播放安全公益宣传片，组织机关干部、企业负责人、职工群众观看警示片，发放居家安全手册 20 多万册。 （区安监局供稿）

煤矿安全监察

【概况】 重庆市永川区煤炭工业管理局，属永川区政府直属事业单位，内设办公室、安全科、行业管理科、信息调度科、职业卫生监督管理科等 5 个科室，下属事业单位永川区煤矿安全监察执法大队。

【安全管理】 受 2016 年“10·31”事故影响，全区乡镇煤矿从 6 月起陆续复产，9 月初全部复产，随后国庆和十九大期间，全区煤矿主动停产 1 个月。全年生产原煤 120 万吨，其中乡镇煤矿 25 万吨，国有煤矿 95 万吨，产值 7.2 亿元、税收 6000 万元（永川煤矿、韦家沟煤矿无增值税收入）；链条产值 21.6 亿元、税收 1.308 亿元。全区 9 个煤矿就业人数 8500 余人。全年煤矿生产安全死亡事故“零发生”、人员“零死亡”，全行业实现安全生产。煤矿职业病防治工作进一步推进，煤矿职工个人防护用品配备率、职业卫生档案建档率、职业病体检率 100%。

【行业管理】 强力推进安全生产标准化创建。2017 年全区煤矿累计投入 2290 万元开展达标创建，2 个市属国有煤矿通过一级标准化市级考核，1 个市属国有煤矿和 6 个乡镇煤矿通过二级标准化市级考核。持续强化煤矿“四化”建设。坚持“科技兴安”，提升装备水平减少人工作业。每个乡镇煤矿均有 1 个掘进工作面或者采煤工作面实现机械化作业，全区煤矿掘进工作面 80% 实现机械化装载作业。自动化减人实现突破。协合煤矿投资 30 万元加强井下自动化建设，实现井下无人自动化排水，煤矿空气压缩机、井下架空人车实现无人值守，可以减少 8 至 10 人，每年可节约成本 50 万元左右。

【信息调度】　全区煤矿瓦斯监控系统、人员定位系统已与市局联网调试，安全监控系统升级改造初步完成一期建设任务。2017 年共向上争取煤炭发展专项资金 670 万元。

【安全监察执法】　严格执法保持高压态势，全年开展执法检查 236 矿次，下达整改执法文书 107 份，查处各类隐患 1566 条，共责令停产 15 矿次，共实施行政处罚 21 起，罚款 34.1 万元。扎实推进大排查大整治大执法。制定《全区煤矿安全生产大检查深入推进大排查大整治大执法工作方案》，以事故防控为目标，明确对照检查内容共 67 项。务实开展重点专项检查。煤矿复工复产后，分时段组织开展超能力生产、瓦斯治理、水害防治、规程实施、安全投入、提升运输等专项监管工作。针对全区煤矿安全生产面临的严峻形势和不断出现的新情况新动向，围绕查系统、治灾害、除隐患、防事故，组织安全监管人员和技术专家，坚持检查与执法、发现隐患与整治隐患并重，开展安全风险辨识评估工作，完成关闭退出矿井对现有保留煤矿有关水害、通风瓦斯和火灾等安全风险专项辨识评估，及时化解风险、消除隐患，防止煤矿带病生产，坚决杜绝煤矿生产安全事故。

【煤矿整合与关闭】　积极处置关闭煤矿遗留问题，关闭煤矿后续工作顺利推进。全年 9 个关闭煤矿选准项目实施转型，涉及 10 个项目：5 个项目已申报，其中 3 个已正式运营，2 个开展前期工作；5 个拟申报项目正在着手前期准备工作。

（区煤管局供稿）

社会事业

文　化

综　述

【概况】　全年积极发挥文化领域的引领作用，认真开展全民阅读、全民健身活动，充分展现“以文化人”的根本目的。着力改善城乡公共文化服务条件，提高公共文化服务供给能力，让群众更好地享受文化发展成果。建有图书馆、文化馆、文物管理所。镇街、村（社区）建成文化服务中心109个，农家书屋206个，社区文化活动室55个。全区有文艺协会（社团）15个，个体演艺公司68个；市级非物质文化遗产名录6个、区级非物质文化遗产名录31个，市级文物保护单位3处、区级文物保护单位57处。区文化委被国家体育总局评为2013—2016年度全国群众体育先进单位，永川区被中国老体协命名“中国健身球之乡”。区青少年足球队U12组参加云南“泸虎杯”全国青少年足球邀请赛获得全国冠军，参加西昌“邛海杯”全国青少年足球邀请赛获得金奖。原创方言话剧《管家婆》荣获重庆市第十四届精神文明建设“五个一工程”奖。

【群众文化】　积极组织开展全区群众文化活动，成立民间演艺协会，指导各镇街完成文艺展演、送文化下乡演出68场。组织实施重庆社区文化节选拔赛、纪念“延讲”发表75周年演出、棠城之秋艺术节、松溉孝亲文化节、美术书法摄影巡展、“中国梦．家乡情”书画写生创作和农民工运动会、社区体育节等大型文体活动共100余场；组织文艺爱好者参加第五届重庆社区文化节选拔赛、合川·永川免费开放服务交流演出、第三届“海棠香国”美术作品展等区外交流活动7次，参加区内乡村时光梨花节、桃花节、青峰四季游等艺术节演出20余场。开展镇街巡回演出508场次，开展送展览讲座进村44场、送辅导培训进村398场、送法规政策宣讲进村20场、阵地培训155期。依托区文化馆、区图书馆、镇街综合文化站等公共文化设施开展舞蹈、声乐、中老年电脑等公益培训项目20余个228期，7000余人次参训；进村社举办美术、舞蹈、器乐、广场舞等培训共计796次，培训1.5万余人。

【文学艺术】　辖区内文学艺术氛围浓厚。民间艺术家创作成绩丰硕。艺术家刘阿本“渝州千里图”创作启动。《清风亭》创作改编获重庆市2017年

永川2017年春晚现场（2017年）　　（区广播电视局供图）

文艺剧目扶持。民间器乐表演者宋广亮获重庆市艺术之秀称号，民间戏曲《阴阳河》表演者沈玉芬获重庆市艺术之星称号。文化艺术馆职工施永祥获“都市风采”京津沪渝四直辖市主持人大赛金奖。

【服务体系】 区内文化服务体系完善，全年实施文化艺术馆、图书馆、镇街综合文化站免费开放和体育场馆免费低收费开放工作，充分保障群众公共文化体育活动空间。数字图书馆、手机图书馆、苗苗少儿悦读体验中心、少儿形体阅读体验中心建成投入使用。

川剧表演（2015 年） （腾前进摄）

【电影放映】 实施电影惠民工程，社区及学校公益电影、科教电影、公益广告电影稳步开展，完成农村电影惠民工程任务，完成农村数字电影惠民工程放映 3528 场，观众 56.21 万人次。

【图书阅览】 图书馆总藏书量 45.5 万册（其中印刷型 11 万册），实行全馆全年不闭馆，每周对外开放 60 小时。有阅览座席 420 个，拥有 100 台计算机（其中供读者使用的 80 台、业务使用 20 台），以 120 兆光纤的带宽及覆盖范围 100% 的免费无线 WI－FI 的方式，方便、快捷地为读者提供上网和查询服务。

【文化市场管理】 积极推动行政审批标准化与放管服工作，梳理 34 项行政许可事项、行政许可流程、审查规范、审查要点、通知样表等，取消复印打印业务审批，建立城市社区有线电视系统审批，规范中介服务，新办文化经营项目许可 120 余件。全面推行文化市场执法检查“双随机一公开”、一户一档、黑名单制度，以“扫黄打非”为主线，深入开展“清源、净网、秋风、护苗、固边”五大专项整治行动，进一步加大事中事后监管力度，努力规范文化市场经营秩序，维护意识形态安全和文化安全。

【川剧】 积极传承川剧艺术文化，开展川剧进校园培训活动。2017 年永川区成为重庆市戏剧进校园“试点”区。川剧进校园授课 288 课时，川剧进校园文艺巡演 19 场。胜利小学挂牌成立“永川区曲艺培训传承培训基地”。全年组织川剧“月月演”公益演出 10 场。

【镇街文化站建设】 全区共有镇街综合文化站 23 个，其中一级站 8 个、二级站 3 个、三级 9 个。

【特色文化发展与传承】 永川加强特色文化的发展与传承。重点发展非物质文化的发展传承。全区获有市级以上非物质文化遗产项目 6 个。有永川豆豉、松溉盐白菜、松溉杆秤、陈食烟火架、艺庐微刻、双石小金龙。全年组织非遗项目参加铜梁、丰都、大足、重庆等展演活动 4 次。成功举办第 12 个非遗遗产日“文化遗产宣传月”永川区非遗项目展览活动，非遗得到传承。

永川豆豉 永川豆豉起于明朝崇祯十七年（公元 1644 年），为城北跳石河一姓崔的老太婆偶然发明并传诸乡邻。民国时期转化为商品生产，并发展到 13 家私营企业生产销售。1956 年公私合营为永川酱园厂，20 世纪 90 年代更名为永川酿造调味品有限公司，2001 年因资产重组为永川豆豉食品有限公司。

永川豆豉属豆豉品类中的毛霉型，是中国毛

霉型豆豉酿造技术的遗存，以毛霉味生产菌种，经过10多种工序转制而成。自20世纪80年代以来，永川豆豉曾荣获国家、省、市颁发的30多种优质产品等荣誉称号，在国内、国际市场上产生了较大影响。永川豆豉生产工艺，2006年成功申报为重庆级非物质文化遗产保护项目，2008年6月成功申报为国家非物质文化遗产保护项目。2016年永川豆豉第12代传承人曾凡玉荣获“全国五一劳动奖章”。

艺庐微刻　“艺庐”即作坊名，由刘氏先祖刘圣富先生创建于清乾隆年间，迄今已传十三代，历时300年左右。刘圣富为当年“湖广填四川”大移民中的一员，最后落脚四川成都。乾隆年间，在成都住地首挂“艺庐”名号，以雕刻印章、销售仿古字画、装裱书画为主要谋生手段。代代传承，均以“艺庐”为名号，尤以微刻、仿古字画著称于世。2007年，“艺庐微刻”成功申报第一批重庆市级非物质文化遗产项目。

松溉盐白菜　松溉（音ji）盐白菜，是在民间家庭式腌制泡菜、盐菜的基础上，以大白菜为主要原料，由永川区松溉镇民间手工艺人所创的一种独特的传统制作技艺，已经过约300年的历史传承。民间手工酿造艺人经过长期实践、反复摸索，最终形成一套独特的盐白菜传统制作工艺，可以简述为“一渍、二榨、三发酵、四回露”；所使用的制作器具简单、实用。

松溉盐白菜的传统制作技艺传承不断，脉络清楚，特征明显，具有重要的历史价值、文化价值、工艺价值和经济价值。其产品至今仍远销四川、重庆、武汉等地，是馈赠亲友的地方特色食品，并作为千年古镇、历史文化名镇的重要内容和标志。2009年，松溉盐白菜传统制作技艺被列入重庆市级非物质文化遗产保护项目名录。

松溉杆秤　“松溉熊氏杆秤”制作技艺已经有300多年历史，于2009年，被列入重庆市级非物质文化遗产保护项目名录。其制作全用手工，工艺包括选料、荫干、初砍、粗刨等20多个程序，因选材考究、技艺精良、计量准确、经久耐用，曾畅销四方。

陈食烟火架　烟火架又名“焰火架”。陈食烟火架已有百年历史，创始人为高辉庭，他约出生于清末。高泽清是高辉庭的长孙。烟火架这门技艺一直都是家庭传授。烟火架外形为一个圆桶，中间分十到十二层。每层为一个“折”，即数个纸制品组成的一个故事。烟火架燃放时，用脚手架等物品将圆桶挂于空中，然后点燃引线，引燃纸制品内装的特制火药棍，让纸制品在夜间发光，纸制品上绘有各种图案。同时，桶中的“折”就会依次从桶里跌下来。数十秒间，一折完整描述了一个故事，恍如现在的动画。2008年，陈食烟火架成为我区首批非物质文化遗产。2014年陈食街道两河小学校组织教学团队到烟火架传人处学习技艺。向学校4至6年级有兴趣学习的学生传授技艺。学生会在三年之内掌握制作烟火架的基本技艺，但填制火药的部分出于安全考虑暂时不教。

双石“小金龙”　双石“小金龙”源于20世纪初，其造型小巧玲珑，表演方式独具一格，深受群众喜爱。每年的重大节庆时在双石都能看到龙舞表演。

“小金龙”身长3～5米，由龙头、龙身和龙尾构成，龙身较长，是龙的主体。以竹篾、铁丝、麻线为骨架，外表抹上纸（现多用布或绸），龙身的节与节之间用布缝筒状连接，都为四节，然后彩绘、装饰龙鳞等，每节下面装上竹竿为手柄成形，全长4米左右。“小金龙”舞龙具有“圆曲”“翻滚”“纹缠”“穿插”“窜跃”等特征，以“8”字舞龙、翻滚为基本动作，加以靠背、单跪、蹲、躺、跳跃、绕身、上腰、上肩、上登、上桌等花样动作，极具技巧性和观赏性。曾多次被四川、永川日报电台、电视台报道，并编入《中国民间舞蹈集成》及《永川民俗文化丛书》。2015年被列入重庆市级非物质文化遗产保护项目名录。

21世纪以来，双石小金龙得以传承和发展，表演逐渐形成其独具地方特色的小金龙表演形式。小金龙民俗文化由专业性表演向广场舞蹈推广，由机关干部及教师向普通民众普及，由春节、元宵等节假日会演向全民健身发展；2017年有舞龙队伍20余支，共有76人。为打造“特色小金龙”

舞龙文化品牌，双石镇成立小金龙文化艺术团，举办“小金龙”民俗文化节；组织“特色小金龙”参加区级、镇级文体活动30余次。双石“小金龙”本着保护、传承、发展的宗旨，以“融和、福生、谐天、奋进”激励着人们传承舞龙运动，弘扬龙的精神。（区文化委供稿）

文学艺术

【文艺作品】　全年创作文艺作品2000余件，出版《罗泉井》《好古堂杂俎》《寒窗笔记》《奋斗者》《叶片上的童话》《我和我的学友们》《捡拾星湖的记忆》《翰墨颂盛世》等文艺专著。其中《奋斗者》获2017年全国网络文学重点园地工作联席会议重点作品扶持；《叶片上的童话》是重庆出版社的重点图书，为永川区第一本绘本诗集。方言话剧《管家婆》荣获重庆市第十四届精神文明建设“五个一工程”奖。陈龙国《当代书法研究》获重庆市第七届艺术奖。徐崇尧书法作品入展全国草书名家提名展；谭子文的书法论文荣获全国一等奖；20件书法作品入展重庆市首届青年书法篆刻展、首届临帖书法大展、第九届书法篆刻展。40件美术作品入选第六届重庆市美术作品展览、“美丽重庆优秀美术作品展”等。9件作品在第七届重庆市摄影艺术展中获奖。少儿舞蹈《莲萧·好耍!》参加全国选拔获重庆创作一等奖和表演一等奖。梁志涌获《2016对联中国》年度优秀奖。

【文艺活动】　2017年，开展多种文艺活动。元旦春节期间，开展“我们的中国梦——书画送万福进万家”、川剧进校园、“棠城文艺大讲堂”、“诗词讲堂”、“楹联讲堂”等文艺惠民服务活动。开展文艺采风活动4次，建采风（表演）基地，桃花源、十里荷香、石笋山、梦你蔬乡、香薰花湖世界、茶山竹海景区相继挂牌成立。先后举办“迎庆十九大、建设新永川”主题文艺创作活动、“石笋山杯”手机摄影大赛、“美丽黄瓜山·中华梨村杯”有奖征文摄影大赛、“看山·见水·忆乡愁——桃花源有奖征集旅游摄影作品”活动、“西部香山·最美临江河”永川区科普摄影大赛、2017永川乡村时光春游赏花季摄影大赛、重庆“源通电力杯”摄影大赛、“情韵古镇，长乐坊杯古建筑摄影大赛”、永川区全民阅读第二届“中国好诗书·劝学篇”书法大展赛等。在四川省博物院举行著名金石书画艺术家刘声道先生遗作展；举办“中国梦·家乡情”合川荣昌永川书画作品展、“爱在深秋 海棠壹品”永川书协书法家国画精品展、第五届“海棠香国”美术作品展、重庆市第十八届美术书法摄影作品联展永川区征选作品展等。（曾令燕供稿）

广播电视

【概况】　永川有电视台、广播电台各1个，区级播控中心1个，镇街广播站22个，镇级播控室22个，村级播控室208个；有线电视用户32万户，电视综合人口覆盖率83.0%。设传播媒介电视频道2个（综合、生活），广播频率2个（都市广播、音乐广播），网站2个（永川生活网、视界网鲸永川频道），微博1个（永川广播电视台），微信公众号3个（永川生活网、永川手机台、永川之声），客户端2个（永川手机台、永川生活网），以及今日头条·头条号（永川手机台）、天天快报·企鹅号（永川广播电视台）、蜻蜓FM（永川音乐广播、永川都市广播）重庆有线频道《全域重庆·今日永川》、公交电视、户外LED等近20个传播渠道。

【新闻宣传】　全年新闻内宣累计播发稿件3500多条，其中经济民生类新闻占72%、时政类新闻占28%；新闻外宣继续保持区县前列。在央视上稿共计20条，其中《重庆永川：吸引本土人才助力脱贫攻坚》等6条在央视《新闻联播》播出；在《重庆新闻联播》上稿204条。

【专题栏目】 围绕党的十九大、永川“两会”以及区委区政府中心工作，开展《把党的十九大精神全面落实在永川大地上》《新时代·新气象·新作为》《民生实事·面对面》《治理临江河·洁美我家园》等10余个专题栏目；开设方言脱口秀风格新闻评论栏目《胖哥说事儿》，并被市文化委评为“2017年度重庆市广播电视创新创优引导扶持二类栏目”；开设《音乐早班车》栏目，主持人樊坤敏被市文化委评为广播类“十佳播音员主持人”。 （区广播电视台供稿）

【电视节目】 2017年，重庆广播电视信息网络有限公司永川分公司提供150余套标清数字电视、20余套高清数字电视、10余套数字音频广播等数字电视、个性化节目内容的视频点播平台，为广大百姓提供海量内容、自主点播服务。响应国家宽带的提速降费政策，推进宽带业务发展，让家庭宽带进入免费时代，多款产品套餐的宽带均免费赠送。

【数字电视推广】 重庆广播电视信息网络有限公司永川分公司建立开放合作机制，打造涵盖游戏、彩票、财经、音乐、报纸、支付、商城等业务领域的信息化服务平台，推出“智慧社区平台”“政务信息发布平台”“全域重庆”等社区信息化服务，文化信息共享工程、阳光警务、全域重庆等城市信息化服务，党员远程教育、酒店信息化系统、电视订烟等集团行业服务，加快智能化城市信息化建设。

（重庆广播电视信息网络有限公司永川分公司供稿）

出版印刷

【概况】 文化委负责全区刊物的出版印刷监管。截至2017年共有出版零售单位107家，其中图书、报刊零售单位103家，音像制品零售单位4家。印刷企业68家，其中包装装潢印刷品印刷企业28家，其他印刷品印刷企业40家。全年准印一次性内部出版物3300册。

图　书

【概况】 永川有图书馆1个，公共图书馆藏书17.1万册。总藏书量45.5万册（其中印刷型11万册），实行开放，每周对外开放60小时。有阅览座席420个，拥有100台计算机（其中供读者使用的80台、业务使用20台），以120兆光纤的带宽及覆盖范围100%的免费无线WI－FI的方式，方便、快捷地为读者提供上网和查询服务。2009、2013年被文化部评为国家二级图书馆。

【读者服务】 图书馆设有综合阅览室、少儿阅览室、外借室、老年阅览室、视障阅览室、电子阅览室、资料室、多媒体报告厅、电脑培训室、苗苗少儿阅读体验中心、少儿形体阅读体验中心等11个服务窗口。全年征订报刊360种，采购纸质图书9125册，电子图书2万册，少儿有声绘本平台1个（1600册），数字期刊库1个（7800种），更新数字移动图书馆（APP）资源1套，自建地方特色资源库1个（永川豆豉）；文献年外借册次：全年接待读者32万人次，图书外借46195人次，16.2万册次；数字图书（移动图书馆、网站数字资源平台、微信公众号数字资源）浏览1010.46万人次，下载16.85万册次；流动服务，书香漂流点40个，更换图书1.2万册次，借阅1.9万人次，借阅5.7万册次。

【读书活动】 积极组织开展读书活动，全年举办“中老年电脑免费培训班”、“少儿形体阅读”培训、协办“棠城艺术大讲堂”艺术讲座等73场次，参与活动1856人次；举办“永川区‘畅想华夏之美·书写汉字之美’汉字听写大赛”“2017年全民阅读国学经典诵读表演大赛”“2017年永川区全民阅读‘4·23世界读书日’主题宣传活动”、《永川区全民阅读第二届“中国好诗书·劝学篇”书法大展赛》等阅读推广活动6场次，参加活动5600余人次；组织参加重庆市“少年儿童爱心图书接力服务”、《重庆市第九届“红岩少年”系列读书活动》、“寻找最美朗读者”重庆市首届诵读大赛等阅读推广活动10场次，参加活动2500余人次。

【图书馆建设】 加大对图书馆建设的投入，开通永川区图书馆数字“移动图书馆”APP，为读者提供海量数字文献网络阅览服务，全年注册读者4.7万人，点击1010、46万人次；开通“永川区图书馆微信公众号”，为读者提供微信阅读、查询服务，关注读者2.6万人；馆舍新增无线AP5个，实现馆舍读者免费无线服务全覆盖。总分馆建设全面部署，与23个镇街文化站签订分馆服务协议，完成分馆设立全覆盖，实现标识、制度、运行、服务、管理统一。 （区文化委供稿）

文化馆

【概 况】 永川区文化艺术馆，是国家设置的公益性文化服务单位。全馆设18个活动室。开展摄影、书画、创作、舞蹈、剧场、各种培训等活动。

【文艺工作】 2017年全区有13个馆办艺术团队，积极有序开展文艺工作，打造“永川国际茶文化节”“一镇一品特色文化项目”“书画赶场”“特色文化校园”特色文化品牌4个。全年开展公益性演出54场、公益性大型文化活动42场、公益性文艺讲座10场。组织开展文化志愿者活动102次。以区域文化馆联盟方式到大足区、潼南区等开展活动8项，18场次。参与市级文化重大赛事活动共计7项，获得3次组织工作奖。组建特色文艺团队下基层演出64场，其中开展政府采购公共文化服务下基层演出活动43场，开展组织文艺团队下基层文艺演出21场。文化馆常设“免费开放”服务项目有培训、演出、展览、阅览、讲座、视听、游艺等8项阵地培训共计22门课程，全年开展免费基层培训共796次。

【非物质文化遗产保护】 加大非物质文化遗产保护工作力度，做大家底清。2017年永川区国家级项目1项：永川豆豉，区级项目5项：松溉盐白菜、松溉杆秤、陈食烟火架、艺庐微刻、双石小金龙，区级项目22项。成功申报杨光华为双石小金龙、君意食品厂宋军为重庆市级第五批非物质文化遗产传承人。 （区文化委供稿）

博物馆

【概况】 2016年5月18日永川博物馆正式对外开放。2017年底永川博物馆有馆藏文物4343件/套，包括石器、陶器、瓷器、玉器、铜器、铁器、木器、书画作品等类别。其中，国家二级文物9件，国家三级文物60件。该馆建筑面积2000平方米，其中展厅面积1000平方米，库房面积600平方米，办公等其他面积400平方米。设基本陈列厅1个，临时展厅1个，展出各类馆藏文物291件/套，涵盖陶器、瓷器、铜器、石刻、字画等，其中不乏汉代画像石棺、明代千佛宝塔、侏罗纪恐龙化石等珍贵文物。

文物管理

【概况】 重庆市永川区文物保护管理所（永川博物馆、陈子庄艺术陈列馆）坚持围绕“保护为主，抢救第一，合理利用，加强管理”文物工作基本方针，紧密结合全区文物工作实际，较好完成各项工作任务。永川有不可移动文物728处，其中重庆市级文物保护单位3处，区级文物保护单位57处。馆藏文物1691件，其中国家二级文物9件，国家三级文物60件。

【文物保护】 2017年对全区57处文物保护单位、89处古建筑类未定级不可移动文物制作保护标志牌。依法划定区级文物保护单位朝阳观保护范围，并报区政府核准后以区政府名义进行公布。启动塔院寺石塔、万寿风雨廊桥抢险排危工程。积极协调市文物局等有关部门，做好朱沱老街文物保护工作。全区聘请文物义务看护员，对较为重要的60处不可移动文物进行全天候看护。开展文物安全状况大排查行动。对各镇街不可移动文物进行文物安全巡查，从源头上杜绝文物安全事故的发生，永川文物得到保护。

【文化遗产科普宣传】 为更好地宣传永川区文化遗产，与区新闻社、永川通APP深入合作，在《永川日报》、永川通APP上分别开设“永川历史文化名人”、“发现”节目专栏，每周一期全方位、多角度宣传永川区历史名人及优秀不可移动文物，让永川人深入了解自己的历史、身边的文化。至2017年年底，“永川历史文化名人”栏目已刊登47期，“发现”栏目已刊登第25期，举办“永川文物”及“纪念建军90周年、抗战全面爆发80周年”两大主题展览。

【文物普查】 2017年，开展碑刻类文物调查研究工作。全区44处石窟寺及石刻类文物及部分保存有石质碑刻的古墓葬、古建筑的石质碑刻文字信息，以基础数据采集、影像资料留取和传统拓片的形式，将碑刻文字资料进行复制保存。

（区文化委供稿）

文化市场

【概况】 2017年新开办文化经营单位102家。累计文化经营单位共583家，其中互联网上网服务营业场所163家，歌舞娱乐场所98家，游艺娱乐场所12家，出版物经营单位102家，影院8家，印刷69家，演出经营单位53家，体育经营单位21家，艺术品经营单位4家，演出场所1家，文物保护单位52家。

【文化市场管理】 全年创新文化市场监管方式，全面推行文化市场执法检查“双随机一公开”、一户一档、黑名单制度，进一步加大事中事后监管力度。认真落实安全生产企业主体责任，加强文化市场安全生产监督检查、安全隐患排查整治、安全教育培训和应急救援演练，文化市场健康有序发展。

【文化执法】 持续推进“扫黄打非”进基层工作，深入开展“清源、净网、秋风、护苗、固边”五大专项整治行动，相继开展整治非法KTV百日攻坚、校园周边环境综合整治、农村演出市场整治、问题地图专项整治、迷你歌咏亭清查、互联网信息安全集中清查、高危险性体育经营项目集中整治等专项行动。继续开展创建重庆市“无小耳朵”小区试点工作。全年共出动执法人员5331人次，检查经营单位2274家（次），取缔无证经营场所54家（次），其中无证经营歌厅49家，黑网吧3家，印刷企业2家；责令整改49家（次），办理行政处罚案件43件，罚款15.1万元。

（区文化委供稿）

电　影

【概况】 全年新增电影院1家，累计电影院8家，放映厅55个，放映面积27352平方米，票房收入3707万元。（区文化委供稿）

档　案

【概况】 永川设综合档案馆1个——永川档案馆，馆藏案卷13.4万卷；专业档案馆3个（房地产档案馆、教育档案馆、建设档案馆）。在习近平新时代中国特色社会主义思想的指引下，永川档案坚持“为党管档、为国守史、为民服务”的宗旨，紧紧围绕中心、服务大局，主动担当、积极作为，推动永川区档案工作迈上新台阶。

【档案馆资源体系建设】 永川区档案馆馆藏档案从时间上划分民国档案和中华人民共和国成立后档案，主要来源于党政群团机关及部分企事业

区领导调研档案馆（2017 年）（区档案局供图）

严密、措施到位、保障有力、防治兼备的档案安全体系。2017 年完成档案行政许可标准化建设工作，并顺利通过区行管办审核。

【档案信息化建设】 2017 年，永川档案馆共接待查阅档案利用 2125 人次，提供档案 4268 卷次。完成档案数字化加工、裱糊项目的招标，项目金额 194.8 万元。完成 1060 卷馆藏档案的数字化加工。为群众办理退休、户口迁移、核实工龄等提供有效凭证。同时为区有关部门、镇街的信访维稳、案件办理等提供大量的档案证明服务。

单位。2017 年全馆共有档案全宗 278 个，馆藏档案共 134410 卷 47269 件（资料 11284 册，民国档案 36331 卷，中华人民共和国成立后档案 82385 卷）。2017 年完成 646 卷 21940 条民国档案案卷级目录上报工作。2017 年做好市属国有企业退休人员档案移交工作，接收重庆渝辉公司、永川绢纺厂、永川农商行共计 342 盒人员档案移交进馆。接收区政府 1415 卷、区发改委 264 卷 5382 件、体育局 1199 件，共计 1679 卷（盒）6581 件，并同步接收进馆档案的数字化副本。征集程元亨捐赠的选民证资料进馆。完成馆藏破旧人员档案 1969 件的更换、录入工作。

【档案安全体系建设】 成立专门的档案安全工作领导小组，把档案安全工作摆上议事日程，一把手对档案安全负总责、负全责，一级抓一级，层层抓落实，形成集中统一、上下衔接的档案安全工作领导体系。加强档案安全工作的日常管理，建立全员参与、群防群治的工作环境，牢固树立档案安全无小事的意识，努力建设以档案安全管护为重点，以现代先进科技为手段，以档案规范管理为支撑，以制度建设为保障，以档案安全保障体系建设为目标，全面提升档案的安全保障能力，营造领导重视、组织健全、设施完善、制度

【档案执法与培训】 严格执行《中华人民共和国档案法》，集中统一管理档案，维护档案的完整与安全。围绕提高档案人员的业务水平和综合素质，开展全区党建文秘助理员、各中小学校档案人员业务培训。与区农委扶贫办集联合下发文件规范精准扶贫档案工作，并对相关档案人员进行精准扶贫档案管理培训和现场指导规范建档。主动联系各相关部门，采取上门指导、跟踪服务、接受电话及网络咨询等方式，先后到胜利路烟草公司、兴龙湖小学等指导与督促各立档单位做好归档工作。接待重庆财经职业学院的实习学生共 24 人到档案馆进行实地实习，培养他们的实际操作能力。（区档案局供稿）

地方志

【出版《永川市志》政治卷、经济卷、文化卷】 2017 年 12 月，《永川市志（1989—2006）》政治卷、经济卷、文化卷由重庆出版集团 · 重庆出版社出版发行。《永川市志》政治卷约 57 万字，

修志成果（2017 年）（区档案局供图）

记录 1989—2006 年永川市（县）进一步解放思想，狠抓党的建设，不断深化体制改革，积极推进中国特色社会主义民主政治和法制建设，在经济、民生、统筹城乡发展、构建和谐永川等方面取得的巨大成就。《永川市志》经济卷约 45.6 万字，记录 1989—2006 年永川市（县）进一步完善土地承包责任制，推进农业社会化服务体系及农村经济组织建设，夯实农业发展基础，狠抓金融体制、国有企业体制、流通体制等方面改革，建立和完善社会主义经济体制。全市优化发展环境，经济结构日趋合理，城市建设亮点纷呈，人文环境不断改善，城市形象焕然一新。《永川市志》文化卷 58.5 万字，主要记录 1989—2006 年永川市（县）文化建设以发展城市文化和建设现代文明为目标，不断深化科教文卫体制改革，文化事业发展，推进产业进步和历史文化传承、创新现代文化，建设城市文化，走出一条文化强市的路径。《永川市志》是继《永川县志》之后又一部全面、系统地记录 1989—2006 年永川市（县）政治、经济、文化、社会事业、人物等综合性著述。《永川市志》政治、经济、文化卷的出版发行，标志永川区第二轮区县志的编修工作全面完成。

【全国名村志《黄瓜山村志》编修】 2017 年完成全国第二批名村志《黄瓜山村志》编修工作，交方志出版社出版。该志 2017 年 3 月启动，2017 年 9 月完成志稿。《黄瓜山村志》突出黄瓜山村新农村建设特色，发展特色农业带动乡村旅游，走出一条带领全村致富，展现黄瓜山村的发展历程。该志图文并茂记录黄瓜山村基本村情、乡村旅游、黄瓜山梨、风土民情、村民生活、新农村建设、村民自治、人物等方面内容。志稿 15 万字，插图 218 幅。

【出版《永川年鉴》（2017 卷）】 1997 年创刊《永川年鉴》，每年一鉴，2017 年 12 月编辑出版《永川年鉴》（2017 卷），该卷全面反映永川 2017 年取得的成绩和亮点，全书设特载、永川概况、大事记、政治、经济、社会事业、镇街、人物光荣榜、文献、统计资料、附录等共 11 个篇目、29 个部目，约 40 万字。

【指导部门学校志编修】 指导永川区残疾人联合会编写《永川区残疾人事业志》、永川区国土资源和房屋管理局编写《永川区国土资源和房屋管理志》两部近 70 万字。加强全区学校校志编修的业务指导，全年指导永川区上游小学等校志 15 部，240 万字；出版永川区大磨初中等校志 5 部近 80 万字。

（区档案局供稿）

科学技术

综　述

【概况】 2017 年，培育科技型企业 94 家，累计有科技型企业 196 家，新培育高新技术企业 25 家，累计 77 家；全区研发投入 16.07 亿元，占地区生产总值 2.28%；建成市级以上众创空间、孵化基地等创新创业平台 17 家，其中国家级 3 家；全区申请发明专利1300件，同比增长71%，授权发明专利135件，同比增长32.4%，有效发明专利383件，万人拥有量3.42件，同比增长46%；实施研发机构法人化改革，新增重庆新材料研究院有限公司等独立法人研发机构7家，总数10家；永川区科委荣获全国科技管理系统先进集体称号；成功获批永川国家高新技术产业开发区、国家双创示范基地、国家工业机器人高新技术产业化基地、国家知识产权试点城市、重庆市科技型企业知识价值信用贷款改革试点范围单位。2017年，永川已成为重庆第一个拥有三大国家级科技创新创业的区县。

【科技项目】　全区科技研究项目73项，分别为“巡检机器人的研究”等关键共性技术研究5项；“永川区创新创业大赛平台建设”“远程血压监控系统研发与示范”等社会民生项目16项；“荧光探针用低维链状结构长余辉材料的发光性能及余辉机理探究”“半夏泻心汤中药成分—靶标—疾病网络分析及效应机制预测研究”等自然科学基金项目35项；“永川工匠精神培育助力经济社会发展路径研究”“永川茶文化旅游资源开发及策略”等资政软科学科研项目13项；“永川早熟梨果实害虫绿色防控技术集成示范与推广”等农业科技园区科技成果转化专项4项。

【科技成果】　建成中关村天合科技成果转化永川分中心和中国科协创新驱动科技成果转化服务中心永川分中心，有序推进中科院科技成果转化平台重庆分站落户永川高新区项目；威诺克“汽车盘毂机器人值守（无人化）智能化生产线”成功下线，“永川机器人”面向全球发布；科研院校、企业共计建成科技成果小试、中试平台35个，转化金属密封球阀等科技成果50余项；新增市级以上科技成果31项，推广运用重点科技成果18项，技术合同金额16500万元。“大功率柴油机”等8大发明获得广泛关注。科研院校、企业共计建成科技成果小试、中试平台35个，转化金属密封球阀等科技成果50余项，实现产值23亿元。

【科技宣传】　建设平台助推科技宣传，通过整合资源，形成“大科技”氛围，注重科技工作宣传的常态化、制度化。2017年，及时向区委办、区府办、区委组织部、区委宣传部等报送时政信息135条，为区委区政府决策提供参谋；开通高新区和永川科技微信公众号，注重微信公众号的宣传推广，有针对性吸引高等院校、科研院所、高新技术企业和众创空间从业者加入，全年推送信息108条；与区委宣传部联合举办创新大讲堂。邀请国内外知名专家、企业家到永川主讲创新精神与路径，解放思想，破除阻碍创新的思想束缚，全年宣讲6期。与永川区作家协会联合创办《创新永川》月刊，广泛宣传介绍永川科技，截至2017年年底，已刊发《创新永川》14期。与区电视台、区新闻社合办大众创业万众创新专栏节目，通过永川区电视台外宣合作；在《永川日报》头版专设“科技创新·引领发展”专栏，刊发科技文章、信息80余篇。组织举办各类科技活动，营造全民健康、文明的生活方式。2017年9月15日，在文曲广场启动2017年“全国双创周·全国科普日”宣传活动。重庆文理学院、重庆科创学院、永川软通动力等单位向市民展示工业机器人、无人机、3D打印等科

全国科普日永川分会场（2017年）　（区科委供图）

技成果；区环保局、永川消防支队等单位工作人员向市民发放并讲解科普知识等。活动吸引约1500人参加，现场发放1万余份宣传资料。5月19日，举办2017年永川区科技活动周。开展13项主题科普活动，活动期间，直接参与的科技工作者1200多人次，参与群众5.6万余人次，发放科普资料9万余份，开展科普讲座20场次，开放市级科普基地4个，接受咨询1.5万人次，义诊服务0.2万人次。组织春季科技下乡活动。除正常的赶场咨询以外，配合开展多种农业技术培训。全年发放技术资料2万余份，培训农民技术骨干200余人，农民2000余人。

【科技金融】 科技金融体系基本构建。出台《永川区科技金融示范银行管理办法（试行）》，农行兴龙湖支行等4家银行认定为科技金融示范银行，设立1亿元知识价值信用贷款担保基金，首批162家企业获得授信2亿元；设立5000万元创业投资种子基金，首批8个创新创业项目获得280万元无息贷款支持，将科技型企业纳入全区中小企业贷款补偿资金池支持范围。威诺克等3家企业在“新三板”上市，纳楠斯智能科技等11家企业在OTC（科技创新版）挂牌。（区科委供稿）

国家“双创”示范基地

【概况】 2017年，永川区整合各类科技资源，建成市级以上创新创业平台17个，其中国家级3个，年收入2329万；平台面积8.37万平方米，提供工位3883个，入驻企业309家，团队288个，获得投资4920万，吸纳就业4227人。举办春夏秋冬四季度全区创新创业大赛，268个项目参赛，优秀项目获中国创新创业大赛一等奖1次、三等奖2次。全区双创成效指数位列全市第11名，增速列全市第5名。2017年6月，国务院批准建设第二批双创示范基地，永川区成为重庆唯一入选区县，将试点一批创新创业优惠政策，策划实施一批重大“双创”项目，进一步激发创新创业活力。

（区科委供稿）

国家工业机器人高新技术产业化基地

【概况】 2017年1月，永川高新区被科技部认定为国家工业机器人高新技术产业化基地，重点完善科技研发、技术创新、科技金融和公共服务等体系，形成集研发、整机制造、系统集成、零部件配套、应用服务于一体的产业集群。“永川弧焊机器人”成功研发全球发布。重庆文理学院获批开设西南地区唯一的机器人工程本科专业，科创职业学院获批“重庆市工业机器人应用服务工程技术研究中心”。（区科委供稿）

国家知识产权试点城市

【概况】 2017年4月，科技部批准永川区建设国家知识产权试点城市，主题是加强专利信息运用，引领企业创新，促进产业转型升级。到2019年，全区专利信息服务体系基本建立，专利申请量年均增长15%，其中发明专利申请占比不低于30%，企业专利授权量年均增长20%以上。驰名商标实现零的突破，著名商标数量、地理标志数量增长率不低于10%。2017年5月，《机器人知识产权蓝皮书》向全球发布，新培育国家知识产权优势企业1家。（区科委供稿）

科技平台建设

【概况】 2017年，成功引进美国加州大学洛杉矶分校工学院先进技术研究院（UCLA－ITA），与重庆文理学院、重庆市科委和永川高新区管委会共建重庆－UCLA智能制造技术研究院，市区两级投入不少于1亿元。重庆天沛农业科技有限公司刘奕清教授入选“万人计划”；新药团队等3个团队入选重庆创新创业团队；永川纳入全市首批专家服务基地。积极引进区外创新创业人才，重庆古往今来虚拟现实研究院有限公司等 2 个研发机构被评为市级新型研发机构；“早生茶树新品种选育及名优绿茶加工工艺和装备研发与应用”项目获重庆市科技进步二等奖。制定并试行《永川区工程技术专业、农业系列职称量化评审办法》，建立重实绩、重贡献、重创新的专业技术人才职称评价体系。区中医院和人民医院拟开展全市公立医院薪酬制度改革试点工作。

全年建成市级以上创新创业平台 17 个，其中国家级 3 个，年收入 2329 万元；平台面积 8. 37 万平方米，提供工位 3883 个，入驻企业 309 家，团队 288 个，获得投资 4920 万元，吸纳就业 4227 人。举办春夏秋冬四季度全区创新创业大赛，268 个项目参赛，优秀项目获中国创新创业大赛一等奖 1 次、三等奖 2 次。全区双创成效指数位列全市第 11，增速列全市第 5。2017 年 6 月，国务院批准建设第二批双创示范基地，永川区成为重庆唯一入选区县，将试点一批创新创业优惠政策，策划实施一批重大“双创”项目，进一步激发创新创业活力。（区科委供稿）

高新技术推广应用

【概况】 2017 年，新培育科技型企业 94 家，总数 196 家。川扬电子（重庆）有限公司等 3 家企业被认定为高成长性牛羚企业。新培育高新技术企业 25 家，总数 77 家，其中研发“主减速齿轮”等市级高新技术产品 71 个，全区高新技术主产品销售收入 326 亿元。

【科技创新】 区委、区政府出台“永川创新 30 条”，制定《关于建立党员干部干事创业容错纠错机制的实施办法（试行）》，切实保护干部干事创业的积极性。区发展改革部门取消审批项目 17 项，取消项目核准前置审批条件 18 项，实行投资项目网上备案，起草《永川区产业投资负面清单》，破除限制新技术新产品新商业模式发展的准入障碍。科技部门实施科研项目管理和科研经费管理改革，科研项目按公益类和市场类实行分类管理，市场类科研项目实行“后补助”；设立主导产业共性关键技术研发专项，要求企业牵头或参与。深化商事制度改革，推进工商登记 7 条便民举措，全区新增市场主体 11796 户。

【产业培育】 坚持科技创新引领，积极培育发展电子核心基础部件、新能源及智能汽车、高端交通装备、新型智能终端、物联网等成长性好、市场空间大的新兴产业。坚持整机与配套并重、生产与服务并举，推动战略性新兴制造业集群发展、提速发展，打造智能制造集聚区。成功引进德国利勃海尔总装基地、长城汽车、耐德永铃环卫车、东鹏陶瓷、泰石岩棉、中铁建总部经济、腾讯大渝网区域运营中心等项目，基本形成了机器人及智能装备、汽车及零部件、电子信息、软件与信息技术服务、节能环保及新材料、特色轻工等优势产业集群。

【创新产业】 落实永川创新“30”条，聚集创新创业要素，促进项目、人才、资本深度融合发展。众创空间蓬勃发展。培育市级以上众创空间 13 家，机器人产业和百川兴邦 2 家众创空间被认定为国家级众创空间。确立“永创汇”创新创业品牌，开展“周周有培训、月月有沙龙、季季有大赛、年年有节会”活动，孵化企业和项目团队 680 个。创新靶向药物国际研究院研发的“抗 ED 国际新药”项目荣获中国第四届创新创业大赛生物医药行业第一名，并已通过安全性评价，即将进入一期临床试验。大尺寸柔性触控项目获首届全国智能制造（中国制造 2025）创新创业大赛总决赛（创新赛）第一名；银纳米线墨水和“卷对卷”滚筒式快速涂层设备，荣获中国第五届创新创业大赛第三名。

【优化产业】 与重庆西源凸轮轴、重庆新泰机械等 10 余家公司开展技术合作及成果转化，转化冷激合金铸铁技术、金属密封球阀等科技成果 120 余项。威诺克智能装备成功开发出全国首条双 Y 轴发动机缸盖（体）智能化生产线，填补国内空白，威诺克“汽车盘毂机器人值守（无人化）智能化生产线”机加工综合效率提高20%，造价不到进口生产线的一半，是替代进口机的首选。固高长江研究院参与并在高新区成功召开《工业机器人控制装置技术条件》国家标准制定会议。利用固高的运动控制系统、南通振康的减速器、上海儒竞的电机制造永川弧焊机器人并实现量产。知识产权出版社i智库与重庆永川凤凰湖智能装备协同创新研究院共同举办《机器人知识产权蓝皮书（专利篇）》全球首发仪式。

【科技金融】　逐步构建以股权投资、债权融资、众筹募资为主体的科技金融体系，优化金融中介服务，扶持技型中小微企业加快发展，形成大企业顶天立地，中小微企业铺天盖地和大众创业、万众创新的生动局面。建立5000万元规模的创业投资种子基金，首期到位1500万元。筹建1亿元规模的知识价值信用贷款担保基金，首期到位1500万元。筹建2亿元规模的天使基金、3亿元规模的风投资金。将科技型企业纳入全区3900万元的中小企业贷款补偿资金池支持范围，贷款额度从500万元调增至1000万元，应急转贷资金额度增加2000万元。筹建科技金融示范银行，开展知识价值信用贷款改革试点。鼓励中小微企业到主板、创业板、“新三板”、科技创新板等资本市场上市融资。2017年年底有“新三板”上市3家，科技创新板挂牌11家。

【双创培训】　依托众创空间、企业孵化基地等创新创业平台开展双创培训工作，形成“周周有沙龙、月月有培训、季季有大赛、年年有节会”的生动局面，全区双创成效指数位列全市第11，增速列全市第5。　（区科委供稿）

气象事业

【概况】　2017年，永川区气温偏高，降雨量正常略偏多，日照时数略少，气象灾害较2016年偏轻。年平均气温18.4℃，较常年偏高0.7℃，各月气温波动幅度大；年总降雨量1155.6毫米，较常年偏多1成左右，时空分布不均，呈夏多冬少分布；年总日照时数1180.5小时，略少于常年。≥10℃积温高于常年，农业气象条件略偏差年景；年高温总体偏强，高温日数偏多，盛夏期间有阶段性高温热浪；汛期强降水、秋冬季大雾是主要灾害性天气。

【气象服务】　全年开展灾害性天气预警预报、联动会商等系列化气象服务工作。及时准确地发布《重要天气服务快报》、《预警信号》、短临预警短息等消息。先后为“春运”“春播夏收”“中高考”等重大活动及全年节假日制作专题预报，并进行跟踪服务。完成金龙、朱沱镇土壤墒情自动站的人工对比观测记录、上报等工作。配合市级特色水果、茶叶2个农业气象协作组完成资料收集、产品制作等相关工作。为181人的种粮大户、52人的经作产业大户微信群提供实时气象服务25次，解答农业气象服务咨询20次。推广农业精细化平台手机终端服务。全年共制作发布服务材料656期，其中《预警信号》83期、《重要天气服务快报》25期、《雨情报告》52期、《气象专题服务》26期、《灾情报告》1期、《应急气象服务》5期等服务材料。

【气象灾害防御体系建设】　全区建有14个气象区域自动站，实行社会化保障服务。全年共处置自动站故障42次，巡检320站次，开展2次镇街自动站维护人员集中培训会，共发布自动站维护通知12次，镇街自动站维护人员应急处置雨量故障92次，45次雨量到报率100%。完成7套区域自动站的升级改造工作，完成2017年山洪项目普莲骨干站建设、骨干站升级——称重降水项目、生态与环境气象观测系统——自动土壤水分站等项目建设工作；完善了雷达状态监控报警系统建设，通过中国气象局业务验收。

【气象灾害预警信息平台建设】为服务社会，搭建气象灾害预警信息平台，完善政务值班工作标准化建设，制定预警响应检查督促制度等管理制度。完成中山路街道、永荣镇、来苏镇3个标准化气象灾害防御示范镇街的创建工作。与区移动公司续签“永川区气象应急信息区域快速预警系统”合同。与区交委、区民政局、区水务局、区国房局、区林业局等部门签订“永川区气象灾害预警联动合作协议”。完成阿里钉钉“永川气象信息员”企业注册认证。完成永川城区内涝点项目的普查采集工作。

永川雷达站（2017年）（区气象局供图）

【人工影响天气】 全年成功人工作业影响天气5次，发射火箭弹共计19枚。在临江镇修建人影标准化炮站，主体工程完工。

【气象防灾减灾科普宣传】 积极推广“永川气象”官方微博、微信、手机客户端，新浪微博关注3746人，腾讯微博关注327人，微信关注1646人，手机客户端下载1510人。与永川广播电台、电视台继续合作开展气象服务宣传。制作气象科普资料及2018年气象历书，与镇街、区科协、区应急办、区林业、区教委联合加强科普宣传活动，全年共计开展宣传30场次。

【气象灾害防御社会化管理】 按照相关文件要求，通过政府会议纪要、联合发文、签订移交清单等形式，落实区气象局、城乡建委、安监局等7个部门的防雷安全监管责任。房屋建筑工程和市政基础设施工程防雷装置设计审核、竣工验收许可已纳入区建委施工图审查、竣工验收备案中。建立每月防雷安全年检情况定期反馈制度。按照《关于开展气象安全生产大排查大整治大执法的通知》，对全区的易燃易爆场所、煤矿等企业防雷安全生产进行抽查和检查。加强全区防雷安全管理，全年检查防雷安全5次，共检测加油站74个，加气站6个，液化气14个，化危场所73个，教育系统62个，煤矿与非煤矿、炸药、雷管库23个，常规年检单位67个，共计检测单位319个，发出12份整改通知书。全年竣工检测项目89个，开展新建项目的施工监审72次。严格按照《永川区行政许可标准化指引》的要求，完成气象行业行政审批事项服务指南的完整版和简写版的编制工作。联合安监局、商委等七部门下发《关于进一步推进气象灾害敏感单位安全管理工作的通知》，积极做好气象灾害敏感单位申报、初评和专家评审工作，18家企业通过评审认证。

【气象灾害】 永川气象灾害主要有强降温、大风天气、连续阴雨天气、区域性暴雨天气、局地性暴雨天气、高温天气等。2月下旬、4月中下旬和10月上中旬共出现3次强降温天气，“4月20日”“5月3日”“8月2日”“8月3日”共出现4次大风天气，1月、3月、10月和11月共出现4次连阴雨天气。

永川出现“6月10日”“7月14日”“9月8日”区域性暴雨天气和“8月25日”“8月29日”

局地性暴雨天气，其中“6月10日”区域性暴雨致使中山路街道、大安街道和南大街街道不同程度受灾。

7月15日至8月24日，永川气温偏高，茶山竹海街道、陈食街道、胜利路街道、卫星湖街道、南大街街道、大安街道、青峰镇、三教镇、吉安镇、永荣镇、金龙镇、何埂镇、双石镇、红炉镇、五间镇、松溉镇、仙龙镇、朱沱镇、宝峰镇、来苏镇达到伏旱标准，其中来苏镇、宝峰镇达到中等强度伏旱标准，南大街街道、卫星湖街道、陈食街道、永荣镇、吉安镇达到重伏旱标准。全区≥35℃的高温天气共出现34天。（区气象局供稿）

地震事业

【概况】　永川区地震局2008年12月31日挂牌。2009年12月15日地震局挂牌在国土局地质矿产资源管理科，主要负责全区抗震设防管理、防震减灾能力建设、防震减灾宣传工作等。2017年扎实推进防震减灾工作体系建设，提高防震减灾综合能力，组建40人的地震地质灾害应急救援队，开展小型应急撤离演练120次。

【地震监测预报】　整合资源，完善“四重网格”（即监测人、片区负责人、驻守地质队、区地质站）体系建设，优化健全“三网一员”（即地震宏观测报网、地震灾情速报网、地震知识宣传网，防震减灾助理员）队伍建设；落实专人负责重庆市防震减灾信息管理系统，及时上报信息，随时关注系统动态；积极做好地震监测预报工作。

【地震灾害防御】　进一步夯实城乡综合防御基础设施建设，在已建成的永川区自然灾害应急联动平台系统基础上，整合重庆市国土房管局建立的地质灾害应急指挥中心，逐步建立统一协调的“四重网格”地震地质灾害预警信息体系。完成重庆市地震局在永川区南大街和板桥镇选址的地震烈度预报监测基准站立项、测量、用地预审等前期工作。印制永川区地震应急专题图件，提升地震灾害防御综合应急应对能力。全年区财政加大经费投入，在原有的地震地质灾害专项经费中增加15万元，主要用于科普示范学校、地震示范社区创建，防震减灾应急救援设施设备的更换、宣传培训和应急演练活动。更新和配置地震应急救援车、汽油发电机、手持卫星电话、数码摄像机、笔记本电脑、地震应急救援服等必需应急救援设备。

【防震减灾宣传教育】　积极组织开展反震减灾宣传，组织开展“5·12”防震减灾宣传月集中宣传活动。宣传6场次，受众1万余人次，发放宣传资料、图册、传单2万余份。利用“3·8”邢台地震、“7·25”唐山地震“5·12”汶川大地震等特别时段集中开展防震减灾科普宣传进校园、进机关、进社区、进企业、进农村、进场镇等“六进”和“赶场”宣传活动，发放宣传资料3万余份。组织全区各部门、各镇街防震减灾专管员培训，参加人员298人次，向农村居民发放宣传资料8000余份。组织开展防震减灾科普示范学校创建活动，认定命名永川中学等15所中小学校为永川区防震减灾科普示范学校，并推荐神女湖小学和兴龙湖小学成功申报重庆市防震减灾科普示范学校。充分利用永川区政府门户网站、永川区茶竹网、永川区国土资源管理局门户网站及微信平台开展防震减灾宣传。推广关注“重庆地震信息服务微信公众号”，关注人群逾5000人。

（刘文供稿）

教　育

综　述

【学校基础设施建设】　城区学校新建工程有序推进，兴龙湖中学建成投用，职教中心实训基地主体完工，五洲小学、新南郊小学、凤凰湖中学、永和小学、子庄小学等项目建设稳步推进；星湖小学启动整体搬迁，新店小学、吉安初中等8所学校改扩建工程基本完工；实施全面改薄工程，改建寄宿制学校2所，完成校舍维修改造项目90个。

2017年永川区办学条件统计

表9

	占地面积（亿平方米）	校舍面积		运动场地面积（亿平方米）	固定资产值		图书		教学用计算机（万台）
		总计（亿平方米）	其中教学行政用房（亿平方米）		总计（亿元）	其中教学仪器设备值（亿元）	计（亿册）	其中电子图书（万GB）	
中职教育	82.26	40.52	1.46	9.25	8.37	1.58	61.08	15.10	0.84
普通高中	80.72	39.80	2.69	19.80	4.88	0.52	66.48	25.75	0.50
普通初中	49.65	31.73	1.92	16.92	2.00	0.34	50.45	16.21	0.30
普通小学	150.03	65.08	5.47	49.03	4.36	0.97	148.03	37.34	1.01
特殊教育	1.53	0.72	612.00	0.29			0.15	0.03	
学前教育	29.75	18.9	1.03	11.27			20.24	0.91	
合计	393.94	196.92	12.63	106.56	19.26	3.41	347.15	95.35	2.65

说明：此表数据包含民办教育，不含高等教育；数据来源《重庆市永川区教育委员会2016—2017学年度基础事业统计报表》

【学前教育】　高度重视学前教育发展，将学前教育普及普惠作为教育系统重大民生工程来抓，全力实施学前教育普及工程攻坚战，努力改善硬件建设，切实理顺管理体制，认真保障经费投入，不断优化师资队伍，切实解决现存普惠性资源供给不充足的问题。全区有直属公办园1所，镇街独立公办园15所，民办幼儿园130所，有幼儿园教职工2435人（其中公办268人），在园幼儿34781人。新审批、筹建民办幼儿园9所，新建或扩建镇街中心幼儿园8所，认定普惠性幼儿园144所，实现普惠性幼儿园镇街全覆盖。

【教师队伍】　强化师资队伍管理，制定干部教师工作量指导意见、绩效工资外高出部分发放指导意见、中小学幼儿园教师家访制度等，教师管理更加规范有序；全面优化教师队伍结构，多渠道补充新教师164人，交流轮岗407人，组织各类教师培训17000多人次，评选第六批区级骨干教师379人，新增市级骨干教师40名，新增“三峡之光”访问学者、市级名师培养计划教师、市级学科名师等19名，2人被评为重庆市“感动家长的教育人物”。

【教育督导】　实施“两中心、六片区”教育督导改革，组建区政府教育督导委员会，设立质量监测中心和督导研究中心，优化调整六个督导片区，任命专职督学16人，聘任责任督学26人、特约督导员5人。构建学校质量评价体系，创新开展委托监测和民意调查，全方位经常性开展教育专项督导，促进教育教学质量全面提升。

【德育工作】　大力弘扬社会主义核心价值观，开展“爱我中华”“喜迎十九大——我向习爷爷说句心里话”“孝亲尊师”等主题教育活动10余次，举行主题集会150多次，开展班队课2400余节，“少先队”主题队日活动参与人数达8.6万余人次。积极推进社会实践教育，命名区级中小学社会实践教育基地4个，培育市级研学旅行试点学校3所；评选表彰区级三好学生、优秀学生干部、优秀少先队员1130人，先进班集体、优秀团队组织166个。

【艺体教育】 开展科技、艺术、体育、迎新年活动月等，提升学生艺体及科学素养。成功举办中小学生艺术节、科技节、运动会等，区教委荣获第32届重庆市青少年科技创新大赛优秀组织奖，师生获市级以上各类奖项670余人次，其中，国家级特等奖7人次。命名第二批区级校园足球特色学校20所，创建市级、国家级校园足球特色学校1所。

【科技信息教育】 开展科技辅导员培训3次，举办了第七届青少年科技创新大赛、第六届中小学生科技节开幕式、FEG智能无人车观摩赛等5个大型赛事活动。实施教育设施设备优化工程，投入资金1700万元，配备班班通等九大类设施设备6万余件套；完成教育城域网、“云课堂”教室建设等，智慧教育云平台完成财政评审，教育信息化水平逐步提高。

【师德师风】 认真贯彻落实《重庆市教师职业道德“十不准”》《关于切实加强中小学教师管理建立师德建设长效机制的意见》等文件精神，不断规范教师从教行为；组织全区8000余名教师观看重庆市拍摄的师德主题电影《守望一生》，引导广大教师争做人民满意的好教师；组织了首届“魅力校长”和第二届“爱心老师”评选活动，深度挖掘宣传师德典型先进事迹，评选首届“魅力校长”10名和第二届“爱心老师”20名。

【教育资助】 健全教育民生关爱机制，认真做好各类助学金、免学费的审核发放，积极落实特殊困难群众子女资助政策，做好大学生生源地助学贷款及基层就业学费补偿，积极拓宽捐资助学渠道，确保学生不因贫困而失学。2017年，投入资金4900余万元，实现各级各类学生应助尽助；投入896万元继续实施“营养改善计划”，惠及学生86000余人；为2978名学生办理了生源地助学贷款，贷款金额2284万元，回收年度利息和到期应收本金317万元。

【安全稳定】 以安全法治健康“三进”校园活动为抓手，切实提高安全防范意识，编印“三进”校园知识读本14万册，全面普及安全法治知识，构建学校安全教育“新常态”；以“九个一”和“日周月”巡查为基础，切实强化日常监管；举办专题报告会、征文演讲比赛、知识竞赛等20余场；深入开展平安校园“夏秋”专项整治行动，确保安全监管横向到边、纵向到底、不留死角。

【卫生保健】 强化中小学食品安全“三防”措施落实，开展学校食品卫生、环境卫生等检查140所（次）；全力做好中小学生体质健康监测，组织6000余名高二年级学生开展结核病筛查；积极配合国家食品安全示范城市创建工作，建成市、区级卫生示范校22所，永川中学、凤凰湖小学被评为首批“重庆市中小学卫生示范学校”。进一步规范学校食堂米面油等大宗食品统一采购，营养改善计划实名制更加完善；全面推进“明厨亮灶”工程，全区所有学校食堂视频监控设备实现“全覆盖”。

【心理健康教育】 全面启动“心·希望”阳光行动，各中小学校每班每期开设“心理健康教育课”不少于8课时，深入学校开展团体心理咨询和健康讲座90场；建成学校心理辅导室120个，开展教师心理辅导培训3000余人次，永川中学创建为市级心理健康教育特色学校；举办第四届学校卫生论文暨中小学健康教育课评选活动，联合区妇联，组织全区中小学、幼儿园家长学校广泛征集“性健康教育”教学设计及育子故事活动。

基础教育

【概况】 2017年全区有小学88所，初中26所，普通高中7所，特殊教育学校1所，民办学校3所（枫叶国际学校、渝西艺校、桂西学校）。教职工9425人（其中公办8322人），在校学生14.14万人（小学85500人、初中34879人、高中18674

人，特教152人，民办中小学学生2223人）；全区共有离退休教职工3940人。

有独立幼儿园146所，其中直属公办园1所（红星幼儿园），镇街独立公办园15所，民办幼儿园130所，普惠性幼儿园镇街全覆盖，普惠率78%以上。有幼儿园教职工2435人（其中公办268人），在园幼儿34781人。

全区幼儿园入园率95%，小学适龄人口入学率100%，初中适龄人口入学率99%以上，初中毕业生升入高中阶段学校比例97.5%，普通高中学生享受优质教育资源比例80%，提前完成重庆总体目标。

【九年义务教育】 健全“政府统筹、部门联动、学校参与”的发展责任机制，把义务教育优质均衡发展纳入经济和社会发展“十三五”规划，列入政府工作报告，完善区—镇（街）—学校层层考核机制，坚持落实经济社会发展规划优先安排义务教育、财政资金优先保障义务教育投入、公共资源配置优先满足义务教育优质均衡发展需要。义务教育经费在区财政预算中单列，确保实现“三个增长”和预算内义务教育经费高于当年财政经常性收入增长比例。对城乡统一的义务教育学校编制标准，配齐配足义务教育学校教师，重点向农村学校倾斜。深化“一体化”办学模式改革，启动实施“名校+弱校”“名校+新校”和“名校办分校”策略，推动校际、城乡教育一体化融合发展。将进城务工人员随迁子女就学纳入教育发展规划统筹解决。投入3000余万元，实施免费午餐计划，全区9万余名农村贫困地区义务教育学生营养餐全覆盖。认真贯彻落实上级对中小学生的减负规定，切实规范办学行为。严格规范义务教育招生秩序，城区义务教育阶段学校招生坚持划片入学，符合入学条件的适龄儿童少年全部就学。

【普通高中教育】 全区高中教育深化新课改、片区教研、卓越课堂和领雁工程项目研究，探索“互联网+教育”新方式，“一师一优课、一课一名师”活动晒课8715节，开展慕课、翻转课堂等教育信息技术国家级课题10个，市级11个，区级34个。2017年高考总上线5101人，本科上线3426人，重本上线1367人，重本上线率26.33%；比2016年增加208人，增幅达17.95%，各项指标均创历史新高。顺利开展重点中学70%指标到校考试录取工作，录取新生2028名。高中学生参加国家级、重庆市级各类竞赛评选中，获得国家级特等奖7个，全国一等奖36个，市级一等奖87个，二等奖208个，三等奖329个。区教委荣获重庆市级优秀组织单位。

【重点中小学选介】

永川中学 前身为创立于1719年的桂山书院，1979年确立为四川省首批办好的重点中学，1997年成为重庆市首批重点中学。系重庆市德育示范校、重庆市百佳文明单位、重庆市中小学研学旅行先进学校，是2017年重庆市首批被授予“清华大学生源学校”的九所学校之一。学校有两个校区，占地约30公顷，常设办学规模9800人；2017年有在职教职工560余人。

学校坚持“以文化人、明体达用”的校训，培养中国科学院院士崔向群、社会活动家黄墨涵、长江学者夏庆友等无数优秀人才。学校坚持以“创造适合师生主体发展的教育”为办学目标，大

永川中学校园（2017年） （永川中学供图）

力推进高中新课程改革，累计开设150多门校本选修课，办学特色鲜明。学校先后获“全国教育系统先进集体”“全国教育科研优秀实验学校”等10余项国家级荣誉。

萱花中学　建校于1991年，2003年成功创建重庆市重点中学，获“全国艺术特色学校”“全国五四红旗团委”“重庆市体育传统项目学校”等殊荣。学校近年来实施“五・五”课堂教学改革，承担国家级、重庆市级科研课题15个，是“全国科学教育实验基地”。学校占地5.33余公顷，常设办学规模81班5000余人；2017年有教职工350人。

学校秉持“学生、教师、学校共同发展”的办学理念，以“五・五”课堂教学改革提高教学质量，通过以“省善教育行动研究”推动特色发展，率先实现了现代信息技术班班通、室室通、家家通，六大功能室齐全，校园网络全覆盖，以现代信息技术促进教育教学发展，被评为教育部“教育信息化建设试点校”、中央电教馆“全国百所数字校园示范校”。

北山中学　始建于1938年，时为国立十六中。学校占地98716平方米，2017年有87个教学班，在校学生5341人，教职工350人。2017年高考重点上线人数达223人，本科上线人数735人，上线率70.7%；中考联招考试和指标到校考试中，600分以上有229人，690分以上有11人。

北山中学坚持“尚美教育”办学理念，坚持“涵养中华美德，培育合格公民”的育人目标，以“格物、正心、尚美”之校训，训育“科学求真、道德求善、艺术求美”的师生。

该校系全国厂务公开先进单位、全国百所德育示范学校、全国科学教育实验基地、全国青少年五好小公民“美丽中国，我的中国梦”’主题教育活动示范学校、重庆市美丽校园、重庆市依法治校示范校。其“尚美教育”理念被四川、贵州、广东、北京、陕西、西藏、安徽、台湾等地学校学习和推崇。

红旗小学　红旗小学创办于1923年，校名为“公立平民学校”，1930年更名为“民众学校”；1935年更名为“永川西城小学”；1951年更名为“永川县城关区第三小学”；后因学校所处位置在西外老街，又更名为“永川县西外街小学”；文化大革命中学校再次更名为“永川县城关红旗小学”。1978年学校被确定为四川省首批办好的重点小学。2007年，学校整体搬迁至玉屏北路桂山公园一侧。学校环境优美，绿化面积达到40%；教学楼和功能室，配备先进的功能设备；体育设施齐全；图书室藏书4万余册；校园文化氛围高雅而富有特色。

学校本部玉屏校区占地3公顷，有54个教学班。大南校区占地1.33公顷，有14个教学班，在校学生近4000人。学校有在职教师近200人，特级教师1人，重庆市骨干校长1人，高级教师14人，永川区级以上骨干教师40余人。

从1998年开始，学校开始探索“天天好习惯”特色教育追求目标，为继续传承和践行“自主教育”赋予新的时代内涵，学校按照“以爱育爱，师生和谐发展”的办学思想和以“构建和谐人文环境、弘扬礼仪道德风尚、为孩子的终生发展奠基”的办学理念为发展思路，坚持“主体发展”，注重学生习惯培养，充分发挥学生主动性、自主性和创造性，形成“天天好习惯，自主炼成才”办学特色。学生自主参与意识浓，自主管理能力强，思维活、后劲足。

学校先后获得“全国国防教育特色学校”“全国青少年五好小公民主题教育活动示范学校”“全国校园足球特色学校”“全国艺术教育特色学校”“全国少先队红旗大队”“中国少年儿童平安行动示范学校”等奖项。

上游小学　永川区上游小学源于1788年的东皋书院，是永川区办学历史悠久、社会关注度高的城区一类学校。在230余年的办学历史中，形成一校三区（上游本部、小南校区、书院巷幼儿园）的一体化办学格局。

学校占地面积20260.9平方米，建筑面积11224.4平方米；常年办学42个小学教学班，幼儿教学班10个，2017年在校学生2800余人，在编教职工135人，重庆市名师1名，重庆市骨干教师7名，永川区骨干教师27名。

学校秉承“博雅行天下”的办学理念，营造“博学多才，言行优雅”的校风，传承“博以言传，雅以身教”的教风，张扬“博于问学，雅于明德”的学风，形成以“家政教育和阶梯文化”为核心的办学特色。注重人文管理，始终秉承“师之所思，我之所想；生之所需，我之所为”的思想，着力推进“特色校园”“特色课程”“特色班级”“特色教师”“特色学生”特色项目建设，让全校师生成就最美好的自己。

学校环境优美，文化底蕴丰富，办学特色突出，是重庆市教育科研试验基地学校，先后被评为重庆市绿色学校、平安校园、教育科研先进集体、依法治校示范校等，永川区人文校园、特色学校、五好基层关工委、先进党支部、教学成果一等奖等。

汇龙小学　前身系永川县东南小学，系全国首家儿童文学校园。学校占地34684平方米，2017年有教学班65个，学生3900余人，教职工188人。

学校坚持“发现儿童点燃梦想”办学理念和“阅读滋润童年”特色理念，秉承“今天小汇龙、明天中华龙”校训，以建构儿童文学校园管理文化、环境文化、课程文化和活动文化为抓手，特色办学，科研强校，取得丰硕成果。学校先后被中国关工委授予全市首批、永川首家“中华魂书屋”荣誉称号，获得全国、市级、区级奖励和荣誉150余项，全国人大常委、教育家朱永新欣然题词：“把最美好的东西给最美丽的童年。”美国、泰国等国家和中国港澳台地区以及北京、上海等28省市6000余人次到校参观、学习和交流。《中国教育报》、《人民教育》、重庆电视台等多家媒体分别报道学习办学特色。

兴龙湖小学　学校创办于2014年，校园占地面积约4公顷。2017年有教学班62个，学生4100余人，教师153人。

学校以“汇智成湖，兴龙逐梦”为学校文化主题，确立“在经典中成人，在体验中成长，在创新中成才”的办学理念，实施“一年起好步，三年见成效，五年树品牌”的“135”发展战略。

学校以课题为引领，先后立项国家课题1个、市区级课题5个，区级课题3个。学校率先在全国实施“4+X”教育新模式，开展大课堂课程改革，即：四个半天全员“选课走班”，以“经典与阅读、艺术与审美、科技与实践、体育与游戏”四大学科为核心，构建60余门符合学生年龄特点和身心发展所需的特色多元的实践性“课程大超市”，受到社会各界的广泛关注，中国青年报、重庆晨报、华龙网、重庆教师研修网等媒体纷纷报道。学校2015—2017年连续三年获区教委年度综合督导评估“优秀奖”，校训“知行合一，龙行天下”获得永川区金牌校训。

朱沱镇南华宫小学　学校占地面积4.53公顷，建筑面积23793平方米。2017年有教学班46个，学生2410名，教职工98名。

学校以“大江”为元素，以“思善”为依托，确立“思善教育”办学理念，结合学校硬件基础和发展现状，围绕“高效谋发展，特色树品牌，争创全区名校”的办学目标，确定“三二三”发展思路，围绕“构建卓越课堂”“建设艺体特色”“提升学校品味”三大目标，形成“艺体”两个特色，构建三级科研，以科研促进“两个特色”形成，助推“三大目标”实现。先后被评为全国青少年校园足球特色学校、全国啦啦操推广先进单位等18个荣誉称号。学校组队参加区级以上团体

兴龙湖小学（2017年）　（张瑜摄）

竞赛活动，获一、二、三等奖90余项，师生获区级以上获奖及表彰2100多人次。

红星幼儿园　创办于1945年3月。该园有3个园区，占地面积0.47公顷，建筑面积6482平方米，常年办园规模18个班，在园幼儿540人，在岗教职工80余名。1991年被四川省命名为合格示范幼儿园，2003年创建为重庆市示范幼儿园，系“国培”项目基地，是重庆文理学院、万州幼儿师范学院、永川职教中心等大中专院校学前教育专业学生的实习基地。对规范办园，科学育人发挥示范辐射带动作用。

幼儿园努力遵循幼儿身心发展规律，尊重孩子游戏的权利，积淀深厚的办学底蕴，形成“红星闪闪亮，颗颗放光彩”的园所文化，先后开展“寓德于美实验研究”“运用电教手段，发展幼儿语言”等8个国家级、市级、区级课题研究。2017年教师获得区级奖励29人次，市级奖励3人次，学校班子被区委教育工委评为优秀领导班子。

（刘畅供稿）

职业教育

【概况】　永川是重庆职业教育基地，其“城市以职教为特色，职教以城市为依托，校区建设与城市发展融为一体”的“城校互动”职教模式，被教育部称为中国职教第四种发展模式——永川模式。职教基地现有大中专院校15所，其中本科院校2所，高职院校5所，中职学校7所，成人高等教育机构1所。在校学生12万余人，其中本科4.3万余人，高职4.4万余人，中职3.3万余人。在职教职工6900余人。短期职业技能培训机构22个，年培训量4万余人。基地院校开设有本科10个大类112个专业、专科11个大类115个专业、中职12个大类55个专业，涵盖劳动技能鉴定部门能鉴定的500多个工种，每年为社会输送近3万名技能型人才，形成了中高职与本科、公办与民办、学历与非学历教育相互促进、共同发展的现代职教体系。2017年，区委、区政府出台《永川区关于加快建设现代职业教育高地的意见》及24条激励政策，为进一步做大规模，提升质量，服务发展，建设西部现代职教高地提供强大动力。

【永川职教中心】　重庆市永川职业教育中心是区人民政府主办的中职学校。2012年6月经重庆市教委批准，重庆市松溉中等职业技术学校、重庆市永川工商学校整体并入永川职业教育中心，至2014年8月全面完成整合。学校整合后主要以原职教中心校区为中心教学区，由两个教学区构成（原城关职中校区和原实验中学校区）。学校在校学生5000余人，教职工448人。

学校开设电子技术应用、数控技术、工业机器人、计算机应用、学前教育、汽车维修、建筑工程、会计、物流管理、旅游服务等15个专业。其中7个专业为国家重点支持建设专业和重庆市重点特色专业。

【重点职校介绍】

重庆市工业高级技工学校　该校于1978年建校，学校占地11.87公顷，2017年有全日制学历教育学生4584人，开设电子技术应用、机电技术应用、数控技术应用、客户信息服务等14个优势专业与永川呼叫和金融数据处理公共服务平台特色项目。

该校是重庆西部唯一一所高级技校、技师学院，是国家技能人才培育突出贡献单位、全国技工院校一体化教学改革试点学校、世界技能大赛重庆赛区机电一体化项目竞赛基地、重庆市模具技术公共实训基地、重庆市数控机床产业人才培训基地、重庆市软件蓝领万人培养工程试点单位、重庆金融与信息技术服务外包公共实训基地。

学校坚持走高端引领、多元办学之路，牵头成立重庆市渝西地区技工教育联合体，办校入园、办学入企、引企入校、产教结合；牵头成立重庆职教基地现代机电技术教育集团，搭建行业、企业、学校、研究机构合作共赢、优势互补、资源共享、共同提高的平台。

重庆市经贸中等专业学校　学校建立于1958

年，是重庆市人民政府举办的全日制中职学校，学校占地面积15.54万平方米，校舍建筑面积13.6万平方米，开设有9大类20多个专业，在校学生10300人。建有3个国家级实训中心、2个市级实训中心、1个挖掘机培训中心和1个26.67公顷生态农业产业园培训基地。

该校是国家级重点中职学校、国家中等职业教育改革发展示范学校建设计划项目学校、中德诺浩高技能汽车人才培养助推计划项目学校、全国第二批科技特派员创业培训基地、全国数字化学习资源分中心。

学校牵头组建“重庆市春晖农民工培训集团”，牵头成立重庆机械工程学会农机分会。先后荣获“全国职业教育先进集体”“全国供销合作社系统先进集体”“第五届黄炎培职业教育奖先进单位奖”“全国职业院校技能大赛（中职组）十年突出成就奖”“重庆市德育特色学校”“重庆市文明单位学校”等30多项殊荣。

重庆市农业机械化学校　学校占地43.53公顷，建筑面积21万平方米，2017年在校生1万人，教职工500余人。是农业部授予的“农业职业技术教育培训示范基地”。

学校开设有农机使用与维护、农村电气技术、农业与农村用水、汽车维修、数控技术、工业机器人应用与维护、城市轨道交通运营管理、机电技术、模具制造、电子技术、建筑施工、计算机应用、计算机网络技术、计算机平面设计、电子商务、服装设计与工艺、会计电算化、酒店管理等29个专业，形成以“农机、汽车、机械、电子信息技术、现代服务”为龙头的特色专业结构。（刘畅供稿）

高等教育

【概况】　2017年永川有高等院校8所，其中本科院校2所，高职院校4所，成人高等教育机构1所（永川电大），本科教学点1个（重庆医科大学第五临床学院）。本科学生4.3万人，专科学生4.4万人。重庆大学城市科技学院连续三年蝉联重庆市独立学院排行榜第一名，跻身中国一流独立学院。重庆水利电力职业技术学院成功创建重庆市级骨干高职院校；重庆水利电力职业技术学院、重庆财经职业学院入选15所市级优质高职院校立项建设单位，重庆科创职业学院入选5所市级优质高职院校培训建设单位。重庆水利电力职业技术学院、重庆科创职业学院成为重庆市级大学生创业示范基地，重庆文理学院百川兴邦众创空间成功获批国家备案众创空间。

【高校选介】

重庆文理学院　2001年经国家教育部和重庆市人民政府批准的公办本科高校，其前身为重庆师范高等专科学校和渝州教育学院。2017年学校有红河、星湖两个校区，校园占地面积117.8公顷，教职工1300余人，全日制在校学生20000余人。学校始终秉持“教育即服务、学生即顾客、质量即生命”的办学理念，坚持“应用为本，管理创新，开放办学，特色发展”的办学思路，大力实施“顶天立地”发展战略，全面推动应用型深度转型发展，在人才培养、科学研究、服务社会和文化传承与创新等各方面为国家和地方经济社会发展做出重要贡献。

重庆财经职业学院　建立于1956年。始名江

重庆文理学院（2017年）　　（区教委供图）

津专区财贸干部学校，开展干部教育与培训；1974年开办全日制中专教育；1983年更名为重庆第二财贸学校；2007年转制升格为普通高等职业院校，更名为重庆财经职业学院，举办高等职业教育。学院占地47.33公顷，开设19个高职专业，在职教职工393人，在校学生8500多人。2017年，学院被列入重庆市15所优质高等职业学院建设单位之一。

重庆财经职业学院是全国商务系统先进集体，全国商业服务业校企合作与人才培养优秀院校，全国高职高专联席会理事单位，全国高职高专工商管理类院长/系主任联席会副会长单位，中国商业会计学会大学部常务副主任单位，全国计算机速录等级考试示范院校，重庆市级高技能人才培养基地。

建校以来，学院已为社会培养3万多名技能型专门人才。2006年时任国务院总理温家宝在视察学院时发表“职业教育是面向人人的教育”的重要讲话。

重庆城市职业学院　该学院是由重庆市人民政府主办、主管，面向全国招生的全日制公办普通高等学校。前身为重庆市工会干部学校，于2004年与重庆市职工大学合并组建重庆城市职业学院。

学院占地约26.67公顷，建筑面积15万平方米，有校内实训基地（室）55个，教学科研仪器设备值3900多万元。2017年有职工270余人，在校学生3421人。学院立足重庆经济社会发展，确立了以现代服务业为主体，现代信息产业和智能装备制造业协调发展的“一体两翼”专业布局，开设旅游类、财经商贸类、装备制造类、电子信息类等22个高职专科专业。

学院被中华全国总工会等部门授予先进教学单位、全国职工教育先进单位、重庆市工人先锋号等荣誉称号，是重庆市软件蓝领人才培养基地、永川服务外包人才培养基地。

重庆大学城市科技学院　2015年建校，是经国家教育部批准设立的以本科教育为主的综合性全日制普通高等学校。学校是教育部直属重点大学、国家“211工程”和“985工程”重点建设高校——重庆大学举办的独立学校。

学校明确“以工科为主、土建和机电类专业群为特色，经、管、文、法、艺多学科协调发展”的学科专业布局，下设土木工程学院、建筑学院等7个二级学院和1个人文基础部，开办土木工程、建筑学等本科专业32个，建筑工程技术等专科专业4个，覆盖工学、经济学、管理学、法学、文学、艺术等6个学科门类，2017年有在校生22000余人。毕业生就业率保持在90%以上，向社会输送本、专科毕业生近3万人。

重庆科创职业学院　前身系重庆信息工作专修学校，建立于1993年。是一所拥有20余年办学历史的全日制民办高职院校。学院占地面积53.33公顷，总建筑面积30多万平方米，2017年有专任教师449人，各类在籍学生10476人。

学院积极探索产教融合、校企合作人才培养模式，已构建起与地区经济社会发展需求吻合的智能制造、人工智能、汽车工程等五大专业集群32个专业和12个校内实训中心，与近200家大中型企业开展校企合作，教学科研仪器设备值逾亿元。学院已建成工业机器人应用服务工程技术研究中心等4个市级平台，乐铠机器人公司等2个校级平台，正在建设科大讯飞人工智能学院等2个

重庆科创职业学院（2017年）　（区科委供图）

特色二级学院。

为更好对接中国制造“2025”，服务地区经济社会发展，学院董事会于2015年提出升本目标，现已纳入市“十三五”教育事业发展规划。学院将继续内涵发展，力争“十三五”期间成功申办应用型本科院校，为重庆经济社会发展作出更大的贡献。

重庆水利电力职业技术学院　是教育部、建设部联合批准的“全国建设行业技能型紧缺人才培养工程”实施院校，是“全国水利高等职业教育示范院校”“全国水利行业特有工种职业技能鉴定站”“重庆市水电行业国家职业技能鉴定所”“重庆市级骨干高职院校建设单位”。

学院总面积63.33公顷，设有水利工程、电气工程、建筑工程、市政工程、机电与电子信息工程系和基础教学部五系一部，开设有水务管理、水利水电建筑工程、电力系统继电保护与自动化、工程测量与监理、计算机应用技术（软件服务外包方向）等39个专业，其中水利大类专业11个，水利工程施工技术等13个专业在重庆市属于唯一设置。

2017年学院有教职工410人，全日制在校生9300余人。学生就业率年均保持在98%以上，对口率85%以上，用人单位满意率95%以上。2017年，学院被列入重庆市15所优质高等职业学院建设单位之一。

【自学考试】　全国高等教育自学考试在每年4月、10月举行。10101人报考，涉及20259科次。全面施行网上管理系统，考生可在网上自助报名、缴费、转考、免考、补证、成绩通知及复核等相关信息查询等。

【成人高考】　全国成人高校招生考试时间为10月28日至29日。永川区招办精心组织成人高考宣传、报名及考试工作，并根据实际，除在萱花中学、文理附中设置考场外，还分别在重庆科创职业学院和永川监狱设置考场，以方便各类考生参加考试。永川区成人高考报名2789人，录取2283人，录取率为81.9%；高职单招报名842人，录取658人，录取录为78.1%。

【普通高考】　普通高考包括3月的普通高校对口单招考试和6月的普通高校招生统一考试。永川区招办严格高考报名资格审查、保密室管理、考点建设、招考宣传和招考机构建设等工作，普通高校招生考试报名6908人，录取6127人，录取率为88.7%。其中本科上线3426人，重本上线1367人，各项指标均创历史新高，重本上线率26.33%，增幅17.95%，高出重庆10个百分点。

（刘畅供稿）

成人教育

【概况】　全区开办成人教育学校23所，成教干部23名。在区农委和镇街政府办事处等单位的高度重视下，成人学校常年开展种养殖等实用技术培训。2017年，全区组织成教干部160余人次参加全国和市级组织的社区教育培训，参观学习区外社区教育样板单位。组织职业院校、镇街成教干部报送社区教育评选活动，永川教委获重庆市第二届社区教育微课大赛奖、重庆市“百姓学习之星”和重庆市终身学习活动品牌等奖项。积极探索社区教育，通过老年大学与在永大中专院校有机结合，努力搭建教育培训平台，促进大中专院校与成人教育、老年教育的共同发展。

（刘畅供稿）

特殊教育

【概况】　永川区特殊教育主要对聋哑、弱智等残疾儿童特殊教育。2017年，永川区10岁以下的残疾儿童有439人。适合就读的学龄残疾儿童全部入学。在永川区特殊教育学校和普校随班就读的残疾学生有672人（含10岁以上）。

【永川区特殊教育学校】　永川区特殊教育学校

是一所为适龄残疾儿童提供教育服务的公办学校。学校占地11114平方米，2017年有学生149人，班级11个，在编教职工35人。学校功能完备，建设感统训练室、健康训练室等12个功能室以及羽毛球场、篮球场、乒乓球场、游乐园、种植基地。有一体化教学机教室11间、图书室1间、墙面感统游戏墙11面，能为13个班级提供教学服务。

学校以“微光教育”为特色，以“读懂一个孩子，点亮一个家庭”为办学理念，努力推进特殊教育儿童个别化教育，坚持“生活教育”和“家校联合”，开设生活劳动课，安排专职教师，设定主题教学内容，用“我能”“我行”“我很棒”作为口号激励学生通过学习烹饪、清洁、农事等实用生活技能，提高学生自我保护、自我照顾的能力。

学校聋哑学生表演的《爱让我站起来》《感谢春天》《美丽生活》《官司草》《再唱东方红》等大型舞蹈参赛表演均获区中小学生艺术节奖项。其中学生小品《小苹果》和舞蹈《官司草》《东方古韵》受邀赴渝演出，反响热烈，《重庆日报》《永川读本》和永川电视台等区内外媒体开展了深入报道。

（刘畅供稿）

2017年永川区教育事业情况表

表10

	学校数（所）	毕业生数（人）	招生数（人）	在校生数（人）	教职工数	
					计（人）	其中专任教师（人）
总计	266	51012	55174	198122	13426	10329
中等职业教育	5	8279	8390	25422	1400	1042
普通高中	8	5484	6438	17763	2246	1154
普通初中	26	10410	13283	34814	2784	2538
普通小学	88	13496	12081	85494	4525	4285
特殊教育	1	11	15	152	36	32
学前教育	138	13332	14967	34477	2435	1278

说明：此表数据含民办教育，不含高等教育；数据来源《重庆市永川区教育委员会2016～2017学年度基础事业统计报表》

2017年永川区教育经费与办学水平情况表

表11

类别	数量	类别	数量
教育经费总收入（万元）	275999	每万人口在园幼儿数（人）	300
其中：国家财政性教育经费（万元）	248972	每万人口在校小学生数（人）	747
社会捐、集资办学经费（万元）	0	每万人口在校初中生数（人）	305
事业收入（万元）	24843	每万人口在校高中生数（人）	369
教育经费总支出（万元）	280846	学前三年毛入学率（%）	95.6
其中：事业性经费支出（万元）	279409	小学适龄人口入学率（%）	100
基本建设投资项目支出（万元）	43707	高中阶段教育入学率（%）	142

续表 11 - 1

类别	数量	类别	数量
财政预算内教育经费支出占财政支出的比例（%）	20.39	初中适龄人口入学率（%）	99
政府教育财政拨款的增长与财政经常性收入的增长比（%）	1.69	小学毕业生升入初中比例（%）	81.85
小学生均预算内教育事业费（万元）	8451.23	初中毕业生升入高中阶段教育比例（%）	97.5
初中生均预算内教育事业费（元）	12655.86	教育人口占总人口的比例（%）	17.72
普通高中生均预算内教育事业费（元）	9882.93	人均受教育年限（年）	11. 41
中等职业学校生均预算内教育事业费（元）	8880		
小学生均预算内公用经费（元）	2102.64		
初中生均预算内公用经费（元）	2497.75		
普通高中生生均预算内公用经费（元）	2051.17		
中等职业学校生均预算内公用经费（元）	2872.59		

体　育

竞技体育

【概况】　2017 年，全区经常性参加体育活动人口占总人口比重达 53.4%。举办国际性赛事 1 次，重庆市级比赛 5 次，永川区级大型赛事 19 场次，镇（街）、区级各部门和体育协会举办体育赛事 112 场次，参与人次 24.3 万人。完成全国 20～60 岁体育健身活动和体质状况抽测指标 1880 人，获重庆市级以上体育比赛奖牌 32 枚。获得市级以上比赛奖牌：金牌 16 枚、银牌 25 枚、铜牌 24 枚。成功举办第七届永川国际女足邀请赛，成功申办 2020 年市第六届运动会。

【出席市级及以上赛事】　2017 年，永川区代表重庆市组队参加第十三届全运会群众项目的气排球比赛，男队预赛进入前十六强；参加重庆市第七届全民健身运动会 9 个项目的比赛，获得组织奖；参加重庆市公开水域游泳比赛、重庆市铁人三项比赛、重庆市体育舞蹈等比赛取得较好成绩。参加全国气排球邀请赛男队获第一名；参加全国第三届老年人体育健身大会中国象棋比赛获团体第三名；参加重庆市 2017 年气排球比赛男、女队均获优胜奖；区青少年足球队 U12 组参加云南“泸虎杯”全国青少年足球邀请赛获得全国冠军。U12 组参加西昌“邛海杯”全国青少年足球邀请赛获得金奖，U10 组获得银奖。

【体育人才培养】　继续加大对体育人才培养。体校高水平教练员“进校园”带训练、上公开课，学校优秀体育教师带竞技队伍；学校体育探索“特色化”发展，如摔跤、柔道项目布局学校开设初一、高一的摔跤柔道班，双石中学、卧龙初中开设拳击特色业训项目；文理附中打造举重、跆拳道特色等。

【永川国际女足邀请赛】　2017 年 10 月 19—24 日，2017 年“元臻杯”中国足协永川国际女足邀请赛在永川体育中心举行。参加比赛的是中国国家女子足球队、巴西国家女子足球队、墨西哥国家女子足球队和朝鲜国家女子足球队。经过角逐，

国际女足邀请赛（2017 年）（区宣传部供图）

巴西女足夺得冠军，朝鲜女足获得亚军，中国女足夺得季军，墨西哥女足获得第四名。中国女足 11 号队员王珊珊获最有价值球员奖，巴西女足 10 号队员玛塔·达席尔瓦获得最佳射手奖，巴西女足 1 号队员芭芭拉·巴博沙获最佳守门员奖。

群众体育

【概况】 永川区组织各类丰富多彩的全民健身活动，对群众体育健身活动积极引导和指导。广场健身操、坝坝舞、广场操、健身球等活动深受群众欢迎，健身群众日益增多。2017 年全区体育志愿者和好体育人总数超过 400 人，建立 QQ 群和联络信息网络。到社区、广场、健身路径等场所，指导群众开展太极拳剑、健身操舞等项目的锻炼健身。新增加兴龙湖、凤凰湖、渝西广场，农村部分镇街广场、社区“路边体育课”授课点 8 个，全年共开展太极拳（剑）、柔力球、健身气功、健身操舞、执杖走、乒乓球、养生讲座、健康知识讲座、自行车骑行、钓鱼讲座等 32 场次，受益群众 2 万余人。到 12 个镇街、5 个机关单位或企业开展 20 多次趣味体育比赛。全年“体育志愿者”和好体育人无偿指导 20 余万人次群众锻炼健身，帮扶贫困群众、留守儿童、残疾人等 5000 余人次。

【体育设施建设】 永川区创新开展体育设施建设项目，特别是文体中心户和文化大院，配备篮球架、乒乓球台、象棋等设施，覆盖各镇街行政村。配备健身广场、健身活动室、棋牌室等设施的社区健身点等。永川区已建成体育场、体育馆、游泳馆各 1 个，建成 2 个城区全民健身活动中心、15 个镇街健身广场、15 条登山步道、202 条健身路径、280 户文体中心户，29 个社区健身点、13 个文化大院、1 个跑马场，人均体育场地面积居重庆前列。

【全民健身服务体系建设】 全区建有 19 个群众体育协会，组建“好体育人”队伍。各协会积极助推“一镇一品”工作，取得明显效果。棋牌协会与何埂镇一碗水村合作打造“象棋文化村”。钓

永川体育运动场（2017 年）（区文化委供图）

鱼协会与青峰镇合作，建成青峰镇钓鱼基地，成为全区钓鱼活动的重要场地。篮球协会与陈食镇合作，积极打造陈食镇篮球特色镇。摔跤协会与五间镇、朱沱镇合作，在五间镇景圣中学、朱沱镇涨谷小学建立摔跤训练基地，等等。各协会在不断加强自身工作的同时，让更多群众受益，成为体育“为民惠民”的重要阵地。

【体育场馆建设】 全区有体育场馆1752个，经常性参加体育活动人口占总人口比53.38%。全民健身综合广场13个、社区健身点29个、登山步道15条、全民健身路径197条，新建笼式足球场2个，农体工程全覆盖，人均体育场地面积2.210平方米。体育中心、游泳馆、体育馆对市民开放，开放时间均达到330天以上，每周对外开放时间均达56小时以上，公休日、法定节假日、学校寒暑假期间每天开放时间均达8小时以上，户外公共区域及户外健身器材全年免费开放，对学生、老年人、残疾人均免费低收费开放，全民健身日实现全面免费开放。

体育中心　体育中心全天免费开放为群众提供乒乓球、羽毛球、拳击、健步走、坝坝舞、太极拳等活动场所，好体育人定时、定点指导群众科学锻炼健身，并按“课表”认真“备课”“上课”，举行太极拳、气排球、柔力球、羽毛球、健身秧歌等体育健身知识讲座42场次，受益群众3万余人。先后举办永川国际女足邀请赛、区“交通杯”职工篮球邀请赛、中小学生中长跑比赛、社区体育节、农民工运动会等大型活动16场次；开展中小型各类群众体育活动62场次。全年体育中心接待人数20万余人次。

游泳馆　游泳馆免费低收费开放时段，指定水平较高的“好体育人”进行现场指导，每天进行登记，形成重庆文理学院游泳专业课和救生员培训、免费开放、低收费开放、游泳培训训练、冬泳锻炼、开展群众竞赛等内容丰富的活动体系，很好地满足群众游泳健身需求。全年“好体育人”参与免费开放时段游泳指导2500人次，受益群众1.8万人。

体育馆　重点服务于老年体育爱好者，每天划出专门时段开展老年人气排球、体育舞蹈、乒乓球等项目活动时间，来自气排球协会、乒乓球协会、武术协会等协会的“好体育人”定时定人到场进行指导，参与人数500余人次，受益群众4300人次。2017年在体育馆举办的赛事有重庆市武术散手比赛、老年人运动会气排球、社区运动会、“青峰红高粱杯”篮球联赛等。

【体彩销售】 2017年加大体育彩票的宣传力度，体彩销售网点建设更加合理，全年体彩销售突破1.2亿元。

医疗卫生

综　述

【概况】 2017年永川卫生计生工作坚持以习近平新时期中国特色社会主义思想为指导，认真贯彻党中央、重庆市的决策部署，坚持保基本、强基层、建机制，注重统筹安排、突出重点、循序渐进，以深化医药卫生计生改革为主线，全面落实计划生育政策，有力提升基本医疗、公共卫生和计划生育服务能力。全区有医疗卫生机构647

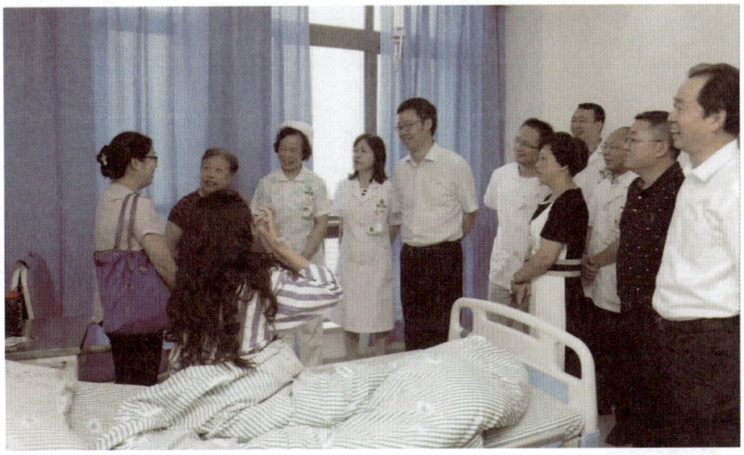

国务院督查组调研永川卫生工作（2017年）　（区卫计委供图）

个。其中，医院23所，乡镇卫生院16所，卫生监督所1个，疾病预防控制中心1个，村卫生室327个，社区卫生服务中心16个，诊所（卫生所、医务室）258个。医疗卫生机构床位数7706张，医疗卫生机构各类人员7838人。其中，卫生技术人员6169人，执业（助理）医师2107人，注册护士2769人。家庭医生签约率达35.87%。新开诊民营医院2家。主要医疗机构接诊584.09万人次（门急诊555.31万人次、住院28.78万人次），其中区外就诊人员约25.9万人次。人口自然增长率4.7‰。人口出生率11.5‰，出生人数12720人。死亡率6.9‰，死亡人数7571人。出生婴儿男女性别比1.063：1。符合政策生育率97.28%。成功创建全国儿童早期发展示范基地。

【医疗卫生体制改革】　2017年9月9日起，全面推开公立医院综合改革。永川区人民医院、区中医院、区妇幼保健院、区计生集爱医院、区精神卫生中心5家公立医院纳入改革，在永川的重庆市属和市级部门主办的其他5家公立医院同步纳入改革，所有公立医院全面取消药品加成（中药饮片除外），取消药事服务费。调整部分医疗服务项目价格，对公立医院因取消药品加成减少的合理收入进行补偿。实行公立医疗机构药品集中联合采购，统一遴选30家配送企业，对所有公立医疗机构实行统一采购、统一配送、统一管理，完善药品供应保障体系。严格执行药品采购“两票制”，压缩流通环节，降低药品采购价格。

【基础设施建设】　2017年永川卫计系统启动在建6个基建项目。其中，儿童医院建设及计生集爱医院迁建项目总面积22668平方米，总投资9945万元，中央资金2900万元，累计完成投资5500万元。区妇幼保健院业务用房建设项目为区级政府主导类重点项目，总建筑面积95507平方米，工程总投资3.5亿元，该项目基础工程已完工，已完成主体工程的57%，完成投资6050万元。人民医院儿科门诊住院业务用房及神女湖分院建设项目总建筑面积29650平方米，工程总投资9800万元，其中中央资金1920万元。该项目主体工程即将完工，已完成投资3000万元。宝峰镇、金龙镇、松溉镇卫生院业务用房建设工程总建筑面积2080平方米，总投资470万元，三个项目主体工程均已完工。

【公共卫生服务体系】　2017年人均基本公共卫生服务经费补助标准由人均45元提高至50元，全区公共卫生服务经费总投入5415万元。全年累计建立居民健康档案1011856份、健康教育145693人次、0～6岁适龄儿童预防接种建证建卡率99.69%，0～6岁儿童健康管理率95.17%，0～3岁儿童系统管理是率94.45%，孕产妇健康管理率96.91%，老年人健康管理率69.44%，高血压患者健康管理率34.2%，糖尿病患者健康管理率39.27%，重性精神疾病患者检出率4.61‰，卫生监督协管巡查覆盖率100%，老年人中医药健康服务率40.13%，0～3岁儿童中医药健康服务率48.89%。

【医德医风】　2017年永川卫生计生以做好主题宣传、品牌宣传和常规宣传为切入点，深入推进健康促进活动。卫生计生系统开展“双十佳”活动，全行业已评选示范村卫生室10个、最美乡村医生10名，宣传乡村医生扎根农村、爱岗敬业、全心全意为群众提供优质服务的先进事迹。突出专项治理，坚持抓重点、带全面，将惠民领域、扶贫领域、医疗卫生服务领域等六大重点领域纳入“3+1”专项整治工作范畴，深入开展自查自纠，针对性制定《区卫生计生系统关于深入开展群众身边的不正之风和腐败问题专项整治工作方案》《重庆市永川区卫生和计划生育委员会关于规范公务接待的通知》《永川区卫生和计划生育委员会关于明确财政资金分配及拨付规定的通知》等12个规范性文件，以加强对违规吃喝、违规收受红包、违规发放津补贴及公务接待、资金项目、行业作风等重点领域、重要环节的监管。

【公立医院】　2017年，全区有医疗卫生机构647所，其中，三级医疗机构2所，二级医疗机构4

所，一级医疗机构23所，未评级31个，疾病预防控制中心1所，卫生监督所1所，诊所204个，厂矿企事业单位卫生所和医务室54个；村卫生室327个。

【民营医院】 2017年全区有永川妇产医院、永川大磨医院（乡镇）、永川科名医院（乡镇）、永川九洲医院、永川泽好儿童医院、永川卧龙医院、永川拜尔口腔医院、永川口腔医院、永川福华医院、永川云鹏医院、美康医疗美容医院、永川福成肛肠医院、长康中西医结合医院、永川海名微中西医结合医院、永川艺雕蝶姿整形美容医院、永川惠民中医医院、永川艾瑞阳光眼科医院等17个。

【计划生育】 2017年，全区户籍人口114.47万人，其中育龄妇女27.21万人，已婚育龄妇女19.16人；出生人口9932人，年出生率8.68‰；其中政策内出生9704人，符合政策生育率97.70%；出生男婴5133人，出生女婴4799人，出生性别比为106.95；死亡7434人，年死亡率6.49‰；自然增长率2.19‰。常住人口112.12万人，其中育龄妇女23.70万人，已婚育龄妇女16.09万人；出生人口10749人，年出生率9.69‰；其中政策内出生10506人，符合政策生育率97.74%；出生男婴5554人，出生女婴5195人，出生性别比106.91；死亡7231人，年死亡率6.52‰；自然增长率3.17‰。

疾病预防与控制

【概况】 坚持“预防为主，防治结合”的卫生防疫工作方针，落实各项综合防病措施，既做好常规传染病的防治，又突出做好性病、艾滋病、结核病、人禽流感、手足口病等重点传染病和重大传染病疫情发生，全年无甲类传染病和重大疫情发生。

【H7N9疫情防控】 加强H7N9疫情防控工作，对全区所有医疗卫生单位、民营医院、个体诊所相关负责人开展人感染H7N9防控方案、诊疗方案（2017年版）的培训。从8月1日起，每月中旬在城区玉屏市场、跳蹬河市场活禽摊位采集样本进行外环境监测，未检测到H7N9阳性结果。有效处置全区涉及学校等人群聚集场所的常见传染病疫情141起。

【接种疫苗】 进一步规范疫苗采购、配送工作，疫苗由区疾控中心统一配送至各预防接种单位，全区348名预防接种人员均进行培训考核，持证上岗。开展2017年免疫规划接种率调查工作，“八苗”全程接种率98.63%。

【慢性病综合防控】 稳步推进慢性病综合防控工作。全面启动“三减三健”（减盐、减油、减糖、健康口腔、健康体重、健康骨骼）全民健康生活方式第二阶段行动，同时以健康骨骼为重点，在全区选拔46名种子选手，对健骨操进行集中培训，并在全区推广，号召居民参与科学健走运动，普及健康生活方式，营造政府主导、部门协作、社会动员、全民参与的慢性病防控氛围。积极参与国家食品安全示范城市创建，开展食品安全风险监测工作。

医疗服务

【概况】 制定下发《永川区2017年深入落实进一步改善医疗服务行动计划重点工作方案》，在预约诊疗实施、日间手术开展、急诊急救服务、诊区安全和患者隐私等方面取得成效。进一步加强医疗安全管理，抽调区院感质控中心和区级医疗机构相关专业专家对全区18家二级及以上医疗机构（包括民营医院），重点针对医疗质量安全管理和风险防范以及容易发生医院感染的重点科室、重点环节进行医疗安全管理和风险防范专项督导督查。组织专家对3家区直医疗机构（区人民医院、区妇幼保健院、计生集爱医院）以及2所综合性民营医院（永川福华医院、永川卧龙医院）的60张门诊处方、10张精麻药品处方和10份住院医嘱进行集中点评，点评后对存在的问题进行通报，较好地遏制不合理用药，规范临床医师的用药行为。

中医事业

【概况】　永川区政府把中医药工作纳入“十三五”规划。加强中医服务能力建设。区人民医院、保健院、计生集爱医院均设置中医科、康复科等科室，开展相关中医药服务工作，并将中医药服务延伸到妇科、产科、儿科等科室；16个镇卫生院、7个社区卫生服务中心，均巩固全国“中医先进单位”成果，设置有中医药综合服务区（中医馆），均能提供中医饮片、针灸、推拿等10项以上的中医药适宜技术服务。全年基层医疗机构，中医药处方（中药饮片、中成药、中医非药物疗法）349112张，占门诊处方总数的52.4%。

发挥中医药特色优势，推进中医药传承，继续做好中医师带徒工作。深入社区、学校开展中医养生保健科普宣传、举办知识讲座等形式提高群众中医健康素养。

农村（社区）卫生

【概况】　2017年永川区进一步加强农村（社区）卫生服务体系建设，强化农村卫生人员的培训，实施区级医院对口支援农村工作，强化服务，细化家庭医生签约服务内容，增强服务技术力量，建立由二级以上医院医师、临床医生、公共卫生人员、社区护士、村医等人员组成的家庭医生服务团队。全区各医疗卫生单位共成立247个家庭医生团队，重医附属永川医院、区人民医院、区中医院共计派出114名专家参与各家庭医生团队，以家庭医生团队为签约居民提供预约挂号、预约专家号、双向转诊等服务，方便签约居民就诊。家庭医生签约服务以慢性病和重点人群为切入点，做实做细签约服务包，全年累计签约39.55万人，签约率36.09%，电子建档率100%。其中城镇居民已签约18.22万人，签约率25.61%；农村居民已签约21.33万人，签约率55.47%。

妇幼保健

【概况】　加强妇幼健康服务工作。贯彻落实《母婴保健法》《中国妇女发展纲要（2011—2020）》《中国儿童发展纲要（2011—2020）》。在全区建立推广“永川区妇幼保健信息系统”，实现妇幼信息区域共享，有效解决孕产妇“甲地建卡、乙地检查、丙地分娩”等资料不连续的情况，帮助识别高危孕产妇，促进辖区孕产妇及婴儿死亡率降低。2017年孕产妇死亡率为9.58/10万，婴儿死亡率2.59‰。进一步完善医院孕产保健部、儿童保健部、妇女保健部、计划生育部，一级学科体系，在实现基本功能任务的基础上，选择优势领域加强儿童早期发展相关的专科建设。永川区妇幼保健院成功创建重庆市早期儿童示范基地，进一步提升全区儿童发展工作质量和内涵，并为创建“国家级儿童早期发展示范基地”打下基础。

卫生法治与监督

【概况】　制定《永川区健全卫生计生监督执法体系实施委托执法工作方案》。审核卫生计生行政处罚案件99件；评查行政处罚案卷75卷，对稽查中发现的问题及时下达稽查文书80份。督促办理投诉案件52件；全面推行“双随机一公开”工作制度，全区总计133家，完成率和完结率均为100%。积极推进生育服务制度改革，进一步规范办证流程，并统一制作“一次性告知书”。精简“调查”环节，取消“承诺”，进一步简政便民。群众可再村级、乡级直接办理生育登记服务。对婚育情况难核实的根据承诺及时办理。网上登记率、办证登记率100%。联合工商、食药监等部门开展出生人口性别比治理工作，查获“两非案件”1件。

医院选介

三级甲等医院复评会（2017年）　（重医附属永川医院供图）

【重庆医科大学附属永川医院】

重庆医科大学附属永川医院（重庆市第二人民医院、重庆医科大学第五临床学院）创建于1939年，坐落于重庆西部交通枢纽城市永川城区内，是一所集医疗、急救、预防保健、康复、教学和科研为一体的国家三级甲等综合性医院。是重庆市卫生区域规划的重庆西部地区中心医院，国家卫计委认定的国际紧急救援中心网络医院，重庆市医疗急救中心永川分中心。医疗服务辐射永川区及周边1000余万人口。

医院分为本部和新区分院两部分。其中本部占地6.4公顷，包括教学部和医疗部，医疗用房11万平方米，编制床位1480张。新区分院占地11.6公顷，其中医疗用房约16万平方米，编制床位1200张，教学用房6万多平方米，可容纳2000~3000名学生。2017年有在职职工2074名，其中博士、硕士322名；高级专业技术人员165人，教授、副教授71人，博导、硕导83人，另外柔性引进学科建设专家顾问（兼职）共10人。全年门急诊74.3万人次，同比增加13.6%；出院人次4.8万人次，同比增长15.7%；住院手术1.8万台次，三四级手术占比51.9%，同比增长14.6%；药占比35.6%，同比下降9.1%；平均住院床日9.5天，同比下降4.7%。

医院配有256层CT、3.0T核磁共振、双光子直线加速器、大型数字血管机、SPECT/CT、准分子激光系统、全数字化彩色超声诊断仪等先进诊疗设备。拥有市级临床医学重点学科建设项目1个、医学重点学科1个、市级临床重点专科5个，市级特色专科建设项目2个。医院坚持以一流的技术求发展，率先在重庆西部开展急性缺血性卒中血管内治疗术、颈动脉内膜剥脱手术、脑血管成形和支架植入术、颅内动脉瘤栓塞术、脑干肿瘤切除术、肝、肾移植术、骨髓干细胞移植、体外循环下心内直视手术、冠状动脉支架植入术、有晶体眼人工晶体植入、内窥镜下鼻腔泪囊吻合术、经关节镜韧带修复术、断肢断指再植，及恶性肿瘤适形放射治疗、乳腺癌根治术及术后一期乳房再造术等高精尖技术，为患者提供安全、有效、便捷的医疗服务。

【永川区人民医院】　医院建院于1949年，2011年创建成为二级甲等医院，2017年顺利通过复评。由院本部、培训部及红河分院三部分组成，总占地面积4.53公顷，建筑面积46429平方米，业务用房37490平方米。有编制床位499张，开放床位

永川区人民医院二级甲等综合医院复评工作通报会（2017年）
（区人民医院供图）

700张，红河院区建成后，床位为1500张。医院现有在岗职工总数760人，其中正高级职称11人，副高级职称63人，中级职称178人。有重庆市名中医2人，享受国务院特殊津贴专家1人，医学硕士16人。医院总资产为54，087.63万元，2017年门急诊人次数433，414人次，出院人数24，859人。

医院设立有急诊科、神经内科、体检中心、病理、放射等54个行政职能和临床医技科室，其中心血管内科为重庆市区域重点专科，骨科、心血管内科为永川区重点专科，为全科医师规范化培训基地。

医院拥有1.5T核磁共振、0.32T核磁共振、64排128层螺旋CT、16排螺旋CT、全身彩超5台（其中3台为全进口，可开展剪切波成像）、骨密度仪、椎间孔镜、中型C臂、激光成像DR系统、干式激光相机、全自动生化分析仪、电视腹腔镜、高压氧舱、血液透析机、钬激光及等离子电切等大型高新治疗检查设备。

2017年，完成新院区住院大楼病房标识标牌设计安装、大楼外立面字体标识的设计，并在二甲复评前完成老院区VI系统更换，拍摄医院整体形象宣传片1部，电视专题片1部，制作宣传画册1本。微信公众号阅读量23285人次，较2016年增长61%，向社会各界发放永川区人民医院院报2万余份，在国家级报刊媒体发布医院新闻、信息3篇，在重庆市新闻联播发布医院新闻1条，在重庆日报发布医院新闻2篇，在区级以上新闻媒体发布医院新闻20余篇，与永川日报、永川电视台等新闻媒体紧密合作，保证宣传工作及时、有效，树立医院的良好形象。

【永川区妇幼保健院】 永川区妇幼保健院是“国家二级甲等妇幼保健院”，2012年跻身全国区县级妇幼保健机构前100强，是重庆市三级妇幼保健机构创建单位。是全区妇幼保健工作技术指导中心、产科急救中心和妇女儿童医疗、保健中心。医院占地1.11公顷，业务用房11300平方米，编制床位115张，开放床位186张，医院固定资产7371.15万元。现有职工468人（在编110人），卫生技术人员346人，其中高级职称23人，中级职称71人。2017年门急诊服务人次475606人次，住院服务12639人次。辖区孕产妇死亡率、婴儿死亡率等妇幼保健指标在重庆市名列前茅。

医院按照院部科的体系，设儿童保健部、妇女保健部、孕产保健部三个一级保健学科，另有医技科室10个、行政职能科室8个。医院拥有设备先进、技术一流的“层流手术室”，形成了妇科、产科、新生儿科等重点专科，以及儿童保健科、妇女保健科等特色专科。

医院注重特色立院。妇科拥有宫腔镜、腹腔镜无创、微创技术，是国家PAC优质服务单位。产科是重庆市特色专科，率先推行产科新模式LDRP管理模式，开展导乐陪产分娩、助产士一对一陪伴分娩、自由体位分娩等服务，产科接产量已连续15年居永川第一，另外，2017年孕产保健专科获重庆市卫计委批准正式成为重庆市重点专科创建单位。儿童保健科2017年成功创建为“国家级儿童早期发展示范基地”。医院注重弘扬传统中医，持续拓展妇幼健康中医药服务项目，在全院基本形成“无中医不保健”的服务格局，2017年10月获评全国妇幼保健院中医药示范单位。

永川区创建三级甲等妇幼保健院启动大会（2017年）

（区妇幼保健院供图）

知识产权

商标监督管理

【概况】 全年新申请注册商标1405件，注册商标总量5776件（其中涉外商标44件，地理标志10件），“永川高粱酒”地理标志证明商标已通过商标局初审。对440件普通商标注册、12件商标国际注册、6件续展认定的重庆市著名商标给予奖励补助，共计发放补助资金86万元。

【商标执法】 深入开展打击侵犯知识产权和制售假冒伪劣商品工作。加大商标专用权保护力度，以驰名商标、著名商标、涉外商标、地理标志和农产品商标为重点，围绕食品、农资、建筑材料、汽车配件等行业，开展注册商标专用权专项整治，突出对网络交易平台的重点监管，坚决打击网络商标侵权行为。加大商标代理机构监管力度。对辖区3家商标代理机构开展专项整治检查。继续深入推进商业企业经销商品商标备案制度，指导大商场专柜建立销售商品的商标管理制度，落实人员，对进场商品商标予以查验、审核，把好商品准入关。加强商标行业协会建设，完善行业自律制度、开展行业自律活动，切实发挥“自我教育、自我管理、自我服务、自我发展”职能。全年共查处商标侵权案件9件，罚款14.1万元，没收、销毁侵权商品1387件。

专利管理

【概况】 全区申请发明专利1300件，同比增长71%；授权发明专利135件，同比增长32.4%；有效发明专利383件，万人拥有量3.42件，同比增长46%，专利产品产值36亿元。

【专利宣传】 在第17个世界知识产权宣传日之际，区科委联合区工商分局、区食药监分局、区质监局、区文化委、区农委、区林业局、区公安局等单位在渝西广场举办“创新创造改变生活、知识产权宣传未来”为主题的永川区2017年知识产权宣传周宣传活动。现场发放各类宣传资料34572份，接受群众咨询2843次。

【引进专利代理公司】 截至2017年年底，永川区共有重庆棱镜智慧知识产权代理事务所、重庆元讯科技服务有限公司、重庆强大凯创专利代理事务所、北京汇泽知识产权代理服务有限公司、重庆永汇知识产权服务有限公司等10余家知识产权代理机构和科技服务机构。总计服务本地企业300余家，全年提供专利资金申报服务、专利导航服务、企业研发服务等4000万元以上。 （区科委供稿）

版权管理

【概况】 2017年，永川文化委按照版权管理要求，切实加强版权管理，提升版权办理水平，加强印刷出版等市场领域的版权监管，助推文化产业健康发展。

【版权执法】 以“扫黄打非”为主线，加大对出版物市场盗版侵权行为的整治，围绕保护知识产权，开展打击侵权盗版执法工作，加强对网络文化市场的监管力度。全年累计出动执法人员1370余人次，检查经营单位750余家，取缔无证经营出版物游商地摊7家，立案查处2家医院非法印制、散发杂志和广告宣传品的案件，收缴各类非法出版物1980余册，盗版光盘2900余盘。累计版权作品登记1538件。

人民生活

城镇常住居民收入与消费

【城镇常住居民可支配收入】 2017年，永川区城镇常住居民人均可支配收入33684元，比2016年增长9.0%。

【城镇常住居民可支配支出】 城镇居民人均消费性支出17990元，比2016年增长10.0%。其中，食品消费支出占人均消费性支出的比重为31.3%。城镇居民人均居住住房建筑面积为34.8平方米，比2016年下降1.5%。

农村常住居民收入与消费

【农村常住居民收入】 2017年，永川区农村常住居民人均可支配收入16738元，比2016年增长9.7%。

【农村常住居民支出】 农民人均总支出22277元，比2016年增长3.3%。其中，生产费用支出3410元，占人均总支出的15.3%，生活消费支出11651元，占人均总支出的52.3%。农村居民人均居住住房建筑面积44.7平方米，比2016年下降0.9%。

（区统计局供稿）

社会保障

社会保险

【概况】 2017年，全区参加社会保险人数205.4万人次，缴纳保费20.0亿元。其中，参加养老保险60.3万人，缴纳保费10.8亿元。参加医疗保险109.3万人，缴纳保费8.3亿元。参加失业保险10.5万人，缴纳保费0.3亿元。参加工伤保险15.1万人，缴纳保费0.6亿元；参加生育保险10.3万人。

【城镇企业职工基本养老保险】 2017年城镇企业职工基本养老保险参保20.08万人（含个人参保），征收养老保险费10.35亿元，享受养老待遇人员7.81万人，发放职工养老保险待遇17.38亿元。

【城乡居民基本养老保险】 2017年，城乡居民基本养老保险参保40.25万人，保费征收0.42亿元，享受养老待遇人员14.95万人，发放居民养老保险待遇2.05亿元。

【机关事业单位养老保险】 启动实施机关事业单位基本养老保险基金和职业年金实收实支工作，我区机关事业单位养老保险退休人员养老金从2017年3月起改由社保基金发放。截至2017年年底有参保单位490户，在职人员23244人，已领养老待遇人员10860人，征收基本养老保险费3.99亿元，职业年金1.95亿元，支付养老待遇4.89亿元。

【失业保险】 为符合条件的失业职工落实失业保险待遇、开展职业培训及为领取失业保险金期间的失业职工代缴社会保险费，落实一次性就业创业补助、稳岗补贴和参保职工技能提升补贴等失业保险政策。2017年，征收失业保险费3318万元；新增领取失业保险待遇人数2289人，发放失业救济金1165.98万元；为118名失业人员发放一次性就业创业补助金111.63万元；为540家企业落实稳岗位补贴983.4万元，惠及职工44719人；

永川区社保局大厅（2017年） （况兰摄）

为46名参保职工发放技能提升补贴9.2万元。

【养老金发放及调整】 2017年共为14.95万名城乡居保人员，7.81万名城镇企业退休人员、超龄人员和征地农转非人员，10860名机关事业单位退休人员，发放养老待遇24.32亿元。企业退休人员养老待遇连续第13年进行调整，共为12095名超龄人员、27911名征地农转非人员、35286名城镇企业退休人员调整养老待遇。机关事业单位退休人员（10661人）待遇由社保基金发放，待遇与企业退休人员同步调整。

【基金管理】 加强内部控制管理。进一步规范和优化参保登记、基金征缴、稽核审计、待遇发放、信息网络等经办规程。每季度开展内控自查和抽检，逐项排查经办风险，对社保基金重点岗位和关键环节风险评估和提醒，严格管控经办风险。对社保基金重点岗位和关键环节风险进行评估和提醒，每季度开展内控自查和抽检，建立内控稽核台账。健全不相容岗位分离、岗位相互制约机制。严格退休审批程序，坚持集体审核制度。加强征缴支付稽核。认真审核缴费单位的缴费基数，防止参保单位少报、漏报、瞒报缴费基数，努力提高征缴率。加大清欠力度，确保基本养老保险基金应收尽收。按要求完成不低于参保职工20%的征缴稽核，稽核44家社会保险参保单位。加强养老金资格认证。采取日常认证与集中认证，普遍认证与重点认证等方式，推进养老金资格认证，指纹采集认证20.66万人，采集认证率87.12%。为746名外省市领保人员进行网上协助认证。暂停3251名未按时生存验证领保人员的待遇发放。实施工伤保险待遇验证制度。开展工伤保险长期待遇生存验证审核监督和医疗保险外伤调查，杜绝重复领取待遇，防止基金流失。建立与基金监察大队、公安联动机制，促进追收工作开展。

【全民参保登记】 2017年，依托市人力社保局“全民参保登记管理信息系统”，准确掌握全区人员就业及参保情况，促进全民参保工作，推动社会保险法定人员全覆盖。就业、社保经办机构和各镇街社保所、村社将维护“全民参保登记信息系统”作为常态化工作，及时更新数据，保证信息准确。 （区人社局供稿）

城乡居民合作医疗保险

【概况】 永川区于2002年启动城镇职工基本医疗保险，2007年启动城乡居民合作医疗保险。按照重庆市统一要求，2012年城镇职工基本医疗保险和城乡居民合作医疗保险先后纳入重庆市级统筹，永川区按照全市基本医疗保险政策和基金管理要求，负责基本医疗保险的参保、基金管理，待遇审核支付等工作。

2017年医疗保险参保109.29万人（其中：城镇职工基本医疗保险16.74万人、城乡居民合作医疗保险92.55万人），完成年度扩面计划的103.74%。保险费征收（含生育保险）8.29亿元（城镇职工基本医疗保险6.95亿元、城乡居民合作医疗保险1.34亿元），完成年度征缴计划的104.13%。基金支出（含生育保险）8.98亿元（城镇职工基本医疗保险4.75亿元、城乡居民合作医疗保险4.23亿元）。

【医疗保险报销政策】 城镇职工基本医疗保险

医疗保险现行政策解读会（2017年） （况兰摄）

参保人员住院需自付起付线的金额标准：一级医疗机构 200 元/次，二级 440 元/次，三级 880 元/次。参保人员住院医疗费在起付标准以上至支付限额以下的部分，由统筹基金按在职职工在三级定点医疗机构住院报销 85%，在二级定点医疗机构住院报销 87%，在一级定点医疗机构住院报销 90%；退休人员在各级定点医疗机构住院按 95% 的比例报销。

城乡居民合作医疗保险 参保人员住院需自付起付线的金额标准：一级医疗机构 100 元/次，二级 300 元/次，三级 800 元/次。属于医疗保险范围内的甲类药品一级医院报销 80%，二级医院报销 60%，三级医院报销 40%；乙类药品先自付 10%，剩余部分再按照相应的比例报销。二档在此基础上增加 5%。未成年人在同档参保成年人的基础上提高 5 个百分点。

【定点医疗机构管理】 认真贯彻落实全市医疗保险监管强化年工作部署，持续开展严厉打击城镇职工基本医疗保险个人账户违规套现专项检查、强化医疗保险特殊疾病监管专项检查行动、居民医疗保险基金专项整治行动，暂停 6 家协议机构网络结算，处理违规违约金 55 万元。对特病准入资料进行全面复审，终止 203 名已死亡人员特病待遇。多管齐下全面监管。加强事前、事中、事后全过程、全方位监管，在严格网络审核的基础上，采取日常检查、专项检查、交叉检查等多种方式，开展反复不定期现场检查，增加检查频次，扩大监管覆盖面。严格考核及协议指标扣减，定期通报、及时约谈协议机构。2017 年查处举报案件 16 件，暂停网络结算 11 家，处理违规违约金 315 万元。网络审核扣款 227 万元。创新深化监管手段。将网审监管人员分片抽查审核改为分组轮转、集中审核和分类审核相结合。从区内定点医疗机构抽调专家，由社保局牵头，组成若干检查组，“进驻”医院开展交叉检查。对民营医院实施重点监管，选派人员深入民营医院进行“蹲点值守”监管，全程跟踪医疗保险患者入出院、治疗、收费等情况，及时查处问题，杜绝违规行为发生，从源头上遏制民营医院存在的“乱象”。

【大病保险】 从 2017 年 1 月 1 日起，参保人员在一个自然年度内发生的符合重庆市城乡居民大病保险报销的自付费用首次或累计超过起付标准以上的，报销比例分二段累进补偿：起付标准至 20 万元（含）以内报销 50%，20 万元以上报销 60%。2017 年，城镇职工医疗保险住院最高支付限额 54.7 万元/人·年，城乡居民医疗保险住院最高支付限额一档 8 万元/人·年、二档 12 万元/人·年。2017 年共为 44538 人（次）大病人员报销大病医疗费 2908.5 万元。

【单病种结算】 永川区纳入医疗保险单病种结算病种 100 个。涉及肛周脓肿、股骨颈骨折、老年性白内障、股骨骨折内固定取出术、锁骨骨折内固定、髌骨骨折内固定取出术、新生儿病理性黄疸、急性单纯性阑尾炎、计划性剖宫产、胃食管反流病药物治疗、病毒性心肌炎药物治疗、子宫肌瘤、急性化脓性阑尾炎、自然临产阴道分娩、混合痔等病种。开展单病种结算的医疗保险定点医疗机构 12 家，医疗保险定点医疗机构以有利原则，选择性使用单病种结算情况较多，主要病种：子宫肌瘤、白内障等，医疗机构规避使用单病种结算的行为监督管理难度较大。 （区人社局供稿）

社会福利

【概况】 2017 年，加强特困供养人员保障工作，全区有特困供养 6603 人，发放供养金 4653.05 万元。全区有孤儿 105 人，受艾滋病感染儿童 5 人，发放补贴 147.76 万元。全区共有 27 所敬老院、1 个区级社会福利中心、9 所社会办养老机构、31 个社区养老服务站，115 个农村幸福院，全区共有养老床位 3531 张。

【福彩和慈善】 2017 年福利慈善事业不断发展，福彩销售总量 1.2 亿余元，筹集福彩公益金 1000

万余元。全年共募集善款善物635.44万元（其中物资折价60.47万元），同比2016年增长13%。支出善款善物564.88万元（主要用于助学、助医、公益、助孤、扶贫等项目），直接救助困难群众近5000人/次，开展实施21个公益援助项目，受益群众30000多人。　（区民政局供稿）

社会救助

【概况】　按照“兜底线、织密网、建机制”的要求，织密扎牢社会救助完全网，筑牢脱贫攻坚和困难群众基本生活保障底线。提高城乡低保标准，发挥城乡低保脱贫兜底保障作用，将1443户1543名建档立卡扶贫对象纳入农村低保兜底范围，占全区农村低保总人数的13%，占建档立卡扶贫对象总数的8.26%；针对建档立卡等特殊困难对象的自负医疗困难，建立了扶贫济困医疗基金；全面启动医疗救助和临时救助机制，自然灾害救助及时到位，实施因灾倒房重建31户119间；落实流浪救助乞讨救助，全年实施流浪乞讨救助1132人次，帮助14名身份信息不明的滞留人员寻亲回家。

【医疗救助】　充分发挥制度效能，进一步完善一站式结算平台，确保符合条件的困难群众实时享受到“一站式”结算医疗救助服务，最大限度方便困难群众享受医疗救助政策。全年累计223210人次，同比增长37.5%。累计支出医疗救助金5873.7万元，同比增长52.9%。筹集资金700万元建立了扶贫济困医疗基金，已累计扶贫济困医疗救助1617人次，支出扶贫济困医疗基金285.9万元，有效缓解了城乡困难群众医疗自负压力。

【临时救助】　建立完善以镇（街道）为基础、区民政局为主体、重庆社会救助基金会等慈善救助为补充的分级负责、分层救助的临时救助审批运行机制。全年实施临时救助23354人次，同比增长39.1%；发放救助资金1876.12万元，同比增长53.2%。概况 医疗救助 临时救助。

（区民政局供稿）

社会抚恤

【双拥共建】　围绕建军90周年，邀请中央党校国际战略研究院高祖贵副院长就《“十三五”期间国际战略环境与中国战略选择》进行国防教育专题讲座。重大节日对驻永部队官兵、优抚对象代表进行走访慰问。全区双拥组织有278个，培育双拥共建对子46对。

【优抚工作】　不折不扣执行优抚政策，按时足额发放抚恤金，建立完善各类优抚对象服务保障机制，加大对享受国家定期抚恤补助待遇的优抚对象医疗服务，医疗补助，走访慰问工作。全年发放抚恤金8500余万元，及时兑现义务兵家庭优待金1030户824万元，兑现荣立三等功的义务兵及优秀士兵奖励金43.5万元。　（区民政局供稿）

城乡低保

【农村低保】　2017年农村低保标准从每人每月300元提高到350元，调增50元，同比增长16.7%，月人均救助水平315元。有农村低保7457户11972人，占农村人口的1.92%。发放农村低保资金4442.8万元（含节日慰问金及一次性生活补助金977.3万元），同比增加资金支出5.3%。

【城市低保】　2017年，城市低保标准从每人每月460元提高到500元，调增40元，月人均救助水平449元。有城市低保3962户，5403人。发放城市低保资金2944.6万元（含节日慰问金及一次性生活补助金487.3万元）。　（区民政局供稿）

社会事务

老年人

【概况】　截至2017年12月31日，永川区共有60岁以上老年人口238603人，占总人口比例20.93%，与上年同期相比基本相同。

【敬老基础设施建设】　全区有老年福利机构37所，总床位3531张。其中，社会福利中心1所，床位380张，镇街敬老院27所，床位2218张，民办养老机构9所，床位933张，共入住老年人1848人。全年完成6个社区养老服务中心建设。规范镇街敬老院日常管理，推进养老机构消防安全隐患的全面整改，为全区27所特困供养机构、1所社会福利中心安装视频监控系统，强化养老机构安全日常监管。

【敬老活动】　利用“九九重阳节”开展敬老活动，采取走访慰问、庆祝演出、书画摄影等多种形式丰富老年人精神文化生活。宣传以孝亲敬老为内容的良好家风家教典范，树立典型示范，教育子女尽孝，营造关心关爱老人、温馨融洽的人文环境。为民政对象中年满60岁以上的28347名老人购买“老年人意外伤害综合保险”，增强民政对象抵御风险的能力。（区民政局供稿）

2017年永川区百岁老人名录

表12

姓名	性别	民族	出生年月	家庭住址	农村（城镇）人口
蒋少英	女	汉族	1913年3月	胜利路街道堂皇坝村柏林坳社（天平市场）	农村
廖洪明	男	汉族	1915年2月	胜利路街道渝西大道中段1148号11幢1－1（玉屏）	城镇
曾龙氏	女	汉族	1915年9月	胜利路街道杨广桥双朝门社	农村
佘善秀	女	汉族	1916年3月	胜利路街道丰田村黄泥坡社	农村
艾述珍	女	汉族	1916年3月	胜利路街道杨广桥骑龙屋基社	农村
周洁芳	女	汉族	1915年9月	胜利路街道玉屏南路9号1幢11－3（张家坡）	城镇
胡昌珍	女	汉族	1917年8月	胜利路街道永青村桑家河坝社	农村
胡国靖	女	汉族	1917年11月	胜利路街道渝西大道西段47号1－3（张家坡）	城镇
汪德明	女	汉族	1915年5月	云峰村民星社	农村
胡少云	男	汉族	1917年2月	安溪村踏水桥村民小组	农村
虞传远	男	汉族	1915年10月	汇龙路社区人民北路69号3幢1－11（居住在金科中央公园7幢2单元2－1）	城镇
唐霞芳	女	汉族	1913年1月	红河路社区化工路929号4幢1－9号	城镇
张建华	女	汉族	1913年3月	汇龙路社区汇龙大道67号1幢3－2	城镇
欧瑞珍	女	汉族	1916年6月	高洞子村花朝门村民小组74号	农村
刘绍清	男	汉族	1915年12月	建新街333号附9号	城镇
黄贵群	女	汉族	1915年1月	大安街道石庙社区	城镇
王治祥	女	汉族	1916年11月	大安高庙村石宝村民小组	农村
周国义	女	汉族	1916年12月	大安铜鼓村三湾村民小组	农村

续表 12－1

姓名	性别	民族	出生年月	家庭住址	农村（城镇）人口
冯术清	女	汉族	1917 年 8	大安小坎村柏树湾村民小组	农村
王树青	男	汉族	1917 年 8 月	大安街道茶店社区	城镇
宋灵杰	男	汉族	1917 年 12 月	大安街道石庙社区	城镇
张德川	男	汉族	1916 年 2 月	何埂镇联盟村白杨湾	农村
尧培成	男	汉族	1917 年 3 月	何埂镇科名村白大田	农村
梁绍文	男	汉族	1917 年 11 月	何埂镇沙坪村梁坝	农村
蔡治维	男	汉族	1917 年 10 月	临江镇九龙村杨柳坎	农村
石绍兰	女	汉族	1916 年 2 月	三教镇玉峰村转龙湾社	农村
任德蓉	女	汉族	1913 年 3 月	三教镇牌坊村磨子林社	农村
杨俊秀	女	汉族	1916 年 5 月	三教镇双坪村黑七罐社	农村
余光平	女	汉族	1912 年 7 月	松溉镇诸家巷 19 号	城镇
张泽贞	女	汉族	1915 年 7 月	松溉镇菜园路 166 号	城镇
杨金钰	女	汉族	1916 年 1 月	五间镇友胜村三块碑村民小组	农村
周永清	女	汉族	1917 年 11 月	五间镇合兴村巫家岩村民小组	农村
王永贵	女	汉族	1908 年 11 月	来苏镇王坪村八角井村民小组	农村
徐先福	女	汉族	1908 年 3 月	来苏镇王坪村八角井村民小组	农村
杨才美	女	汉族	1918 年 2 月	来苏镇水磨滩村天堂沟村民小组	农村
万银修	女	汉族	1918 年 1 月	来苏镇来苏场社区	城镇
孔令华	女	汉族	1916 年 11 月	来苏镇磨心桥村刘家祠堂村民小组	农村
代维玉	女	汉族	1917 年 8 月	来苏镇五根松村姜家坝村民小组	农村
钟秀如	女	汉族	1914 年 1 月	朱沱镇马道子村新屋组	农村
王贞富	女	汉族	1913 年 11 月	朱沱镇滩子口村楚轮组	农村
任有江	男	汉族	1914 年 5 月	朱沱镇转龙村任湾组	农村
任永祥	女	汉族	1916 年 3 月	朱沱镇四望山村大龙湾组	农村
模友珍	女	汉族	1915 年 2 月	朱沱镇转龙村雅雀山组	农村
卢先友	女	汉族	1915 年 12 月	朱沱镇大河村望龙山组	农村
孔祥珍	女	汉族	1916 年 3 月	朱沱镇四明村朝天嘴组	农村
张绍轩	男	汉族	1915 年 9 月	重庆市永川区陈食街道梅家桥村	农村
晏振权	男	汉族	1916 年 12 月	重庆市永川区陈食街道长滩河村	农村
李友山	男	汉族	1916 年 12 月	重庆市永川区陈食街道莱茵岩村	农村
周华贵	女	汉族	1914 年 8 月	重庆市永川区陈食街道瓦窑村	农村
骆光先	女	汉族	1914 年 6 月	重庆市永川区陈食街道梅家桥村	农村
陈宋氏	女	汉族	1915 年 3 月	凤龙村土地堡小组	城镇
刘德云	女	汉族	1913 年 5 月	七郎村崔家湾小组	农村

续表 12－2

姓名	性别	民族	出生年月	家庭住址	农村（城镇）人口
罗学诚	女	汉族	1917 年 2 月	七郎村水达龙小组	农村
许世明	女	汉族	1912 年 3 月	仙龙镇金宝山村三教寺小组	农村
郭珍德	女	汉族	1915 年 9 月	仙龙镇大磨子村熊家坡小组	农村
黄银洲	男	汉族	1916 年 2 月	仙龙镇大牌坊村石灰山小组	农村
汤洪福	女	汉族	1917 年 12 月	仙龙镇粉店村沙子坝小组	农村
尹有名	男	汉族	1916 年 11 月	青峰镇青峰场社区	城镇
钟文才	女	汉族	1917 年 10 月	双石镇脚盆井村	农村
陈继文	女	汉族	1917 年 10 月	吉安镇寒泸村	农村
袁嘉培	男	汉族	1913 年 10 月	红炉镇周家院社区	城镇
杨昌容	女	汉族	1916 年 1 月	红炉镇龙井口村窑子坡村民小组	农村
粟合秀	女	汉族	1916 年 8 月	红炉镇会龙桥村干龙洞村民小组	农村
龙必英	女	汉族	1917 年 1 月	红炉镇红庆村油坊村民小组	农村

残疾人

【概况】 全国第二次残疾人抽样调查结果统计，永川区有6.8万残疾人，占全区总人口的6％。其中视力残疾 10138 人，占 15%；听力残疾 3383 人，占5%；言语残疾 421 人，占 1%；肢体残疾 35566 人，占 53%，智力残疾 7737 人，占 12%；精神残疾 8618 人，占 13%，多重残疾 1891 人，占3%。累计办理残疾证人数 28638 人。

【残疾人康复】 2017 年，继续完善残疾人康复基础设施，对宝峰、茶山竹海、南大街三个镇街的 100 户贫困残疾人实施残疾人家庭无障碍设施改造；成立渝西片区第一家自闭症儿童康复训练中心；区残疾人康复和托养中心（永川区长康医院）设施设备等硬件进一步改善，软件服务能力提升，民办公助的运营模式已形成并在全重庆市推广。全年对 118 名 0～6 岁脑瘫、听力、智力、自闭症儿童提供免费康复训练。为 585 名白内障患者进行复明手术；为 106 名成人免费配发助听器，为 54 人次免费安装矫形器、矫形鞋，为 37 名贫困肢体残疾人免费装配假肢，为 2493 名残疾人免费发放轮椅、拐杖、助行器等。

【残疾人就业】 积极引领残疾人参与大众创业。充分发挥永川富和养鸡专业合作社的辐射带头作用，72 户农村贫困残疾人就地就近就业。认真细致做好残疾人求职登记，多途径、多渠道帮助残疾人推荐工作，向西胜电子等企业推荐 17 名残疾人就业。全年征收残疾人就业保障金 2921 万多元，全区按比例安排残疾人就业 368 人。扶持盲人按摩

区领导关爱残疾儿童（2017 年） （区残联供图）

机构3人，盲人规范化建设9人。

【残疾人教育】 开展对未入学适龄残疾儿童少年的调查统计摸底，全年对487名残疾儿童给予救助。结合区教委和各镇街残联做好残疾人大学生和残疾人家庭子女大学生的招录和救助工作，对25名残疾人大学生或疾人家庭子女大学生分别给予2000~5000元的入学救助。加大对特殊教育学校学生生活补助力度，生活补助3600元/年·人。全年对南大街、何埂、三教、五间等520名有培训意愿的残疾人进行农村残疾人实用技术培训，对南大街街道、朱沱镇等62名残疾人进行职业技能培训。

【残疾人扶贫】 认真落实《重庆市永川区贫困残疾人生活补贴实施办法》《重庆市永川重度残疾人护理补贴实施办法》，全年共发放补贴749.6万元，16242名贫困残疾人或重度残疾人基本生活得到兜底保障。投入资金23.4万元，对何埂镇花园村、五间镇合兴村、板桥镇汪家岩村72户贫困残疾人每户送蛋鸡50只，并协同开展送培训、送技术、送管理等相关配套服务。为1650名贫困精神病患者提供药物和住院帮扶；对廖云祥、陈泽等、方炳超等残疾人种养大户给予持续帮扶。实施康复扶贫贷款贴息项目1个，贴息资金12万元。

【残疾人社会保障】 认真做好党和国家有关政策的落实，着力解决残疾人关注度最高、涉及利益最多的难点、痛点问题，扎实办好“民生实事”。对符合城乡最低生活保障条件的残疾人家庭应保尽保。全年有4755名残疾人参加城乡低保，有9000余名残疾人得到其他救助。继续实施对持证残疾人参加城乡基本医疗保险个人缴费部分由政府代缴的优惠政策，6005名持证残疾人参加城乡基本医疗保险。加大对精神残疾、智力残疾人和重度肢体残疾人的托养，513名残疾人得到托养照顾。认真落实《重庆市永川区贫困残疾人生活补贴实施办法》《重庆市永川重度残疾人护理补贴实施办法》，全年共发放补贴749.6万元。全年对74户贫困残疾人实施危房改造。

【残疾人文化活动】 积极开展丰富多彩的文化活动，丰富残疾人业余生活。举办永川区庆祝第27次全国助残日暨“永川区首届最美残疾人家庭”颁奖活动，全区200多名残疾人参加，募集爱心捐款125万元。校园芬芳助残志愿服务队在全区大中小学校常态化开展助残服务，爱心助残走进校园，全区300多名在校残疾学生得到身边同学的关爱。组织观摩全国残疾人文艺会演，制作《我想有个家》《和你在一起》《没有什么不同》等3个反映残疾人主题的专题短片。组织开展残疾人群众性健身活动；组织残疾人参加运动会，残疾人运动员陶志强在全国残疾人田径运动会上获2枚金牌。

【政府购买残疾人服务】 以政府购买服务的形式，对40名残疾人进行“竹编+”技术培训；为184名残疾人代步车车主发放燃油补贴4.78万元；为11名取得C5驾照的下肢残疾人办理培训补贴1.7万元，为45名贫困残疾人提供法律援助和帮扶。 （区残联供稿）

复退军人安置

【概况】 完成永川区1978—2014年军队退役人员的信息采集工作；完成2017年退役士兵接收安置工作，共接收退役士兵468人（其中农村籍居民288人，城镇籍居民150人，需由政府安置工作的30人）；办理退役士兵自主就业438人；切实加强退役士兵职业教育和技能培训工作，全年参加职业教育和技能培训229人。 （区民政局供稿）

基层政权和社区建设

【概况】 深化拓宽农村社区建设，积极开展示范点培育工作。着力完善社区便民服务中心建设，2017年争取市级资金40万元对松溉镇打鱼河村进行维修，对三教镇新观音村新建便民服务中心进行补助。对全区 261 个村（居）1631 名干部进行集中培训，并及时调整村（社区）办公经费及村居干部误工补贴标准。（区民政局供稿）

社会行政事务管理

【婚姻收养登记】　依法依规开展婚姻、收养登记，坚持做到“零距离”的服务，切实维护婚姻、收养当事人的合法权益。开展婚姻预约登记、特殊困难人群补领结婚证等“绿色通道”，全年为重症住院、卧床不起等特殊人群上门服务 9 件。投入经费 50 万元，完成 1966 年至 2016 年婚姻登记档案的规范化整理及数字化加工处理，实现婚姻登记档案电子化管理。全年办理结婚登记 8870 对，离婚登记 4858 对，补领婚姻证件 4425 件，按规定出具到相关地区和国家公证事项用婚姻登记记录证明 3 件，收养登记 29 件，登记合格率 100%。

【殡葬管理】　全面推进殡葬移风易俗节能环保，推广节地生态葬法，推行殡葬惠民政策，对困难群体减免 21.2 万元。投入 265 万元，完成殡葬管理所火化炉环保改造工作。认真开展“殡葬服务提升年”活动，提升服务质量和业务素质。全年火化遗体 1270 具。

【社会组织管理】　加强社会组织管理，全区共有登记在册的民间社会组织 468 个，其中社会团体 239 个、民办非企业单位 229 个。全年完成 33 家行业协会商会与行政机关脱钩及总结上报工作。成立社会组织综合党委 1 个，将党建工作写入章程，确保全区社会组织党建工作全覆盖。

【区划地名】　规范完成地名标准化工作，积极配合完成《重庆市地名管理条例》的修订工作，出版《永川历史文化遗存探寻》。将地名规划工作纳入城市建设规划范畴，做到地名规划与城市建设同步发展。扎实做好区划地名界线管理及平安边界建设工作。

实地勘界（2017 年）　（区民政局供图）

【社工人才培养】　积极组织社会工作培训，全年培训社会工作人员 2 次 130 人；申报社工项目 3 个，争取市级补资金 30 万元，为老年人、留守儿童开展心理辅导、关怀慰藉等活动。

（区民政局供稿）

镇（街道）

板桥镇

【概况】　辖区面积60.7平方公里；耕地面积2559.37公顷；辖11村、190村民小组、1居委会；总户数1.1万户，总人口33806人，非农业人口3654人，农业人口30152人；人口出生率0.76%，自然增长率1.2‰。集镇建设用地面积2.39平方公里，集镇人口（常住）0.4万人，城镇化率44.3%；粮食产量2.14万吨；地区生产总值突破10亿元，农业总产值4.32亿元，工业总产值7.5亿元，农民人均可支配收入1.78万元；全社会固定资产投资总额完成11亿元，公共财政预算收入3858.39万元。本尊村、通明村被评为“全国首批绿色村庄”。

【经济发展】　板桥镇经济发展以农业为主，结合“一、二、三”产业融合发展的要求，大力发展工业经济，成立镇级食品工业园区——永川豆豉非遗产业化园区。园区面积45.73公顷，园区落户食品加工企业16家，2017年新签约5家，投产企业3家，产值2.7亿元。全镇完成投资4.23亿元。完成333.33公顷“千亿斤粮食”项目，整治山坪塘21口，整修灌区渠道3.15公里，建成耕作道18.6公里。完成通明村美丽村居规划编制。打造生态示范林166.67公顷，建成桢楠示范基地21.33公顷。实施通明村财政补助项目股权化改革试点，启动凉风垭、本尊等4个村“三资”股权化改革。规模流转土地533.33公顷，建成333.33公顷花椒基地。引进四青农业公司，种植花椒、凤凰李、沃柑等133.33公顷。新发展农民专业合作社1个、培育家庭农场4户。

【基础设施】　板桥镇城镇建设逐步扩大，基础设施逐步完善。2017年对自来水厂升级改造，改造后日供水量5000立方米。完成板桥场镇、寿永场镇2400多米雨污管网铺设。新建化粪池18个，新增人行道路灯80盏，投放垃圾桶500个，增添垃圾运输车2台。修建39公里农村人行便道。2个区级清洁示范院落、2个区级清洁示范田园在建中。完成4个标段15条45.8公里世行道路，启动4个村17条小康路改建。板桥镇被交通部评为首批“四好农村公路”全国示范区。场镇、农村环境实现“靓化美化”。

板桥镇农业观光园（2017年）　　（板桥镇供图）

【社会事业】 板桥镇社会事业全面发展，社会治安环境好。完成镇中心幼儿园整合，改造升级板桥中学、小学塑胶操场。发放贫困学生爱心资助金54.5万余元。健康档案建档率96.6%，适龄儿童疫苗接种率100%，开展家庭医生随访服务4.4万余人次，免费体检65岁以上老年人4753人。各类优抚对象439人，发放金额281.9万元。低保411户574人，发放金额218.6万元。特困人员303名，发放金额192.9万元。6名孤儿获得补助，每人每月享受1000元的救助补贴。开展临时救助、救济204人次，救助金额47万元。新增就业450人。发放小额担保贷款208万元。医疗参保率93%。发放奖扶、特殊补助资金115余万元。建成社区惠民公益电影放映厅1个。创建乡贤评理堂2个。建成社区微型消防站1个。

【主要领导】

镇长：马仁友（主持党委、政府全面工作）

人大主席：黄代攀

党委副书记：付林碧

纪委书记：孔德林

武装部部长：尚东川

副镇长：李玲

党委委员：周利　唐恩财

（板桥镇政府供稿）

宝峰镇

【概况】 辖区面积39平方公里；耕地面积1953.53公顷；辖5个村、113个村民小组、1个居委会；总户数7235户，总人口21705人，其中非农业人口2034人，农业人口19671人；人口出生率6.73‰，自然增长率（-1.89‰）。

集镇面积16万平方米，集镇人口1800人，城镇化率8.29%，农村小康房3631户，167595平方米；粮食产量10333.8吨，比上年降低31.07%；经济总收入53360万元，比上年增长11.3%；其中农业18272.95万元，比上年增长6.4%，工业24866万元，比上年下降7.7%，农民人均可支配收入16532元，比上年增长11.7%。本级财政收入2693.04万元，比上年增长52%，其中工商税收134.12万元，比上年下降60.30%。

【经济发展】 宝峰镇属于典型的农业镇，经济发展主要以农业为主，走绿色生态农业之路，辅以发展工业经济。推广“公司+基地+农户”的发展模式，做强宝峰茶产业，茶叶种植面积610余公顷。成立茶叶种植专业合作社2个，新建茶叶加工企业1个，引进茶叶销售企业1个，发展种茶大户5户。继续巩固“宝峰王鸽”基地。建成永川区肉鸽养殖专家大院1个；巩固以旷氏养殖场、冈建养殖场为龙头的养殖基地；全镇种鸽存栏6万对，年出售商品鸽120余万只。对龙凤桥村后花园、杨大口村斑竹王、沈家湾等社14.94公顷地实施水稻生产全程社会化服务试点；申报种粮大户23户，家庭农场5个。

加大招商引资力度，全年引进8家企业，引资6900万元。全镇有限上商贸企业1家，从业人员27人，全年销售额6427.9万元，同比增8.8%；限下批发零售企业12家，从业人员约41

宝峰场镇一角（2017年）　（宋波摄）

人，年营业收入 1920 万元；限下住宿餐饮业 12 家，从业人员 37 人，年营业收入 1130 万元。

【基础设施】 镇内基础设施完善，城镇建设逐步扩大。已形成“三纵三横”多线连接的农村公路路网格局，行政村通畅率和村民小组通达率 100%。硬化公路 6.61 公里；新建结石路 2 条 3.2 公里。全年建设农村“巴渝风貌”56 户，改造农村“D”级危房 35 户。投入资金对基础设施进行改善，维修污水管网、配置垃圾箱、垃圾车、便携式冲水机，铺装人行道板，修剪行道树等，辖区内水库河流实施常态化清漂。场镇、农村环境优美，全镇建清洁田园示范点 15 个，打造区级清洁示范院落 1 个、清洁田园 2 个。

【社会事业】 镇内各项社会事业协调发展，社会治安环境好。教育成果丰硕，乡村卫生服务质量进一步提高，辖区内卫生室实行一体化管理，全镇居民建立健康档案 20715 人，全年出生婴儿 175 人。全年新批城乡低保 85 户 136 人，停发城乡低保 36 户 52 人 10174 元/月，调减 15 人 1521 元/月，调增 4 人 839 元/月；全年实施救灾、临时救助 650 户，救助金额 55.5 万元；新批三无人员 40 人、五保人员 5 人；新办残疾证 30 个；对全镇 7 名孤儿及事实无人抚养孤儿进行投保；新批 60 岁农村退伍老兵 15 人。城乡居民医疗保险参保 95.27%，办理慢病、特病申报 385 人；城乡居民养老保险指纹采集 4395 人。新增就业 522 人，小额担保贷款 208 元，培训 98 人，公益性岗位 91 人，4050 申报补贴 5 人。全镇有线电视村村通。全年未发生 1 起食品、药品安全事故。

【大事条目】

2017 年 12 月，页岩气放喷试点火成功。该工程由中石化永页 5#钻井平台建设，完成钻进深度 5300 米。

2017 年 4 月 1 日，涵晨灵秀茶厂获永川区首届斗茶大赛银奖。

【主要领导】

党委书记：宋波
镇长：邓安国
人大主席：李川
党委副书记：李天章
人大副主席：唐明全
副镇长：王晓波　龚恩江　罗华萨
政法书记：王晓波
武装部部长：龚恩江
纪委书记：蒋隆泽
党委委员：张敏

（宝峰镇政府供稿）

何埂镇

【概况】 辖区面积 81 平方公里；耕地面积 4193.13 公顷；辖 15 个村 285 个村民小组、1 个居委会；总户数 19436 户，总人口 57462 人，常住人口为 50615 人，年出生率 10.05‰，人口自然增长率 0.41‰。

2017 年全镇地区生产总值 10.2 亿元，其中农业产值 6.5 亿元，工业总产值 2.3 亿元；辖区一般公共预算收入 2932 万元，其中工商税收收入 2808

河道清理（2017 年）　　（何埂镇政府供图）

万元；农民人均纯收入17028元，固定资产投资4.8亿元（其中工业投资2.4亿元），新引进招商引资项目12个，到位资金2.8亿元，同比增长49.9%。

【经济发展】　何埂镇依托独特的区位优势，经济发展以现代农业为主，大力发展乡村旅游业。2017年大力发展食用菌、蔬菜、水产、特色水果等产业，精心打造“一村一品”，有农业企业53家，蔬菜基地300公顷、优质水果473.33公顷、生态水产2400公顷。着重培育农副产品大头菜、豆瓣、葛根、茶叶、鹿制品、龙眼、葡萄、红心猕猴桃、红心蜜柚、丑柑、沃柑、蓝莓、杨梅等。积极引进企业，助力打造“俏表嫂”“四万天葛根文化”“钏渝锋”等品牌新产品。加大对旅游景点基础设施建设，投资6083万元在石笋山建设云雾古寨长廊、茶文化广场、孔雀湖挡墙等基础设施，推进石笋山创建国家AAAA级旅游景区。举办石笋山第六届七夕旅游文化节暨第五届红心猕猴桃采果节，吸引近万名游客参加采摘活动，全年旅游收入300余万元。

【基础设施】　镇内基础设施建设完善，能满足各类企业的生产需要和居民生活需要。何埂污水处理厂、何埂垃圾中转站、五间二水厂建成投入使用，鱼龙、长丰人饮工程建设完工，解决辖区1.2万名群众吃水难问题。全年硬化油化公路14.6公里、新建泥结石公路15公里，新建人行便道68.5公里。

【社会事业】　辖区内教育、卫生等各项社会事业协调发展。有中学2所，中心小学5所，村小10所，共有在校学生5002人，有教师326名。继续完善社会救助长效机制，保障留守儿童、孤寡老人、残疾人、低保等弱势群体基本生活，全年发放救助资金495万元。改造农村危旧房186户，发放建房补助237.5万元。城乡居民基本养老保险参保34003人，办理城乡居民医疗保险49967人。落实各项就业创业政策，办理小额贷款24户，发放小额贷款360万元，开办就业创业培训8期，帮助高校毕业生、就业困难人员700人实现就业。全年开发公益性岗位安置225人次。积极推动公共文化服务均等化，举办“乾鑫杯”象棋比赛、“恩基杯”农民（工）体育运动会等活动30次。

【石笋山七夕文化旅游节】　2017年8月26日—9月底，何埂镇石笋山第六届七夕旅游文化节暨第五届红心猕猴桃采果节在石笋山景区举行，活动主题是“相约情山甜猕一夏”。采果节期间，通过以爱情为核心开展创意活动，全方位展现石笋山特色旅游资源。开展的活动有开幕式抢红包、文艺演出、甜猕家庭颁奖、和谐永川·和美人文“石笋山杯”永川区首届全民手机摄影大奖赛颁奖、猕猴桃采摘、情山鹊桥、汉服舞蹈表演、水上大狂欢、游园大闯关、烛光自助宴、露营帐篷节等。期间，游客除采摘猕猴桃，还可以到石笋山避暑游玩。采果节期间采摘红心猕猴桃10万公斤，带动旅游消费800万余元。

【主要领导】

党委书记：赵亚

镇长：梁伟

人大主席：苏祖兵

党委副书记：刘岩鋆

政法书记：刘作贵

纪委书记：孙恒

副镇长：杨必良　叶昌红　宋世彬

武装部部长：叶昌红

党委委员：蒋云　曹科　胡梅

（何埂镇政府供稿）

红炉镇

【概况】　辖区面积64平方公里；耕地面积1900公顷；辖5个村、128个村民小组、4个居委会；总户数10754户，总人口27672人，非农业人口9361人，农业人口18311人；人口出生率9.5‰；

红炉镇页岩气钻井平台（2017 年）　　（红炉镇政府供图）

自然增长率 -1.8‰。

集镇面积 150 万平方米，集镇人口 1.1 万人，城镇化率 45%，农村小康房 5000 户，60 万平方米；粮食产量 1.36 万吨，比上年增长 2%；经济总收入 21.6 万元，其中农业 3.1 万元，比上年增长 16%，工业 18.5 万元。农民人均纯收入 18700 元，比上年增长 14.8%；永川级财政收入 5571 万元，比上年增长 12.1%。镇荣获重庆市民政系统 2013—2017 年度先进集体。

【经济发展】　红炉镇是永川工业强镇，工业经济收入占全镇总收入 86%。镇持续结构调整，突出绿色发展，加大对落户企业伟全程跟踪保姆式服务，同步推进企业技术升级和矿山生态修复。引导中材参天建材公司投资 1.8 亿建设精品石砂生产线项目，建成全封闭、低噪音、少粉尘的年产 500 万吨精品机制砂生产线。突出新产业培育，全力配合页岩气等新能源开发，培育新的经济增长点。

农业紧扣永川西部特色产业园区功能定位，加快茶产业的规范化、标准化建设，新栽茶叶 102 公顷。引进重庆市丰年林业科技开发有限公司，以万胜芭蕉沟为核心区域，实施茶产业开发建设项目。依托阴山丰富林业资源，大力发展山羊、肉牛、土鸡、香猪等项目。探索发展羊肚菌，带动周边农户从事种养殖，利用“互联网 +”等电商平台销售产品，实现增收。引进创倍生态农业开发有限公司落户会龙桥村，流转土地 20 余公顷。引导本地种粮大户在红庆、红石、万胜等村流转土地 106.66 余公顷，开展水稻生产全程社会化服务试点工作。

【基础设施】　镇内基础设施条件日渐改善，交通便捷，永荣公路和大峰公路横贯全境。全年硬化公路 8.5 公里，新建泥结石公路 9.5 公里、人行便道 15 公里；整治农村山坪塘 21 口，维修提灌站 16 处，完成红庆村下厂沟、月琴坝，红石村纸厂沟等水毁工程治理。继续推进撤并后老场镇改造，硬化红炉场、新店场、罗汉场路面，安装路灯，修复红炉场排污沟，建成新店安置房标准化公厕，维修加固红欣场中心街四号楼。实施农村 D 级危房改造 27 户。

【社会发展】　镇内社会事业蓬勃发展，社会保障全面落实。全镇城乡居民医疗保险宣传知晓率 100%，参保率 95%，发放失业金 235 人次、24.5 万元。4050 社保补贴 35 人次 6.6 万元；接转永荣矿业公司退休职工社会化管理 3000 余人。全年发放城乡居民镇低保 490 户 738 人 297 万元，发放社会临时救助资金 2362 人 91 万元，自然灾害冬春生活救助 20 户 17.6 万元，优抚对象 271 人 208.8 万元。有小学 3 所、初中 1 所，在校学生 1304 人人，教师 119 名。有卫生院 1 所，全年免费为辖区 65 岁以上的老人体检，组织已婚育龄妇女免费参加“两癌”筛查，家庭医生签约 8100 人。慰问独生子女死亡家庭 50 户 7 万余元，新增奖励扶助 104 人 13 万元。全年采购公共文化服务演出 7 场，成功举办全民健身运动会。建成红炉镇健身综合广场，万胜村获评“永川区科技示范村”。舞蹈《二十年再相会》获永川区 2017 年全民艺术普及暨第五届群众坝坝舞比赛一等奖。

【主要领导】

党委书记：邓正军

镇长：刘强
人大主席：黄贤波
党委副书记：樊安城
纪委书记：张林
副镇长：罗明平　张增旗　江勇
武装部部长：江勇
党委委员：肖璐　蒋琼

（张高敏供稿）

吉安镇

【概况】　辖区面积60.01平方公里；耕地面积2535.2公顷；辖8个村、159村民小组、1个居委会；总户数9422户，总人口29485人，非农业人口3458人，农业人口26001人；人口出生率8.1‰；自然增长率－1.4‰。

集镇面积47.8万平方米，集镇人口4500人，城镇化率18.75%，农村小康房7336户，117.38万平方米；粮食产量1.8405万吨，比上年增长0.497%；经济总收入5.78亿元，比上年增长6.12%，其中农业3.62亿元，比上年增长9.129%，工业2.19亿元，比上年增长0.4%，农民人均纯收入1.67万元，比上年增长10.03%；财政收入1382万元，比上年增长19.24%。

【经济发展】　吉安镇坚持“农业固镇、产业兴镇”，大力进行产业结构调整，发展旅游业，推动经济迅猛发展。全年招商引资，引入云才木材加工厂，盘活铜凉村闲置厂房，培育新的经济增长点。发展小微企业，申报小额贴息贷款14户，贷款金额160万元。关停五星煤矿、岩湾煤矿，关停石英砂厂、碎石厂等非煤矿山企业4家。农业全力推进水稻规模种植，培育优质水稻种植大户17户，全程社会化服务260.6公顷，实施黄沙村千亿斤粮田建设项目，落实“稻鸭鱼立体养殖工程”7户。新建黄沙村17.8公顷重庆市级沃柑基地。旅游业充分利用“重庆市第二批特色景观旅游名镇”品牌效应，争取到重庆市级美丽乡村建设项目——曹家店美丽宜居村庄建设项目，建旅游接待中心，新建旅游公厕、停车场、旅游休闲广场、赏花亭等。开展“吃在吉安”系列美食宣传活动，全力打造吉安美食文化，丰富乡村旅游文化内蕴。新引进重庆市永川区金秋榴园生态农业有限公司，发展金秋榴生态农业。

【基础设施】　镇内基础设施完善，交通便捷，集镇建设迅速。供水、供电、供气等设施齐备。新建泥结石路5公里，硬（油）化农村公路16公里，新建人行便道24公里。投入100余万元，改造场镇公厕2处，安装移动公厕2处，场镇安装太阳能路灯。整治山坪塘42口，小（二）型水库6座，维修提灌站2处。新安装自来水1638户，完成黄沙村和尖山村自来水入户工程。清理排险农村危房50余处，实施农村危房改造25户。

【社会事业】　镇内各项社会事业协调发展。全年认真抓好教育、卫生、社保、医保、民生等工作。坚持教育优先发展战略，投入900余万元做好吉安中学硬件设施升级改造。吉安镇卫生院永泸分院投入使用，医疗保险系统正式运行，为2400余人提供免费健康体检，完成农村妇女500余人“两癌”筛查。全年新参加居民养老保险人员374人，医疗保险参保人数25786人。新增就业537人，实

吉安镇宜和胜养生谷（2017年）　　（吉安镇政府供图）

现困难就业人员再就业38名，提供农村公益性岗位安置低保户、残疾人、建卡贫困户和“4050”失业人员237名。新审批低保30户，特困人员48人。实施8户残疾人家庭危房改造，重建灾民倒房11户，发放临时救助金58万元。

建成永川区图书馆吉安镇分馆，新建敬老院放映厅。推进文物管理保护工作，实地踏勘不可移动文物22处，新发现百年古桥1座。开展文艺演出、健身运动会、象棋比赛等文体活动12次，参加永川区第四届社区体育节，获得团体第一名。组织流动文化服务进基层演出10场，全年播放惠民电影104场。

【大事条目】

2017年，吉安镇寒泸村蔡荣凤家庭被重庆市妇联评为2017年度重庆市最美家庭。

2017年10月30日，吉安镇社区周贤凤家庭入选2017年度永川区十大最美家庭。

【主要领导】

党委书记：黄海东

镇长：宋林

人大主席：陈立华

纪委书记：胡明群

副镇长：汪丹　冯昭煦　刘奎

武装部部长：汪丹

党委委员：袁新德　杨功伟　李亚璇

（吉安镇政府供稿）

金龙镇

【概况】　辖区面积73.5平方公里，耕地面积3120公顷；辖3个场镇，1个居委会，7个行政村，71个村民小组，总户数11713户，总人口35515人，其中非农业人口1729人，农业人口33786人。人口出生率为6.25‰，自然增长率为-1.2‰。

集镇面积0.5平方公里，集镇人口1729人，城镇化率5.6%，农村小康房5485户，65.8万平方米；粮食产量4.1万吨，比上年减少1%；经济总收入6.9亿元，比上年增长10.5%；固定资产投入11.1亿元，同比增长22%；农民人均可支配收入1.6万元，同比增长10.5%；一般公共预算收入3401.7万元。

【经济发展】　金龙镇经济发展以特色农业为主，结合“一、二、三”产业融合发展的要求，着力打造九龙河现代农业园区，发展沿云雾山脉西麓的茶果产业走廊和沿九龙河两岸的优质果蔬产业带。全年园区新增土地流转15余公顷。种植茶叶45.33公顷，修建环山公路8.5公里，建成洞子口蔬果基地，种植李子33.33公顷，杂柑26.67公顷。建成葡萄种植基地4个、五星枇杷种植基地4个、沃柑基地12个、蔬菜基地3个。全镇新增合作社、家庭农场13个、农业大户15户。招商引资成功引进重庆富顺林业有限公司、解放村茶—果特色种植园、金龙村杂柑种植基地等特色农业项目6个，建设银月湖民俗文化村，发展“生态茶园+特色花果+民俗文化”产业，合同签约金额7000万元，到位资金1500万元。

【城镇建设】　美丽乡村建设有序推进，小城镇建设步伐明显加快，场镇、农村居住环境持续向好。场镇面积新拓展0.4公顷。完成C、D级危房改造

九龙河河道清理（2017年）　　（金龙镇政府供图）

33 户。改造普莲农贸市场、复兴场镇人行道板、供水管网，维修金鼎村人饮工程等基础设施，规范场镇管理。场镇环境卫生和垃圾清运采取政府购买社会化服务方式进行外包，场镇面貌、环境卫生明显改善，田园风情小镇魅力初显。打造清洁乡村示范院落 2 个、示范田园 1 个。

镇内基础设施建设不断完善，完成石金路、金铜路改造升级，隆普路在施工建设中。硬化村级道路 5.1 公里。全年新改建泥结石公路 12 条 48.8 公里，新修人行便道 37 公里。维修提灌站 6 处，整治山坪塘 51 口。九龙河现代农业园区新建彩钢大棚 2000 平方米，新建钢架大棚 1.33 公顷，新建农产品加工与展示厅 1600 平方米，打造瓜果观光长廊 1500 米。

【社会事业】 镇内各项社会事业协调发展。有中学 1 所，小学 3 所，教师 153 人，学生 2099 人。全年组织两癌筛查 600 余人，慢性病体检 1500 余人，开展育龄妇女生殖健康检查，家庭医生签约受益 14575 人，发放独生子女奖扶特扶资金 32 万元。全年城镇新增就业 422 人，城镇登记失业人员再就业 22 人，就业困难对象就业 16 人，新开发公益性岗位 61 人，小额担保贷款 149 万元。城乡养老保险应保尽保，城乡医疗保险参保率 95%。五保、城市“三无”人员、孤儿养育全覆盖，发放临时救助金 53 万元。开展低保专项清理，停发城乡低保 367 户 893 人。报批低保申请 52 户，97 人。加大对退役士兵、优抚对象、有待家庭关爱力度，按时足额发放优待金。全年购买公共文化演出 10 余场，开展社区趣味运动会活动 20 余场。辖区内社会治安环境良好，全年无重大恶性案件和群体性事件发生，无安全生产死亡事故发生。

【樱花赏花会】 2017 年 3 月底到 4 月中旬，金龙镇举行第四届樱花赏花会。樱花赏花会选取“以‘樱’为爱情，以花为‘媒’”为主题，赏花会主要开展文艺会演、“登顶樱花谷”徒步登山、“浪漫带回家”樱花盆景展览、樱花美食呈现、放河灯仪式五大主题活动，游客可徜徉樱花海品美食。樱花赏花会期间，共接待游客 6 万余人，景区营业额 12 万余元。

【大事条目】

2017 年 6 月中旬—8 月，开展九龙河河道整治行动。对辖区内九龙河河道综合治理、生活污水截流、常态化河道清理、非法畜禽养殖取缔等整治行动，累计清运河道垃圾 200 余吨，清理水生植物 6000 余平方米，清砍垮塌竹木 64 处，关停非法养殖户 83 户，累计拆除违法建筑 8000 余平方米，复耕土地 3000 余平方米。

【主要领导】

党委书记：邓和平
镇长：董世清
人大主席：李明芳
党委副书记：黄小义
纪委书记：田硕
副镇长：金富鹏
政法书记：陈久全
武装部部长：陈军洪
党委委员：刘世春　赵黔川

（金龙镇政府供稿）

来苏镇

【概况】 辖区面积 95.95 平方公里；耕地面积 4931.59 公顷；辖 13 个村、87 个村民小组、1 个居委会；总户数 18905 户，总人口 55209 人，非农业人口 17203 人，农业人口 38006 人；人口出生率 10.5‰，自然增长率 0.7‰。

集镇面积 2.7 平方公里，集镇人口 2.86 万人，城镇化率 50.5%，农村小康房 12478 户，112.722 万平方米；粮食产量 3.72 万吨；镇生产总值 16.1 亿元，同比增长 10.2%；农业总产值 3.76 亿元，同比增长 4.5%；规模以上工业企业产值 16.6 亿元，限上商贸企业社会消费品零售总额 2.36 亿元，同比增长 16.3%；完成固定资产投资 12.62 亿元，

（其中工业固定资产投资 8.25 亿元，旅游投资 2.76 亿元）；农民人均纯收入 16865 元，同比增长 9.8%；利用内资 1.7 亿元。本级公共财政收入 707 万元（其中，税收收入 487 万元，非税收入 220 万元）。

临江河清漂（2017 年） （来苏镇政府供图）

【经济发展】 来苏镇农业产业特色突出，农旅融合，第三产业发达，市场辐射面广。农业坚持“一村一品”，着力做大做强做优优质粮油、特色水果、绿色蔬菜和生态养殖四大产业。全镇优质粮油种植面积 4800 公顷，特色水果 166.67 公顷，绿色蔬菜 1400 公顷，水产养殖面积 367.13 公顷。柏树桥村 20 余公顷大闸蟹养殖年产量 5 万公斤，15.81 公顷“中华鳖”养殖年产量 3 万公斤。盘活钰河湾休闲旅游观光农业园区，引进圆桂国家级示范专业合作社基本建成水磨滩村优质粮油和农业宜机化基地。农村改革试点成功，全年共培育新型农业经营主体 12 个。依托邮政、供销等电商平台，建设农村电商综合服务网点 3 个。辖区内页岩气配套产业、制鞋业和食品加工业得到重点发展。永页 1#平台建成投产，日产量 20 万立方米，经加工处理成 LNG（液化）和 CNG（压缩）日销售 3 万方左右。制鞋业和食品加工业（来苏香肠、来苏腊肉、来苏红豆腐等）品牌产值 9.4 亿元，占全镇规模工业总产值的 86.1%。

【基础设施】 镇内基础设施齐备，交通便捷。投资 40 万元整治王坪、来仪场镇，拆除违章违规建筑 760 平方米，取缔来苏和来仪 2 个农贸市场进出口流动摊贩。建成来仪垃圾压缩中转站。完成农村 D 级危房改造 35 户。油化硬化梳妆台景区道路和广场，改（扩）建泥结石公路 1 条，新建和改建桥梁 2 座，全镇硬（油）化公路 86 公里；新修村级人行便道 41 公里。实施来苏污水厂、场镇二三级管网和来仪污水处理厂改扩能建设工程。整治柏树桥至三岔河河道，推进王家河至革命水库河湖连通工程，完成关门山至永川一水厂河湖连通工程。

【社会事业】 镇内教育成果丰硕，群众文体活动丰富多彩，卫生、医保、社保各项社会事业全面发展。全年发放城乡低保金 396.96 万余元、发放特困人员供养金 378 万余元、发放孤儿生活补贴 12.35 万元、发放高龄失能老人和经济困难失能老人生活补贴 28.32 万元、发放百岁老人营养补贴 9600 元、发放各类优抚对象优待金 617 余万元、发放临时困难救助资金 68 万元、发放救灾资金 1.45 万元、发放冬春生活救助 31.67 万元、发放医疗救助 36 万元。城镇新增就业 566 人、城镇登记失业人员再就业 71 人、城镇就业困难人员就业 48 人、新开发公益性岗位安置就业困难人员就业 257 人、就业创业培训 170 人、发放创业担保贷款 270 万元。全年政府采购送文化下乡演出活动 15 场，惠民电影放映共 172 场次，专题演出 2 场。

【大事条目】

6 月 30 日，来苏镇召开第七届人民代表大会第二次会议，来苏镇召开第七届人民代表大会第二次会议，会议审议《关于农业产业化发展工作报告》《关于临江河流域来苏段综合治理工作报告》《关于镇第七届人大一次会议代表建议、批评和意见办理情况的报告》并进行满意度测评。

10 月 20 日，来苏镇残疾人联合会第七次届代表大会召开 会议选举产生镇残联新一届主席团成员11名、主席1名、副主席4名，并推选执行理事会理事长，选举来苏镇出席永川区残疾人联合会第七次代表大会代表5名。

11月27日，全国丘陵山区农业机械化发展现场观摩会在水磨滩村园桂农机合作社召开，参与现场观摩的人员有农业部相关司局及直属农机事业单位、农业部南京农机化所、中国农业机械化协会、中国农机化导报、农民日报有关负责人，以及22个省（自治区、直辖市）农业机械化主管部门负责人及农机局（处）负责人共计60余人。

【主要领导】

党委书记：张波

镇长：高山

人大主席：宋世莲

党委副书记：赵后波

纪委书记：曾凡丽

政法书记：涂珍良

副镇长：蒋承武　张伟　邓玲

武装部部长：张伟

党委委员：蒋茂林　侯昌海　肖英

（来苏镇政府供稿）

临江镇

【概况】　辖区面积77.1平方公里；耕地面积3645公顷；辖9个村、71个村民小组、1个居委会；总户数14232户，总人口39241人，非农业人口2965人，农业人口36276人；人口出生率7.31‰，自然增长率－1.49‰。

集镇面积1081340平方米，集镇人口8125人，城镇化率40%，农村小康房2571户38.9万平方米；粮食产量2.1万吨，比上年增长9%；经济总收入7.32亿元，比上年增长3.9%，其中农业4.63亿元，比上年增长6.4%；工业2.69亿元，比上年增长－1%，农民人均可支配收入1.71万元，比上年增长10%；财政收入3574万元，比上年增长42.96%。

【经济发展】　临江镇矿产资源丰富，工业发展迅速，农业特色明显。全年引进工贸企业20个。新建农民股份合作社1个，发展种养大户8户，发展优质水稻1333.33公顷、优质柑橘33.33公顷、花椒33.33公顷、臭黄荆10公顷。实施水稻全程社会化服务300公顷。实施退耕还林专项工程后续产业266.67公顷，基础设施专项工程354.13公顷，封山育林266.67公顷。

【城镇建设】　镇交通便捷，通信网络健全，成渝铁路横贯全境。城镇基础设施完善，市政设施齐备。有全国“百佳”水厂1座，有标准的农贸市场3个，垃圾站4个，垃圾池22个，场镇绿化率28%。全年硬化公路8.4公里，改建泥结石路14.9公里，改建小河口桥、龙燕桥等桥梁4座，扩建普安村团结水库库区泥结石公路2公里。整治山坪塘73口，新修山坪塘10口，排危山坪塘1口，新建微型水池20口、囤水田坎20根，维修及清淤渠道20千米，完成高滩村机耕道改造后扶工程1.2公里，维修电灌站3座。改造临江场镇老旧供水管网2.35公里，新建垃圾压缩站1个。改造普安水厂管网，安装自来水719户2157人。积极推进美丽乡村建设，建清洁院落2个，清洁示范农业园区1个。

迎十九大文艺汇演（2017年）　　（临江镇政府供图）

【社会事业】　镇社会事业蓬勃发展，文化活动丰富，社会治安秩序良好。有中学1所，小学4所，有教师279人，学生3452人。全年表彰奖励教师154人次，发放奖金6.3万元。苏氏教育基金发放奖金9万元。2017年政府采购公共文化演出10场，放映电影150场，送春联下村居5000对。完成农村D级危房改造25户，开展产业扶贫、教育扶贫、医疗扶贫，发放慰问帮扶资金17万元，困难救助11万元。城镇新增就业506人，开发公益性岗位安置就业困难人员142人，小额贷款11户163万元。城乡居民养老保险参保23659人，城乡居民医疗保险参保33294人。新增城乡低保118户192人，累计570户990人。及时救助2814人次90万元，新增特困人员80人。调解各类矛盾纠纷499件，重大疑难纠纷8件，成功处置重大突发事件8件，创建平安大院2个。

实施临江河流域综合治理。关闭一类畜禽养殖场9个，拆除一类畜禽场1个，整治一类水产养殖场7个，清理排查二类水产养殖户114个。依法关闭砖厂2个。完成临江场镇三级污水管网建设。排查餐饮单位47家、小作坊4家，整改餐饮店6家、小作坊3家。

【大事条目】　2017年9月27日，设立临江关爱基金，基金主要用于民生、教育、社会治安等方面，全年共有200多人享受该项服务。

2017年9月29日，举办临江第二首届稻草文化艺术节，活动期间共开展有文艺会演、钓龙虾、猜拳等精彩节目，共计5万余人次参加。

2017年9月26日，临江镇举办第三届唢呐比赛，共10只代表队参赛，比赛评出一等奖1名，二等奖2名，三等奖3名，参与奖4名。

【主要领导】

党委书记：钟林

镇长：李凯

人大主席：周荣华

党委副书记：刘为

纪委书记：唐廷勇

副镇长：肖显刚　罗中敏

武装部部长：王大春

党委委员：张从锋　唐春燕

（临江镇政府供稿）

青峰镇

【概况】　辖区面积49.13平方公里；耕地面积1963公顷；辖5个村、1个居委会；总户数9152户，总人口26700人，非农业人口1893人，农业人口24807人；人口出生率8.04‰，自然增长率2.6‰。

集镇面积41公顷，集镇人口3736人，城镇化率35.2%，农村小康房7251户，108.765万平方米；粮食产量1.357万吨，比上年增长0%；经济总收入18.61亿元，比上年增长10.37%其中农业3.17亿元，比上年增长3.59%，工业11.375亿元，比上年增长15%，农民人均纯收入1.8万元，比上年增长8.68%；财政收入达到668万元，比上年增长20.8%。2017年青峰镇被重庆市纳入市级一、二、三产业融合发展示范镇，荣获“重庆市十大最美小镇”称号，胡豆坪村被评为重庆市级电子商务示范村。

【经济发展】　青峰镇经济发展以工业为主，结合“一、二、三”产业融合发展的要求，大力发展现代都市农业和乡村旅游业，繁荣农村经济。全年

第二届青峰里健身养生文化节（2017年）　（青峰镇政府供图）

完成市级商贸综合服务中心建设项目1个，引进项目7个，招商引资完成11.3亿元，到位资金1.31亿元。新增电商企业2家，快递服务门店2个，快递网点2个，全镇电子商务线上销售额5000万余元。争取市级财政资金扶持莲花石村发展村级集体经济；分别在莲花石村和胡豆坪村实施集体资产产权制度改革试点工作；争取农业资金在凌阁堂村油菜花基地实施股权化改革。大力发展优质粮油、优质无公害蔬菜及优质水果，大春粮食种植面积1715.73公顷，油菜种植面积241.53公顷，无公害蔬菜种植面积333.33公顷，水稻种植全程社会化服务项目完成246.67公顷。完成333.33公顷粮食田间工程项目、整治33.33公顷宜机化地块、整治山坪塘74口、退耕还林补植补造及管护378.27。继续推出“青峰里·四季游”系列乡村旅游活动，完善旅游基础设施，新建乡村旅游景点游步道4公里，旅游厕所4座，硬化景点停车场8000平方米；全年共接待游客35万人，旅游收入2800余万元（包括农产品销售在内的乡村旅游收入）。

【城镇建设】 镇的各项基础设施齐备，城镇建设有序推进。全年硬化路和泥结石路36.2公里，新改建青李桥和两河桥桥梁2座，维修损毁公路21公里，养护镇村社道116公里；审批农村建房100户，改造农村D级危房31户，整治清洁庭院30户，拆除违法占地、违章建筑26处1150平方米；安装佛岩寺村自来水入户管网13公里，惠及493户1571人；新安装天然气用户350户；整治校园周边环境，规范横街、卫生院门前占道经营，畅通消防通道。

【社会事业】 镇内各项社会事业蓬勃发展。有3所学校，其中小学2所，初中1所。有教职工148人，在校学生有2284人。完成700名农村妇女“两癌”免费筛查任务，救助“两癌”妇女4人；发放计生奖扶金、抚恤补助金等21.4万元；城乡居民医疗保险参保率95%。全年发放低保金230余万元，发放临时救助金56余万元，救助困难群众1074户。城镇新增就业452人，发放创业担保贷款155万元，扶持创业11户，带动就业62人。全年开展群众性文体活动79场次，播放露天电影64场，建“乡贤评理堂”3个。

坚持“绿水青山就是金山银山”的理念，深入推进清洁乡村行动，常态化开展社区路面清扫和保洁，全面实施农村生活垃圾治理，打造清洁示范院落2个，打造清洁示范田园2个。推行河长制，大力实施临江河流域综合治理，完成辖区内工业企业污染、畜禽养殖污染、小作坊废水污染、农贸市场污染、河道清漂等专项整治，清理河岸垃圾15处52立方米，清理建筑垃圾6处25立方米；砍伐并清理河岸倒塌竹木8.5公里；清理河面漂浮物56余吨，里程12.5公里。

【“青峰里·四季游”系列活动】 2月18日，在青峰镇举行2017春游赏花季暨“青峰里菜花香”第二届油菜花节活动。活动期间开展文艺演出、芸苔音乐会、浪漫热气球、大型风筝展、创意绘画展、浪漫婚纱花嫁；配套活动有吃态聚中药鸡、赏李子花、摘新鲜蔬菜、钓青峰水乡生态鱼、采青峰草莓等活动；开展创意琥珀DIY、品青峰红酒酿、我的轮滑鞋、酒坛宝藏、菜籽油压榨、无人机飞行表演、青峰里四季游图片展、青峰特色农产品展、美食农家烩等项目。油菜花节共接待游客12万余人，经济收入800余万元。

8月5日，举行第二届“青峰里·水乡乐”青峰水乡文化节活动。活动期间开展开展文艺演出、游泳比赛；配套活动有青峰土特展、文艺汇演、游泳比赛等。水乡文化节共接待游客10万余人，经济收入1000余万元。

9月9日，举行第二届“青峰里·高粱红”青峰酒文化节活动。活动期间开展开展文艺演出、篮球比赛；配套活动有私人封坛窖藏、农家美食烩、青峰土特展、文艺会演等。活动共接待游客7万余人，经济收入500余万元。

【大事条目】

青峰镇荣获“重庆市十大最美小镇”称号，

2017年，青峰镇在重庆市38个区县级联合开展的“百万网民点赞重庆最美小镇”评选中，荣获“重庆市十大最美小镇”称号。

【主要领导】

党委书记：包玉海

镇长：黄健

人大主席：白权伦

党委副书记：胡世莲

政法书记：张中轩

武装部部长：唐大林

副镇长：张中轩　唐大林　蔡福多

纪委书记：袁玉娟

党委委员：何宗泉　武晓军

（青峰镇政府供稿）

三教镇

【概况】　三教镇位于永川区北部，辖区面积108平方公里；辖13个农业村，2个社区居委会；总人口6.46人，非农业人口1.8万人，农业人口4.66万人；人口出生率1.2%；自然增长率0.3‰。

集镇面积6平方公里，集镇人口2.4万人，城镇化率60.7%；经济总收入18.8万元，其中农业1.2亿元，工业17.6亿元，农民人均纯收入1.73万元；财政收入5422.3万元。利民村被中央文明委授予“全国文明村镇”荣誉称号。

【经济发展】　三教镇是永川工业重镇，按照“工业驱动、农业拉动、商贸联运”的发展思路，推动全镇特色产业发展进程，繁荣农村经济。全年引进工业项目5个，建成投产2家，新增小微企业30家，新增工业产值5000万元，带动农民工就业100人，实现利税200万元。全年政策性关闭煤矿7家、钢铁企业6家，关闭砖厂7家，妥善处置关闭企业职工2700余人。农业依托云龙村张家湾红旗林场天然楠木次生林，着力打造“中国楠木之乡”，大力推行产业结构调整，建生态农业观光园，拉动经济发展，统筹整合石龙山摩崖石刻、新观音休闲生态园区、陡沟河小桥湖休闲农业观光园、月季博览园、红军越野山地户外运动基地等。

【基础设施】　镇内各项基础设施齐备，交通便捷。场镇新安装路灯、太阳能路灯；翻新污水管道，维修疏通社区下水道、污水井；改造饮水主管网。改造农村危旧房40户；土地整治133.33公顷，土地整理267.27公顷；维修水渠9公里，新建提灌站3处，病险水库整治2座。硬化农村公路11.3公里，加铺泥结石路6.64公里，铺设人行便道53公里；重建纸厂湾危桥。

【社会事业】　镇内教育成果丰硕，群众文体活动丰富多彩，卫生、医保、社保各项社会事业全面发展，社会安康。有中学1所，小学3所。全年为760名特扶对象提供免费体检，“两癌”（宫颈癌、乳腺癌）筛查600例，家庭医生签约服务1.87万例。为群众送文化演出服务15场，惠及群众1.5万人次；成功举办“三教镇第九届全民健身农民运动会”“第二届利民好儿女的表彰活动”等大型文体活动7次。城乡居民医疗保险参合率90%以上，养老保险政策全覆盖；动态管理低保对象1034人，全年发放低保金378万元；小额临时救

三教镇石龙山摩崖石刻（2017年）（三教镇政府供图）

助401人次，发放救助金53.1万元；落实优抚对象、精简退职人员等生活补助160.28万元；开展创业技能提升培训班培训人员325人；完成城镇新增就业1130人，小额担保创业贷款554万元；公益性岗位安置117人。狠抓社会治安整治，调处各种矛盾纠纷，调处成功率99.67%。深入安全生产大检查大执法，全镇无重大安全事故发生。

继续推进“美丽乡村”建设，打造利民村堡家楼示范院落，实施新观音村老药铺社清洁田园示范建设，建成日处理量40吨的新型垃圾中转站，新购垃圾钩背车2台，垃圾箱36个，垃圾筒1060个，完善镇村社三级农村垃圾清运系统，新增垃圾做到“日产日清”。严格落实河长制、河段长制，对辖区3条河流，9段村级支流，14座水库实施专项整治，关闭污染河道的畜禽养殖企业3家，拆除河道两旁畜禽圈舍23处2130平方米，清理河道4200米，清除淤泥1.15万立方米，清理垃圾19处，完成38.6公里长的河道、460万立方米的库容清理整治工作。整治农贸市场4个，处理违规排放企业11家，整改污染养殖场5家，取缔露天焚烧垃圾点2个。

【大事条目】

11月17日，三教镇利民村被中央文明委授予“全国文明村镇”荣誉称号。

【主要领导】

党委书记：汪华康

镇长：文章

人大主席：谭全华

党委副书记：唐廷钧

副镇长：阳宗权　龚于良　邹昌彬　曾又强

党委委员：万光林　吴建　吴至良　王磊磊

（彭粲供稿）

双石镇

【概况】　辖区面积66平方公里；耕地面积2568.67公顷；辖3个居委会，9个村、49个村民小组；总户数13436户，总人口31661人；人口出生率8.09‰，自然增长率0.28‰。

集镇面积1.78平方公里，集镇人口1.2万人，城镇化率46%，农村小康房6709户，75.99万平方米。粮食产量1.9万吨；全镇规模以上工业总产值30亿元；永川级工商税入2232万元；固定资产投资13.5亿元；招商引资1.5亿元。城镇居民人均可支配收入38150元，农村居民人均纯总收入17050元。

【经济发展】　双石镇紧紧围绕建设永川区域中心大城市的大局，按照“工业强镇、农业稳镇、商贸活镇、招商建镇、文化兴镇、创新立镇”的工作思路，统筹发展，把双石建成永川的工业强镇，建成渝西地区的建筑建材特色产业带。工业坚持以供给侧结构性改革为主线，进一步优化产业结构，停产原煤洗选厂3家，关闭环保排放不达标矸砖企业6家。推动中石化8万立方米成品油库建设，年吞吐量120万吨；引进特泰公司汽车零部件项目建成投产，产值1.6亿元。新型建材产业规模成形，年生产多孔砖50万平方米，防水卷材100万平方米，外墙保温材料30万平方米，混凝土55万平方米，水泥45万吨，石料150万吨，建筑模板50万张。

在五龙桥村、脚盆井村、牛尾铺村实行农村产权制度改革，增加集体收入13.85万元。全年流转土地132.13公顷，培育家庭农场16个，专业合作社2个。实施宜机化改造项目，改造茶园46.67余公顷，新建茶园50.67公顷，年产茶叶鲜叶120吨；新建花椒基地35.33余公顷，柑橘、李子基地33.33余公顷。持续推进农旅项目品牌建设，举办西山蓝莓采摘季，吸引周边市民现场采摘。

【城镇建设】　双石镇交通便捷、设施配套，城镇建设发展迅速。外包场镇卫生清洁保洁服务，明确奖惩办法和责任范围，场镇环境卫生持续美化。安装场镇路灯、垃圾箱，修剪美化街道树。加强场镇车辆乱停乱放整治。着力完善路网建设，

双石“小金龙”表演（2017年）　　（双石镇政府供图）

程70公里，对沿河养殖户和煤炭洗选企业进行整改。持续开展“碧水、蓝天、宁静、绿地、田园”环保五大行动。与村居签订环境保护目标责任书，落实河库水面清漂及两岸暴露垃圾清理和监管责任。加大对道路交通、建筑施工、工业企业排放和焚烧秸秆烧灰积肥等大气污染行为的打击力度，禁止秸秆焚烧。推进清洁乡村工程，监管农村畜禽养

建设泥结石公路7.5公里，对农村公路的养护和整治，为6000米农村公路安装波形护栏。修建太平供销社处铁路人行涵，建设冷家湾渡改桥、复生桥村渡改桥，改造30户D级危房，拆除违章建筑650平方米。整治山坪塘22口，维修提灌站3个，完成丁家岩村人饮工程，全镇农村人饮覆盖率80%。

【社会事业】　镇内各项社会事业协调发展，社会治安环境好。全年帮扶优抚对象、城乡低保人员、建卡贫困户等395人次，发放救助金44.6万元，资助贫困学生105人，发放助学金14.95万元。走访慰问各类困难群众407人，发放救助金20.4万元。全年发放各类优抚抚恤金387万元，发放低保金272万元，资助重点优抚对象、城乡低保家庭、农村五保、孤儿、困境儿童等参保1316人。举办煤矿关闭员工专题招聘会，组织种养殖等技能培训，平稳过渡煤矿关闭失业工人失业风险。开发96个公益性岗位，解决就业困难对象就业难问题，对返乡农民工进行扶持，免费职业介绍180人。推介小额担保贷款290万元。持续开展安全生产大排查大整治大执法行动，各行业领域开展隐患排查，全年辖区内无1起死亡事故发生。

镇全面推行河长制，实施临江河流域综合治理，清理核查辖区内各河段污染源，清理河岸垃圾22处86立方米，砍伐并清理河岸倒塌竹木12公里，清理河流漂浮物及河岸垃圾280余吨，里

殖，杜绝禁养区新建畜禽养殖场。

【“小金龙”文化艺术节】　2017年2月8日，双石镇举行第五届“小金龙”文化艺术节。艺术节期间，双石镇的小金龙队、狮子队、腰鼓队等5支民俗文化表演队表演《龙腾狮舞闹元宵》《庆丰收》、现代舞《玩火》、小品《渔家乐》、歌曲《春回老家》等节目，观看群众1万余人，小金龙非遗文化得到传承。

【主要领导】

党委书记：唐文模
镇长：郑朝明
人大主席：陈红
党委副书记：赵德杰
政法书记：王太祥
副镇长：王太祥　钟强　向章剑
纪委书记：覃仁华
武装部部长：钟强
党委委员：龙贤　苏公梅

（双石镇政府供稿）

松溉镇

【概况】　辖区面积34.3平方公里；耕地面积1217公顷；辖5村、81村民小组、2个居委会；

总户数7021户，总人口21193人，非农业人口7984人，农业人口13209人；人口出生率7‰；自然增长率1.1‰。

集镇面积2.3万平方米，集镇人口7984人，城镇化率37%；粮食产量0.7261万吨，比上年下降3.07%；经济总收入45.21亿元，比上年增长14.6%，其中农业3.1亿元，比上年下降3%，工业40.61亿元，比上年增长12%，农民人均纯收入1.58万元，比上年增长10.425%；财政收入373.3万元，比上年下降460%。

【经济发展】 松溉镇“以工业促旅游带农业”为发展思路，大力发展经济，努力建成工业重镇、旅游名镇。2017年积极对接港桥园区主导产业，大力开展招商引资，成功引入登泰建材等项目，到位资金6600万元。积极扶持松溉调味品公司实施技改扩能，开发旅游食品，延伸产业链条。农业严格按照大陆溪特色效益农业园区发展规划，积极包装策划项目，进行农业综合开发。紧紧围绕古镇旅游，建立特色效益农业示范基地，着力构建“一村一品一特色”的产业空间布局。建成石马山66.67公顷晚熟龙眼基地、打鱼河果桑示范园、旗山村、新街子荔枝基地。年销售水果收入800余万元。积极推进新型农业经营体系建设，新培育家庭农场6户，种养大户5户，服务农业的电商微企3家，组建农民合作社2个，引进农业企业1家。完成《松溉古镇旅游策划及概念规划设计》编制，与北京唐亚影视公司和河北波仔文化传播有限公司签订投资协议。电影《古镇情缘》《雾都神探之绝情箭》《松溉·拳拳桑梓情》如期完成拍摄。全年接待游客42.5万人，旅游收入1560万元。

【基础设施】 镇内交通便捷，各项基础设施齐备。全年硬化农村公路9.2公里，改造D级危房31户、C级危房3户，维修整治山坪塘10口，整治农贸市场，改造松江社区养老服务中心、打鱼河便民服务中心和松溉镇敬老院消防设施。改造古镇基础设施工程，对古镇核心区杆管线全部实施拆除、下地；修复马帮议事厅四合院、北门锁钥等旅游景点；实施景区增绿工程，补栽枯死树木，新增绿地；持续开展场镇环境综合整治，拆除私搭乱建的彩钢棚3000平方米，提档升级古镇环境。

【社会事业】 镇内教育、卫生、文化等各项社会事业协调发展。有幼儿园、小学、初中各1所，在校学生1833人。有卫生院1所，全年收治门诊病人11.17万人次，收治住院病人1845人次，继续做好农村妇女两癌筛查、家庭医生签约服务等基本公共卫生服务。文化活动丰富多彩，举办“古镇风华·松溉青春读书分享会”、“送欢乐，下基层”、全民健身趣味体育等活动；开展送文化下

松溉镇全貌（2017年）　　（区档案局供图）

乡16场；引进国家二级戏剧演员3名，注册成立松溉古镇川剧团，开展川剧文化进校园、进社区等活动。扎实推进社会保障工作，城乡居民养老保险覆盖率95%；城乡居民医疗保险参保率86.5%；开发公益性岗位147个，新增就业人数515人，办理再就业贴息贷款12人次，金额170万元，就业登记失业率控制在3.0 %以内；加大社会救助力度，救助各类困难群众500余人次，资金70余万元。

【孝亲旅游文化节】 2017年4月2—4日，松溉镇举办“松溉古镇孝亲旅游文化节”活动，活动主题为“寻根固本·孝亲感恩”。其间开展民俗文化巡展、文艺会演、书法赠写家风家训、孝亲诗词展示、焰火表演等活动，通过活动将古镇的饮食文化、打更文化、长江文化进行演绎，挖掘了松溉古镇孝亲文化，传承中华民主孝亲美德。活动期间吸引重庆市内外游客10万余人，被永川区内外10多家媒体宣传报道，带动旅游消费1200余万元。

【大事条目】 2017年8月9日，松溉镇政府与河北波仔文化传播有限公司签署共建“松溉古镇波仔文化影视基地”合作协议，立唐亚影视文化（重庆）有限公司、重庆艺海弘文影视文化传媒有限公司，共同打造“松溉古镇文化影视基地”。

【主要领导】

党委书记：王成虎
镇长：阳建
人大主席：雷波
纪委书记：黄世涛
副镇长：章元斌　谢远林
　　　　陈定川
武装部部长：章元斌
党委委员：王树华　张敏

（松溉镇政府供稿）

五间镇

【概况】 五间镇辖区面积37.81平方公里；耕地面积1766公顷；辖7个村（56个村民小组）、1个社区（5个居民小组）；总户数8663户，总人口27351人，非农业人口2152人，农业人口25199人；人口自然增长率1.75‰，人口出生率10.25‰。

集镇面积12000平方米，集镇人口5600人，城镇化率2%，农村小康房684户，106815平方米；粮食产量1.0348万吨，比上年减少1.747%；地区生产总值7.8亿元，增长10.8%；规模以上企业产值4.5亿元；全社会固定资产投资8.39亿元；农民人均纯收入16906元，比上年增长10.5%；辖区财政收入571万元，其中辖区税收收入526万元，本级税收收入201万元。西瓜品牌效益凸显，成功举办2017年第8届西瓜旅游文化节，五间西瓜进入重庆果琳公司，形成城区直销、瓜田采摘、主城营销的“三位一体”营销模式。全年总产量6000吨，总产值1800万元，核心区种植规模新增13.33公顷。2017年五间西瓜被评为全国果品类名特优新农产品，五间西瓜基地被确定

圣水湖桃花岛（2017年）　（五间镇政府供图）

为重庆市级返乡农民工创业园区。

【经济发展】 五间镇经济发展以现代农业为主，结合“一、二、三”产业融合发展的要求，大力发展乡村旅游业。2017年新登记企业28家，新引进三株木业等3家农业企业，全镇农业企业数量累计31家，总投资20亿余元；新组建合作社3个，新增家庭农场3户，新发展种植养殖大户4户。大力推进圣水湖现代农业园区建设。巩固西瓜基地建设，西瓜品牌效益凸显，成功举办2017年第八届西瓜旅游文化节，五间西瓜进入重庆果琳公司，形成城区直销、瓜田采摘、主城营销的“三位一体”营销模式。全年总产量6000吨，总产值1800万元。稳步发展食用菌产业，全镇有4家食用菌企业生产的香菇、双孢蘑菇等10余个品种，产值2600万元。进一步优化天沛农业公司的治理结构，推进种苗科技暨“云港众创空间”的发展空间。乡村旅游业发展优势明显，成功举办2017年圣水湖桃花岛赏花会，活动期间共接待游客10余万人，桃产品推广收入50余万元。

【基础设施】 镇内各项基础设施齐备，交通便捷，镇村面貌有效改善。桃博园的旅游基础设施完善，对黄开基历史文化、圣水烈士陵园革命教育基地、太平寨等历史文物等文化元素进行保护。全年改造D级危房20户，拆除农村危房5处；硬化五兴街人行步道的改造及圣水场中陵路街面，修枝整形场镇绿化树，场镇新安装路灯、垃圾箱（筒）、配备垃圾车，改造公厕，拆除场镇危房、安装市政防护设施。修建农村公路5条；改造结石路2条；新建人行便道66公里；改建胡家咀桥梁；新建五间新自来水厂，铺装人饮管道5.6万米，受益群众5000余人。完成桃花岛污水管网的修复，五间污水处理厂试运行。新建和整治山坪塘50处、泵站3处。

【社会事业】 镇内教育事业硕果累累、文化活动丰富多彩，医疗卫生全面覆盖，民生福祉得到增进，各项社会事业协调发展。有中学1所，小学2所，入学率100%。有卫生院2所，全镇村（居）民医疗保险覆盖率95%，联合镇卫生院开展两癌筛查400人，生殖健康检查1000余人，65岁以上老年人健康检查4000余名。全年组织开展五间全民健身运动会等各类文体活动25场。全年发放临时救助、冬春救助等各类民政救助金95.95万元，投入42.5万元对敬老院的消防改造；开展低保举报入户调查56户，取消低保36户，新审批10户；城乡居民养老保险新参保人数117人，全镇参保人数11894人，养老金社会化发放率100%，社会化管理率100%。完成全镇持证残疾人882人信息采集和录入上报；全年新增残疾人办证46人，办理残疾人两项补贴21人。全年发放小额担保贷款684万元，新增就业506人，返乡创业就业420人，开发公益性岗位安置就业96个，就业创业培训人员85人。

继续推进清洁乡村活动，创建清洁院落2个、整洁庭院50户；完成新建村重庆市人居环境示范村及合兴村绿色村庄的申报工作。开展临江河流域综合治理，关停6家畜禽养殖场；整治辖区内3个农贸市场，取缔7家餐饮单位；对上游水库常态化清漂166.67公顷、河流7.1公里，圣水河道整治1公里，清漂面积14.7万平方米；明确11名河段保洁员实施日常河道清漂。

【乡村时光·圣水湖桃花会】 2017年2月24日，举行永川乡村时光·五间镇第五届圣水湖桃花会开幕，开幕式上，新浪网、华龙网、重庆电视台、重庆日报、永川日报、永川电视台、永川微发布等媒体采访报道。赏花会以“春光正好，我在五间等你——情定圣水桃花，倾心乡村时光”为主题，开展赏花活动、农副产品展销等，活动持续到4月中旬，活动期间共接待游客10余万人，桃产品推广收入50余万元。

【五间西瓜旅游文化节】 2017年6月9日，重庆永川第八届五间西瓜旅游文化节在五间西瓜专家大院开幕，节庆活动至9月结束，市民可到田间采摘西瓜。活动期间共销售西瓜6000余吨，销售收入1800余万元。

【主要领导】

党委书记：游正权

镇长：曾垂华

人大主席：张静

党委副书记：陈勇

人大副主席：陈建新

纪委书记：蒋勇

政法书记：贾林涛

武装部部长：李文洲

副镇长：李文洲　赵品　贾林涛

党委委员：赵品　陈小武

（五间镇政府供稿）

仙龙镇

【概况】　辖区面积89.5平方公里，辖12个村、133个村民小组、2个居委会；总户数16562户，总人口52623人，非农业人口2666人，农业人口49957人；人口出生率13.5‰，自然增长率0.4‰。

集镇面积103.5万平方米，集镇人口13155人，城镇化率25%，农村小康户10445户125.334万平方米；粮食产量4.52万吨，比上年增长3.714%；经济总收入13.22亿元，比上年增长7%，其中农业7.02亿元，比上年增长15.79%，工业19136万元，比上年增长1%；财政收入538万元，比上年增长-15.6%。

【经济发展】　仙龙镇是典型的农业大镇，坚持“特色立镇、工业强镇、招商兴镇”的指导思想，工业快速发展，初步形成以水果加工、机械制造、建筑建材、酿造等为主导的工业体系。商贸繁荣活跃，是永川区中心城镇和经济强镇。2017年新引进重庆汉东古韵贸易有限公司等7家企业；工业年产值1500余万元，出口创汇60万美元。农业实施土地治理、千亿斤粮食田间工程、山坪塘整治、规模化节水灌溉等涉农项目20个，建设（硬化）生产公路5公里、人行便道15公里、管网8公里、滴灌系统5公里，整治园区山坪塘130口，新建蓄水池10个；新成立专业合作社3个、股份合作社5个、家庭农场8个；主要生产绿色蔬菜、特色水果等，年产绿色蔬菜1.5万吨（其中仙龙有机食用菌——竹荪20万公斤）、特色水产3万吨、特色水果2万余吨。

【基础设施】　镇内各项基础设施日趋完善，交通四通八达，永（川）泸（州）高等级公路横贯全镇。编制完成仙龙集镇建设总规和详规。改造升级圣朱路、吉何路县道28公里；硬化农村公路11.2公里；加铺泥结石路13.6公里；管理养护好镇道45公里、村道65公里、社道250公里。建成仙龙污水处理厂、张家污水处理站，完善仙龙场镇污水管网；完成大磨、张家场镇农贸市场、路灯等改造工程；对仙龙场镇、大磨场镇进行“白改黑”。

【社会事业】　镇内各项社会事业蓬勃发展，群众性文体活动丰富，社会风气健康向上。有初中3所，小学4所，公办幼儿园1所，附属幼儿园3所，2017年共有在校学生4806人，初中1624人，

仙龙大牌坊柑橘基地（2017年）　　（仙龙镇政府供图）

小学3182人，共有教师315名。有中心卫生院1所，镇卫生院3所，病床40张，有卫生技术人员58人，全年开展妇女“两癌”筛查700余人次、生殖健康检查1900余人次、65岁以上老年人免费体检4600人次，义诊群众6000余人次；家庭医生签约服务21000人。医疗保险应保尽保，参保率95%，全民社会保险参保登记率100%。全年发放低保金480.7万元；发放临时救助金134.5万元，惠及困难群众2000人次；发放特殊人群生活补助723万元；新增民政医疗救助75人次；慰问留守儿童、留守老人及留守妇女300余人次，发放慰问物资10万余元；完成辖区3所敬老院消防、监控设施设备安装。落实重点优抚对象生活、医疗和住房等困难补助金3.5万元，优抚对象身份验证率100%。新建全民健身点3个、标准化篮球场4个；开展各类文化活动60次，放映爱国主义题材电影26场；参加区级文艺会演、国学经典诵读等比赛5次；举办“职工讲堂”20期；组织开展河道清漂、困难帮扶、治安巡逻等志愿活动500余次，参与志愿者1.5万余人次。

【主要领导】

党委书记：唐永红
镇长：罗炽长
人大主席：杨遂才
党委副书记：吕继光
纪委书记：胡波
政法书记：刘亮
副镇长：穆勇全　姜人文
　　　　邹荣　谢长城
武装部部长：邹荣
党委委员：廖超　蔡春梅

（唐洁、肖渤供稿）

朱沱镇

【概况】　辖区面积128平方公里；耕地面积6280公顷；辖18个村、163村民小组、2个居委会；总户数28366户，总人口88616人，非农业人口12418人，农业人口76198人；人口出生率1.06%；自然增长率0.087%。

集镇面积5.5平方公里，集镇人口41891人，城镇化率47.1%，农村小康房15400户，46.2万平方米；粮食产量4.65万吨，比上年减少0.1%；经济总收入123亿元，其中农业15亿元，工业108万元，农民人均纯收入1.724万元，同比增长10%。本级财政收入实现6162.9万元，比上年增加2.7%。2017年成功创建永川第一个国家级特色小城镇——国家港园工贸特色镇。

【经济发展】　朱沱镇经济发展以农业为主，结合“一、二、三”产业融合发展的要求，大力发展工业经济。着力开展笋桥拓展区、港桥大道、四望山物流园等征地拆迁工作。指导竞博鞋业公司等3家企业进行产业转型升级。全年工业企业税收1569万余元。持续做优做强晚熟龙眼、优质水稻两大主导产业，农特产品向多元化方向发展。全年龙眼产量3000余吨，水稻产量2.7万余吨，比2016年分别增产6%和8%。新建花椒基地100公顷、三红柚基地20公顷、无公害蔬菜基地17.33公顷。培植新型农业服务主体41个，农机服务主体10个，农业现代化进程加快。建成油菜高产示范片、水稻优质高产核心区和稻鳅共生示范区。

朱沱新貌（2017年）　（朱沱镇政府供图）

【基础设施】 镇内基础设施齐备，水陆交通便捷，是渝西地区对外开放的重要口岸。港桥大道建成通车，改造盛朱路县道16.5公里，硬油化道路13公里，新改建泥结石路9.8公里，新建人行便道65公里，完成下滩桥危桥改造。完成江永、涨谷、转龙、四明、石碓窝、大河6个集镇场镇改造，新建环镇路停车场1座，完成垃圾压缩站建设、天龙路建设和汽车站道路搭接，新建涨谷等5个集镇污水处理厂，城镇整体形象大力提升。

【社会事业】 镇内各项社会事业蓬勃发展，群众文化丰富多彩。全年发放各类优抚、特困、低保金等共2100万元，临时救助1151人次，发放救助金132万元。发放残疾人辅助器具346件，投入资金245万元改善养老条件，完成朱沱敬老院消防改造，大河敬老院达到入住条件。新增就业人员1582人，开发公益性岗位安置就业171人，发放创业小额担保贷款445万元，城乡居民医疗保险参保率达到90%以上。

有初中4所，小学7所，有在校学生7156人，教师426人。投入资金360万元实施大河学校综合楼建设，发放助学金20万元。全年组织各类文体活动12场，购买公共文化服务演出43场，完成1个全民健身广场和2个文化大院建设。完成城乡居民家庭医生签约3万余人，开展“两癌”免费检查及救助171人，新增计生奖励扶助367人。完成3条区级河流、14条镇村级河流全长112公里以及14座水库巡查清漂排障工作。

【大事条目】 8月22日，朱沱镇被住建部评为国家级特色小城镇——国家港园工贸特色镇。

【主要领导】

党委书记：贺学理

镇长：唐忠茂

人大主席：邓勇

党委副书记：程春

副镇长：张正财　罗斌　刘战军

政法书记：徐光彬

纪委书记：万代强

武装部部长：肖顺洪

党委委员：王成　陈亮

（朱沱镇政府供稿）

永荣镇

【概况】 辖区面积60平方公里；集镇面积0.4平方公里，耕地面积1373公顷；辖4个村、24个村民小组、2个居委会；总户数6167户，总人口18436人，非农业人口4800人，农业人口13636人；人口出生率10.98%，自然增长率3.5‰。

全年粮食产量1.26万吨，比上年增长5%；经济总收入62644.7万元，其中农业17205.1万

采茶比赛（2017年）　　（永荣镇政府供图）

大学生自愿者给老百姓宣传党的十九19大精神（2017年）　　（永荣镇政府供图）

元，比上年增长7.2%，第二产业3.36亿元，第三产业1.51亿元，比上年增长12.2%；农民人均纯收入1.72万元，比上年增长7%；工商税收1306万元。

【经济发展】　永荣镇是永川的工业重镇，经济发展以工业为主，结合“一、二、三”产业融合发展的要求，大力发展农业经济。工业以矿产资源开采、深加工和生产型项目为主，2017年工业产值6496万元；招商引资引进总部经济1个，引入工业企业2个，引入资金6000万元。农业着力打造“茶楠共生”和“食用菌”两大特色农业基地，新栽茶叶73.33公顷，全镇种茶面积733.33公顷；试点完成“有机肥替代化肥”项目200公顷，实施全程社会化服务采茶90公顷，夏茶采收增加15余万公斤，产值增加200余万元，茶叶总产值5500万元；实施楠木基地建设，新栽种楠木333.33公顷；成功试验培育菌棒60万袋，香菇产量和品质都得到提升。

【基础设施】　镇内基础设施齐备。全年改造农村D级危房15户，拆除违章建设220平方米。硬化公路8公里，新建农村泥结石路7公里，建人行便道18公里；场镇新配置垃圾转运车1辆，购置挂背箱30个，垃圾桶280个，落实“户集、村收、镇运”农村垃圾收运模式，实现垃圾外运处理；继续实施永兴场镇和韦家沟场镇公路两侧实行保洁服务外包，常年保持16人环卫保洁。深入实施环保行动，全面落实河长制工作，对全镇河、库进集中清理10次；完成饮水源排污口排查，征收排污费4.6万元；关闭禁养区内养殖场1个，整治农贸市场2个。建成企业污水处理设施1处，建成韦家沟污水处理站和一级管网；关闭永福、民峰两个环保未达标砖厂；永荣茶厂实现煤改气。

【社会事业】　镇内教育、卫生、文化等各项社会事业蓬勃发展，社会治安环境好。有学校5所，其中初中1所，小学2所，幼儿园2所，共有在校学生1150人，有教师55名。有卫生院1所，新建镇卫生院住院大楼并投入使用，新增病床42个，家庭医生签约服务5610人，完成600例妇女两癌筛查任务。全年政府采购公共文化进村演出20场；新评选乡贤3名，建乡贤评理堂8个；成立白云寺村留守妇女互助基金，募集资金2.7万元。坚持以人为本，持续增加民生投入，着力增进人民福祉。城镇新增就业454人，城镇登记失业人员再就业23人，就业困难人员就业17人，新开发农村公益性岗位安置就业困难人员91人，开发全日制公益岗位20人，开展创业就业培训50人，办理小额担保贷款105万元。供养“三无”“五保”106人；发放低保、困难救助、计生奖扶等各类救助金共计317.3余万元，发放养老金15万元，城乡医疗保障参保率93%；102户建卡贫困户越过贫困线。全年开展各类执法检查700余次，安全生产实现“零死亡”。

【乡村时光·采茶节】　3月23日，永荣镇在天王山观景平台举办第一届“乡村时光·采茶节”采茶节开幕式。活动邀请重庆茶叶研究所、永川茶艺协会、永荣镇巾帼志愿者及新闻媒体代表参加，活动期间开展茶叶采摘、茶艺表演等活动。

【大事条目】　7月19日，永荣镇第七届人民代表大会第二次会议召开，会议表决通过《关于加快发展永荣镇旅游产业的决议》等有关事项。

【主要领导】

党委书记：杨本森

镇长：蔡信勇

人大主席：吴继祥

纪委书记：黄天林

党委副书记：邓才军

人大副主席：吴平建

副镇长：刘刚　姚春梅

武装部部长：蔡增杰

党委委员：钟蕖

（永荣镇政府供稿）

中山路街道

【概况】 辖区面积57.7平方公里；耕地面积339.78公顷；辖6个村45个村民小组，11个社区居委会295个居民小组；总户数73662户，户籍人数159824人，非农人口151648人，农业人口8176人；粮食产量1717.37吨，比上年下降11.59%；经济总收入178.9亿元，比上年增长11%，其中农业13946万元，比上年增长7.3%，工业34.78亿元，比上年增长20.6%，农民人均纯收入2.06万元，比上年增长10%；财政收入4710万元，比上年增长37.2%。

【经济发展】 中山路街道紧紧围绕永川“十三五”发展战略和产业兴城的工作目标，不断改善投资环境，加大招商引资力度，培植辖区优势产业，积极做强工业经济，做大商贸流通，发展城郊型特色农业，辖区经济实现提速增效。工业企业总产值34.78亿元；销售总额180亿元，同比增长20.6%；营业额19.1亿元，同比增长24.17%；完成利用内资10.4亿元，同比增长17.1%。完成财税收入（全口径）8.39亿元，同比增长85.8%，其中税收收入完成8.39亿元，同比增长85.9%，非税收入完成37万元，同比增长23.3%。财政收入（新体制街道本级）4710万元，同比增长37.2%，其中：税收收入完成4673万元，同比增长37.4%，非税收入完成37万元，同比增长23.3%。

【城区建设】 街道区位优势明显，成渝高速公路、成渝公路、永津公路、永泸公路纵横全境，城市一环路环绕辖区，永津路、成渝高速公路立交道口地处街道腹心；永川火车站、客运中心近在咫尺，城市道路宽敞，水电气供应充足，电信金融网络健全，通信设施先进，城市功能齐全。全年共改造农村公路15.90公里，硬化公路11.77公里，新改建泥结石路3公里。完成龙王巷片区棚户改造工作，做好南瓜山水库在修建过程出现的山体滑坡、房屋炮损、道路维修、扬尘、养老保险办理等各种矛盾纠纷的协调工作，水库大坝工程已竣工。完成茶神路建设涉及15.33公顷土地的租用协议工作，解决茶永线110千伏搬迁施工过程中矛盾纠纷，保障城市建设稳步推进。

【社会事业】 街道内各项社会事业蓬勃发展。社保新增就业人员8094名，公益性岗位安置就业158名，发放小额贷款金额3514发放失业金610.71万元，发放4050社保补贴金529.59万元，发放就业促低保85.63万元。全年民政对象享受资助参保2583人，发放小额临时救助875人599509元。文化活动丰富多彩，组织开展“社区邻里节”广场操舞比赛，开展喜迎新春送文化到社区文艺展演等文艺活动；常态化开展行业安全管理，对辖区文物现状进行全面摸底填报，不定时对古建筑、歌舞厅、网吧、电子游艺室进行安全检查。

扎实开展临江河流域综合治理，辖区内实施养殖污染及屠宰行业污染整治、农贸市场污染整治、小区雨污分流整治、餐饮行业污染整治、小作坊废水污染整治五大专项行动。成功拆除28户畜禽养殖场，净化整改4户水产养殖，污染治理8个农贸市场，和平搬迁150余商户，拆除沿岸违章

社区邻里包粽子比赛（2017年） （陈仕川摄）

搭建3400余平方米，取缔占道经营临时摊位400余个；治理649个餐饮行业及73个食品小作坊，完成56处小区雨污分流专项治理，整治居民区环境412幢10.05万平方米，污染源得到基本控制，环境卫生取得明显成效。

【主要领导】

党工委书记：徐静秋

主任：杨蓓

人大工委主任：陈明富

党工委副书记：罗学成

政法书记：乔良

副主任：闻世兵　牟丹　戴军

纪工委书记：李旭

党工委委员：唐传明　屈英

武装部部长：戴军

（中山路街道供稿）

南大街街道

【概况】　辖区面积78.7平方公里；耕地面积3073公顷；辖7个行政村、226个村民小组、6个社区居委会；总户数25432户，总人口68523人；人口出生率为10.5‰、人口自然增长率为5.98‰。

集镇面积758.3万平方米，集镇人口25298人，城区化率达39%，农村小康房136户，建筑面积1.74万平方米；粮食产量2.09万吨，农业总产值6.3亿，规模以上工业总产值25.36亿元，农民人均纯收入为19053元，比上年增长7.3%；财税收入1.42亿元。

【经济发展】　南大街辖区商机无限，是投资兴业的热土。街道全力打造“永川商贸物流新区、渝西休闲农业观光旅游强区、全国统筹城乡改革示范样板区”，大力发展工业、现代农业、旅游业。全年社会固定资产投资31亿元；规模以上工业总产值25.36亿元；限上批发零售住宿餐饮66.14亿元，同比增长29.33%；招商引资到位资金19.85亿元，完成内资7.1亿元。实施农业产业化项目3个，建成黄瓜山梨品种园安源特色小水果示范基地，十里荷香创全国田园综合体示范园工作启动，黄瓜山和八角寺两大市级现代农业园区纳入国家农业科技园区建设。着力推进农业产业特色化和农业产品品牌化。建成黄瓜山梨、草莓、葡萄、莲藕、猕猴桃、优质水稻等十大特色产业基地。完成黄瓜山梨、永川莲藕等2个地理标志品牌认证；完成黄瓜山生姜、萝卜等无公害农产品认定12个；完成绿色食品认证6个。

乡村旅游是南大街街道支柱产业之一，辖区旅游资源丰富，拥有全国农业旅游示范点“黄瓜山百里果乡”、“十里荷香”现代农业观光园区、来龙湖生态园、桃花源休闲山庄、大佛寺等景区，建设中的探花公园、竹柳园、梨博园、杨梅园、泛黄瓜山旅游区成为永川的第三大旅游精品。全年培育百亩规模以上农业生态园11个，打造出10余个观光农业休闲景区，培育景点17个，开发观光旅游线路4条，乡村农家乐增至95家，成功举办2017黄瓜山梨花会、十里荷香赏荷采莲节、2017黄瓜山采果节·夏季水果品鉴推介会及第三届年猪节等活动。全年接待游客240万余人次，旅游收入1.4亿余元。

【城区建设】　南大街交通便捷，成渝铁路、公路，永泸公路（永川—泸州）横贯全区，区内拥有二级铁路编码站——永川火车站，辖区内电力、天然气、通讯等基础设施齐备。城区市永师路片区五洲国际项目和中泰风情园项目全面动工建设；辖区新增商住开发27.2万平方米，建设面积23万平方米，销售9.5万平方米。新改建乡村道路总里程达60公里；整治山坪塘325口，新建自来水厂1座，完成卫星湖应急提水工程；推进天然气主干道安装600户，实施农饮水卫生监测点1处。同时，大力推进园区景区化。新建停车场8个，新增景区景观长江石标识10个、白沙岩道路标识10个，完善景区标志125处。

【社会事业】　辖区内各项社会事业蓬勃发展，教育成果丰硕，群众文化活动丰富多彩，社会治安环境好。有社区卫生团队8个、村卫生室15个，城乡居民合作医疗参保人数50221人。医疗卫生全覆盖；全年独生子女父母一次性奖励金293人53100元；特别扶助15人8.23万元。城镇登记失业再就业人员2491人；城镇困难人员就业1000人；就业技能培训200人。新开发公益性岗位就业160人。创业担保贷款金额920万元。城镇职工失业金核发886人，金额924.2.5万元。发放企业复员军人补贴人员27人，金额13.7万元。完成黄瓜山全国文明村镇复评工作，组建南大街乡贤评理堂3处，成功打造“四和一美”〔即和善待人、和乐家庭、和睦邻里、和谐社区（乡村）、洁美社区（乡村）〕社区泸州街社区。全年开展乡贤文化活动2次，开展趣味迎春，“和美家风楹联大赛”等各类主题文化活动10余场，开展各类基层艺术培训活动5场。

永川区十里荷香赏荷采莲节开幕式（2016年） （杨明彬摄）

【黄瓜山赏花节】 2017年3月16—31日，南大街街道与黄瓜山管委会以“多彩黄瓜山·醉美南大街”为主题，举办2017年永川区乡村时光·春游赏花季暨黄瓜山梨花会。活动期间开展了“游十里花海，享健康生活”——十里荷香系列主题活动、“赏澳洲蜡花，享葡萄美酒”——郑清葡萄公园系列主题活动、“戏浪漫花田，享亲子时光”——怡园花田系列主题活动、“赴梨花盛会，享春日烂漫”——梨博园系列主题活动、黄瓜山村专场文艺演出、黄瓜山乡村旅游协会特色菜厨艺展示、踏青集影兑好礼、农特产品展销会等系列活动。梨花节期间，游客除赏梨花外，还可到特色园区游玩，在黄瓜山体验吃、住、行、游、乐、购一体的休闲旅游，活动共吸引游客110万人次，实现旅游收入6000万元。

【十里荷香赏荷采莲节】 2017年6月28日至8月31日，在南大街街道十里荷香农业园区举办“永川区2017年十里荷香赏荷采莲节开幕式暨重庆市女企业家永川行活动”，活动主题为“激情盛夏·美丽绽放”，其间开展的活动有永川区2017年十里荷香赏荷采莲节开幕式暨重庆市女企业家永川行招商推介签约仪式、千人旗袍秀活动、农特产品暨茶竹姐妹创新创业产品推介、十里荷香美景、松溉古镇自拍分享等。荷花节期间，共接待游客20余万人次，实现旅游收入1100万元。

【黄瓜山采果节】 2017年8月5日，在黄瓜山村廖氏好客山庄举行“2017黄瓜山采果节·夏季水果品鉴推介会”活动，现场有22家南大街水果种植大户、有水果可采摘的农家乐为大家奉上各种品种的黄瓜山梨、葡萄、西瓜、黑莓、莲蓬、荷叶茶，供游客免费品尝，并推出黑莓、郑清葡萄、孔久葡萄、十里荷香莲蓬、荷叶茶五折优惠；还有有奖竞猜、特色水果1元起拍等活动。

【主要领导】

党工委书记：苟晓梅

主任：李勇

人大工委主任：章自力

纪工委书记：李家容
副主任：凌遗德　金平聪　吴至雍　胡渝洪
武装部部长：金平聪
党工委委员：张前体　何丽红　刘仪

（南大街街道供稿）

胜利路街道

【概况】　辖区面积38平方公里，耕地面积1884公顷；辖8个村、6个社区居委会，229个村居民小组；总户数47721户，人口118834人，农业人口37418人；人口出生率10.33‰，自然增长率5.98‰。

城区建成面积15平方公里，城镇人口119291人，农村小康房7956户，103.39万平方米；城镇化率76.1%。粮食产量1.0612万吨，比上年增长0.58%，其中农业收入18.76万元，比上年增长11%，城镇居民人均可支配收入40162元，同比增长9.6%。农民人均纯收入23394元，比上年增长12.2%；街道一般公共预算收入完成2886万元，同比减少7.38%。地区生产总值99.16亿元，同比增长7.8%。其中，第一产业1.04亿元，同比增长4.0%；第二产业30.79亿元，同比增长8.2%（其中工业17.23亿元，同比增长5.1%；建筑业13.55亿元，同比增长12.1%）；第三产业67.34亿元，同比增长7.7%。

【经济发展】　胜利路街道以机械制造与加工、食品酿造、能源开采与加工为主，商贸有重百、名豪、新时代购物广场；农业以粮食、蔬菜、蚕桑、茶叶、水果为主导，经济工作稳妥推进。完成固定资产投资21.26亿元；规模以上企业工业总产值40.6亿元，同比下降10.9%；限上批发零售业实现销售额185亿元，同比增长39.9%；限额以上住宿和餐饮营业额3.78亿元，同比增长31.6%。招商引资新建项目5个，续建项目6个，到位资金5.28亿元。利用内资4.56亿元。

【城区建设】　胜利路街道各项基础设施齐备，城区建设发展迅速，中船重工智能产业园等区级重点项目顺利推进，完成市级夜市街区示范项目名豪夜市街区改造，完成中船重工智能制造产业园、纵达国际汽车城等河湖连通工程项目，拆除违法建（构）筑物49804平方米。境内区位优势明显，成渝高速公路、渝隆公路、成渝铁路、永铜公路、一环路穿境而过。全年硬化农村公路12条共19.98公里，安装人行道板10公里。解决628户2126人的饮水难题。新安装天然气1000余户。改造D级危房25户。

【社会事业】　境内各项社会事业蓬勃发展，社会治安环境好。有33所中小学及幼儿园。全年完成各类就业7000人，核发失业救济金1958人次202.3万元，发放创业担保贷款1750万元。办理社保补贴298人次88.85万元；核发失业金1958人次202.3万元。医疗保险参保66025人，参保率86%。城乡居民基本养老保险参保1.76万人，实

小安溪河清理白色垃圾（2017年）　　（区档案局供图）

现应保尽保。全年发放低保345万余元，发放临时救助资金106万元，1121人次；安置退役士兵人员51人，发放安置补助金133.84万元。

扎实开展环境综合治理，辖区内关停6家工业企业和整治2家工业企业；关停拆除34户畜禽养殖场和1家水产养殖场；整治9个农贸市场综合；整治320户餐饮业污染；整治51户小作坊；黄墙片区截污工程有序施工；清漂31万平方米，清理漂浮物86.8吨。完成辖区河道污染源排查工作，排查出13类191处污染源，关停整治小安溪河沿线养殖场7家。持续开展“美丽永川·清洁乡村”行动，做好城区生活环境和农村公路做好日常维护，清运居民生活垃圾2000余吨。

茶山竹海天街（2015年） （腾前进摄）

【主要领导】

党工委书记：马奇富
主任：王勇
人大工委主任：杨平
党工委副书记：罗仕林
纪工委书记：肖体会
副主任：邓兴茂　卢勇　赵晋　喻身兵
武装部部长：赵晋
党工委委员：胡叶英　何丰建
政法书记：张力

（胜利路街道供稿）

茶山竹海街道

【概况】　辖区面积96.6平方公里；耕地面积1196.533公顷；辖7个村、95个村民小组、1个居委会；总户数8056户，总人口21243人，非农业人口5226人，农业人口中17263人；人口出生率11.78‰，自然增长率5.1‰。

粮食产量5750.3万吨，比上年下降2%；实现地区生产总值23.70亿元，同比增长3.6%，其中农业1.35亿元，同比增长4.9%，工业15.74亿元，同比下降2.8%，财政收入850万元，比上年下降48%。全年固定资产投资和限上商贸销售总额分别同比增长24.17%、23.41%，非税收入占全年任务的290%；城乡居民人均纯收入增长21%。

【经济发展】　茶山竹海街道资源丰富，工业、旅游业为主导产业。2017年结合区域实际，推动产业经济强力转型。完成辖区内8家煤矿、5家砖瓦厂关闭工作，清退不符合产业结构调整企业20家，鼓励关闭企业转型发展生态农业和旅游产业。着重打造西部最具景观特色的滑翔伞运动体验旅游基地，已建成起飞场、着陆场；续建金鼎寺科技农旅生态园项目，启动摩托车、赛车、露营基地建设，与滑翔伞运动体验旅游基地联合形成立体“体育+”假日旅游新风尚。培育新型农业经营主体，新培种植专业大户2户。全年接待游客20万余人，旅游收入1亿余元。

【基础设施】　辖区内各项设施逐步完善。街道公共服务中心及萱花村便民服务中心建设完工；

改造D级危房26户；全年硬（油）化农村公路13.89公里；新（改）建泥结石公路6公里；新（改）建桥梁2座；新修人行便道8公里；完成重庆财经职业学院和重庆城市科技学院扩建工程拆迁工作；金鼎寺水库全面竣工。做好城乡居民饮水工作，已申报茶园村实施自来水入户工程，该村涉及14个村民小组215户，受益群众约700人。

【社会事业】 辖区内各项社会事业全面发展，文化活动丰富多彩，社会治安环境好。有高职院校3所，在校人数2.5万余人。有卫生院1所，村卫生室7所，医疗保险全覆盖，全年发放家庭奖励扶助资金74280元。有广场舞队伍15支，积极组织文艺爱好者开展各类群众文化活动，定期不定期对文化市场进行检查，开展校园周边文化经营场所专项整治等行动，确保文化市场健康繁荣有序。全年政府购买公共文化演出服务活动8场，电影公益放映80余场。全年临时救助共99人次，救助资金15.7万元，城镇新增就业799人，发放创业担保小额贷款800万。

持续开展“靓丽茶竹·清洁乡村”活动，完成居民聚居点、茶山竹海景区、河流、水库以及道路沿线和田间地头的存量垃圾清理，清理垃圾640吨，清漂河道25.5公里。

【大事条目】 2017年5月10日上午，茶山竹海街道开展“5·12防灾减灾”综合应急演练，共80余人参加应急演练。通过此次应急演练增强街道群众的安全防范意识，提高街道在自然灾害等紧急情况下及时扑火灭火、疏散逃生、自救互救的能力。

2017年6月4日上午，茶山竹海街道举行“党员在你身边·关爱留守儿童”捐赠活动。重庆广满盈电子商务有限公司在东科好望岭皮革城广场举行“党员在你身边·关爱留守儿童”公益活动，重庆广满盈电子商务有限公司作为捐赠单位为茶山竹海街道辖区72名留守儿童免费发放书包、牛奶、鞋等礼品。

【主要领导】

党工委书记：刘革敏

主任：冯科

人大工委主任：石廷龙

党工委副书记：陈远洋

武装部部长：刘万军

政法书记：李启民

纪工委书记：何世兰

副主任：袁明　叶宏君　刘万军　黄勇

党工委委员：龙定容　龙世江

（茶山竹海街道供稿）

陈食街道

【概况】 辖区面积81.6平方公里；耕地面积6606公顷；辖14个村、1个居委会、93个村（居）民小组；总户数18481户，总人口5.4万人，非农业人口12911人，农业人口40813人；人口出生率12‰，自然增长率3.6‰。

全年企业总产值37.2亿元，同比增长24.6%；企业增加值12.3亿元，同比增长12%；规模以上工业企业产值13.8亿元，同比增长11%；固定资产投资8.7亿元；其中工业投资5.3亿元，同比增长67%；利用内资2.4亿元，同比增长14%；社会消费品零售总额6900万元，同比增长24%。地方财政完成总收入1763万元，折合区级865万元，其中工商税收区级745万元，非税收入120万元。城乡居民人均可支配收入33750元，同比增长4.5%；农民人均可支配收入16260元，同比增长12.9%。

【经济发展】 陈食街道是永川新城区和凤凰湖工业园区的重要拓展区，拥有万亩梨橙基地，卫生洁具、新型材料特色产业明显。2017年辖区内中交一公局重庆城市建设发展有限公司构件厂顺利建成投产，重庆海雪胶黏剂科技有限公司建成投产，重庆三峰垃圾发电项目签约落户陈食，顺华玻璃有限公司、新康洁具公司等企业发展迅猛。

辖区农业产业逐步向规模化、现代化、生态化迈进，完成瓦窑、陈青桥等5个村农村集体产权制度改革，新建“标准化茶园”66.67公顷，种植无公害蔬菜种植13.33公顷、种植花椒66.67公顷、种植生姜13.33公顷，养殖青山土鸡养殖4000只，实施农机深耕作业53.33公顷、水稻全程社会化服务100公顷。

【城区建设】　境内基础设施齐备，交通便捷，“四纵三横一环”的大动脉建设基本完成，城区建设发展迅速。全年完成农房新改扩建审批195户，D级危房改造20户。新安装自来水农村居民630户，完成天然气安全智能化改造700户。整治山坪塘58口，维修提灌站4处；改造陈食汽车站。升级改造歌石路、新老永津路33.4公里，完成省县道搭接和学校道路硬化13公里，完成农村公路改扩建20余公里，泥结石路7公里，新建人行便道116公里，改造危桥4座。九永高速陈食段全部竣工通车辖区内凤凰湖工业园区、东鹏陶瓷总部基地、通用机场、永川监狱迁建用地征地工作完成。九永高速陈食段全部竣工通车。

【社会事业】　境内社会事业全面发展，群众文化活动丰富多彩，社会治安环境好，百年老校及聂荣臻元帅母校——陈食三官殿小学、宋代摩崖石刻——佛岩寺、民间艺术——陈食烟火架远近闻名。有中学1所、小学4所，在校学生2374人，教师220人。有卫生院1所，医护人员74人；村卫生室12个，乡村医生34人，医疗保险全覆盖。全年开展低保、五保“中秋”、“重阳”等节日慰问活动，发放低保金480万元，五保金211万元；全年走访看望优抚对象100余人次，发放义务兵家属优待金31.2万元；发放临时救助金100余万元。城镇新增就业920人，新开发公益性岗位126个，职业技能培训113人。小额贷款发放400万元。

开展临江河流域综合整治，完成兴源塑料厂、河边酒厂等5家工业企业，以及莲花、马银、陈食3个农贸市场整治工作，河道清漂30.8万吨。开展“大气污染防治”专项整治行动，对焚烧塑料、杂草、秸秆等集中整治，建“美丽乡村·清洁陈食”示范院落1个。

【大事条目】

2017年12月26日，九永高速公路通车，陈食、莲花匝道口投入使用。

【主要领导】

党工委书记：李国财

主任：陈康贤

人大工委主任：陈云华

“九永”高速陈食匝道口（2017年）　　（陈食街道供图）

党工委副书记：杜清明
纪工委书记：周强
政法书记：张泽文
党工委委员：张杰　张梓榆　张绪勇　程波韬
副主任：易福灵
武装部部长：皮勇

（陈食街道供稿）

卫星湖街道

【概况】　辖区面积67.83平方公里；耕地面积3208公顷；辖7个村、1个居委会、184个村民小组；总户数13461户，总人口39367人，其中非农业人口6699人，农业人口32668人；人口出生率9.97‰，自然增长率4.5‰；集镇面积5.3平方公里，集镇人口20864人，城镇化率53%；粮食总产量18890吨，同比增长2.44%；公共财政所入9102万元（其中土地款返还5165万元），同比增长11%；农民人均可支配收入17432元，同比增长12.9%，城镇居民可支配收入37607元，同比增长12.5%。

【经济发展】　卫星湖街道经济繁荣，按照“打造湖滨休闲新城，建设工贸物流基地”思路，以政策推动，项目驱动，园区带动为切入点，助推一、二、三产业融合发展，旅游产业稳步实施。全年GDP22亿元，同比增长12.2%；固定资产投资30.8亿元，利用内资5.15亿元，同比增长25.8%。全年工业总产值25.2亿元，同比增长23.7%。大力发展电子商务，新增有限公司35家，个体工商户82户。培育永川水花、周义食品厂、卫星湖淘实惠运营中心等3家农村电商示范点，全年销售收入560万元。新增家庭农场8户，农民新型专业合作社1个，实施农业园区基础设施建设项目15个，整治渠道11.2公里。特色园区农产品无公害水藤菜、花椒远销省市内外，年收入4000万余元。

境内旅游资源丰富，有“一山、一湖、两溪、两区”自然优势，即黄瓜山、卫星湖、大竹溪和小竹溪，有占地10.8平方公里的花漾年华旅游度假区和国家AAAA级景区乐和乐都主题公园；有“高校、古寺、神话传说、地方美食”等人文资源，园林式高校重庆文理学院、千年古刹石龟寺毗湖而建。拥有两江假日·野生世界酒店、卫星湖国际旅游度假村、梦你蔬乡等多家旅游接待设施，星湖茶酒、周义食品、星湖鱼等美食名扬市区内外。全年街道对外接待游客200万人次，销售收入2.7亿元，其中：乐和乐都接待游客150万人次，旅游收入2.2亿元。

【城区建设】　卫星湖街道区位优越，交通便捷，基础设施完备，服务机构齐全，生态环境优美，城市建设发展迅速。完成凤凰湖园区、永泸高速、渝昆高铁征地拆迁；永川驾校科目3考场、10万吨国家粮库项目建设完工，培训中心综合楼已装修完工；完成星湖小学迁建及公办幼儿园新建平场；卫星湖街道敬老院改扩建项目主体完工；完善星湖佳苑等4处小区的照明、环卫等公共设施。完成星湖场镇3段污水管网新建或修复工程。拆除违章建筑2500平方米；实施场镇环卫服务外包、美化亮化工程。

省道205——永（川）泸（州）路横贯全境，重庆“西三环”高速永川段与城市主干道——兴龙大道交汇于双凤场，永川货运站迁建双凤场后形成永川南部公铁交通枢纽，在全区旅游战略中，处于承中向南的旅游接点，将茶山竹海、乐和乐都、松溉古镇有机相连，成为近邻短线旅游的黄金线。境内“三纵四横”的道路网络实现“村村通”。全年改造农村泥结石公路6.5公里，硬油化公路（搭接路）11.4公里；新建农村人行便道24公里；整治山坪塘50口；维修整治水库3座，新安装农村自来水775户，新增农村天然气管网9.5公里；新增变压器11台；新建移动信号铁塔6座；实施农村D级危房改造25户。

【社会事业】　境内教育、卫生等各项社会事业全面发展，文化氛围浓郁，社会治安环境好。积极落实创业就业政策，推荐小额担保贷款520万元。全年协助办理“4050”（男性50岁以上，女性40岁以上下岗失业就业困难群体）社保补贴42人次，补贴金额25.3万元，办理低保就业补贴24人次，开发安置公益性岗位194人。完成2017年城乡居民合作医疗的缴费和信息录入工作，参保率95.2%。养老生存验证完成指纹信息采集及论证5645人，全民参保登记39160人。全年发放低保金308.5万元；发放救助金43.1万元，救助302人；发放优抚、五保、城市三无人员补助金823.9万元。

加大临江河综合治理，全面落实河长制，安装河长公示牌12块，对辖区39.8公里河道、15座水库进行分段包干，拆违2处，截污8处，清运水葫芦、白色垃圾等130余吨。

“梦你蔬香”大型灯光旅游文化节开幕式（2017年）

（吕华摄）

【“梦你蔬乡”大型灯光旅游文化节】 2017年4月28日至6月30日，永川区卫星湖街道举行“梦你蔬乡”大型灯光旅游文化节活动。活动由时光走廊区、上海风情区、儿童乐园区、动感灯光区、浪漫爱情区、梦幻海洋区、农耕文化区、情景再现区、特色美食区等9个大板块8000万盏灯串组成。游客既能体验20世纪30年代的上海风情，也能感受到3D全息的《三生三世十里桃花》模拟情景。景区内还开展触互动光影、乡村百乐门，呈现东方美、乡村大舞台，唱响新歌声、点天灯许愿，放河灯祈福、踏时光之旅，看县官巡游等五大配套活动。活动期间接待游客30万余人，旅游收入70余万元。

【主要领导】

党工委书记：宋开颜

主任：瞿江

人大工委主任：印贤安

党工委副书记：李天权

纪工委书记：喻身建

政法书记：邓普祥

武装部部长：杨寿兵

副主任：王中彬　温绪珩　叶兵

党工委委员：周少莉　丁峰

（卫星湖街道供稿）

大安街道

【概况】 辖区面积83.1平方公里；耕地面积3749.52公顷；辖12个村、267个村民小组、3个居委会，8个居民小组；总人口62398人，其中集镇常住人口28550人，城镇化率45.8%。

2017年辖区公共财政收入2996万元，比上年增长8%。其中，工商税收2879万元，增长7.9%。农民人均现金收入18779元，城镇可支配收入34582元，分别增长12%、4.79%；累计偿债350万元。

【经济发展】 大安街道经济主要以机械加工、食品生产、建筑材料、橡胶制品等产业为主，结合“一、二、三”产业融合发展的要求，大力发展农业经济。2017年规模以上工业9家，规模以上工业总产值9.5亿元，增长13.45%；限上商业销售额5.98亿元。固定资产投资14.86亿元，增长103%。招商引资到位资金2.58亿元，增长21.7%。成功引进康田木业、大田木业、和诺木业、昕昀农业、博艺家具、新芽农业、源点机械等5家企业入驻，总投资4.6亿元，到位资金1.93亿元。佳美调味品、安君食品、君意食品、嘉泰实业、荣美食品等9家豆豉生产企业落户园区。大力扶持发展微型企业，全年新增微型企业37家，发放创业贷款683万元。

农业以茶叶、生猪、蜜柚、苗木、油菜等为主导产业。依托九龙河农业园成功创建为市级现代农业示范园区契机，培育壮大农业公司，改造园区内基础设施，打造云雾山万亩茶文化观光产业园、“三股”农业花卉苗木及民俗观光园和高坡生态农场水果采摘及水产养殖农耕体验园。大力推动农村产权改革，完成茶店宝树农贸市场产权制度改革；开展铁山、荷花村壮大村级集体经济试点；成立荷花村梯子岩农村土地股份合作社；完成铁山、荷花、铜鼓、灵英等4个村产权制度改革申报和产权改革工作。

【城区建设】　在街道总体规划布局下，城镇道路内通外联，四通八达；公共汽车站、天然气站已建成投入使用；供水、供电、通信、闭路电视等市政公用设施已形成规模。着力推进城区建设，加强唐仁家苑等项目建设工作，完成大安通用机场、兴业大道、元臻国际、永川豆豉产业园征地拆迁工作。完成大安通用机场杆管线搬迁、水稳层铺设工作。疏通和维修场镇污水管网、安装路灯等，完成隆济、花果山和石庙等老场镇改造，对场镇摊位进行规范整治，清除各种占道垃圾和建筑垃圾100余吨。整治山坪塘70口；维修提灌站13处。建设公路21.9公里；新建泥结石公路4公里、人行便道35公里。

持续推进“清洁乡村”专项行动。劝导查处乱倒建渣和企业废渣行为4起；清理农村垃圾1200余吨；建成清洁院落示范点2处。开展临江河综合治理，拆除违法建筑畜禽养殖7户、停养10户、减量养殖15户、整改养殖5户，清理河道两岸白色垃圾、河内漂浮物、水葫芦、枯枝等13万余吨。

【社会事业】　境内各项社会事业全面发展，社会治安环境好。有公办幼儿园（所）1所，在园幼儿484人；民办幼儿园3所，在园幼儿853人；小学5所，在校生4436人，专任教师235人，初中1所，在校生498人，专任教师74人，九年义务教育覆盖率100%；直属普通中学1所，在校初中生1559人，专任教师104人。有社区卫生服务中心1所，村卫生室10个，共有职工165名，住院部设有病床176张。全街道有农村低保348户、517人，城镇低保户72户105人，全年发放低保金328万元；发各类优抚抚恤优待金600万元，实施优抚对象危房改造1户；新型农村合作医疗保险覆盖率95.11%。

群众文化活动丰富多彩，举办各种运动会、文艺活动15场次；政府采购公共文化服务演出13场次，惠民电影放映128场次。为12个村农家书屋续配2000册图书、刊物及音像制品；完成区成功创建茶店社区 、石庙社区等2个“重庆市社区健身点”；新增花果山村健身广场；增设铜鼓村、小坎村健身路径、篮球架及乒乓球台；对街道48

兴业大道奠基仪式（2017年）　　（大安街道供图）

个不可移动文物点进行调查统计、登记造册，落实 11 处建筑类不可移动文物的保护责任单位。

【主要领导】

党工委书记：张正元

主任：胡咏富

人大工委主任：周谟德

党工委副书记：甘英

副主任：刘汉超　甘忠明　李再奎　程洪树

政法书记：苏公祥

武装部部长：李再奎

纪工委书记：黄远江

党工委委员：吕先成　朱周琪

（大安街道供稿）

人物·光荣榜

人物简介

全国巾帼建功标兵文绍英

文绍英，女，汉族，出生于1968年2月，中共党员，大专学历，重庆市永川区朱沱镇港口社区党总支书记，社区妇联主席。

文绍英作为一名社区妇联主席，她特别关注社区贫困家庭、孤寡老人以及留守儿童等，为社区建好学习中心、居民活动中心、妇女之家、文化书屋等活动阵地；策划组织社区大型文体活动每年10次以上；2009年发起成立“巾帼”志愿服务队，2014年志愿服务队更名为港口社区“文绍英之家”志愿服务站，有志愿者服务队15支1050人组成，其中骨干志愿者120人，有爱心之家、青少年帮教小组、法律援助等服务组织15个，自2001年起，她直接帮助过93人，2005年发起成立“爱心之家”至2017年，已聚集爱心家长176名，帮助552名贫困孩子，其中106名孩子考上大中专院校，43人走上工作岗位。曾自筹资金30多万元购买33台电脑免费提供待业青年就业450多人。2017年筹资为472名60岁以上困难老人购新衣服唐装1套。

文绍英始终坚持全心全意为人民服务的精神，赢得了社会各界好评。曾先后获得第二届重庆市优秀志愿者、第三届重庆市十大女杰提名奖、关爱儿童公益人物、重庆市“优秀巾帼志愿者”、重庆市优秀基层党组织书记、全国优秀党务工作者、全国时代楷模第九届爱心中国年度人物重庆市优秀党务工作者、重庆市助人为乐模范等奖项，2017年获全国巾帼建功标兵。

重庆市第五届劳动模范和先进工作者

陈晓兵

陈晓兵，男，汉族，1964年12月出生，浙江省温岭市人，大学本科，重庆西源凸轮轴有限公司总经理，高级工程师。2013年荣获“永川区优秀中国特色社会主义事业建设者”，2014年荣获“重庆市五一劳动奖章”。2017年获重庆市第五届劳动模范称号。

陈晓兵自2005年担任总经理以来，大力提升企业新产品研发能力，公司研发的装配式凸轮轴居于国际先进、国内领先的技术水平。他注重知识产权保护，取得12项技术专利。现担任永川区政协委员，永川区工商联执委，永川区总商会副会长，永川区机电商会会长等职务。

2016年年底公司员工854人，社会保险参保率100%，总资产10亿元，实现销售收入5．5亿元，上缴税金9000万元，截至2016年公司累计慈善捐款250多万元，为永川区经济、社会发展做出重要贡献。

黄基云

黄基云，男，汉族，1970 年出生，大学本科，民盟，重庆市永川北山中学高中数学教师。2006 年获永川区师德标兵，2010 年获重庆市优秀班主任，2011 年获全国先进实验教师，2015 年获重庆市高中数学骨干教师称号、第三届“重庆市我最喜爱的班主任”、区政协先进个人，2016 年获民盟重庆市先进个人、永川区名教师。2017 年获重庆市第五届先进工作者称号。

近十年连续担任高中实验班班主任和数学教学工作，获校级表彰 40 次，论文获区市级获奖 22 次，年度考核连续 8 次优秀。2006 年创建乐天教育博客，用 120 余万字记录了他的教育故事。在《班主任之友》等杂志发表文章 5 篇，登上《班主任之友》封面。先后在文理附中等作专题报告 7 场。作为区政协十四、十五届政协委员，撰写提案、社情民意近 40 件，连续 5 年被评为区政协教科文卫专委会先进个人。

刘　强

刘强，男，汉族，1970 年出生，重庆永川人，中共党员，任重庆市永川区地方税务局税收政策与征收管理科科长。1996 年，获四川省“征管能手”，2006 年、2015 年分别荣获全市地税系统“共产党员示范岗”，2008 年、2016 年分别荣立个人三等功。2017 年获重庆市第五届先进工作者称号。

把税收工作当成事业干，2013 年金税三期系统上线，他三个多月未回家，带领一线同志迁移管户 30128 户，编码 406 类，各类信息 500 万条。2015 年，他组织编写《永川区地税局税源专业化管理岗位职责》，得到重庆市局的肯定，并向全市地税系统推广学习。同时，在他的参与下，永川区国、地税联合建立了重庆市第一个“一窗一机一 POS”的联合办税服务厅，并组织编写 3 个规范性操作指南，得到了市国税、地税局的肯定，并上报到国家税务总局向全国推广。

刘自宣

刘自宣，男，汉族，1963 年出生，四川省达县人，53 岁，高中学历，重庆理文造纸有限公司职工，2014 年参加职工技能大赛曾荣获挖机操作一等奖。2017 年获重庆市第五届劳动模范称号。

刘自宣自 1989 年进入理文公司工作以来，业务上刻苦钻研，一切以工作为中心；生活中帮助关心职工，友善助人；在社会中履行社会责任，多次参加灭火及抗洪抢险任务。1998 年，因工艺改进，为公司节省材料，获东莞理文嘉奖；2004 年，因材料改进，为公司节约成本，获江苏理文嘉奖；2005 年，因工程抢修有功，获广东理文嘉奖；2005 年至 2007 年，因工作出色，获集团主席表彰。

罗建华

罗建华，男，汉族，1969 年出生，浙江台州人，大专文化，中共党员，重庆永高塑业发展有限公司总经理，2008 年获浙江省“省级优秀民工”称号，2011 年获得永川浙江商会“优秀会长”，2016 年曾获重庆市永川区“优秀共产党员”称号。2017 年获重庆市第五届劳动模范称号。

2011 年，罗建华出任重庆永高塑业发展有限公司总经理。多年来，公司销售额不断增长，各方面均取得了骄人的成绩。公司现为中国重庆市塑料行业协会副会长单位、重庆中小企业科技创新协会理事单位、国家级高新技术企业、市级两化融合管理体系贯标企业、永川区先进基层党组织。

夏兴强

夏兴强，男，汉族，1982 年出生，重庆永川区人，中专，群众，重庆腾钢机械有限责任公司担任车工兼车工班长职务，2014年荣获永川区技能大赛“职工创新能手”称号。2017年获重庆市第五届劳动模范称号。

夏兴强在促进工艺改进方面取得了较为显著的成绩。公司加工石油井口设备上的阀门中法兰盘是锻的方形，在加工的时候4个角很容易造成刀具的损坏，而且还浪费了4个角的原材料，夏兴强向公司工艺科提出自己的建议把法兰盘锻成圆形，这样不但能节约原材料，降低成本，还能降低刀具的损坏。工艺科计算出每一件阀门就要节约数十公斤，就能为公司降低数百元的原材料成本，而且在后期的加工中，也能为公司大大地降低刀具成本，同时还缩短了工件加工周期。

杨文刚

杨文刚，男，汉族，1969年12月出生，重庆永川人，初中文化，群众，重庆市永川区环境卫生管理所一线环卫工人，2015年获得“重庆市最美环卫工人”称号。2017年获重庆市第五届劳动模范称号。

杨文刚是化粪池清掏班组班组长，化粪池清掏车驾驶员和操作手。工作以来，他在本职岗位上任劳任怨、吃苦耐劳。

杨文刚坚持天天对车辆进行维修和保养，经常带领班组成员学习安全生产知识、操作技术规程，增强安全责任意识并认真做好安全防范措施。

2015年10月，杨文刚所在的永川区环境卫生管理所化粪池清掏班组，被中国城市环境卫生协会评为“争优创新先进基层班组”，2015年杨文刚获得“重庆市最美环卫工人”称号。

张优华

张优华，男，汉族，1971年出生，重庆永川人，硕士学历，民建会员。重庆华辰生态农业发展有限公司总经理，中级农艺师职称。2010年获得“永川区推进农民增收工程突出贡献奖”，2011年获得重庆市“第七届重庆市十大杰出青年农民”，2012年获中国科协、财政部“全国科普惠农兴村带头人”，2013年获共青团中央、农业部授予的“全国农村青年致富带头人”称号。2017年获重庆市第五届劳动模范称号。

张优华从事农业二十余年，从基础做起，先后成立了重庆华辰、民哈哈、民友合作社、莲藕协会等公司和组织，经营农业种植、农产品加工、农资销售等业务，增加解决就业200余人，年产值7000余万元。2010年，张优华在永川八角寺投资数亿元，打造十里荷香现代农业园区。十里荷香已经成为永川一、二、三产业融合发展试点、永川乡村旅游最大的亮点，是永川现代农业发展的样板和标杆。

张正群

张正群，女，汉族，1980年出生，重庆永川人，大专，民建会员，永川区态聚家禽养殖股份合作社、重庆市霖春生态农业有限公司负责人，2014年获中国科协“全国农村科普带头人”、共青团中央“全国青年致富带头人”称号，2015年获重庆市“巾帼建国标兵”、永川区总工会“十佳最美职工”，2016年重庆市返乡农民工“十佳”创业明星提名奖。2017年获重庆市第五届劳动模范称号。

张正群潜心专注于发展安全、健康、绿色滋补养生中药鸡的养殖，决心“做诚信企业，出放心食品”。她作出了一个大胆的举措，打破传统喂养方式，以滋补中药材加五谷杂粮作为主食，再以昆虫及菜叶为辅，实行园林健康生态养殖，不添加任何激素与催长剂，保持产品的“原生态”生长。喂料配方获得国家发明专专利，拥有“态聚牌”滋补养生中药鸡养殖示范基地33.33公顷左右，拥有16个专业养殖圈舍，年出栏5万只。

周元贵

周元贵，男，汉族，1964 年出生，重庆永川人，中专，中共党员，重庆圆桂农机股份合作社理事长，高级农机技师。先后荣获永川市委市政府“见义勇为先进个人”、重庆市精神文明委“文明市民”称号、永川区科协“先进个人”、重庆市农委、“重庆市种粮标兵”、农业部“全国种粮大户”、永川区委组织部“百佳乡土人才”。2017 年获重庆市第五届劳动模范称号。

2016 年，周元贵开展水稻生产全程机械社会化服务面积 180 余公顷，惠及农户 1083 户，实现了粮食亩增产 14．5%，亩增收 892 元。周元贵致力于优质稻规模化种植、大米加工销售，农机化推广与技术培训等，已经成为永川区农机化事业排头兵、现代粮油生产的领头羊，产业融合发展新典范、农业新科技的践行者，为粮食生产做出突出贡献。

先进集体

全国奖

表 13

获奖单位	奖项	授奖单位	获奖文号
中国烟草总公司重庆市公司永川分公司	全国文明单位	中央文明委	文明委〔2017〕7 号
永川区妇幼保健院	全国文明单位	中央文明委	
永川区三教镇利民村	全国文明村镇	中央文明委	
永川区	全国国土资源节约集约模范区县	国土资源部	
永川区朱沱镇	国家港园工贸特色镇	住房城乡建设部	
永川区人力资源和社会保障局	全国人力资源社会保障系统先进集体	人力资源社会保障部	
永川区南大街黄瓜山村	环境整治示范点	住房城乡建设部	建村治函〔2017〕98 号
永川区来苏镇观音井村	全国综合减灾示范社区	民政部	民发〔2017〕189 号
永川区科委	全国科技管理系统先进集体	科技部、人力资源社会保障部	
南大街街道八角寺村全国休闲乡村	全国休闲乡村	农业部办公厅	农办加〔2017〕26 号
永川区青峰镇	无邪教示范乡镇	国务院防邪办	
国家统计局永川调查队	全国统计系统先进集体	人力资源社会保障部、国家统计局	
永川区区科协	全国科协系统先进集体	人力资源社会保障部、中国科协	
永川区区科协	全国科普日优秀组织单位	中国科协	
永川区南大街街道火车站社区	全国科普示范社区		国家级科普渝科协发〔2017〕94 号
永川区关工委	全国普法教育优秀组织单位	中国关心下一代委员会、司法部、中央综治办	全国活动办〔2017〕3 号
永川区关工委	全国普法教育先进集体	中国关心下一代委员会、司法部、中央综治办	全国活动办〔2017〕3 号
永川区司法局	第三届“关爱明天、普法先行”——青少年普法教育活动先进单位	中国关心下一代委员会、司法部、中央综治委	全国活动办〔2017〕3 号
永川区司法局	人民调解工作先进集体	全国人民调解委员会	中调协〔2017〕10 号

市委、市政府表彰

表 14

获奖单位	奖项	授奖单位	获奖文号
永川区环保局	2012—2016 年度生态文明建设先进集体	重庆市人民政府	渝府发〔2017〕49 号

市级部门表彰

表 15

获奖单位	奖项	授奖单位	获奖文号
永川区国家职业技能鉴定所	2017 年度全市人力社保系统优质服务窗口	重庆市人力资源和社社保障局	
永川区关工委	“中华魂” 主题教育活动优秀组织单位	重庆市委宣传部、市关工委、市教委、团市委	渝关工委〔2017〕34 号
永川区法院	审执专项先进法院	重庆市高级人民法院	渝高法〔2017〕11 号
永川区法院法警队	司法警察工作先进集体		
永川区法院法警队	集体三等功	重庆市五中院	

区委、区政府表彰

表 16

获奖单位	奖项	授奖单位	获奖文号
永川区信访办	集体三等功	永川区委	永川委〔2017〕53 号
永川区公安局	集体三等功	永川区委	永川委〔2017〕40 号
永川区人力资源和社会保障局	2017 年度平安稳定工作集体三等功	永川区政府	
新城建管委	2017 年度平安稳定工作集体三等功	永川区政府	
新城建管委	2017 年度镇街部门安全生产目标考核先进单位	永川区政府	

先进个人

全国奖

表 17

获奖人员	工作单位	奖项	获奖文号或授奖单位
文绍英	朱沱港口社区	全国巾帼建功标兵	渝妇发〔2017〕29 号

市级部门表彰

表 18

获奖人员	工作单位	奖项	获奖文号或授奖单位
陈晓兵	重庆西源凸轮轴有限公司	重庆市第五届劳动模范	重庆市总工会
罗建华	重庆永高塑业发展有限公司		
张优华	重庆华辰生态农业发展有限公司		
周元贵	重庆圆桂农机股份合作社		
张正群	重庆霖春生态农业有限公司		
夏兴强	重庆腾钢机械有限责任公司		
杨文刚	区环卫所		
刘自宣	重庆理文造纸有限公司		
黄基云	北山中学	重庆市第五届先进工作者	
刘　强	区地方税务局		
苏　维	区法院	司法警察工作先进个人	渝高法〔2017〕45 号
姜　黎	区法院	政务信息先进个人	渝高法〔2017〕33 号
邹　荣	区人武部	2017 年度优秀武装干部	中国人民解放军重庆警备区政〔2018〕7 号

区委、区政府表彰

表 19

获奖人员	工作单位	奖项	获奖文号或授奖单位
冯昭华、阳家艳、尧华霖、谭立洌	区信访办	三等功	永川委〔2017〕53 号
王忠明、陈　卫、全晓兵、张　康、刘　聪、戴伟武、雍云怒、蒋　波	区公安局	三等功	永川委〔2017〕40 号
钟祥禄	区人大机关	2014—2016 年度优秀三等功	永川委〔2017〕70 号
陈其炳	区政府办公室	2014—2016 年度优秀三等功	
赵智杰、万玉东	区纪委	2014—2016 年度优秀三等功	
冉　毅、熊　健、韩　肖、汪　莉、唐盛润、史金旺、郭显奇	区法院	2014—2016 年度优秀三等功	
吴　军、张　谜、周彩霞、李玉华、周云东	区检察院	2014—2016 年度优秀三等功	

续表 19－1

获奖人员	工作单位	奖项	获奖文号或授奖单位
沈君丽、袁家国、李玉竹、何　勇、覃伦强、杨　洋（网安支队）、夏鹏超、蒋欣余、彭朝钧、向福华、李绪川、冯　露、黄　仪、杨　洋（萱花路派出所）、张来斌、杨维武、梁　源、刘　宇、唐　勇（大安派出所）、刘　戟	区公安局	2014—2016 年度优秀三等功	永川委〔2017〕70 号
彭　松	区司法局	2014—2016 年度优秀三等功	永川委〔2017〕70 号
王建华、胡国宏、王明勇、陈翕林	区人力社保局	2014—2016 年度优秀三等功	
郭前宏	区审计局	2014—2016 年度优秀三等功	
阳　波、张川衡、高欣、叶盛涛、韦勇	区财政局	2014—2016 年度优秀三等功	
曾宪勇、刘家坤、包树斌、	区交委	2014—2016 年度优秀三等功	
唐紫红	区安监局	2014—2016 年度优秀三等功	
何泽雄、刘　林	区经济信息委	2014—2016 年度优秀三等功	
蔡　敏、范永前、廖正群	区农委	2014—2016 年度优秀三等功	
曾一宸、袁凯歌、陈松、杨东兰	区林业局	2014—2016 年度优秀三等功	
宋朝均、雷朝勇、刘朝友	区城乡建委	2014—2016 年度优秀三等功	
洪炳刚	区环保局	2014—2016 年度优秀三等功	
朱亚明、张　晋	区市政园林局	2014—2016 年度优秀三等功	
吴平国	区国资局	2014—2016 年度优秀三等功	
江志宏、陈兴燕、谭德平	区卫生计生委	2014—2016 年度优秀三等功	
邓清轩	区总工会	2014—2016 年度优秀三等功	
吴一兵、张　菁、何熙平	中山路街道	2014—2016 年度优秀三等功	
程　琳、马　朦、王忠惠	胜利路街道	2014—2016 年度优秀三等功	
姜迪茂	南大街街道	2014—2016 年度优秀三等功	
旷文春	大安街道	2014—2016 年度优秀三等功	
皮　勇、谢吉灿	陈食街道	2014—2016 年度优秀三等功	
贾应香	来苏镇	2014—2016 年度优秀三等功	
贺学理、雷　平	朱沱镇	2014—2016 年度优秀三等功	
刘黔蜀	临江镇	2014—2016 年度优秀三等功	
潘其财、谢长城	仙龙镇	2014—2016 年度优秀三等功	
何宗泉	青峰镇	2014—2016 年度优秀三等功	

永川区获省（部）级以上劳动模范和先进工作者一览表

表 20

姓名	工作单位	性别	获奖时间	荣誉称号	授奖单位
王忠元	永川区法院	男	1959 年	四川省公安司法先进工作者	四川省政府
罗文俊	永川钢铁厂	男	1962 年	四川省劳动模范	四川省政府
黄心良	永川区胜利路街道办事处	女	1962 年	四川省劳动模范	四川省政府
罗文俊	永川钢铁厂	男	1962 年	四川省劳动模范	四川省政府
黄心良	永川区胜利路街道办事处	女	1962 年	四川省劳动模范	四川省政府
刘汉春	永川区大安街道办事处高坡村	男	1978 年	四川省公安司法先进工作者	四川省政府
陈昌华	武警重庆消防永川支队	男	1981 年	四川省抗洪救灾先进个人	四川省政府
龙方开	永川区胜利路万寿村	男	1981 年	四川省抗洪救灾先进个人	四川省政府
周绍华	永川区茶山竹海街道办事处	男	1981 年	四川省抗洪救灾先进个人	四川省政府
诸伙祖	重庆市箕山电煤有限责任公司	男	1984 年	四川省劳动模范	四川省政府
陈肇固	原重庆市第三建材厂	男	1984 年	四川省劳动模范	四川省政府
王真秀	永川区人民检察院	女	1985 年	四川省政法先进工作者	四川省政府
陈继松	重庆文理学院附属中学	女	1985 年	四川省优秀教师	四川省政府
张淑和	重庆市永川中学	女	1985 年	四川省优秀教师	四川省政府
郑万清	永川红星幼儿园	女	1989 年	全国教育系统劳动模范	教育部　人事部 中国教育工会
宋君树	重庆市箕山电煤有限责任公司	男	1989 年	四川省劳动模范	四川省政府
蒲家华	永川宾馆	女	1989 年	商务部劳动模范	商务部
蒋维超	永川区花果山煤矿	男	1989 年	能源部劳动模范	能源部
肖金才	永川区临江镇政府	男	1989 年	四川省农业劳动模范	四川省政府
肖金才	永川区临江镇政府	男	1990 年	全国农业劳动模	农业部　人事部
陈泽霜	永川水泥厂	男	1990 年	财政部劳动模范	财政部
梁显政	重庆市永川中学	男	1993 年	全国五一劳动奖章	全国总工会
仇福生	重庆永川化工厂	男	1994 年	全国化工工业劳动模范	化工部
邱封占	永川区南大街办事处深沟煤矿	男	1994 年	全国煤炭工业劳动模范	煤炭工业部
周官福	四川渝永电力股份有限公司	男	1995 年	四川省劳动模范	四川省政府
曾和全	永川区农委	男	1995 年	四川省先进工作者	四川省政府
谢廷禄	重庆柏林酒厂	男	1995 年	四川省劳动模范	四川省政府
章泽容	永川水泥厂	男	1995 年	四川省劳动模范	四川省政府
胡天碧	永川区陈食街道办事处	男	1995 年	四川省劳动模范	四川省政府
张学海	重庆学海种苗有限责任公司	男	1995 年	四川省劳动模范	四川省政府
尹述碧	永川区青城路小学	女	1998 年	全国教育系统劳动模范	教育部　人事部

续表 20 - 1

姓名	工作单位	性别	获奖时间	荣誉称号	授奖单位
胡　源	永川畜牧中心	男	2000 年	全国先进工作者	国务院
蒋伦云	永川区环境卫生管理所	男	2000 年	重庆市第一届先进工作者	重庆市政府
曾曼娜	重庆石松酒业有限责任公司	女	2000 年	重庆市第一届先进工作者	重庆市政府
谢克勤	永川水泥有限责任公司	男	2000 年	重庆市第一届先进工作者	重庆市政府
喻　菊	永川区喜上喜塑料制品批发	女	2000 年	重庆市第一届先进工作者	重庆市政府
苏祖兰	杭州某服装厂高（现）	女	2000 年	重庆市第一届先进工作者	重庆市政府
周邦金	永川区仙龙牛门口果园	男	2000 年	重庆市第一届先进工作者	重庆市政府
覃耀维	永川区建筑工程质监站	男	2004 年	建设部劳动模范	建设部
刘禄祥	重庆永荣矿业公司永川煤矿	男	2004 年	全国五一劳动奖章	全国总工会
蒋　兴	重庆新泰机械有限责任公司	男	2004 年	全国五一劳动奖章	全国总工会
杨　平	重庆紫光化工股份有限公司	男	2005 年	全国劳动模范	国务院
邓　忠	重庆市永川中学	男	2005 年	重庆市第二届先进工作者	重庆市政府
郑　云	重庆市永川区人民医院	女	2005 年	重庆市第二届先进工作者	重庆市政府
谭廷海	永川大安花果山村	男	2005 年	重庆市第二届劳动模范	重庆市政府
杨成刚	永川红炉镇华国奶牛养殖场	男	2005 年	重庆市第二届劳动模范	重庆市政府
王明安	重庆新泰机械有限责任公司	男	2005 年	重庆市第二届劳动模范	重庆市政府
谭立荣	永川区煤管局	男	2007 年	全国煤炭工业先进工作者	人事部 全国煤炭工业协会
李兴琼	永川区中医院	女	2008 年	全国卫生系统先进工作者	人事部　卫生部 国家中医药管理局
黄　辉	重庆市公安局交通管理局车辆管理所永川分所	男	2009 年	重庆市第三届先进工作者	重庆市政府
覃兴让	重庆市永川区公安局治安支队	男	2009 年	重庆市第三届先进工作者	重庆市政府
卢建军	重庆市永川中学校	男	2009 年	重庆市第三届先进工作者	重庆市政府
陶光证	重庆市永川区泸永桥煤业有限公司	男	2009 年	重庆市第三届劳动模范	重庆市政府
曾庆玖	重庆渝永建设集团有限公司	男	2009 年	重庆市第三届劳动模范	重庆市政府
张铭怀	重庆建工市政一公司	男	2009 年	重庆市第三届劳动模范	重庆市政府
申希泉	永川区南大街街道黄瓜山村	男	2009 年	重庆市第三届劳动模范	重庆市政府
龙贤明	重庆昌州实业集团公司	男	2009 年	重庆市第三届劳动模范	重庆市政府
田朝树	重庆市永川区永荣镇制茶厂	男	2009 年	重庆市第三届劳动模范	重庆市政府
谢怀德	重庆市隆兆机械有限公司	男	2010 年	全国劳动模范	国务院
滕宏伟	中共永川区委	男	2010 年	重庆市交通建设功臣	重庆市政府

续表 20－2

姓名	工作单位	性别	获奖时间	荣誉称号	授奖单位
苏音贵	永川区粮油作物技术推广站	男	2011 年	全国粮食生产突出贡献农业科技人员	国务院
文绍英	重庆市永川区朱沱镇港口社区	女	2011 年	全国优秀党务工作者	中共中央组织部
蔡　航	重庆海通投资集团有限公司	男	2011 年	全国五一劳动奖章	全国总工会
宋新康	国家统计局永川调查队	男	2012 年	全国统计系统先进工作者	人力资源和社会保障部 国家统计局
张灵玲	永川区萱花小学	女	2012 年	重庆市第四届先进工作者	重庆市政府
杨在贵	重庆市永川区南大街街道办事处	男	2012 年	重庆市第四届劳动模范	重庆市政府
杨功兰	永川区通达运输有限责任公司	女	2012 年	重庆市第四届劳动模范	重庆市政府
刘代伦	重庆市腾龙实业集团建筑工程有限公司	男	2012 年	重庆市第四届劳动模范	重庆市政府
刘兴旺	永川区飞达机械有限责任公司	男	2012 年	重庆市第四届劳动模范	重庆市政府
邓　洪	永川区陈食街道双河口村	男	2012 年	重庆市第四届劳动模范	重庆市政府
黄泽兵	永川区黄杨农业机械专业合作社	男	2012 年	重庆市第四届劳动模范	重庆市政府
唐元华	重庆渝西矿业（集团）有限公司	男	2012 年	重庆市第四届劳动模范	重庆市政府
毛得宏	永川区中医院	男	2013 年	全国五一劳动奖章	全国总工会
蒋金成	重庆市永川区农产品质量安全检测与监督管理站	男	2014 年	全国五一劳动奖章	全国总工会
李朝兵	重庆新泰机械有限责任公司副总经理	男	2015 年	全国劳动模范	中共中央 国务院
曾凡玉	重庆市永川豆豉食品有限公司	女	2016 年	全国五一劳动奖章	全国总工会
黄基云	北山中学	男	2017 年	重庆市第五届先进工作者	重庆市委市政府
刘　强	重庆市永川区地方税务局	男	2017 年	重庆市第五届先进工作者	重庆市委市政府
周元贵	重庆圆桂农机股份合作社	男	2017 年	重庆市第五届劳动模范	重庆市委市政府
张正群	重庆霖春生态农业有限公司	女	2017 年	重庆市第五届劳动模范	重庆市委市政府
张优华	重庆华辰生态农业发展有限公司	男	2017 年	重庆市第五届劳动模范	重庆市委市政府
杨文刚	永川区环卫所	男	2017 年	重庆市第五届劳动模范	重庆市委市政府
罗建华	重庆永高塑业发展有限公司	男	2017 年	重庆市第五届劳动模范	重庆市委市政府
刘自宣	重庆理文造纸有限公司	男	2017 年	重庆市第五届劳动模范	重庆市委市政府
陈晓兵	重庆西源凸轮轴有限公司	男		重庆市第五届劳动模范	重庆市委市政府
夏兴强	重庆腾钢机械有限责任公司	男	2017 年	重庆市第五届劳动模范	重庆市委市政府

2017年永川区正高级专家名录

表21

工作单位	姓名	性别	任职资格（专业）	任职时间
永川区动物疫病预防控制中心	胡　源	男	研究员（畜牧）	2005年1月
永川区动物疫病预防控制中心	伍玉文	男	研究员（兽医）	2012年12月
永川区粮油作物技术推广站	苏音贵	男	研究员（农业）	2012年12月
永川区经济作物技术推广站	韩　刚	男	农业技术推广研究员（园艺）	2012年12月
重庆市渝西水利电力建筑勘测设计院	李云虹	女	教授级高级工程师（电气）	2007年12月
永川区儿童医院	黄　玲	女	主任医师（卫生）	2016年10月
永川区妇幼保健院	阳家长	男	主任医师	2006年6月
永川区中医院	毛得宏	男	主任中医师（卫生）	2005年8月
永川区中医院	曾朝芬	女	主任医师（卫生）	2003年10月
永川区中医院	何　川	男	主任医师（卫生）	2010年12月
永川区中医院	彭勋超	男	主任中医师（卫生）	2011年11月
永川区中医院	肖顺琼	女	主任医师（内科）	2012年12月
永川区中医院	何中美	男	主任中医师（卫生）	2012年12月
永川区中医院	阳正国	男	主任中医师（卫生）	2012年12月
永川区中医院	张明萍	女	主任中医师（卫生）	2013年2月
永川区中医院	蔡增进	男	主任中医师（卫生）	2013年11月
永川区中医院	彭　玲	女	主任中医师（卫生）	2013年11月
永川区中医院	李兴琼	女	主任中医师（卫生）	2015年5月
永川区中医院	彭志财	男	主任中医师（卫生）	2017年11月
永川区中医院	金贵根	男	主任中医师（卫生）	2017年11月
永川区人民医院	王和贞	女	主任中医师	2011年12月
永川区人民医院	杨　逊	男	主任医师	2013年11月
永川区人民医院	徐　薇	女	主任医师	2013年11月
永川区人民医院	侯明英	女	主任医师	2015年11月
永川区人民医院	袁　霞	女	主任医师	2015年11月
永川区人民医院	和永生	男	主任中医师	2015年11月
教科所	廖荣德	男	正高级教师（语文）	2017年12月
永川中学	梁显政	男	正高级教师（数学）	2001年10月
永川中学	唐　芬	女	正高级教师（数学）	2016年12月
永川中学	盘如春	男	正高级教师（数学）	2017年12月
北山中学	蒋海兵	男	正高级教师（语文）	2016年12月
昌南中学	谭周杰	男	正高级教师（语文）	2016年11月

续表 21－1

工作单位	姓名	性别	任职资格（专业）	任职时间
兴龙湖小学	陈小渝	女	正高级教师（品德）	2016 年 12 月
汇龙小学	张中纯	女	正高级教师（语文）	2017 年 12 月
职教中心	邓先凤	女	中职研究员（服装）	2003 年 12 月

统计资料

2017 年永川区国民经济和社会发展统计公报

永川区统计局
国家统计局永川调查队
2018 年 2 月 28 日

2017 年，全区上下全面贯彻落实区委、区政府决策部署，坚持稳中求进工作总基调，紧紧围绕“兴业兴城、强区富民”总任务，统筹抓好稳增长、调结构、促改革、惠民生、防风险等各项工作，全区经济总体平稳，经济质量效益提升。

一、综合

经重庆市统计局核定，2017 年永川区实现地区生产总值 704.5 亿元，按可比价计算，比上年增长 9.4%。第一产业实现增加值 57.1 亿元，比上年增长 3.9%。第二产业实现增加值 397.7 亿元，比上年增长 11.1%。其中，工业实现增加值 309.4 亿元，比上年增长 10.9%。第三产业实现增加值 249.7 亿元，比上年增长 8.0%。三次产业结构由 2016 年的 8.7: 56.0: 35.3 调整为 8.1: 56.5: 35.4。

2017 年，全市居民消费价格总水平较上年上涨 1.0%，八大类商品和服务价格“七涨一降”，其中，食品烟酒价格下降 1.8%，衣着上涨 2.8%，居住上涨 1.9%，生活用品及服务上涨 0.7%，交通和通信上涨 1.5%，教育文化和娱乐上涨 3.3%，医疗保健上涨 4.2%，其他用品和服务类价格上涨 0.8%。

二、农业

2017 年，全区粮食作物播种面积 6.78 万公顷，比上年下降 0.6%。油料播种面积 1.11 万公顷，比上年增长 5.9%。蔬菜播种面积 2.85 万公顷，比上年增长 1.3%。

粮食总产量 50.0 万吨，比上年下降 0.1%。蔬菜产量 68.1 万吨，比上年增长 3.8%。水果产量 18.0 万吨，比上年增长 8.1%。水产品产量 4.5 万吨，比上年增长 5.1%。油料作物 2.2 万吨，比上年增长 2.9%。出栏生猪 83.8 万头，比上年下降 1.5%。出栏家禽 2315 万只，比上年增长 0.3%。猪肉（预计）6.0 万吨，比上年下降 3.9%。

农业总产值 84.5 亿元。农业增加值 57.9 亿元，按可比价计算，比上年增长 3.9%。其中，种植业实现产值 45.5 亿元，实现增加值 34.7 亿元，比上年增长 5.0%；林业实现产值 3.1 亿元，实现增加值 2.0 亿元，比上年增长 21.4%；畜牧业实现产值 27.8 亿元，实现增加值 15.7 亿元，比上年增长 0.2%；渔业实现产值 7.1 亿元，实现增加值 4.8 亿元，与上年持平；农林牧渔服务业实现产值 9813 万元，实现增加值 7473 万元，比上年增长 3.5%。

说明：农业增加值增速为可比价计算。

三、工业

2017 年，全区实现工业增加值 309.4 亿元，比上年增长 10.9%。规模以上工业企业 414 家，实现增加值 297.6 亿元，比上年增长 10.9%。产值 1 亿～5 亿元的企业 142 家，实现产值 359.4 亿元；5 亿～10 亿元企业 71 家，实现产值 648.2 亿元；10 亿元以上企业 11 家，实现产值 212.7 亿

4.7‰。人口出生率11.5‰，出生人数12720人。死亡率6.9‰，死亡人数7571人。出生婴儿男女性别比1.063：1。

二十三、人民生活

2017年，全区居民人均可支配收入28032元，比上年增长10.3%。其中，城镇常住居民人均可支配收入33684元，比上年增长9.0%。城镇居民人均消费性支出17990元，比上年增长10.0%。其中，食品消费支出占人均消费性支出的比重为31.3%。农村常住居民人均可支配收入16738元，比上年增长9.7%。农民人均总支出22277元，比上年增长3.3%。其中，生产费用支出3410元，占人均总支出的15.3%，生活消费支出11651元，占人均总支出的52.3%。

城镇居民人均居住住房建筑面积为34.8平方米，比上年下降1.5%。年末农村居民人均居住住房建筑面积44.7平方米，比上年下降0.9%。

二十四、社会保障

2017年，全区参加社会保险人数205.4万人次，缴纳保费20.0亿元。其中，参加养老保险60.3万人，缴纳保费10.8亿元。参加医疗保险109.3万人，缴纳保费8.3亿元。参加失业保险10.5万人，缴纳保费0.3亿元。参加工伤保险15.1万人，缴纳保费0.6亿元；参加生育保险10.3万人。

城镇新增就业人员36132人。指导帮助城镇登记失业人员就业再就业9194人，比上年增长2.4%。帮助城镇就业困难人员就业再就业4362人，比上年增长0.9%。城镇登记失业率3.1%，比上年提高0.7个百分点。

城市最低生活保障人数5403人，比上年下降6.2%，农村最低生活保障人数11972人，比上年下降8.1%，城乡低保标准分别提高到500元/月和350元/月。农村特困人员3734人，比上年增长53.8%，人均补助水平7800元/年，比上年增长30.0%。城市特困人员2807人，比上年下降14.4%，人均补助水平7800元/年，比上年增长19.8%。

说明：

1. 本公报所列各项数据除统计部门直接统计核算外，其余相关数据由相应部门提供。

2. 公报中生产总值和各产业增加值的绝对数按现价计算，增长速度按可比价计算。

3. 规模以上工业：指年主营业务收入2000万元及以上的工业法人单位。

4. 限额以上批发业：指年主营业务收入2000万元及以上的批发业法人单位。

5. 限额以上零售业：指年主营业务收入500万元及以上的零售业法人单位。

6. 限额以上住宿业和餐饮业：指年主营业务收入200万元的住宿和餐饮业法人企业和个体户。

7. 部分数据的合计数或相对数，由于计量单位取舍不同而产生的计算误差未作机械调整。

附　录

永川区行政区划一览表

表 22

镇街名称	辖区面积（平方公里）	村民委员会		居民委员会	
		数量（个）	名称	数量（个）	名称
胜利路街道	37.42	8	杨家店村、万寿村、杨广桥村、永钢村、永青村、胜利村、丰田村、堂皇坝村	6	胜利路社区、萱花路社区、玉屏路社区、张家坡社区、文曲路社区、万寿社区
中山路街道	54.27	6	双龙村、瓦子铺村、孙家口村、望城村、北大桥村、三星村	11	卧龙凼社区、英井路社区、中山路社区、昌州路社区、汇龙路社区、中河坝社区、红河路社区、兴龙湖社区、棠城社区、花果社区、桃花岛社区
南大街街道	78.23	7	小南村、大南村、代家店村、黄瓜山村、谭家坝村、八角寺村、兴隆村	6	小桥子社区、兴南路社区、泸州街社区、火车站社区、永隆场社区、黄文场社区
茶山竹海街道	76.05	7	茶竹村、安溪村、萱花村、云峰村、桂花村、大桥村、茶园村	1	粽粑社区
卫星湖街道	67.83	7	大竹溪村、凤龙村、小竹溪村、南华村、七郎村、石龟寺村、石脚迹村	1	星湖社区
大安街道	83.06	12	高庙村、铁山村、灵英村、铜鼓村、花果山村、小坎村、云雾山村、德胜桥村、官禄岩村、荷花村、二郎坝村、高坡村	3	陈家祠社区、石庙社区、茶店社区
陈食街道	74.69	14	卢家岩村、朱龙花村、菜茵岩村、梅家桥村、复兴寺村、双河口村、马银村、冯家坪村、长滩河村、莲花塘村、梓潼观村、瓦窑村、芋荷湾村、陈青桥村	1	陈食社区

续表 22－1

镇街名称	辖区面积（平方公里）	村民委员会		居民委员会	
		数量（个）	名称	数量（个）	名称
青峰镇	49.13	5	凌阁堂村、莲花石村、牌坊坝村、佛岩寺村、胡豆坪村	1	青峰场社区
金龙镇	73.46	7	金龙村、燃灯村、嘉阜村、解放村、灯坪村、洞子口村、金鼎村	1	金龙场社区
临江镇	77.1	9	隆顺村、高滩村、普安村、九龙村、天堂村、龙洞桥村、龙安村、天星村、桂林村	1	临江社区
何埂镇	80.38	15	丰乐村、狮子村、沙坪村、李家湾村、花园村、长丰村、新泉村、石笋山村、鱼龙村、联盟村、玉宝村、转角店村、仓宝村、一碗水村、科名村	1	何埂社区
松溉镇	34.46	5	旗山村、打鱼河村、新街子村、茅园村、鱼岭村	2	松江社区、文昌宫社区
仙龙镇	83.19	12	巨龙村、石宝寺村、牛门口村、大磨子村、大牌坊村、大石坝村、粉店村、太平桥村、张家村、金宝山村、双星村、金石村	2	仙龙社区、张家场社区
吉安镇	60.01	7	寒泸村、铜凉村、黄沙村、向前村、尖山村、石松村、金门村	1	吉安场社区
五间镇	37.7	7	新建村、合兴村、友胜村、双创村、和平村、景圣村、珍宝村	1	五间社区
来苏镇	93.21	13	观音井村、关门山村、塔院村、柏树桥村、梳妆台村、石牛寺村、水磨滩村、磨心桥村、唐家坪村、王坪村、大松林村、五根松村、大双庆村	1	来苏场社区
宝峰镇	38.17	5	泸永桥村、龙凤桥村、天星桥村、五家坡村、杨大口村	1	宝峰场社区
双石镇	64.52	9	丁家岩村、脚盆井村、牛尾铺村、五龙桥村、响滩子村、太平村、大涧口村、复生桥村、中心桥村	3	双石社区、太平社区、中心桥社区

续表 22－2

镇街名称	辖区面积（平方公里）	村民委员会		居民委员会	
		数量（个）	名称	数量（个）	名称
红炉镇	64	5	红庆村、红石村、万胜村、会龙桥村、龙井口村	4	红欣社区、周家院社区、四合厂社区、新店社区
永荣镇	59.91	4	东岳村、白云寺村、云谷村、子庄村	2	永兴社区、韦家沟社区
三教镇	107.79	13	石岭村、永玻村、石龙村、郝家坝村、玉峰村、陡沟河村、三台村、新观音村、利民村、双坪村、云龙村、牌坊村、永安村	2	川主庙社区、双河口社区
板桥镇	53.77	11	大坪村、柳溪村、龙门滩村、新桥村、古佛村、高洞子村、凉风垭村、本尊村、欧家坝村、通明村、汪家岩村	1	板桥场社区
朱沱镇	127.65	18	汉东村、围子山村、水渡滩村、新岸山村、涨谷村、九层岩村、马道子村、转龙村、福良村、石碓窝村、滩子口村、四明村、江永村、龙宝山村、龙汇垭村、笋桥村、四望山村、大河村	2	港口社区、福龙桥社区
合 计	1576.68	206		55	

永川区组织机构及其负责人名单

表 23

单位	姓名	现任职务
区委	滕宏伟	区委书记
	罗清泉	区委副书记、区长
	文良印	区委常委，区政府党组副书记、副区长（负责政府常务工作）
	赵德明	区委常委、宣传部部长
	罗晓春	区委常委、政法委书记
	邓　文	区委常委，区新城建管委党工委书记
	夏庆英	区委常委、纪委书记、区监委主任
	蔡祥东	区委常委、组织部部长
	卢胜利	区委常委、副区长
区人大	王志飞	区人大常委会主任
	王建华	区人大常委会副主任
	孔　萍	区人大常委会副主任
	赵洪生	区人大常委会副主任
	李光远	区人大常委会副主任
	王晓英	区人大常委会副主任
	宋章华	区人大常委会原副主任
	邓清洲	区人大常委会原副主任
区政府	罗清泉	区委副书记、区长
	文良印	区委常委，区政府党组副书记、副区长（负责政府常务工作）
	卢胜利	区委常委、副区长
	杨　华	区政府副区长
	刘建中	区政府党组成员，副区长，区公安局党委书记、局长
	李　军	区政府副区长
	王寒峰	区政府副区长
	任伯平	区政府副区长
区政协	刘祥全	区政协党组书记、主席
	张　健	区政协党组成员、副主席
	魏　智	区政协副主席（兼）
	马玉平	区政协党组成员、副主席
	罗朝友	区政协副主席
	钟代华	区政协副主席
	陈其炳	区政协党组成员、副主席，区政府办公室党组书记、主任
区法院	高林平	区法院院长

续表 23－1

单位	姓名	现任职务
区检察院	詹文渝	区检察院党组书记、代理检察长
区公安局	裴国琪	区公安局政委、党委副书记
区纪委、监委	张小梅	区纪委副书记、区监委副主任
	余　波	保留原职级待遇（正处级）
	杨西红	区纪委副书记、区监委副主任
	赵智杰	区纪委副书记、区监委副主任
	张前勇	区监察局副局长，九三学社永川区委主委（正处级）
	冯军全	区纪委常委
	刘　慧	区纪委常委、区监委委员
	艾春兰	区纪委常委、区监委委员
	唐中力	区纪委常委、区监委委员
	兰学艳	区纪委常委、区纪委党风政风监督室主任
	李连勇	区检察院党组成员、职侦局局长，区监委委员
	杨　波	区纪委纪检监察干部监督室主任
	曹睿杰	区纪委组织部部长
	张恩荣	区纪委案件审理室主任
	蒋家伟	区纪委宣传部部长
	唐再学	区纪委信访室主任
	蔡　晓	区纪委办公室主任
	文　捷	区纪委案件监督管理室主任
	李白科	区纪委第一纪检监察室主任
区委办	具荣海	区委办公室常务副主任
	王　广	区委办公室副主任
	杨　茜	区委办公室副主任
	杨天海	区纪委驻区委办公室纪检组组长
	魏伶龙	区委机要局密码督查员
区委组织部	徐静秋	区委组织部常务副部长
	李兆龙	区委组织部副部长、区委非公工委书记
	喻　宏	区委组织部副部长
	赵维领	区纪委驻区委组织部纪检组组长
区委考核办	李仕友	区委考核办主任
区委非公工委	郭　磊	区委非公工委副书记
区党员教育服务中心	徐世燕	区党员教育服务中心主任

续表 23－2

单位	姓名	现任职务
区委宣传部	李世红	区委宣传部常务副部长
	胡　波	区委宣传部副部长、区文明办主任（兼）
	李云芳	区纪委驻区委宣传部纪检组组长
区互联网信息服务中心	何　滨	区互联网信息服务中心主任
	余　森	区互联网信息服务中心副主任
区委统战部（区民宗办）	陈治明	区委统战部常务副部长、区民宗办主任
	胡绍华	区委统战部副部长，区民宗办副主任，区委台办副主任，区政府台务办副主任
区侨联	蒋　英	区侨联主席
	张玉娇	区侨联副主席
区委政法委	高良先	区委政法委常务副书记、区综治办主任
	张道国	区委政法委副书记、区防邪办主任（正处级）
	费忠彬	区委政法委副书记（正处级）
区综治办	王跃辉	区综治办副主任（正处级）
区委政法委纪检组	张腊梅	区纪委驻区委政法委纪检组组长
区委政法委政治处	唐　玲	区委政法委政治处主任
区综治办	张　鹏	区综治办副主任
区编委办	苏川江	区编办主任
	李　珂	区编办副主任
区直机关党工委	张雪梅	区直机关党工委常务副书记
	李玉奎	区直机关党工委副书记
	邹莉	区直机关党工委纪工委书记
区老干局	曾祥禄	区委老干部局局长，区委组织部副部长（兼），区离退休干部工委书记（兼）
	高　勇	区委老干部局副局长，区离退休干部工委副书记（兼）
区委党校	吴　春	区委党校党委书记、常务副校长、区行政学校副校长、区社会主义学院副院长，永川干部学院副院长、永川电大校长
	胡　健	区委党校党委委员、副校长（正处级），区行政学校副校长、永川干部学院副院长、永川电大副校长、区社会主义学院副院长
	涂珍发	区委党校党委委员、副校长、区行政学校副校长，区社会主义学院副院长，永川干部学院副院长，永川电大副校长
	牟华清	区委党校党委委员、副校长、区社会主义学院副院长，区行政学校副校长，永川干部学院副院长，永川电大副校长
	万　艳	区委党校党委委员、副校长、区行政学校副校长、永川干部学院副院长、永川电大副校长、区社会主义学院副院长

续表 23－3

单位	姓名	现任职务
区府办	李建勋	区政府办公室党组成员、副主任
	周　霞	区政府办公室党组成员、副主任
	曾凡琴	区政府办公室党组成员、区纪委驻区政府办公室纪检组组长
	孙继军	区政府办公室党组成员，区综合应急指挥中心主任，六级职员
	杨　毅	区政府办公室党组成员、区政府督查室主任（副处级）
区发改委	陈永庆	区发改委党组成员、副主任（正处级）
	谢小平	区发改委党组成员、副主任（正处级）
	肖建华	区发改委党组成员、区纪委驻区发展改革委纪检组组长
区财政局	程　刚	区财政局党组成员、副局长（正处级）
	刘家庆	区财政局党组成员、副局长
	陶世富	区财政局党组成员、副局长
	徐　智	区财政局党组成员、区纪委驻区财政局纪检组组长
	江　兰	区财政局党组成员、区财政国库支付中心主任（副处级）
	林德超	区财政局党组成员、区政府投资评审中心主任
区经信委	穆宏武	区经信委党组成员、副主任
	薛　辉	区经信委党组成员、副主任
	曾祥国	区经信委党组成员（副处级）
区农委	邱　泉	区委农工委书记
	张　超	区委农工委委员、区农委（农业综合开发办公室）副主任（正处级）
	蔡教华	区委农工委委员、区农委（农业综合开发办公室）副主任（正处级）
	陈朝富	区委农工委委员、区农委（农业综合开发办公室）副主任
	李隆慧	区委农工委委员、区纪委驻区农委纪检组组长
区商务局（外事办、投促办）	蒋　微	区商务局党组书记、局长（区政府侨务办主任、投资促进办主任）
	王　全	区商务局党组成员、副局长（正处级）（区政府外事侨务办副主任、投资促进办副主任）
	陈富英	区商务局党组成员、副局长（区政府外事侨务办副主任、投资促进办副主任）
	程绪友	区商务局党组成员、副局长（区政府外事侨务办副主任、投资促进办副主任）
	李万梅	区商务局党组成员、区纪委驻区商务局纪检组组长
区教委	唐士德	区委教育工委书记
	赵德君	区委教育工委副书记、区教委主任
	邓清伦	区委教育工委委员、区教委副主任
	王　强	区委教育工委委员、区教委副主任
	彭万明	区委教育工委委员、区教委副主任
	范开利	区委教育工委委员、区纪委驻区教委纪检组组长

续表 23－4

单位	姓名	现任职务
区科委	张朝国	区科委党组书记、主任
	谢　斌	区科委党组成员、副主任
	漆远英	区科委副主任、民革区委主委
区建委（民防办）	宋朝均	区城乡建委党委书记、主任（区民防办主任）
	吴　涛	区城乡建委党委委员、副主任（正处级）（区民防办副主任）
	杜金蓉	区城乡建委副主任（区民防办副主任）
	周俐璐	区城乡建委党委委员、副主任（民防办副主任）
	姚长科	区城乡建委党委委员、区纪委驻区城乡建委纪检组组长
区交委	曾宪勇	区交委党委书记、主任
	吴勇斌	区交委党委委员、副主任（正处级）
	刘中国	区交委党委委员、副主任（正处级）
	谢绍刚	区交委副主任
	万六伦	区交委党委委员、副主任（兼），区交通监察执法支队教导员
	陈启寨	区交委党委委员、区纪委驻区交委纪检组组长
	张啸红	区交委党委委员，区交通监察执法支队支队长
区公安局	唐祖田	区公安局党委副书记、副局长（正处级）
	王忠明	区公安局党委委员、副局长（正处级）
	罗　进	区公安局党委委员、副局长
	唐中勤	区公安局党委委员、区纪委驻区公安局纪检组组长（正处级），第一副督察长（兼）
	张　龑	区公安局党委委员、政治处主任
	伍世德	区公安局党委委员、刑警支队支队长
	夏贤勇	区公安局党委委员、警卫处处长、区城管执法局副局长（兼）
	李云川	区公安局校保支队支队长
	李世琨	区公安局打黑支队政委
	陈　卫	区公安局禁毒支队支队长
	陈　宏	区公安局校保支队政委
	周述军	区公安局禁毒支队政委
	袁新忠	区公安局交巡警支队政委
	张　波	区公安局刑警支队政委
	周　勇	区公安局交巡警支队支队长
	骆大明	区公安局警卫处政委（副处级）
区民政局	文　波	区民政局党委书记、局长
	廖全明	区民政局党委委员、副局长（正处级）
	赖维萍	区民政局党委成员、副局长
	汪云鸿	区民政局副局长

续表 23－5

单位	姓名	现任职务
区司法局	蔡　勇	区司法局党委副书记、副局长（正处级）
	宁长和	区司法局党委委员、副局长（正处级）
	李文忠	区司法局党委委员、副局长
	张　卿	区司法局副局长
区人社局	王建华	区人社局党委书记、局长
	胡国宏	区人社局党委副书记、副局长（正处级）
	石跃祥	区人社局党委委员、副局长
	邓　骞	区人社局党委委员、副局长
	樊　防	区人社局党委委员、区纪委驻区人力社保局纪检组组长
	雷云伍	区人社局党委委员、区创业就业局局长
	李光勇	区人社局劳动仲裁院院长
区国房局	蒋　勇	区国房局党组书记、局长
	李　勇	区国房局党组成员、区土地整治储备中心主任
	罗江燕	区国房局党组成员、副局长
	胡明建	区国房局党组成员、纪检组长
	刘　涛	区公租房管理局局长
区环保局	蒋洪林	区环保局党组书记、局长
	陈祖萍	区环保局党组成员、副局长（正处级）
	张　静	区环保局党组成员、副局长（正处级）
	唐廷刚	区环保局党组成员、副局长（正处级）
	张正明	区环保局副局长
	曾　艳	区环保局党组成员、区纪委驻区环保局纪检组组长
区规划局	张　静	区规划局党组成员、副局长
	裴渝川	区规划局党组成员、副局长
	陶　薇	区规划局党组成员、副局长
	李远春	区规划局党组成员、区纪委驻区规划局纪检组组长
区市政园林局	张自明	区城管局党委书记、局长、区城管执法局局长（兼）
	唐光金	区城管局党委委员、副局长
	戴　军	区城管局党委委员、副局长
	盛书华	区城管局党委委员、副局长、区城管执法局副局长（兼）
	唐治斌	区城管局党委委员、区纪委驻区城管局纪检组组长（正处级）
	陈　跃	区城管局党委委员，区城市管理综合行政执法支队队长

续表 23－6

单位	姓名	现任职务
区水务局	钟　铎	区水务局党组书记、局长
	周　燚	区水务局党组成员、副局长
	胡明连	区水务局党组成员、区纪委驻区水务局纪检组组长
区文化委（体育局）	陈　军	区文化委党委书记、主任，（区体育局局长）
	吴一民	区文化委党委委员、副主任，（区体育局副局长）
	付永洪	区文化委党委委员、副主任，（区体育局副局长）
	刘章智	区文化委党委委员、副主任，（区体育局副局长）
	许　彬	区文化委党委委员，区文化执法支队支队长
区卫计委	邹光明	区卫计委党委副书记、主任
	江志宏	区卫计委党委书记
	刘　益	区卫计委党委委员、副主任
	张明春	区卫计委副主任
	谭昌兰	区卫计委党委委员、区纪委驻区卫计委纪检组组长
区审计局	龙晓燕	区审计局党组书记、局长
	王永群	区审计局党组成员、副局长（正处级）
	刘　荣	区审计局副局长
	杨泽露	区审计局党组成员、纪检组长
区安监局	凌　龙	区安监局党组书记、局长
	梁　健	区安监局党组成员、副局长（正处级）
	夏云林	区安监局党组成员、副局长（正处级）
区统计局	陈　瑜	区统计局党组书记、局长
	谭向阳	区统计局党组成员、副局长
	甘宗友	区统计局党组成员、副局长
	罗晓莉	区统计局副局长
区林业局	曾自然	区林业局党组书记
	蒋　虞	区林业局党组成员、副局长
	傅　忠	区林业局党组成员、副局长
	刘定友	区林业局党组成员、副局长
区旅游局	田必武	区旅游局党组成员、副局长
	张　梅	区旅游局副局长
区政府法制办	蒋　虎	区政府法制办党组书记、主任
	郭　毅	区政府法制办党组成员、副主任
	刘　欣	区政府法制办副主任

续表 23－7

单位	姓名	现任职务
区金融办	林　伟	区金融办党组书记、主任
	刘　刚	区金融办党组成员、副主任
区信访办	冯昭华	区信访办党组书记、主任、区委办公室副主任、区政府办公室副主任
	阳家艳	区信访办党组成员、副主任、区委群工部副部长
	尧华霖	区信访办党组成员、副主任，区委群工部副部长
	谭立冽	区信访办党组成员、督查专员
区机关事务局	何高全	区机关事务局党组成员、副局长（正处级，主持工作）
	刘　秋	区机关事务管理局党组成员、副局长
	胡　军	区机关事务管理局党组成员、副局长
区煤管局	谭立荣	区煤管局党组书记、局长
	李永春	区煤管局党组副书记、副局长（正处级）
	徐洪武	区煤管局党组成员、副局长（正处级）
	李树春	区煤管局党组成员、副局长
区档案局（馆）	袁心常	区档案局党组书记、局（馆）长，（区委党史研究室主任）
	李肇琼	区档案局党组成员、副局（馆）长，（区委党史研究室副主任）
	吕东海	区档案局党组成员、副局（馆）长，（区委党史研究室副主任）
区供销社	张永胜	区供销社党组书记、主任
	吉　伟	区供销社党组成员、副主任（正处级）
	黄礼华	区供销社党组成员、副主任
区信管办	刘　永	区信息化建设管理办公室党组书记、主任
区行管办	邓泽胜	区行管办党工委书记、主任
	钟景科	区行管办党工委委员、副主任
	邹世珍	区行管办党工委委员、副主任
	林昌佑	区行政服务中心管理办公室党工委委员、副主任
区公共资源交易中心	黄永健	区公共资源交易中心党组书记、主任
	宋汉桥	区公共资源交易中心党组成员、副主任
	潘忠胜	区公共资源交易中心党组成员、副主任
区军供站	罗华利	区军供站党组书记、站长
	温正鹏	区军供站党组成员、副站长（正处级）
	邓月立	区军供站党组成员、副站长
区广播电视台	曹　伟	区广播电视台党组书记、台长
	吕承刚	区广播电视台党组成员、副台长
	蔡有林	区广播电视台党组成员、副台长

续表23－8

单位	姓名	现任职务
区新闻社（永川日报社）	杨洪波	区新闻社党组副书记、副社长、副总编辑（正处级）
	卢国俊	区新闻社党组成员、副社长、副总编辑
	康钦华	区新闻社党组成员、副社长、副总编辑
区国资局	魏寿和	区国资局党委书记、局长
	邓世鑫	区国资局党委委员、副局长（正处级）
	陈明兰	区国资局党委委员、副局长（正处级）
	陈远红	区国资局党委委员、副局长
黄瓜山管委会	吴平金	黄瓜山管委会党工委书记、主任
	傅永宏	黄瓜山管委会党工委委员、副主任（正处级）
	盈善伟	黄瓜山管委会党工委委员、副主任（正处级）
区新城建管委	吕　杰	区新城建管委党工委副书记、主任
	毛希桥	区新城建管委党工委副书记、副主任（正处级）
	李　瑾	区新城建管委党工委委员、副主任
	周　萍	区新城建管委党工委委员、副主任
	蒋光奎	区新城建管委党工委委员、副主任
	喻小波	区新城建管委党工委委员、区纪委驻区新城建管委纪检组组长
区服务外包园区管委会	唐代勇	区新城建管委党工委委员、服务外包园区副主任
	蒋兆勇	区新城建管委党工委委员、服务外包园区副主任
凤凰湖管委会	陈建国	凤凰湖管委会党工委副书记、主任
	唐智勇	凤凰湖管委会党工委委员、副主任
	张严英	凤凰湖管委会党工委委员、副主任
	张　弢	凤凰湖管委会党工委委员、副主任
	赵　琛	凤凰湖管委会党工委委员、区纪委驻永川工业园区凤凰湖管委会纪检组组长
港桥管委会	肖安佳	港桥管委会党工委书记
	周　勇	港桥管委会党工委副书记、主任
	许仁元	港桥管委会党工委委员、副主任
	郭　舰	港桥管委会党工委委员、副主任
	王　建	港桥管委会党工委委员、副主任
	汪天文	港桥管委会党工委委员、副主任
三教管委会	盛　逵	三教管委会党工委书记、主任
	黄德彬	三教管委会党工委委员、副主任
	陈官忠	三教管委会党工委委员、副主任
	皮生琴	三教管委会党工委委员、副主任
	陈永胜	三教管委会党工委委员、副主任

续表 23－9

单位	姓名	现任职务
区总工会	李其金	区总工会党组书记、副主席
	黄　军	区总工会党组成员、副主席（正处级）
	张昌福	区总工会党组成员、副主席
	梁建明	区总工会党组成员、副主席
团区委	刘　佳	团区委书记、党组书记
	任　阳	团区委副书记、党组成员
	车开强	团区委副书记、党组成员
区妇联	张小红	区妇联党组书记、主席
	朱孝娟	区妇联党组成员、副主席
	鲁丽军	区妇联党组成员、副主席
区科协	邓德海	区科协党组书记、主席
	冯　宇	区科协党组成员、副主席、秘书长
	曾垂云	区科协党组成员（副处级）
区文联	吴治华	区文联党组书记
	张　兵	区文联党组成员、副主席
区工商联	夏　奎	区工商联党组书记、副主席，区委统战部副部长
	朱宗兰	区工商联党组成员、副主席（正处级）
	康中富	区工商联党组成员、副主席
	廖云凤	区工商联党组成员（副处级）
区残联	袁世国	区残联党组书记、理事长
	陈　勇	区残联党组成员、副理事长
	林　梅	区残联党组成员、副理事长
区人大常委会办公室	何　清	区人大常委会办公室主任
	杨金才	区人大常委会党组成员、区人大常委会办公室原主任
	周丽娟	区人大常委会办公室副主任
	汤泽扬	区人大常委会办公室副主任
	何家玉	区人大常委会信访办主任
	何履胜	区人大财政经济委员会主任委员、区人大常委会财政经济委员会办公室主任
	翁　琳	区人大财政经济委员会副主任委员、区人大常委会财政经济委员会办公室副主任
	杨晓铭	区人大法制委员会主任委员、区人大常委会法制委员会办公室主任
	陈安东	区人大法制委员会副主任委员、区人大常委会法制委员会办公室副主任（正处级）
	欧阳林川	区人大城乡建设环境保护委员会主任委员、区人大常委会城乡建设环境保护委员会办公室主任

续表23－10

单位	姓名	现任职务
区人大常委会办公室	禹宁静	区人大城乡建设环境保护委员会副主任委员、区人大常委会城乡建设环境保护委员会办公室副主任
	李　庚	区人大常委会教科文卫工委主任
	何阳明	区人大常委会教科文卫工委副主任
	徐正学	区人大常委会人事代表工委主任
	陈朝碧	区人大常委会人事代表工委副主任
	蒋昌龙	区人常委会大农工委主任
	段梁英	区人大常委会农工委副主任
	陈　勇	区人大常委会预算工委主任
区政协	代永强	区政协党组成员、秘书长、办公室主任
	张义骞	区政协委员联络办公室主任、副秘书长
	王国梅	区政协委员联络办公室副主任
	沈　芳	区政协提案联络委主任
	赵德兵	区政协提案联络委副主任
	唐　兴	区政协经济委主任
	唐中昊	区政协农业委主任
	游松柏	区政协城建环保委主任
	杨光萍	区政协城建环保委副主任
	陈显达	区政协教科文卫体委主任
	万显泽	区政协教科文卫体委员会副主任（正处级）
	何光敏	区政协社会法制委主任
	许秀德	区政协社会法制委副主任（正处级）
区法院	赵学川	区法院党组成员、常务副院长（正处级）
	刘忠文	区法院党组成员、副院长（正处级）
	罗大成	区法院党组成员、副院长（正处级）
	魏　玲	区法院党组成员、纪检组长
	刘继红	区法院党组成员、政治处主任
	冉　毅	区法院党组成员、执行局局长
	卢有奎	区法院专职审判委员会委员
	朱　江	区法院专职审判委员会委员
	张　华	区法院民四庭庭长
	张　艳	区法院未成年人案件审判庭庭长
	肖菊华	区法院刑庭庭长
	李正辉	区法院民一庭庭长
	罗念刚	区法院执行局政委

续表 23 - 11

单位	姓名	现任职务
区检察院	钟德刚	区检察院党组成员、常务副检察长
	贺 刚	区检察院党组成员、副检察长（正处级）
	陈 静	区检察院党组成员、副检察长
	周 勇	区检察院党组成员、纪检组长
	李春秀	区检察院党组成员、政治处主任
	龚 波	区检察院法警支队支队长
	刘 渝	区检察院专职检委会委员
	余文己	区检察院专职检委会委员
	喻廷军	区检察院职侦局政委
	曹 勤	区检察院专职检委会委员